나는 어떻게 2000만 달러를 벌었나

US매매챔피언십 10회 중 9회 우승

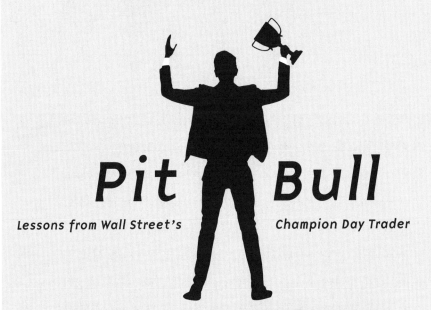

Pit Bull

Lessons from Wall Street's   Champion Day Trader

나는 어떻게 2000만 달러를 벌었나

마틴 '버지' 슈워츠 지음 | 이은주 옮김

이레미디어

감사의 말

지금까지 아낌없이 한결 같은 지지와 격려를 보내줬던 내 가족에게 감사의 마음을 전하고 싶다. 내가 고등교육을 받을 수 있도록 지원해주고, 사랑이 넘치는 가정을 가꾸느라 갖은 희생을 마다하지 않았던 부모님께도 감사한다. 또한, 몸과 마음이 건강한 사람으로 성장할 수 있도록 좋은 모범이 되어준 형 게리에게도 고마움을 표하고 싶다. 낙관주의자의 전형으로, 인생에서 경험하고 느낀 모든 것을 나와 공유했던 패피 스나이더Pappy Snyder에게 감사한다. 그리고 우리 가정의 가장 든든한 토대이자 존경스러울 만큼의 자애로움과 지혜를 지닌 아내 오드리에게도 무한한 감사를 느낀다. 부단한 시험과 보상을 통해 좋은 부모가 되는 방법을 터득하게 해준 내 아이들, 스테이시와 보이에게도 고마움을 전하고 싶다.

이 책의 출판에 있어서 비전을 제시하고 필요한 기술을 제공해줬던 데이브 모린Dave Morine, 계속해서 용기와 격려를 아끼지 않았던 루스 모린Ruth Morine, 지성과 유머를 겸비했던 '영원한 해병' 폴 플린트Paul Flint, 방향을 알려주고 전문 기술을 제공했던 애머스트대학 동창이자 친구이면서 내 에이전트이기도 한 짐 레빈Jim Levine, 가장 마지막 장인 부록, '월스트리트 챔피언, 슈워츠만의 성공 비법' 부분을 완성하는 데 큰 도움을 주었던 유능한 조수 모건 매케니Morgan McKenney에게 고맙다고 말하고 싶다.

이 책의 출판을 맡았던 하퍼비즈니스HarperBusiness의 모든 관계자에게 심심한 감사의 말을 전한다. 당신들 모두가 최고였다. 책이라고는 써본 적이 없는 내게 이 엄청난 일을 맡기는 '도박'을 감행하고, 이 작업의 총괄책임을 졌던 에이드리언 잭하임Adrian Zackheim과 뛰어난 편집 기술로 이 책의 가치를 더욱 높여준 데이브 콘티Dave Conti, 마케팅과 판촉 부문에서 뛰어난 기량을 발휘했던 리사 버코위츠Lisa Berkowitz, 그리고 재닛 데리Janet Dery, 모린 켈리Maureen Kelly, 에이미 램보Amy Lambo에게도 감사하고 싶다. 이들의 도움이 있어 이 책을 출간하는 작업이 한결 수월해졌다.

끝으로 지금까지 살아오면서 여러 방면으로 내게 많은 가르침을 주었던 모든 이들에게도 감사의 인사를 보낸다.

마틴 버지 슈워츠Martin Buzzy Schwartz

차례

일러두기

· 이 책은 2011년에 출간되었던 《핏불》의 개정판입니다.
· 한국 맞춤법 통일안에 따라 편집하였습니다. 그러나 의미 전달을 위해 원어민의 발음에 더 가깝게 표현한 것도 있습니다.
· 외래어 표기법에 따라 저자의 이름을 '마틴 슈워츠'로 표기하였습니다.
· 이미 국내에 출간된 도서의 경우에는 책 제목을 적었고, 출간되지 않은 도서는 번역문 뒤에 원문을 같이 표기하였습니다.

Chapter 01

매매를
할 것이냐
말 것이냐

PIT BULL

'3에 10옵션 매수, 3에 10옵션 매수, 3에 10옵션 매수.'

나는 주문처럼 이 말을 계속 되뇌었다. 메사 석유Mesa Petroleum의 가격이 62$5/8$가 되면, 10월물 콜옵션을 행사가격 65달러, 옵션가격 3 달러(옵션당 300달러)에 10옵션 매수하겠다는 계획이었다. 각 옵션은 내게 만기일인 10월 셋째 주 이내에 언제든 65달러의 행사가격strike price으로 옵션당 메사 주식 100주를 살 수 있는 권리를 주게 된다. 이 것이 내가 미국증권거래소AMEX: American Stock Exchange 아멕스 입회 장에서 행하는 첫 번째 매매였는데, 혹시나 잘못돼서 트레이더로서 나의 무능이 입증될까 봐 잔뜩 긴장할 수밖에 없었다.

1979년 8월 13일, 트리니티 플레이스Trinity Place는 늘 그렇듯이 출 근을 서두르는 직장인들로 붐볐다. 나는 86번이 새겨진 낯선 건물 입 구 앞에 잠시 멈춰 서서 심호흡을 한 번 했다. 그런 다음 배지를 꺼내 들고는 그 건물 안으로 들어섰다. 그러자 경비원이 내 앞을 막아서며 "회원들만 출입할 수 있습니다."라고 말했다. 그에게 '마틴 슈워츠&Co., 945'라 적힌 배지를 보여주자 그제야 내게 인사를 건네며 안으로 들어가게 해주었다.

나는 왼쪽으로 돌아 아래층에 있는 코트룸(옷 등 소지품 보관실)으로 내려갔다. 카운터 앞에 늘어선 회원들은 저마다 미국증권거래소의 공식 복장인 푸른색 가운으로 옷을 갈아입고 있었다. 나는 그날 처음 이곳을 방문했기에 아직 가운이 없었으므로 담당자에게 내 소개를 한 후 배지 번호 '945'를 보여 주었다. 푸른색 가운을 받아든 나는 그 위에 배지를 단 다음 내게 필기도구가 있는지 확인했다. 주변에서는 푸른 가운을 걸친 사람들이 긴 의자에 앉아 가죽 구두를 벗고 대신 실내화로 갈아신고 있었다. 그리고 나서 벗은 구두는 벽 쪽에 배치된 사물함에 넣었다. 나는 앉을 자리가 마땅치 않아 일단 신발은 나중에 갈아신기로 했다. 그런 일쯤은 내게 별로 중요치 않았다.

나는 다시 위층에 마련된 회원 휴게실로 올라가 개장을 기다렸다. 그곳은 하버드 클럽이나 예일 클럽과는 그 분위기부터가 달랐다. 실내는 파이프 담배가 아닌 필터담배 연기로 자욱했고, 가구들도 인조 가죽으로 장식돼 있었다. 또 회원들은 와스프(WASP: 앵글로 색슨계 백인 신교도로서 미국의 지배 계층을 구성하고 있음)가 아니라 대부분이 아일랜드인, 이탈리아인 또는 유대인이었다. 와스프가 간혹 있다 해도 이들은 적어도 엘리트 코스를 거친 부류들은 아니었다. 미국증권거래소 회원들은 1890년대부터 1921년까지 뉴욕증권거래소 밖에서 매매하던 장외 트레이더 집단에 그 뿌리를 두고 있다.

나는 차를 한 잔 마신 후 천천히 입회장 쪽으로 걸어갔다. 건물 전면을 차지한 커다란 유리창으로 아침 햇살이 스며들었다. 축구장의 3/4가량 되는 넓이에 5층짜리 건물의 높이를 가진 아주 거대한 방이었는데, 마치 옥외 벼룩시장을 실내로 옮겨 놓은 듯한 모습이었다. 주문서가 오가는 말발굽 모양의 작은 창구 앞에는 금속제 스툴(등받이가 없는 작은 의자)이 놓여 있었고, 이 위에 치키, 프래니, 도니 등으로 불리는 사람들이 앉아 특정 주식이나 옵션을 사고팔았다. 그리고 다른 한편에서는 수많은 트레이더와 브로커가 금방이라도 매매할 태세로 펜과 전표를 들고 장내를 돌아다녔다.

한편, 입회장의 삼면에 두루 걸쳐 있는 위쪽 난간에는 각 증권사에서 파견한 직원들이 자리를 잡았다. 이들은 수시로 통화를 하면서 장내를 오가는 자사 소속 주문원들의 위치를 확인하고 있었다. 방문객들은 벽 근처에 마련된 객실로 하나둘 모여들었는데, 이곳에는 곰과 황소 조각이 새겨져 있는 로마 양식의 거대한 기둥들이 빙 둘러서 있었고, 커다란 선물 상자의 리본 장식처럼 온 벽면을 거대한 트랜스럭스 티커(시세표시기) 테이프가 차지했다. 티커는 전체 주식의 시세를 끊임없이 토해내고 있었고, 바로 위에서는 다우존스 와이어가 계속해서 최신 소식을 전했다. 아직 개장 전인데도 자신에게 유리한 시세와 정보를 하나라도 놓칠세라 모든 이의 눈동자가 바삐 움직이고 있었다.

오전 10시가 되어 개장을 알리는 벨이 울리자 모두 전보다 훨씬 분주하게 움직이기 시작했다. 이 사람들을 보고 있자니 출발 신호와 함께 문을 박차고 나가 질주하는 경주마가 떠올랐다. 나는 메사 옵션매매가 이루어지는 곳으로 달려갔다. 푸른 가운을 걸친 일단의 사람들이 루이즈 '치키' 미첼리라는 이름의 스페셜리스트(specialist: 증권거래소 내 도매상으로서 거래소 회원으로부터 받은 주문을 중개하거나 일정한 범위에서 자기매매를 하며 유통의 원활화를 꾀하는 사람—옮긴이) 근처로 모여들었다. 아멕스에서 주식과 옵션을 매매하는 스페셜리스트들은 시장의 질서를 유지시키는 책임을 지고 있었다. 메사 옵션 스페셜리스트인 치키는 다른 브로커의 매매가 수월하게 이루어지도록 하는 한편, 수요와 공급에 맞게 계속해서 가격을 조정하면서 자기 계정으로도 매매에 나섰다.

메릴린치 소속 브로커가 주문서를 든 채로 웅성대는 무리를 제치고 앞으로 나서며 소리쳤다. "치키! 10월물 65, 메사 콜옵션 호가는?"

그러자 치키는 이렇게 답했다. "3에서 31/4, 50."

이렇게 순간적으로 오가는 대화를 들으면서 그 의미를 빨리 이해해야만 했다. 요컨대 치키는 옵션가격(옵션 프리미엄이라고도 함) 3, 행사가격 65에 10월 만기 메사 옵션을 최대 50계약까지 사고, 31/4 가격에 최대 50계약을 팔겠다는 뜻이다. 통상 1옵션은 100주를 의미하므로 이 시점에서는 옵션당 325달러에 최대 50옵션까지 살 수 있다는 계산이 나온다. 이렇게 옵션을 매수하게 되면 현시점부터 10월 셋째 주 금요일이 될 때까지 각 옵션에 대해 언제든 주당 65달러에 메사 주식 100주를 매수할 수 있는 권리를 갖게 된다. 메사주의 가격이 더 오르기 전에 베팅해야 사들인 옵션의 가치가 더 높아지는 게 사실이지만, 옵션가격 31/4은 너무 높았다. 내 계획은 총 3,000달러로 옵션가격 3에 10옵션을 사는 것이었다. 머릿속에서는 '3에 10옵션, 3에 10옵션'이라는 문구가 주문처럼 계속 맴돌았다.

"31/8에 10옵션 매수!" 메릴린치의 브로커가 외쳤다.

"매도 완료!" 허턴Hutton 측 브로커가 소리쳤다. 입회장에 있던 허턴의 브로커가 이 매수주문을 수락했던 것이다. 그가 이 조건으로 매도하지 않았다면 메사 옵션 스페셜리스트인 치키가 31/8에 매도하거나이 호가를 일단 자신의 장부에 기재해 놓았을 것이다. 나는 입회장에서 오가는 호가에 온 신경을 집중하려 했다. 그러다 보면 내가 노리는유리한 시점을 반드시 포착할 수 있으리라 생각했다.

나는 치키의 머리 위쪽으로 걸려있는 시세판을 주시했다. 메사주의 뉴욕증권거래소 개장가는 627/8이었다. 나는 사람들이 모여 있는곳으로 다가갔다. 트레이더들이 저마다 좋은 위치를 선점하려고 몸싸움을 벌이고 있던 터라 다른 트레이더의 팔꿈치가 내 가슴팍을 마구찔러댔다. 나 역시 가능한 한 피트(입회장에서 매매하도록 배정받은 장소로포스트라고도 함—옮긴이) 가까이로 파고들었다. 치키는 수화기를 귀에바짝 붙이고는 빅보드(Big Board: 뉴욕증권거래소의 별칭)의 메사주 시세변동 상황에 촉각을 곤두세우고 있었다.

그 순간 시세판의 숫자가 625/8로 바뀌었다. 그러자 모여 있던 사람들이 행동을 취하기 시작했다. 메사 주식에 가격 변동이 발생하고있었기 때문이다. 나는 계속해서 속으로 '3에 10옵션, 3에 10옵션'이라는 말을 되뇌었다. 그러고는 목소리를 한 번 가다듬고 나서 이렇게말했다. "저기요, 치키. 옵션가격 3, 행사가격 65에 10월물 콜옵션 매도량이 얼마나 됩니까?"

"어이 신출내기, 옵션가격 3에 30인데."

"3에 20옵션 매수!" 내 옆에 있던 누군가가 이렇게 소리쳤다.

"옵션가격 3에 20옵션 매도 완료!" 치키가 답했다.

"이제 얼마나 남았나요?" 내가 다시 물었다.

"3에 10계약이요."

"음, 으, 아……"

"이봐요, 거기 신출내기! 이제 어떻게 할 거요? 매매를 할 거요, 말 거요?"

그렇다. 과연 매매를 할 것인가, 말 것인가? 지금으로부터 12개월 전에 세웠던 계획 가운데 내가 가장 먼저 해야 할 것은 바로 아멕스의 회원권을 사는 일이었다. 아내 오드리 폴로코프Audrey Polokoff와 결혼하지 않았다면 이런 계획은 세울 엄두도 내지 못했을 것이다. 내가 알던 다른 여성들과 달리 오드리는 내게 어떤 가능성 혹은 잠재력이 있다고 믿었다. 또 이런 숨겨진 능력을 발휘하지 못한 채 지난 10년 동안 시간을 허비했다는 사실도 알고 있었다. 아내 오드리가 언젠가 내게 이런 말을 했었다. "당신 나이도 이제 서른넷이야. 늘 독립해서 일하고 싶어 했잖아. 목표를 세워서 밀고 나가라고. 당신도 배울 만큼 배웠는데 그 아까운 학력을 썩힐 거야? 최악의 상황이라고 해봐야 파산밖에 더하겠느냐고. 막말로 그렇게 되면 다시 원래 하던 대로 증권분석가로 돌아가면 그뿐 아냐?"

주가 변동이 일어나고 있었다. 사람들은 치키 주변으로 점점 더 가까이 모여들었고 고함은 더 커졌다. 치키는 여전히 수화기에 귀를 바짝 대고 있었다. 그러면서 호가를 바꿀 준비를 하고 있었다. 내 정보가 정확하다면 치키는 아마도 호가를 올릴 것이다. 그러면 나한테서 매매 기회는 영영 날아가 버리고 만다.

"3에 10옵션 매수!" 나는 이렇게 소리쳤다.

"옵션가격 3에 10옵션 매도 완료!"

매매가 성사됐다. 나는 주문서와 펜을 꺼냈다. '매수는 검은색, 매도는 빨간색. 실수하면 안 돼!' 속으로 이렇게 중얼거리면 주문서를 작성한 다음, 거래소의 담당 사무원을 찾았다. 주문서를 취합하여 적힌 내용대로 처리해 주는 것이 사무원의 일이었다. 사본 한 장은 본인 보관용, 또 한 장은 청산회사용이었다. 내가 청산회사로 선택한 증권회사는 베어스턴스Bear Stearns였다. 청산회사는 거래소의 회계시스템을 통해 정산 처리를 하고 트레이더에게 일일 손익계산서를 발급해주었다.

나는 끝부분에 인장이 달린 펜을 꺼내서 주문서에 '945'라고 눌러찍었다. 이렇게 해서 공식적인 내 첫 번째 매매가 끝난 것이다. 그런 다음 치키 주변에 몰려 있는 사람들을 뒤로한 채 메사주가 상승세를 타기를 기다렸다.

한 시간 전만 해도 내가 입고 있는 푸른 가운은 빳빳하게 풀 먹인 깨끗한 상태였다. 아직 오전 10시 30분밖에 안 됐는데도 이미 양쪽 겨드랑이 부위에 땀이 흥건하게 젖어 있었다. 갑자기 기운이 쭉 빠지는 느낌이었다. 게다가 등도 뻐근하고 발에서는 통증까지 느껴지기 시작했다. 신고 있던 가죽 구두가 납덩이처럼 무거웠다. 그냥 어디엔가 앉고 싶은 마음이 굴뚝같았지만, 마땅히 앉을 곳이 없었다.

메사주에 대한 호가가 사방에서 난무하고 있었다. 그 소리가 내 귀에도 들렸지만, 줄곧 시세표에만 시선을 집중하고 있었기 때문에 오가는 호가 자체는 안중에도 없었다.

그때 메사주 가격이 623/8으로 바뀌었다. 메사의 주가는 내가 기대했던 것과 반대 방향으로 움직이고 있었다. '최악의 상황이라야 파산하는 것밖에 더 있겠어? 그렇게 되면 예전에 하던 일을 다시 하면 되잖아'라고 했던 아내의 말이 문득 떠올랐다. 나는 지난 9년 동안을 거의 비행기 안에서 살다시피 했다. 비행기를 타고 각 도시를 오가며 포트폴리오 관리자들을 만나 주식에 관한 정보를 제공했다. 그러면 이 관리자들이 그 대가로 내가 속한 회사에 수수료를 내는 것이다. 증권분석가들이 하는 일이 바로 이런 것이다.

보통 증권분석가는 증권회사 리서치 부서에 배치되어 여러 회사를 방문하여 경영진과 상담을 하고, 재무보고서를 분석하고, 고객에게 추천할만한 유망 종목을 찾아내는 일을 담당한다. 그런데 나는 어느 순간부터 이런 일에 넌더리가 났다. 스물다섯 살짜리 청년에게야 회사에서 내준 법인 카드를 들고 여행 삼아 여기저기 다니면서 동창들도 만나고 하는 것이 여간 신이 나는 일이 아니겠지만, 서른다섯쯤 되고 나면 이 모든 것이 시들해진다. 친구들도 각자 사느라 바쁘고, 또 자식을 가르치느라 막대한 돈을 투자했던 부모들은 이제 그 대가를 자식에게 기대하기 마련이다.

"결혼은 왜 안 하는 거니? 언제 철이 들래?"

메사주 가격은 다시 621/4로 떨어졌다. 이런 제기랄.

증권분석가로 일하는 동안에도 줄곧 주식투자에 손을 대기는 했으나 하는 족족 손해만 봤다. 비교적 많이 배웠고 머리도 좋은 편인 데다가 다른 분야에서는 실패한 적이 별로 없는데, 유독 주식투자에서만 번번이 고배를 마시는 이유를 도저히 알 수 없었다. 그건 가족들도 마찬가지였다. 식구들이 보기에 나는 장래가 매우 유망한 사람이었고 슈워츠 가문을 일으킬 마지막 보루로 여겨졌었다. 그런데 실패로 점철된 우리 가문의 역사가 되풀이되려는 것인가? 이제 나도 내 아버지처럼 패배자로서 여생을 살아야 하나?

621/8. 주가는 계속 하락했다.

아버지는 4남매 중 장남이었다. 내 조부모는 동유럽에서 자행된 소수민족 학살을 피해 미국으로 건너온 이주민이었다. 1900년대 초에 할아버지는 코네티컷주 뉴헤이븐New Haven에서 재봉사로 일했다. 그러나 벌이가 그다지 신통치 못해 할머니가 바느질로 생계를 유지하며 조금씩이나마 저축을 했으나 큰돈을 모으지는 못했다. 그렇지만 로즈 할머니는 이재에 밝은 사람이었다. 나중에는 과자가게를 운영하면서 장남인 아버지를 대학에 보내 전문 직업인으로 키우기로 마음먹었다. 슈워츠 가를 '약속의 땅'으로 이끈 로즈 할머니야말로 우리 가족에게 아메리칸드림을 선사한 인물이었다.

아버지는 나름대로 최선을 다했으나 그 결과는 좋지 않았다. 시러큐스대학에 들어갔지만 아버지가 대학을 졸업하던 때에 대공황이 들이닥쳤다. 그해가 바로 1929년이었다. 아메리칸드림이 끔찍한 악몽으로 바뀌는 순간이었다. 수백만 명에 달하는 다른 미국인 청년들처럼 아버지 역시 여러 직장을 전전하다가 1938년에 어머니와 결혼하면서 외할아버지 밑에서 일하게 되었다. 당시 상황에서는 그것만이 최선이었다. 이후 전쟁이 발발했으나 나이가 많고 자식이 있다는 이유로 아버지는 군 복무를 피할 수 있었다. 그 후로 단조로운 일상을 보냈다. 1952년에 스나이더 할아버지가 은퇴하면서 아버지도 하던 일을 정리하고 주택담보대출로 집을 장만했다. 그리고 뉴헤이븐 근교 웨스트빌Westville의 웰리가Whalley Avenue에 잡화점을 냈다.

그때 당시 내 나이 겨우 일곱 살이었지만 아버지의 선택이 잘못됐다는 점은 알 수 있었다. 아버지는 근처에 퍼스트 내셔널First National이라는 대형 슈퍼마켓이 있다는 사실은 안중에도 없었다. 내 상식으로는 구멍가게에 불과한 작은 상점이 뉴잉글랜드 지역 최대 슈퍼마켓체인과 경쟁이 되리라 생각했다는 것 자체가 도무지 이해되지 않았다. 내가 좀 더 자랐을 때, 아버지가 그렇게 바보 같은 짓을 하도록 왜그냥 내버려 뒀느냐고 어머니에게 따졌던 기억이 난다. 어머니는 이렇게 대답했다. "그때 아버지는 완전히 자포자기한 상태였어. 그래서 아무것도 안 하고 실의에 빠져 있으니 차라리 실패라도 하는 것이 백번 낫다고 생각했단다."

617/8.

아버지의 실패 뒤에는 대공황이라는 악재라도 있었으나 내게는 그런 변명거리도 없었다. 게다가 나는 애머스트대학 학사 학위와 컬럼비아대학 경영대학원 석사 학위까지 받지 않았던가! 또 해병대에서 복무도 했으며, 여러 가지 실무 경험도 있다. 더구나 사랑하는 아내 오드리도 있다. 그야말로 성공에 필요한 모든 것을 다 갖췄다 해도 과언이 아니다. 그런데 대체 지금 이 상황은 무엇이란 말인가! 메사주 가격이 오를 것으로 생각했는데 주가가 왜 계속해서 떨어지고 있는 거지?

615/8. 또 떨어졌다. 정말 미치겠군! 이제 어떻게 해야 하지? 그냥 손 털고 나가야 하나? 아니면 더 사야 하나? 아무래도 조엘너의 조언을 들어야 할 시점인 것 같았다. 메사주를 추천해 준 사람이 바로 조엘

너였다.

밥 조엘너Bob Zoellner는 내 스승이자 이제껏 내가 만났던 트레이더 가운데 가장 뛰어난 사람이었다. 나는 소매 증권회사인 에드워즈앤드핸리Edwards and Hanly에 입사했던 1973년에 처음으로 조엘너를 만났다. 상품매매로 큰 낭패를 보고 난 직후였다. 만나자마자 조엘너가 탁월한 트레이더라는 사실을 깨달았다. 1974년, 에드워즈앤드핸리가 소매 증권업으로 큰 손해를 보자 조엘너는 주식 공매도를 통해 회사 계정에 수백만 달러를 채워줌으로써 회사를 위기에서 구해냈다. 공매도는 현재 보유하지 않은 주식을 매도한 다음 나중에 해당 주식의 가격이 내려갔을 때 이를 매수하여 매도분을 채워 넣고 그 차익을 챙기는 것을 말한다. 주식 공매도 부문에서 조엘너의 실력은 단연 최고였다.

나는 거래소 입회장 여기저기에 널려 있는 전화기 중 하나를 집어 들었다. 외선 다이얼을 돌리자 교환수가 전화번호를 물었다. 조엘너는 그때 뉴저지에 있었다. '젠장, 전화번호가 뭐였더라? 2, 0, 1······ 아, 그다음이 뭐지?' 갑자기 머릿속이 텅 빈 것 같았다. 가까스로 번호를 대자 드디어 신호가 갔다.

"비키! 비키! 밥 좀 바꿔주실래요? 할 이야기가 있어요. 아, 저 마틴에요. 잘 지내시죠? 예, 저야 뭐, 저도 잘 지내요. 지금 입회장에 와 있어요. 첫 경험이지요."

잠시 후 밥이 전화를 받았다. "밥, 잘 지내시지요? 장세가 어떻게 될 것 같은가요? 음, 저도 그렇게 생각해요. 그런데 좀 신경이 쓰여서요. 주가가 계속 떨어지네요. 그러니까 제가 메사주 옵션을 좀 샀거든요.

어떻게 될 것 같은가요?"

"마틴, 내가 갖고 있는 메사주 포지션도 상당하네만 괜찮아 보이는데? 분 피킨스Boone Pickens가 곧 구조조정을 단행할 것으로 보여. 그러면 메사의 가치가 크게 상승할 테지만 아직 시장에서는 이러한 예측을 못 하는 것 같아. 그렇지만 내 감으로는 거의 확실하거든."

"정말이에요? 밥, 정말이죠? 고마워요. 정말 확실한 거지요? 그래도 메사주 옵션을 좀 더 사야 할지 말아야 할지 판단이 안 서요."

"걱정하지 마, 마틴."

"밥, 당신 말이 맞았으면 정말 좋겠어요. 도움이 많이 됐어요. 나중에 다시 전화할게요. 감사해요."

조엘너와 통화를 하고 나니 마음이 한결 가벼워졌다. 그래서 바닥까지 떨어져 있던 용기를 한껏 끌어모아 다시 메사 치키 주변에 몰려 있는 무리 쪽으로 걸어갔다.

611/2. 아이고, 또 떨어졌다.

"치키! 치키! 음……" 가까스로 입을 뗐다. "10월물 65 콜옵션 호가는요?"

"매수호가 21/2, 매도호가 25/8."

"치키! 29/16에 20옵션 매수!"

나는 20옵션을 추가로 매수했다. 주당 29/16에 메사주 100주를 샀는데 즉, 옵션당 256.25달러, 총 5,125달러어치의 옵션을 매수한 것이다.

"29/16에 20계약 매도 완료!"

내가 매수한 10월물 콜옵션의 시세는 현재 분모가 16인 상태로 거래되고 있었다. 아멕스에서는 옵션가격이 3 이하로 떨어지면 최소 호가 단위가 1/8에서 1/16로 바뀐다.

61 1/4. 맙소사!

주가가 떨어지는 꼴을 더는 눈 뜨고 볼 수가 없었다. 현재 나는 행사가격이 65인 10월 만기 메사주 콜 30옵션에 대해 매수포지션을 취한 상태였다. 일이 이렇게 꼬일 것이라고는 상상도 하지 못했다. 손 털고 나가는 것 외에는 달리 뾰족한 수가 없어 보였다. 투자 자금이 남아있어야 이곳에서 조금이라도 더 버텨보겠는데 그러지 못할 상황이라 난감하기만 했다. 애초에는 메사주 가격이 오를 거라고 생각했었다. 처음 내 계획은 단타 매매를 통해 수익을 낸 다음 그 이익금으로 더 괜찮은 종목에 투자하는 것이었다. 그런데 상황이 불리하게 전개됐고, 수중에 남은 돈도 없었다. 이제 어떻게 살아야 할지 슬슬 걱정되기 시작했다. 당장은 거래소에서 나갈 수밖에 없었다.

터덜터덜 계단을 올라 현관문을 밀고 밖으로 나갔다. 푸른 가운 위로 햇살이 쏟아졌다. 길 건너 트리니티 교회 묘지 쪽으로 가서 벤치에 앉았다. 이 묘지는 주정뱅이와 부랑자 그리고 온갖 낙오자들의 피난처였다.

그런데 자세히 보니 내가 앉아 있는 벤치 바로 앞에 알렉산더 해밀턴(Alexander Hamilton: 미국의 법률가이자 정치인, 재정가, 정치 사상가로 미국 건국의 아버지 중 한 명으로 꼽힘—옮긴이)의 묘가 있었고, 묘비에 이런 문구가 적혀있었다. '알렉산더 해밀턴. 1804년 7월 12일에 향년 47세로 사망.' 당시 내 나이는 서른넷이었다.

7월 12일은 해밀턴이 뉴저지 주 위호켄에서 애런 버Aaron Burr와 결투를 벌인 다음 날이었다. 해밀턴은 정적인 버의 부패상을 들먹이며 그가 뉴욕 주지사가 돼서는 안 된다는 취지의 글을 썼고, 이에 격분한 버와 결투를 벌였다. 이때 입은 총상으로 결국 해밀턴은 그다음 날 사망했다. 해밀턴은 미국의 초대 재무장관이자 재무의 아버지로 추앙받았던 인물인데도 정작 자신은 재정적인 문제로 1795년에 장관직에서 물러나야 했다. 대학 시절 미국학 시간에 이 이야기를 들었던 기억이 났다. 당시에는 그렇게 똑똑한 재무 전문가가 재정난을 겪었다는 사실이 도무지 이해가 가지 않았다. 그런데 이제는 이해할 수 있게 되었다. 벤치에서 벌떡 일어난 나는 가운에 묻은 먼지를 털어낸 다음 트리니티 플레이스 쪽으로 천천히 발길을 돌렸다. 메사주의 시세를 확인하기 위해서였다.

605/8.

나는 거의 쓰러질 듯한 발걸음으로 메사주 치키 쪽으로 다가갔다. "치키, 10월물 65, 메사 옵션콜의 지금 상황은요?"

치키는 나를 향해 씩 웃으며 말했다. "매수호가 21/4, 매도 호가 23/8."

세상에 맙소사! 내가 산 메사주는 마치 절벽 아래로 던져진 돌덩이처럼 급속도로 추락하고 있었다. 나는 옵션가격 3에 10옵션(3,000달러), 29/16에 20옵션(5,125달러)을 샀다. 현재 메사주 옵션의 매수호가는 21/4(6,750달러)이었다. 장부상으로는 현재까지 1,375달러를 손해 본 셈이었다. 단 몇 시간 만에 투자 원금의 17퍼센트가 날아갔으므로 더는 버틸 재간이 없었다. 그냥 포기하고 집으로 돌아가는 것밖에는 별다른 대안을 찾지 못했다.

아내는 자신이 만났던 사람 중에 내가 가장 똑똑하다고 치켜세우며 나를 위로해주었고, 덕분에 다음 날은 기분이 한결 나아졌다. 그리고 이왕 크고 좋은 계획을 세웠으니 인내심을 갖고 밀고 나가야 한다고 다시 강조했다. 이러한 격려에 힘입은 나는 가지고 있던 차트와 기타 자료를 재검토하고 수치도 다시 계산해보았으나 결과는 역시 처음 그대로였다. 즉, 메사주가 분명 승산이 있다는 결론이었다. 이는 조엘너가 했던 말과 일치하는 결과였고, 시장이 아직 그 사실을 알지 못하는 것이 분명했다.

트리니티 플레이스로 향하는 내 머리 위로 햇살이 눈부시게 반짝였다. 어제는 '회원만 출입할 수 있습니다.'라고 말하며 내 앞을 막아섰던 경비원이 오늘은 내 이름을 부르며 아는 체를 했다. 사무원 조이 디Joey Dee가 건넨 푸른색 가운에는 '마틴 슈워츠, 945'라 쓰인 배지가 달려 있었다. 나는 가벼운 실내화로 갈아 신은 다음 사무원으로부터 베어스턴스 측에서 보내온 일간 자료를 건네받았다. 목청을 가다듬으려고 레몬을 넣은 차를 마시며 입회장으로 향했다. 안으로 들어서자마자 트랜스럭스 시세표와 다우존스 뉴스를 확인했다. 개장을 알리는 벨이 울렸다. 이날 메사주는 601/2로 출발했다. '괜찮아. 그래, 괜찮아. 당황할 것 없어. 이것이 바닥일 거야. 오드리 말이 맞아. 인내심을 가져야 해.'

나는 손을 흔들어 친구 헤이즈 노엘Hayes Noel에게 아침 인사를 건넸다. 남부 내슈빌 출신인 헤이즈는 말투는 느리지만 유머 감각이 있고, 금발에다 키도 훤칠한 사내였다. 헤이즈는 스와니Sewanee, 즉 더사우스대학 출신이며 1970년부터 이 거래소에서 활동해왔다. 헤이즈는 내가 방문객 자격으로 이 거래소로 왔을 때 매매가 어떻게 이루어지는지를 보여줬고 이를 계기로 나는 회원권을 사게 되었다.

또 한 명의 고참 트레이더인 제리 멀던Jerry Muldoon에게도 목례를 했다. 제리는 오랫동안 장외거래를 했던 사람이며, 하락장이었던 1973년과 74년에는 채소거래를 통해 종잣돈을 마련하기도 했다. 제리의 왼편에는 텍사코(Texaco: 미 정유회사) 옵션 스페셜리스트 도니 지Donnie Gee가 있었고, 그 옆에는 앨런 애플바움Allen Applebaum과 에디 스턴Eddie Stern이 있었다. 앨런과 에디는 아멕스에서 소문난 멋쟁이들이었다. 앨런은 강인한 인상에 항상 빳빳하게 다린 셔츠를 입었고, 에디는 푸른색 가운보다는 정장 차림을 주로 했으며, 부친이 뉴욕증권거래소 회원권을 보유하고 있었다.

60 3/8. 또 떨어졌다.

"치키, 치키! 10월물 65, 콜옵션 호가는요?"

"어이, 신출내기! 아직 안 가고 있었나?"

"얼른 시세나 알려주세요."

"매수호가 2 1/8, 매도호가 2 1/4."

믿을 수가 없군. "물량은요?"

"50 그리고 30." 이 말은 치키 측이 2 1/8에 50옵션을 매수하고 2 1/4에 30옵션을 매도할 의사가 있다는 뜻이다.

이제 어떻게 하지? 어떻게 해야 하나? 팔아? 그냥 가만히 있어? 아니면 더 사야 해? 아무래도 조엘너에게 다시 전화를 해봐야 할 것 같았다.

"밥! 당신 생각은 어때요? 벌써 1,750달러를 손해 봤어요. 저 지금 딱 죽고 싶은 심정이에요. 승산이 있다는 말, 정말 확실한 거죠?"

"마틴, 진정하고 내 말 들어. 나, 이래 봬도 트레이더로 잔뼈가 굵은 사람이야. 그동안 매매했던 종목 중에는 이익주도 많았고 손실주도 많았지만, 이번에는 이익주가 틀림없어. 꼭 쥐고 있어야 하네. 메사주의 가치가 분명히 저평가돼 있으니까 반드시 그 가치가 회복될 걸세."

"고마워요, 밥. 당신의 판단을 믿어요. 아마 그 말이 맞을 거예요." 통화를 마친 나는 다시 치키 쪽으로 다가갔다.

"치키, 지금 10월물 65, 콜옵션의 상황은요?"

"좀 전과 같이 매수호가 21/8, 매도호가 21/4. 그리고 물량은 각각 50과 30."

"옵션가 23/16에 20옵션 매수요, 치키!"

"매도 완료!" 나는 옵션가격 23/16에 20옵션을 더 매수했다. 즉, 4,375달러어치를 추가로 매수했고 따라서 콜옵션 매수 포지션의 총 크기는 50옵션이 됐다.

그날 밤 나는 한숨도 못 잤다. 밤새 뒤척이며 내가 취한 포지션을 생각하고 또 생각했다. 이날 메사주의 종가는 60이었다. 옵션가격이 2 밑으로 떨어질지도 모르는 상황이었다. 대체 주가가 얼마나 더 내려갈 것인가? 그동안 해왔던 노력이 모두 수포로 돌아가는 것인가?

지난 12개월 동안 이에프허턴E. F. Hutton & Co. 증권회사에 근무하면서 실전 매매에 임했었다. 내 자본으로 주식투자를 하여 전업 트레이더로서 직접 거래소에 나가 매매하는 데 필요한 자금을 벌려고 했다. 아니, 그보다는 나 자신의 매매 능력을 시험해보고 싶다는 욕구가 더 강했다. 증권분석가 중에는 자신이 세운 매매 가설이나 모의 매매 모형에서 만족스러운 결과가 나왔다는 이유 하나만으로 자신을 대단한 트레이더나 되는 것처럼 착각하는 사람이 있다. 그러나 이들은 단지 가상 폭탄을 발사한 것일 뿐이라서 실제로는 상대에게 아무런 피해도 입히지 못한다. 직접 실전에 뛰어들기 전까지는 자신의 능력이 어느 정도인지 정확히 알 수 없다. 나는 과자가게를 운영하던 로즈 할머니를 많이 닮아서인지 추진력이 꽤 좋은 편이었다. 매매 관련 잡지를 십여 권 넘게 정기 구독했고, 헤이즈 노엘과 함께 거래소에 관한 공부도 열심히 했다. 그리고 나서 장인, 장모인 맥Mac과 샐리 폴로코프Sally Polokoff에게 5만 달러를 빌렸다.

아침에 일어나자마자 책상에 앉아 내가 세웠던 계획을 다시 검토해봤다. 내가 무엇을 잘못하고 있는 걸까? 이번 매매 계획을 세우는 데 꼬박 1년 6개월이 걸렸다. 지켜야 할 매매 원칙들을 하나부터 열까지 전부 다 정리해 놓았는데, 이 가운데 이미 두 가지 원칙을 심각하게 어겨버렸다. 내가 정한 첫 번째 원칙은 감당할 수 있는 수준 이상의 손실은 감수해서는 안 된다는 것이었다. 그런데 현재 수중에는 단 한 번의 매매에 사용할 자본밖에 남아 있지 않았다. 그렇더라도 어쩔 수가 없었다. 그때는 딱 두 번 정도의 매매에 사용할 수 있는 밑천이 있었는데 내가 가진 정보로는 메사주에 털어 넣는 것이 최선의 베팅이었다.

두 번째 원칙은 매일 이익을 내자는 것이었다. 그런데 현재 나는 이틀 내내 손해를 보고 있었다. 이 또한 별도리가 없었다. 정작 나를 고민에 빠지게 한 것은 세 번째 원칙, 즉 '죽어가는 메추라기 사살하기'였다. 언제 방아쇠를 당겨야 하는가? 내 실수를 인정하고 포지션을 청산해야 할 시점이 언제인가? 트레이더 고수들 즉, 조엘너 같은 사람도 손실주를 보유할 때가 있었다. 이들이 손실을 줄이는 데 사용하는 방법은 다각화된 포트폴리오를 유지하는 것이었다. 그러나 나는 자본이 충분하지 않은 탓에 다각화된 포트폴리오를 구성하기 어려웠다. 그저 메사주 하나에만 목을 매고 있었다. 창으로 한 줄기 햇살이 스며들 무렵 나는 마침내 결단을 내렸다. 오늘 개장 시에도 메사의 주가가 또 하락하면 그때는 포지션을 청산하기로 마음을 정했다.

8월 15일 수요일 아침이었다. 트리니티 플레이스 86번지에 당도한 나는 '회원 외 출입 불가'를 외치는 경비원을 뒤로하고 당당히 안으로 들어갔다. 그리고 어제, 그제와 마찬가지로 푸른색 가운을 걸치고 가벼운 신발로 갈아신고 나서 레몬차를 한 잔 마시면서 입회장으로 향했다. 베어스턴스에서 보내준 손익계산서에는 총 2,300달러의 손실 금액이 표시돼 있었다. 시세표와 다우존스 뉴스를 확인하고 나자 개장을 알리는 벨이 울렸다.

메사주의 개장가는 603/4이었다. 옳거니, 잘했다 메사! 계속 예뻐해 주마. 나는 서둘러 치키 미첼리의 포스트로 갔다. 그곳은 이미 좋은 위치를 점하려는 사람들로 북새통을 이루고 있었고 고함도 점점 높아졌다.

'딸칵.' 61.

미첼리의 포스트로 점점 더 많은 사람이 모여들었고 아우성은 더 심해졌다. 모인 사람들이 저마다 소리를 질러대기 시작했다. "시세가 어떻게 되는 거야?" "매물은? 호가는?"

'딸칵.' 611/2.

'조엘너, 최고야. 정말 대단해.'

"남은 물량은?" "매수호가는?" "콜옵션 매수주문 건수는?" "매도주문 건수는?"

오전 장은 이렇게 마감됐다. 나는 너무 흥분이 돼서 점심조차 먹을 수 없을 정도였다. 마냥 들뜬 기분이었다.

"31/4에 50옵션 매도!" "매수! 내가 매수하겠음!" 누군가가 소리쳤다.

"31/4에 50옵션 매수! 31/4에 50계약 추가 매수!" "매도 완료!" "매도 완료!"

메사주는 다시 633/8으로 올랐다! 10월물 65, 메사주 콜옵션가격이 다시 올랐다. "35/8, 37/8!" "37/8, 4!" 사람들의 아우성은 점점 커졌다. "옵션가격 4에 10월물, 65, 메사주 콜옵션 100 매수!" "옵션가격 4에 200옵션!" 옵션가격이 정말로 오르고 있었으며, 주가는 이제 상승 궤도에 올라섰다. 마침내 지옥에서 벗어난 것이다. 다음 할 일을 정하려고 현재 내 포지션 상태를 재차 확인하고 또 확인했다. 옵션가격 3, 행사가격 65에 10월물 메사주 10옵션 매수, 옵션가격 29/16에 20옵션 매수, 그리고 23/16에 20옵션 매수. 이제 이것들을 팔아야 하나? 이쯤에서 이익을 실현해야 하나? 아니면 더 사야 하나? 조엘너에게 물어봐야 하나? 아무래도 이제 돈맛을 좀 볼 때가 된 듯싶었다.

그래서 나는 메사주 치키 쪽으로 다가갔다. "치키, 메사주 시세 좀 알려주세요."

"10월물 65 메사주 옵션, 매수호가 41/8, 매도호가 41/4, 최대 10옵션." 그는 침까지 튀겨가며 크게 소리쳤다. 나는 매도 의사를 밝히려고 목소리를 가다듬었다. 그때 누군가 내 어깨너머로 커다란 주먹을 쓱 내밀며 선수를 쳤다. "매도 완료! 매도 완료! 41/8에 10옵션 매도!" 싸구려 위스키 냄새가 확 풍겼다. 이런 제기랄, 한발 늦었다.

"현재 상황은요?" 수화기를 귀에 대고 있는 치키에게 물었다. "지금은요?"

"매수호가 4, 매도호가 41/4, 최대 20옵션일세, 신출내기!"

"매도 완료! 옵션가격 4에 20옵션 매도!" 나는 있는 힘껏 소리를 질렀다.

'딸칵.' 주가는 다시 641/8로 뛰었다.

또 다른 누군가가 팔꿈치로 내 등을 찔렀다. "41/4에 30옵션 매수!" 메릴린치에서 온 사람이었다.

"매도 완료!" 나는 뒤로 돌아 매수주문을 낸 사람 얼굴에 침을 튀기며 크게 외쳤다. 매매는 성사됐고 포지션은 전부 청산됐다. 땀이 콧잔등을 타고 흘러내리는 것을 느끼며 포스트에 몰린 무리를 헤치고 나왔다. 피트 사무원이 매매 확인을 위해 내게로 다가왔다. 나는 펜을 꺼내 인장이 달린 꼭지가 아래로 오도록 돌린 다음, 주문서에 내 회원번호 '945'를 눌러 찍었다.

이제 이익이 얼마나 되는지 계산해볼 차례였다. 옵션가격 4에 20옵션을 팔았고 다시 41/4에 30옵션을 팔았다. 첫 번째 매도에서는 8,000달러, 두 번째 매도에서 1만 2,750달러의 이익이 나서 총 이익금은 2만 750달러였다. 그리고 옵션가격 3에 3,000달러, 29/16에 5,125달러, 23/16에 4,375달러를 각각 집어넣었다. 총 이익금에서 총비용을 빼고 나니 약 8,000달러가 남았다. 내가 자그마치 8,000달러를 번 것이다. 마치 백만장자라도 된 기분이었다. 이것이 바로 아메리칸드림이 아니고 무엇이란 말인가! 첫 매매가 엉망진창이 되지도 않았고, 고객에게 온갖 아양을 부려 비위를 맞춰야 하는 증권분석가 시절로 다시 돌아가지 않아도 됐다. 또 부랑자가 득시글대는 해밀턴의 묘지 옆 벤치에 하릴없이 앉아 있는 일도 더는 없을 것이다. 그 무엇보다 중요한 것은 내 아버지처럼 대공황의 철퇴를 맞고 우울한 나날을 보낼 일은 결코 없을 것이라는 점이었다. 나는 드디어 재정적 자유를 얻었고, 이제 승자의 길로 들어선 것이다.

나는 디지털이퀴프먼트DEC를 담당하고 있는 프래니 산탄젤로 Santangelo의 포스트 쪽으로 걸어갔다. 프래니는 이 바닥에서도 기가 세기로 정평이 난 인물이었다. 치키 미첼리는 될 것도 아니었다. 산탄젤로는 한국전에도 참전한 바 있다. 그는 입회장 한편에서 담배를 피우고 있었다. 정말 거친 사내 냄새가 물씬 풍겼다.

"어이, 신출내기! 원하는 게 뭔가?"

"프래니, 저 매매를 할까 하는데요. 10월물, 85 디지털 콜옵션 호가는요?"

"매수호가 15/8, 매도 호가 13/4. 신출내기 자네한테 옵션가격 13/4에 10옵션을 매도하지."

"111/16에 10옵션 어때요?"

"그건 절대 안 되지. 샌님처럼 그렇게 쫀쫀하게 굴 거면 다른 데 가서 알아보던가. 아무튼, 111/16은 절대 안 되고말고." 이 사내는 주당 1/16, 그러니까 6.25달러도 양보를 못 하겠다는 것이었다.

"알았어요. 그럼 10월물, 행사가격 85, 옵션가격 13/4에 디지털 콜 10옵션 매수할게요." 그러면서 속으로 이렇게 되뇌었다. '그래, 오늘은 프래니 당신이 주당 1/16, 총 62.50달러만큼 내 수익을 챙겼다 이거지? 누가 칼자루를 쥐고 있는지 보여주겠다는 건데, 오늘은 이렇게 물러난다만 다음번에는 어림도 없어.'

이익을 현금화하기 전까지는
춤추지 마라

오후 3시 59분이었다. 헤이즈 노엘과 나는 신이 나서 디디샤프Dee Dee Sharp가 부른 1962년도 히트곡 'Mashed Potatoes Time'을 흥얼거리고 여기에 맞춰 매쉬드포테이토(당시 유행하던 춤 이름으로 트위스트의 변종임)와 트위스트를 추면서 입회장을 누비고 다녔다. 정말 흥분되면서도 정신이 하나도 없을 정도로 바쁘게 돌아간 하루였다. 입회장 바닥은 버려진 전표로 가득했고, 우리는 그 위에서 미끄럼을 타는 시늉을 해 보이기도 했다. 우리는 완전히 들떠 있었다. 이날 나는 단 몇 분만에 장부상으로 1만 달러에 가까운 이익을 냈다. 거래소에 들락거린 지 겨우 두 달 만에 이런 성과를 냈다는 사실에 흠뻑 도취돼서 그만 장부상의 이익금을 바로바로 현금화해야 한다는 점을 깜빡 잊고 말았다.

다음 날 주가는 하락세로 출발했다. 그런데 나는 흥에 겨워 춤만 추었지 내가 취한 포지션을 청산하지 않았기 때문에 자본금이 그대로 묶여 있었고, 전날 올린 이익금 전부를 날리고 말았다. 이 일이 있고 난 뒤부터 나는 당일 이익금을 현금화하기 전에는 절대 춤을 추지 않으려고 부단히 노력했다. 만약 당신도 나처럼 행동한다면 십중팔구 객관성을 잃었다는 신호이며, 또 감정이 이성을 압도한 나머지 결국 손실을 내기 십상이라는 사실을 명심해야 한다.

더 한심스러운 부분은 자기 자신이 춤을 꽤 잘 춘다고 생각한다는 점이다. 사실은 절대 그렇지 않은데 말이다.

Chapter 02

성공 트레이더의 첫 단계,
목표와 실행계획 세우기

PIT BULL

“오드리, 아무래도 지나온 것 같은데? 아직도 서부 84번 도로잖아. 지금 우리 뉴버그로 가고 있다고. 당신 지도 읽을 줄 몰라?”

“버지, 괜히 나한테 뭐라 그러지 말아. 미치광이처럼 운전한 사람은 바로 당신이라고.”

“내가 당신에게 시킨 게 지도 보는 것밖에 더 있어? 그렇게 간단한 것도 못하느냐고. 684번 도로로 들어가는 게 그렇게 어려워? 그 도로는 뉴욕의 주요 도로잖아.”

“당신이 너무 속도를 내는 바람에 내가 표지판을 못 봤잖아. 그리고 우리가 684번 도로로 가야 한다는 걸 내가 어떻게 알아?”

“미리 계획을 세우란 말이야, 오드리. 먼저 지도부터 살펴보고 나서 차에 탔어야지. 미리미리 말이야, 알았어?”

“지도 여기 있으니까 당신이나 그런 계획 세우지 그래?”

나는 갑자기 차 앞좌석으로 날아든 지도를 피해 냉큼 고개를 숙였다. 가끔 해병대 기질이 발동하는 바람에 아내에게 한 소리 듣곤 한다. 나는 오드리가 해군 장교의 아내처럼 행동해주기를 바랄 때가 있다. 물론 그녀는 이런 군대식 명령에 고분고분 따를 생각도 없거니와 그런 그녀를 탓할 수도 없는 노릇이었다. 때는 1978년 7월이었다. 기온이 화씨 100도(섭씨 약 38도) 육박할 정도로 몹시 더웠고, 우리 두 사람은 이미 지칠 대로 지쳐버렸다. 우리는 빠져나가야 하는 지점을 지나친 다음 뉴욕시에서 북쪽으로 약 80킬로미터 떨어진 허드슨강 인근 변두리인 뉴버그를 향해 달리고 있었다.

우리는 일요일 오후를 리치와 수잔 버텔리 부부 집에서 보내고 오는 길이었다. 리치와 수잔은 사우스포크South Fork 외곽 웨스트햄튼비치Westhampton Beach에 살 때의 이웃이었다. 이 두 사람은 작년에 결혼했고, 코네티컷주 댄베리Danbury에 식민지 풍의 근사한 집을 장만했기에 우리 부부를 초대한 것이었다. 새집을 보자 멋지다는 생각이 절로 들었다. 한편으로는 부럽기도 했다. 프리랜서 컴퓨터 자키인 수잔과 유니언카바이드Union Carbide에서 배터리 영업사원으로 근무하는 리치는 재산을 모은데다가 고액의 세금 공제까지 받으면서도, 집값이 상승할 거라고 기대하고 있었다.

반면, 미국 종이연구소American Paper Institute 종이재활용부 부서장인 오드리와 이에프허턴의 잘 나가는 증권분석가인 나는 매달 집세를 내면서도 세금 공제는 한 푼도 받지 못한 데다, 우리와는 전혀 상관없는 부동산 호황을 구경만 하고 있는 형편이었다. 아내와 나 둘이서 1년 동안 벌어들이는 돈만 해도 합해서 10만 달러가 넘는다. 버텔리 부부보다 더 많이 벌지만 우리는 이런 집을 사지 못하고 있었다.

"리치, 수잔!" 나는 이 부부에게 물었다. "어떻게 이런 멋진 집을 살 수가 있었지요?" 우리 네 사람은 2층 서재에 앉아 아이스티를 홀짝거리며 이런저런 이야기를 나누는 참이었다. 그곳에는 아주 넓은 창문이 있었는데도 바람 한 점 들어오지 않아서 나는 땀을 뻘뻘 흘리며 앉아 있었다. 아마도 이렇게 돈을 모을 수 있었던 비결은 아무리 더워도 에어컨조차 틀지 않을 정도로 알뜰했기 때문이 아닐까 싶었다.

"계획을 세웠던 거죠." 수잔이 말했다. "버지, 이런 집을 장만하려면 당신도 계획을 세워야 해요."

그래서 이렇게 답했다. "계획이라…… 아침에 일어나서 곧바로 출근하고, 퇴근해서 집에 돌아오면 손가락 하나 들 수 없을 정도로 기진맥진해서 잠자리에 드는 게 내 계획이지."

"그러니까 그게 문제라고. 수잔 더 좀 이야기해봐." 오드리가 끼어들었다.

기다렸다는 듯이 수잔과 리치는 계속 계획의 중요성에 대하여 설명했고, 가만히 듣다 보니 꼼꼼하게 계획을 세우는 것도 그리 나쁘지는 않겠다는 생각이 차츰 들었다. 어쨌거나 지금 내게는 어떤 돌파구가 필요했다. 학벌도 좋고 경험도 풍부하나 직업인으로서 아직 성공했다고는 볼 수 없었다. 일정한 목표를 세우고 계획표를 작성하는 일은 최소한 내가 앞으로 무엇을 어떻게 해야 하는지를 진지하게 생각해볼 기회는 됐다. 그러나 나는 이렇게 목표를 정한다는 것 자체가 싫었다. 마치 위 속에서 혹이 자라기 시작하는 것처럼 뻐근한 불쾌감이 느껴졌다.

목표를 세운다는 것은 의무감을 의미하고, 이것은 곧 채무와 연결되며, 채무는 또 주택담보대출, 2차 담보대출, 자동차 할부금, 자동차 보험, 생명 보험, 건강 보험, 주택소유자 보험 그리고 심지어 에어컨 청구서까지 각종 비용 지출에 허덕이게 된다는 것을 의미한다. 내가 가장 두려웠던 것은 바로 내 아버지처럼 살게 되는 것이었다. 장래성 없는 직업을 전전하며 대출을 통해 겨우 마련한 집에서 계속 쌓여가는 청구서에 매일 돈 걱정을 하며 사는 것은 생각만 해도 끔찍한 일이었다. 중산층의 허울 속에서 하루하루를 허덕이며 살다 생을 마감하게 되는 것이 가장 무서웠다. 내 인생에서 이런 일은 절대 일어나지 않게 하리라. 나는 소매로 이마를 훔쳤다. 이 집은 정말 덥군!

자유! 그 무엇보다 내게는 자유가 중요했다. 그러나 해질 무렵이 되자 내 자유가 그렇게 중요한 것이 아닐 수도 있겠다는 생각이 들기 시작했다. 대체 지금껏 그 자유가 내게 해준 것이 무엇이란 말인가? 현재 나는 별로 내세울 것 없는 서른세 살 먹은 일개 증권분석가일 뿐이다. 이 도시, 저 도시로 다니며 기관투자가 고객에게 특정 주식을 사라고 권유하는 것이 내 일이었다. 이번에도 텍사스 출장에서 돌아온 지 얼마 되지 않았다. 휴스턴에서 조찬모임을 가진 다음, 다시 네 건의 약속을 처리하고는 서둘러 공항으로 가서 산마리노행 비행기를 탔다. 산마리노에서 저녁모임을 가진 후 잔뜩 먹구름이 낀 텍사스의 하늘을 뒤로하고 댈러스에 있는 호텔로 돌아와 파김치가 된 몸으로 침대에 눕곤 했다. 다음 날도 이렇게 발바닥에 불이 나도록 다니려면 잠을 충분히 자두어야 하는데 밖에서는 뇌우가 사납게 몰아쳐서 그것도 여의치 못했다. 날이 갈수록 상황은 더 나빠져서 아침이면 아내에게 등 떠

밀려 출근길에 오르는 일이 허다했다. 버텔리 부부의 집을 나서면서 이 두 사람의 말이 맞다는 생각이 들었다. 그렇다. 내게 필요한 것은 바로 성공을 위한 계획표를 작성하는 일이었다.

"여기, 통행료!" 오드리가 25센트짜리 동전 두 개를 내밀며 말했다. 피시킬Fishkill 요금 징수소에는 우리 차를 포함하여 뉴버그로 향하는 차량이 줄줄이 늘어서 있었다. 아스팔트가 열기로 이글거렸다. 에어컨을 빵빵하게 틀었는데도 땀에 온몸이 흠뻑 젖었다. 바로 앞의 대형 트레일러는 연신 매케한 매연을 뿜어내고 있었고, 뒤에서는 코베어가 경적을 울려댔다. 대체 나는 여기서 무엇을 하고 있단 말인가? 이제 내 인생에도 어떤 전환점이 필요했다.

"꽉 잡아, 오드리." 그러고는 가속 페달을 힘껏 밟으며 핸들을 왼쪽으로 획 틀었다. 우리는 피시킬 요금 징수소 광장을 가로질러 곧장 동쪽으로 방향을 잡았다. 오드리가 비명을 질렀고 타이어도 심하게 마찰음을 냈다. 여기저기서 경적을 울렸고 주먹을 휘두르는가 하면 욕을 해대는 운전자도 있었다. 그러거나 말거나! 드디어 우리는 원래 가려던 길로 제대로 들어선 것이다.

집에 도착한 나는 메모지와 펜을 들고 식탁 앞에 가 앉았다. 그러고 나서 오드리에게 말했다. "오드리, 이리 와서 앉아봐. 그리고 어떤 목표를 세워야 할지 좀 말해줘. 이제 나도 성공이란 것을 해봐야 하지 않겠어?"

오드리는 내가 어떤 목표를 세워야 할지를 알며, 또 나를 이해해주는 유일한 사람이었다. 오드리를 만나기 전까지 나는 어떤 여성과도 오래 만나지 못할 정도로 이성과의 관계에 서툴렀다. 내게는 건전한 이성 교제에 대한 개념 자체가 없었다. 1976년 이전까지 나는 여자는 너무 난해한 동물이라는 결론을 내렸고, 차라리 평생 독신으로 지내는 것이 낫겠다는 생각을 했었다. 그러다 오드리 폴로코프라는 여인을 만난 것이다. 오드리는 자신감 넘치는 아름답고 성숙한 여성이었다. 그리고 무엇보다 나를 좋아했으며 이제껏 만난 사람 중에 내가 가장 똑똑하다고 말했다. 절대 빈말은 아니었을 것이다. 그렇지만, 나는 그 말을 믿을 수 없었다. 어쨌거나 오드리는 나한테 필요한 바로 그런 여성이었다.

1977년 여름이 되자 오드리가 결혼 이야기를 꺼냈다. 어쩌면 당연한 순서였을 것이다. 오드리를 처음 만났을 때 나는 빚을 지고 있었으며, 시장에서 게임을 하느라 계속 돈을 날리고 있었다. 그러다가 1년 후 빚을 다 청산하고도 5,000달러나 흑자인 상태가 됐다. 그렇기는 하나 내가 어떻게 결혼을 할 수 있을까? 결혼을 하면 내 소중한 자유는 어떻게 되는가?

그해 8월에 오드리는 약혼 이야기를 넌지시 꺼냈다. 그런데 그때 나는 경련성 대장염으로 고생하고 있었다. 9월이 되자 오드리는 결혼을 심각하게 고려하기 시작했다. 이때 나는 병이 더 심해져서 유아식을 먹게 되었다. 드디어 10월, 오드리는 내게 최후통첩을 날렸다. "버지, 임대 계약이 내년 3월에 끝나. 그러면 당신이 함께 가든 안 가든 난 이사할 거야. 그러니까 당신 마음이 어떤지 잘 생각해보고 결정해." 오드리는 시러큐스에 있는 조카의 성인식에 참석하려고 짐을 꾸리고 있었다. 오드리의 가족 모두가 시러큐스에 모일 예정이었고, 이들은 오드리가 약혼 혹은 결혼반지를 끼고 오기를 은근히 기대하고 있었다.

큰 보석 반지를 마련하지 못하고서는 이 자리에 끼지도 못할 형편이었다. 나는 경련성 대장염의 치료를 위해 집을 나섰다.

검사를 받으려고 레이먼드 호크만Raymond Hochman 박사를 찾아갔다. "세상에! 이 폴립 좀 보시죠." 대장 상태가 좀 더 잘 보이도록 호크만 박사가 스크린을 내 쪽으로 돌려주며 말했다. "여기가 문제예요." 박사가 펜으로 스크린을 톡톡 두드리며 말했다. "폴립 때문에 대장 협착이 많이 진행됐네요. 10센트짜리 동전 크기 정도로 줄어들었어요. 하루빨리 조치해야 해요."

옷을 입으면서 호크만 박사에게 내 브로커와 통화를 해야 하는 데 전화를 좀 써도 되겠느냐고 물었다. 오드리 때문에 알뜰히 모은 돈 5,000달러를 1월물 78, 신텍스Syntex 콜옵션에 다 털어 넣었던 것이다. 브로커는 내게 신텍스의 주가가 폭등했고 투자금 5,000달러가 1만 5,000달러로 불어났다고 말했다.

"매도하세요!" 나는 수화기에 대고 이렇게 소리쳤다. 이제 이익금을 찾아 대장 치료도 받고 오드리에게 결혼반지도 사줄 수 있게 됐다. 더 나아가 이제 내 능력을 마음껏 펼쳐 보일 때가 된 것이다. 1978년 3월, 오드리 폴로코프는 드디어 오드리 슈워츠가 됐다. 그로부터 4개월이 지난 지금 아내 오드리는 어떻게 하면 매매업계의 강자가 될 수 있는지에 관해 나와 이야기하고 있다.

"버지, 당신 나이 이제 서른셋이고 늘 혼자 일해보고 싶다고 했잖아. 그러니 원하던 대로 해봐. 당신은 고등 교육도 받았잖아. 그 지식이 어딜 가겠어? 최악의 상황이라고 해봐야 투자한 돈을 다 잃는 것과 예전 직업으로 다시 돌아가는 것밖에 더 있겠어? 트레이더가 되는 것,

그것이 당신의 첫 번째 목표야. 자, 어서 그렇게 써넣어."

오드리의 말에 나는 펜을 들었다. 오드리가 옳았다. 내가 항상 원했던 것은 트레이더가 되는 것이었고 이 분명한 사실을 무시할 수 없었다. 트레이더보다 더 내 성격에 잘 맞는 것은 없었고, 또 이보다 더 나를 즐겁게 만드는 일도 없었다. 나는 수학을 잘했고 셈이 빨랐으며, 도박을 즐겼고 주식투자에도 관심이 많았다. 그래서 우선 굵은 글씨로 '트레이더 되기'라고 썼다.

"트레이더 되기……, 그래 이게 내 첫 번째 목표군. 그럼 이제 어떻게 해야 하는 거지?"

"버지, 계획을 세워야지! 리치와 수잔이 했던 말 잊었어? 이제 목표를 정했으니까 그 목표를 달성하는 데 필요한 세부 계획을 차근히 세워야 해."

나는 가만히 생각했다. "음, 우선 내 스타일에 가장 어울리는 매매 방법을 개발해야 할 것 같은데?"

"그럼 그 부분도 써넣어." 오드리가 말했다.

그래서 트레이더 되기 밑에 '1. 내 스타일에 딱 들어맞는 매매 방법 개발하기'라고 썼다.

"좋아." 오드리가 말했다. "그런데 구체적으로 어떻게 해야 하지?"

"가만, 〈배런스Barron's〉 어디 있어?"

이후 두 시간 동안 둘이서 이 계획과 관련한 이야기를 나눴다. 우리는 잡지에서 시황 안내 및 주가 차팅charting 서비스 무료 이용 쿠폰을 오려 냈다. 첫 매매에 나서는 데 필요한 기본 투자자금이 얼마나 되는 지를 계산해봤다. 그 결과 최소한 10만 달러는 필요하다는 결론이 나왔다. 이 자금을 어떻게 마련할지 그 방법은 아직 몰랐다. 일단 '2. 투자금 10만 달러 모으기'라고 썼다.

"그 돈을 모으는 데 얼마나 걸릴까?"

"목표를 달성하려면 세부적인 시간표를 짜야 한다는 점을 잊지마."

"1년이면 되지 않을까?"

"버지, 1년이라고? 1년 안에 어떻게 10만 달러를 벌어? 지난 9년 동안 주식투자를 했는데 지금까지 별 재미를 못 봤잖아! 좀 더 현실적인 목표를 세우라고."

"이봐, 지금까지 당신이 만난 사람 중에 내가 가장 똑똑하다고 했던 말 벌써 잊은 거야? 내가 트레이더가 되면 이 분야에서 큰돈을 벌능력이 있다는 사실을 분명히 입증할 수 있을 거라고. 투기도 안 하고, 돈을 빌리지도 않을 거고, 시황 보고서도 쓰지 않을 거야. 오로지 매매에 전념할 거라고." 이렇게 말하고는 2번 문장에 '1년 안에'라는 구절을 집어넣었다.

내게는 스승이 필요했다. 나보다 연륜이 있고 더 똑똑한 사람, 그리고 무엇보다 매매 기법이나 요령을 기꺼이 전수해줄 누군가가 필요했다. 마이클 마커스Michael Marcus에게는 에드 세이코타Ed Seykota가 있었고, 폴 튜더 존스Paul Tudor Jones에게는 엘리 툴리스Eli Tullis가 있었다. 조엘너! 그렇다, 나에게는 조엘너가 있다. 조엘너는 업계 최고의 테이프 리더(tape reader: 주가 및 거래량을 관찰하여 이를 매매 의사결정에 참고하는 유형의 트레이더—옮긴이)였다. '3. 조엘너를 내 스승으로 모시기.'

오드리와 나는 좀 더 이야기를 나눴다. 트레이더가 되려면 거래소 회원권이 있는 편이 낫다. 거래소 회원권이 있으면 매매 비용이 엄청나게 절감된다. 거래소의 회원은 수수료를 지급하지 않고도 매매를 할 수 있다. 더구나 '3M', 즉 마켓메이커 마진Market Maker Margin 부분에서도 일반 시장 참여자보다 훨씬 유리한 입장이다. '상층시장 트레이더(Upstairs Trader: 거래소 입회장이나 장외거래소가 아니라 증권회사 내에서 거래하는 트레이더—옮긴이)'로서 주당 3달러의 프리미엄(옵션가격)으로 100주에 대한 옵션을 매수했다면 총 300달러를 현금으로 지급해야 한다. 그런데 거래소 회원이면 절반인 150달러만 내면 된다. 이것이 레버리지(Leverage: 고정적 요소가 지렛대와 같은 역할을 하여 손익의 변동이 확대되는 것—옮긴이) 효과를 발휘하여 회원 트레이더에게 두 배의 손익 기회를 제공하게 된다. 게다가 아멕스는 회원들에게는 아주 훌륭한 건강 보험 혜택까지 제공된다. '4. 회원권 확보하기.'

이야기를 오래 하다 보니 밤이 제법 깊어졌다. "이제 그만할까? 내일 아침에 출근도 해야 하니까."

"버지, 말이 나왔으니 하는 말인데…… 개별 투자를 통해 10만 달러를 모으면서 직장 생활을 병행할 수 있겠어? 내 월급만 가지고는 생활이 힘들 것 같은데."

"걱정하지 마, 회사 몰래 나만의 안식년을 찾아 누릴 거니까. 이 지긋지긋한 일을 8년 하고도 6개월이나 해왔으니까 그래도 돼. 원래 직장이라는 곳이 다 만만치 않고, 또 금융회사들은 특히나 더 그렇다는 것을 나도 잘 알아. 그러니 허턴 역시 내가 한가하게 쉬는 꼴은 못 보겠지. 그런데 다른 사람들이 일주일 걸려 하는 일을 나는 하루 만에 해치울 수 있거든. 그러니 나머지 시간은 내 팀내노 일 거야."

"그것도 이 계획의 일부야? 그러면 적어 넣어야지."

'5. 안식년 갖기.' 이렇게 적은 다음 펜을 내려놓았다. "좋았어, 이게 바로 내 계획이야."

다음 날 사무실 문을 닫고 비서에게 전화 메모를 부탁해 놓은 다음 계획한 일을 차근차근 해나가기 시작했다. 내 계획에서 가장 중요한 것은 나에게 딱 맞는 방법을 찾는 것이었다. 나만의 매매 방식이 없으면 승산도 없다. 지금까지 나는 기본적 분석가Fundamentalist였다. 즉, 인플레이션율, 금리, 경제 성장률, 주가 수익률PER, 수익률, 이윤 폭, 시장 점유율, 정부 정책, 그리고 장기적으로 가격에 영향을 미치는 기타 지표 등에 초점을 맞춰 시장을 분석하는 쪽이었다. 이제부터는 기술적 분석가Technical Analyst, 마켓타이머(Market Timer: 시장의 흐름을 좇아 매매하는 사람. 시장 예측가 혹은 추세 추종자라고도 함—옮긴이), 그리고 시장 자체의 변동 신호를 포착한 지표에 초점을 맞추는 트레이더로의 변신을 꾀하고자 했다. 이것이 바로 그냥 투자자와 트레이더의 근본적 차이점이다. 트레이더는 시장 자체를 살아 숨 쉬는 하나의 생명체로 본다. 즉, 시장을 개별 종목의 집합체가 아닌 유기체로 간주한다.

애덤 스미스Adam Smith가 《머니 게임The Money Game》에서 밝힌 바와 같이, 시장은 아름다운 여인과 같아서 끊임없이 유혹하고, 복잡 미묘하면서도 계속 변화하고, 항상 신비로운 매력을 발산한다. 이 구절이 언제나 내 머릿속을 맴돌았다. 오드리를 만나기 전까지 이성 문제에 관한 한 나는 '실패자'였다. 그러나 지금 내 곁에는 오드리가 있다. 그래서 여성에 비유할 수 있는 시장에서 그동안 왜 줄곧 실패만을 거듭해왔는지 그 이유를 아는 것은 식은 죽 먹기였다. 이제는 시장의 마음을 알 수 있으리라!

나는 리처드 러셀Richard Russell의 〈다우이론 레터Dow Theory Letters〉
〈배런스〉〈비즈니스위크〉〈S&P 추세선 차트〉〈맨스필드 차팅Mansfield
Charting〉〈CMI 차팅CMI Charting〉 등 시장에 관한 자료는 닥치는 대로
찾아 읽었다. 가장 즐겨보던 자료 가운데 하나는 애리조나주 세도나
Sedona 출신의 맥매스터R. E. MacMaster가 만든 상품 시장 관련 레터인
〈리퍼The Reaper〉였다. 이처럼 기술적 분석가로의 변신은 매우 자연스
럽게 이루어졌다. 그러니까 나는 이 모든 이론을 하나로 취합한 다음
에 이 중에서 내 성격에 맞는 것들을 선택하여 혼합하고, 시장의 비밀
을 풀 수 있도록 제반 이론의 조화를 꾀했던 일종의 이론 합성자였다.

이 모든 자료 가운데 가장 공감이 갔던 것이 테리 런드리Terry
Laundry의 〈매직 T 이론Magic T Theory〉이었다. 그래서 나는 수화기를
집어 들고 테리에게 전화를 걸었다. 그러고는 테리의 글을 상당히 감
명 깊게 읽었다고 말했다. 테리 런드리는 낸터킷 섬Nantucket Island에
서 거주하며 출퇴근을 하는 괴짜 천재였다. 테리 역시 해병대 출신이
었으며, MIT 졸업 후 학교에서 배운 그 많은 공학 기술을 시장 분석
에 사용하는 좀 엉뚱한 인물이었다. 테리는 시장에서는 가격이 상승
한 시간과 하락한 시간의 양이 동일하게 유지된다고 봤다. 가격 상승
의 전조로서 현금 축적이 일어나고 시장이 다시 활성화되면서 상승장
으로 치고 올라갈 태세를 갖췄다는 것이다.

'T'자를 보면 가운데 기둥을 중심으로 오른쪽과 왼쪽으로 뻗은 가
지의 길이가 같다. 그래서 '매직 T 이론'이라 명명한 것이다. 이것을 보
자마자 매직 T야말로 새로운 방법론의 열쇠라는 생각이 들었다. 인간

론 혹은 자연론으로 치자면 좌우대칭론, 다윈설, 진화론, 자연율自然律 등 아주 기본적인 법칙들까지 포괄하고 있다. 나는 이 모든 내용을 습득했다. 일주일 내내 하루에 14시간씩 일했다. 매일 밤 내가 만든 차트를 점검하고, 평균을 내고, 변곡점Inflection Point을 찾아내고, 진입 및 청산 가격을 결정하는 작업을 했다. 매직 T 이론에 의하면 우주에는 질서라는 것이 존재하며 12시간을 주기로 만조와 간조가 나타난다. 매직 T와 나는 그야말로 하나가 됐다. 시세는 가장 원초적인 방식으로 등락을 거듭했고, 나는 금융이라는 거대한 모래더미 속에서 꿈틀대는 연체동물처럼 거의 본능적으로 이러한 등락 추세를 타고 같이 오르락내리락했다. 내게도 이제 나만의 방법론이 생긴 것이다.

누구를 스승으로 모실 것인지에 대해서는 의문의 여지가 없었다. 나는 하루에 서너 번씩 조엘너에게 전화를 걸었다. 1974년에 형성된 하락장의 여파로 1975년에 에드워즈앤드핸리는 결국 파산하고 말았다. 그래서 조엘너는 뉴저지주 해컨색Hackensack으로 내려가 작은 헤지펀드사를 차렸다. 그래서 나는 뉴저지 주에 있는 의료서비스 제공업체를 방문할 때마다 해컨색에 들러 조엘너를 만났다. 결혼 후 주말이면 가끔 차를 몰고 뉴저지에 가곤 했는데, 그곳에서 조엘너와 내가 테니스를 즐기는 동안 아내 오드리와 조엘너의 아내 비키는 집에서 수다를 떨며 시간을 보냈다.

처음 조엘너가 해컨색에 펀드사를 차렸을 때는 사무실 두 개짜리로 시작했다. 사무실 하나는 조엘너가, 나머지 하나는 그의 아내 비키가 사용했다. 사무실 한구석에서는 둥근 유리 덮개가 달린 구형 다우존스 티커가 연신 주가 테이프를 뱉어내고 있었다. 그 위 벽면에는 거대한 대서양 연어 한 마리가 조엘너가 일하는 모습을 내려다보고 있었다. 이 두 가지 물건만 봐도 조엘너가 자신의 인생에서 가장 중요하게 여기는 것이 무엇인지 금방 알 수 있었다. 그것은 바로 주식투자와 낚시였다. 나는 옆에 앉아서 조엘너가 티커에 손을 댄 채 계속해서 나오는 테이프를 확인하는 모습을 몇 시간이고 지켜보곤 했다. 조엘너의 손끝은 이미 연보라색 잉크로 물들어 있었다.

"마틴, 이 테이프를 꼼꼼하게 살펴봐야 해." 조엘너가 말했다. "이 테이프를 보면 모든 것을 알 수 있거든. 악재에 주가가 오르고 호재에 주가가 하락할 수도 있어. 이 테이프를 정확하게 볼 수 있다면 언제가 강세인지 혹은 약세인지 그 시점을 알 수 있지."

갑자기 말을 멈춘 조엘너는 티커테이프에 시선을 고정했다. 티커가 계속해서 뱉어내는 테이프가 보라색으로 물든 조엘너의 손을 거쳐 사무실 바닥에 수북이 쌓이고 있었다. "마틴, 잘 봐. 드디어 뭔가 신호가 나타나고 있어. 이것 봐, 폴라로이드Polaroid 주가가 다시 3/8만큼 올랐는걸. 이제 슬슬 상승세가 나타나는 건가? 크리스마스 때 폴라로이드 카메라가 아주 많이 팔릴 거야. 4사분기 실적이 호조를 나타낼 거란 말이지. 자네 이동평균을 한 번 확인해봐. 1월물 폴라로이드 콜옵션에 대한 포지션을 취할 시점인 것 같군."

1979년 초부터 내 계획에 슬슬 발동을 걸었다. 매직 T 이론도 계속 숙지해 나갔다. 이것저것 시험해 보면서 어떤 것은 추가하고 또 어떤 것은 버리는 과정을 통해 내 성격과 수학적 경향에 걸맞은 요소들과 매직 T를 결합시키려고 했다. 이 과정에서 나만의 고유한 방법론을 도출했고, 조엘너가 이 방법론을 좀 더 정교하게 가다듬어 주었다. 그리고 이러한 노력이 마침내 실질적인 결실을 내기 시작했다. 자신감은 점점 커졌다. 드디어 내가 싱싱한 물고기를 낚아 올릴 시점이 된 것이다.

기본적으로 나는 옵션매매를 했다. 지난 2년간 매매했던 10여 개회사의 상황과 시장 모두를 낙관적으로 보았기 때문에 콜옵션매매가 주를 이루었다. 증권분석가로서 봤을 때 건전한 경제적 여건을 지녔던 기업으로는 신텍스, 아이비엠IBM, 하니웰Honeywell, 텔레다인Teledyne, 폴라로이드, 제록스Xerox 등이 있었다. 여기에 열거한 기업모두가 대량으로 매매됐고 그런 만큼 유동성이 높았다. 나는 시간 단위 혹은 분 단위로 포지션의 진입과 청산을 행하는 이른바 스캘퍼(Scalper: 초단타 매매자)이므로 이 유동성이 무엇보다 중요했다. 게다가옵션은 주식보다 가격 변동성이 훨씬 크다. 요컨대 같은 액수의 투자자본이라도 옵션 쪽의 수익 폭이 훨씬 크다. 보통 나는 3~4개 정도의콜 포지션을 유지했고 내 자본금 규모에 걸맞게 베팅 규모는 5,000~1만 5,000달러 선이었다. 그리고 대개 투자당 1,000~3,000달러를 이익 목표치로 잡았다.

나는 1977년 이후로는 지금까지 꾸준히 수익을 내고 있다. 전에는근거 없는 소문이나 떠도는 풍문에 기초한 매매를 했고, 그런 만큼 예기치 못한 상황이 발생하는 날이면 덩그러니 홀로 버려진 신세가 됐다. 그러나 지금은 차트를 만들고, 추세선을 검토하여 수정하고, 이동평균을 구하고, 변곡점을 찾아내고, 진입 및 청산가격을 결정하는 등의 작업을 하면서 자신감을 더 키워나갔다. 마치 체스 선수처럼 미리다음 포지션을 내다보며 체스 말을 움직였다. 내가 사용하는 매매 방식이 크게 달라졌다기보다는 이전보다 좀 더 영리하게 접근하고 있다는 편이 더 맞을 것 같다. 이러한 작업 과정이 내게 마음의 여유를 주는 동시에, 깊숙한 곳에 처박혀 있던 번득이는 아이디어를 끄집어 올려 주기도 했다. 그리고 그것이 좀 더 나은 의사결정을 하는 데 큰 도움이 됐다. 실전 매매에 임할 때 이런저런 사건이 연속적으로 터지다 보면 바로 의사결정을 해야 하는 상황에 직면하게 된다. 이런 상황에서는 전진이냐 퇴각이냐, 또 포지션 크기를 늘릴 것이냐 아니면 청산할 것이냐 등에 관해 생각할 여유가 없다. 나만의 방법론을 갖고 있다는 것이 정말 큰 무기가 됐다. 같은 상황에서 전에는 어떤 모습이었는지를 비교해 보는 것 역시 도움이 되었다. 이러한 것들이 지금 방아쇠를 당겨야 한다는 내 결정에 확신을 불어넣어 주었다.

1979년 1사분기 동안 처음에 계획했던 투자금의 절반인 5만 달러를 벌어들였으며, 2사분기 동안 또 5만 달러를 벌어들일 것이라는 사실을 믿어 의심치 않았다. 이제 다음 단계로 나아갈 시점이 됐다. 즉, 거래소 회원 자격을 얻을 때가 된 것이다.

상장 옵션의 매매를 목적으로 1973년에 시카고옵션거래소Chicago Board Options Exchange가 설립됐다. 이 거래소가 설립 즉시 큰 성공을 거두자 계속해서 거래량을 늘릴 방법을 모색하고 있던 퍼시픽거래소, 필라델피아거래소, 미국거래소 등 다른 증권거래소에서도 옵션매매가 활발해졌다. 계획상 시카고옵션거래소로 가는 것을 고려했으나, 뉴욕에 있으면서 미국증권거래소 회원권을 획득할 수 있다면 굳이 시카고로 갈 이유가 없었다.

봉고메리증권Montgomery Securities에서 의료서비스부문 분석가로 일하는 밥 프리드먼Bob Friedman과는 친구 사이였다. 우리 둘 모두 1976년도 〈인스티튜셔널인베스터Institutional Investor〉 선정 '전미 리서치팀'에 뽑힌 바 있어 모임이 있을 때마다 자주 만났다.

어느 날 프리드먼이 대니 와이스코프Danny Weiskopf라는 이름의 의붓형제가 있는데, 이 사람이 아멕스 입회장에서 스페셜리스트로 일한다는 말을 해주었다. 마침 내가 아멕스 회원권을 살까 생각 중이라는 말을 했더니 내게 와이스코프를 소개해주겠다고 했다. 대니 와이스코프는 아멕스 입회장에서 가장 인기 있는 종목인 발리엔터테인먼트Bally Entertainment 옵션 담당 스페셜리스트였다. 와이스코프를 찾아가보니 때마침 그는 네 쌍둥이의 할례를 집행하는 모헬(할례를 행하는 사람―옮긴이)처럼 정신없이 바쁜 상태였다. 일단은 와이스코프 밑에서 일하고 있던 헤이즈 노엘 쪽으로 갔다. 헤이즈는 내 또래로서 1970년부터 이 입회장에서 일해왔으며, 나와 마찬가지로 기술적 분석에 대한 조예가 깊은데다가 자기매매를 하고 싶어 했다. 이러한 공통점 때문인지 우리는 급속도로 친해졌다.

그 이후로 1주일에 두 번 정도, 허턴 사무실에 있는 내 비서에게 점심이 길어질 것 같다고 말하고는 잽싸게 거래소로 향하곤 했다. 거래소에 도착하면 방문객 전용 데스크로 가서 서명한 다음 배지를 받아든다. 데스크에서는 '헤이즈 노엘! 헤이즈 노엘! 프런트 데스크에 당신을 찾아온 방문객이 있습니다.'라는 안내 멘트를 내보낸다. 이것을 듣고 헤이즈가 내려오면 나는 배지를 만지작거리며 그를 따라 입회장으로 들어간다. 이런 식으로 거래소를 방문하는 동안 나는 마치 정찰하는 해병처럼 새로운 목표물을 찾아다니면서 획득 방법을 알아내려고 고심했다. 나는 항상 헤이즈와 3미터 정도 거리를 두고 뒤를 따라가면서 그가 일하는 모습을 지켜봤다. 입회장 안에서 누가 무엇을 어디에서 매매하는지, 또 누가 누구의 사무를 처리해주는지, 심지어 전화기와 화장실의 위치까지 모든 것들을 머릿속에 담아두었다.

"마틴, 우선은 회원권을 임대했다가 나중에 여기서 성공할 수 있다는 확신이 서면 그때 사는 것이 좋을 것 같은데." 어느 날 헤이즈가 이렇게 말문을 열었다. "그렇게 하는 편이 투자금을 절약하는 데 도움이 될 것 같아."

"말도 안 돼. 나는 이미 확신이 섰어. 바로 회원권을 살 거라고."

회원권은 당 거래소를 통해 매매됐다. 거래소 측에는 매도, 매수호가 차이를 기준으로 약간의 수수료(혹은 이전료)를 지급하기만 하면 된다. 가격이 적당하다면 살 수 있는 회원권은 얼마든지 있었다. 1979년 여름 당시 회원권의 매수호가는 8만 5,000달러, 매도호가는 9만 5,000달러였다. 말하자면 중간 가격인 9만 달러에 이전료 2,500달러 정도만 있으며 회원권을 살 수 있었다. 그러나 회원권을 사는 것에 앞서 전미증권업협회National Association of Securities Dealers에 브로커—딜러 등록을 해야 하고, 아멕스가 실시하는 옵션매매 강좌도 이수해야 한다. 6월 말이 되자 드디어 목표 자금 10만 달러를 모두 모았다. 이제 출격할 준비가 완료된 것이다.

마음이 급해서 허턴의 일을 다 정리할 때까지 기다릴 수 없었다. 그래서 1년 동안 비서에게 통화 업무를 전부 맡기고 사무실에 들어가 안에서 문을 걸어 잠그고는 전용 시세표시기인 벙커 라모Bunker Ramo를 작동시켜 매매 작업에 착수했다. 이때는 보통 하루에 3~6회 정도 매매했다.

전용 시세표시기가 있다는 것이 매우 중요했다. 허턴에서 이런 특혜를 누리는 증권분석가는 나밖에 없었다. 사실 1977년에 이곳으로 이직할 때 조건으로 내건 것이 바로 전용 시세표시기였다. 이전 직장에서는 리서치부서 전체에 시세표시기가 달랑 한 대라 사무실 복도에 놓여 있었다. 나가서 시세를 확인하고 싶은 마음은 굴뚝같지만 그랬다가 윗사람들의 눈에 띄기라도 하는 날에는 '쟤는 온종일 저기서 뭐 하는 거야?'라는 식의 의심 어린 눈초리를 받기에 십상이었다. 월가에서 연봉을 올려 받는 가장 쉬운 방법은 직장을 옮기는 것이라는 것을 나는 일찍이 깨달았다. 월가의 원칙은 되도록 적은 돈을 지급하면서 직원을 자사에 붙잡아 두는 것이었다. 회사 측에서는 직원을 다른 회사에 뺏기고 싶지 않고, 직원은 현재 받는 연봉이 부족하다는 이유로 이직을 고려하고 있다면 현 회사는 기꺼이 이 직원의 연봉을 올려주려고 할 것이다. 어쨌거나 허턴 리서치부서의 댄 머피Dan Murphy 부장이 나에게 스카우트 제의를 했을 때, 전용 시세표시기를 마련해 달라고 요청해야겠다는 생각이 들었다. 이것만 있으면 아무도 모르게 시황을 지켜볼 수 있기 때문이다.

회사를 떠나겠다는 말을 언제 할지 고민하다가 아무래도 월요일 아침이 좋겠다고 생각했다. 그래서 7월 9일에 퇴사 의사를 밝히기로 했다. 기분 같아서는 원래 내 스타일대로 부장실로 들어가 그만두겠다고 말하고 나서 바로 나오고 싶었다. 월가에서는 다들 그런 식으로 하기도 한다. 그러나 오드리의 생각은 달랐다.

"버지, 머피 부장에게 솔직히 말하는 게 어때? 가서 당신이 하고자

하는 일을 있는 그대로 털어놓는 거야. 그러니까 다른 회사로 가려는 것이 아니고 직접 매매를 해보고 싶어서 퇴사하는 것이라고 말이야. 그러면 부장도 아마 당신 의견을 존중해 줄 거야. 떠나는 마당에도 좋은 인상을 남기는 게 좋잖아. 그래야 일이 잘 안 풀려서 회사로 돌아가게 되어도 덜 민망하지 않겠어?"

그래서 나는 머피 부장을 찾아가 이렇게 말했다. "부장님, 그동안 허턴이 제게 해줬던 모든 것에 대해 깊이 감사하고 있습니다. 그렇지만 이제 좀 다른 일을 해보기로 했습니다. 지난 8년 6개월 동안 저는 증권분석가로 일했습니다. 이제 곧 아이도 태어날 건데 언제까지 이곳저곳으로 출장을 다니며 살아야 하는지 좀 답답하다는 생각이 들었습니다. 그건 제가 원하는 삶이 아닙니다. 오랫동안 사업하는 것을 꿈꿔왔기에 이제 전업 트레이더가 돼보려고 합니다."

머피 부장은 자리에서 일어나 조용히 문을 닫았다. 그 당시 이미 분석가 두 명이 사표를 내고 다른 회사로 갔기 때문에 허턴으로서는 내 거취에 신경이 곤두서지 않을 수 없었을 것이다. 부장이 말문을 열었다. "좋아, 하지만 자네에게 한 가지 부탁이 있네. 이 일은 당분간 우리 둘만의 비밀로 하자고. 다른 분석가를 채용하려면 아무래도 시간이 좀 걸리지 않겠나? 분석가가 두 명이나 나가자마자 또 자네까지 떠난다는 사실이 알려지면 회사가 망하는 것 아니냐는 소리도 충분히 나올 수 있단 말이지."

나는 그렇게 하겠다고 말했고, 거기다 부장의 요청으로 출장도 두 번이나 다녀왔다. 한 번은 필라델피아로 가게 됐는데, 이날은 각기 다른 여섯 곳에서 오전 9시, 오전 10시 반, 정오 오찬, 오후 2시, 오후 3시

반, 오후 4시 반 등 총 여섯 번의 판촉 모임을 마친 후 메트로라이너(뉴욕과 워싱턴 D.C. 간 고속철도—옮긴이)를 타고 뉴욕으로 돌아오는 일정이었다. 이 일이 정말 싫었으나 부장은 이렇게 간청했다. "제발 부탁이네. 처리 좀 해주게." 그래서인지 회사를 떠날 때 허턴 측은 아주 획기적인 특혜를 주었다. 퇴사 후 6개월 동안 사무실을 그대로 사용해도 좋다는 것이었다. 월가에서는 상사에게 회사를 그만두겠다고 말하면 즉각 그 사람이 다루던 서류부터 봉인하고, 서류 가방을 철저히 조사하며, 직장直腸 검사까지 시행한 다음 마치 범죄자처럼 경호원의 호위를 받으며 회사 문을 나서는 것이 일반적이다. 그러나 나는 이와는 정반대로 내 발로 유유히 걸어 나갔으니 특별대우를 받았다고 해도 과언이 아니었다.

어쨌든 내 계획은 실현됐다. 내 스타일에 맞는 매매 방법을 찾았고, 조엘너를 스승으로 삼았고, 매매 자금 10만 달러를 모았다. 또한, 아멕스 회원권을 샀으며, 허턴을 나와서 트레이더가 됐다. 1979년 8월 13일 월요일 아침, 나는 아멕스 건물 입구 앞에 우뚝 섰다. 그리고 한차례 심호흡을 하고 배지를 꺼낸 후 '회원만 출입!'이라고 외치는 경비원의 소리를 들으며 안으로 들어섰다. 이제 스타가 될 일만 남은 것이다.

스스로 번 돈으로
매매 밑천을 삼아라

가끔 나 자신이 르네상스 시대의 사람이 되는 꿈을 꾼다. 나는 만약 내가 다른 시대에 태어났다면 어떻게 됐을까 하는 식의 공상을 즐기는 편이다. 19세기를 사는 젊은이였다면 아마도 전 재산을 들고 포티나이너(Forty-Niner: 1849년에 금광 경기로 캘리포니아에 밀어닥친 사람)가 되었을 것이다.

1979년에 처음으로 전업 트레이더로 나섰으니 이제 보물이 될 만한 주식, 채권, 옵션, 선물 등을 캐내야 했다. 매매 밑천으로 10만 달러가 필요하다고 생각했다. 처음에 생각했던 이 금액이 다 모일 때까지는 매매에 나설 준비가 됐다는 생각이 들지 않았다. 어쩌면 이보다 더 많은 돈이 필요할지도 모른다. 그러나 당시 자기매매에 대한 내 욕구가 워낙 강했고, 어차피 10만 달러도 아주 최소한으로 잡은 매매 밑천이었다. 매매로 생계를 유지할 생각이라면 최소한 1년의 준비 기간을 가져야 한다. 생활비를 충당하고도 남을 정도의 여윳돈을 가지고 시작해야만 꾸준히 돈을 벌 수 있다. 이렇게 자신할만한 시점에서 매매가 가능하다.

전업 트레이더가 아니라 직장 생활과 병행하여 매매할 생각이라면 여유 자금을 따로 비축할 필요는 없겠지만, 마음 편하게 매매하고 또 성공할 기회를 얻으려면 역시 충분한 자금이 필요하다. 자신의 매매 활동을 관리하는 가장 간단한 방법은 별도의 매매 전용계좌를 개설하는 것이다. 이때 감당할 수 있는 손실 규모 이상의 금액을 계좌에 넣지는 말아야 한다. 계좌에 넣을 금액의 규모는 개인마다 다르겠지만, 얼마가 됐든 최대 허용 손실액 이상을 넣지 않는다는 원칙은 반드시 지켜야 한다. 그리고 이 계좌에 들어 있던 매매 자금을 모두 잃었다면 그때는 정말 미련없이 손 털고 나와야 한다.

자기매매에 나서기 전에 우선은 자기 자신의 감정을 잘 다스려야 하고, 자신의 판단이 옳았느냐보다는 이익을 냈느냐가 훨씬 중요하다는 사실을 깨달아야 한다. 전업 트레이더가 되려면 우선 실전 매매를 통해 이익를 냄으로써 자신의 매매 방법을 검증하고 매매실력을 입증해야 한다. 요컨대 나는 매매에 필요한 밑천을 스스로 벌어야 했다. 내가 매매자금 10만 달러를 벌었다는 것은 성공 가능성을 높일 만한 매매 방법을 고안했다는 증거이다.

매매 자금을 남에게 빌리는 것은 바람직하지 않다. 도박꾼 중에는 돈을 빌려 도박을 하는 사람들이 수두룩하다. 사실 나도 처가에서 5만 달러를 빌리기는 했으나, 이 돈은 그냥 예비 자금일 뿐 처음부터 이 돈을 매매에 사용할 생각은 추호도 없었고 실제로도 사용하지 않았다. 나한테 5만 달러는 덤보(Dumbo: 만화영화에 등장하는 주인공 코끼리의 이름—옮긴이)의 날개와 같은 의미였다. 즉, 하늘을 나는 데 필요한 최소한의 안전장치였다고 할 수 있다. 만약 내가 이 돈을 사용해야 하는 상황이 된다면 그것은 내가 매매에 실패했음을 의미하는 것이다. 적어도 이번에는 절대 실패하지 않으리라 다짐했었다.

10만 달러를 버는 것과 이 돈을 모아두는 것은 별개의 문제다. 오드리와 나는 희생을 감수하며 돈을 모았고 그 덕분에 내가 개인매매에 나설 시점이 됐을 때 자금 관리의 중요성을 새삼 깨달을 수 있었다.

매매 밑천을 버는 일은 상당한 수준의 자기 수양과 관리를 요하는 일이다. 따라서 여러분이 만약 스스로 번 돈을 매매 밑천으로 비축한다면 이 돈을 다 날릴 가능성은 적어진다. 트레이더는 하루에 수천 달러를 벌고 또 잃기 때문에 일류 트레이더 중에는 '쉽게 번 돈은 쉽게 나가는 법'이라며 손익에 달관한 듯한 태도를 보이는 사람들이 꽤 있다. 그러나 다 그런 것은 아니다. 이익이 났다고 춤을 추거나 손실이 났다고 울상을 짓는 등의 원초적 반응을 보이지 않는다고 해서 투자 결과에 무심하다고 볼 수는 없다.

잭 슈웨거의 《시장의 마법사들》에 나오는 대목 중 가장 흥미로운 사실은, 저자가 인터뷰한 사람들 대부분이 꾸준한 수익을 내는 성공한 트레이더가 되기 전의 실패담을 들려주었다. 트레이더로서 성공할 기회를 잡는 데 필요한 정도와 한 번의 매매로 자금이 거덜 나는 일이 없을 만큼의 충분한 자금이 있어야 한다. 아멕스에서 처음 매매를 시작했을 때 나는 단 몇 시간 만에 내 운용 자본의 10퍼센트를 잃었다. 그러나 아직 매매 밑천이 충분히 남아있었고, 내 '구토점(최악의 수준점)'도 매우 낮은 상태라 시황이 다시 내게 유리하게 전개될 때까지 손을 털지 않고 버틸 수 있었다. 게다가 나는 홈런을 노리는 타자가 아니라 단타 중심 타자였다. 내 매매 스타일은 한방에 큰 수익을 내기보다는 작은 수익을 여러 번 내는 쪽이었기에 비교적 밑천이 그렇게 많이 필요하지 않았다.

부와 명성을 좇아 서부로 향했던 포티나이너처럼, 스스로 매매 밑천을 벌어 매매에 임한 트레이더야말로 큰돈을 벌 가능성이 가장 크다.

Chapter 03

출발선에 서서
방아쇠를 당기다

PIT BULL

식은땀이 쉴 새 없이 흘러내렸다. 도로 가장자리 쪽을 바라보며 내 위치를 확인했다. '그래, 더 높은 패를 내야 해. 그렇게 하지 못하면 끝장이야. 그동안의 모든 노력이 다 수포로 돌아가고 말아. 완전히 망하는 거라고.' 아이들이 모두 내 주변으로 모여들며 한마디씩 해댔다. "그래 지금이야, 슈워츠! 지금이 절호의 기회라고." "자, 빨리! 어서 던지라고." "바로 지금이야, 슈워츠. 얼지 말고 정신 차려!" "어서 패를 까라니까, 이런 겁쟁이 같으니라고." "너 졸았구나! 이런 얼간이, 얼간이, 얼간이!"

더는 참을 수가 없었다. 그래서 출발선에 가서 선 다음에 요기 베라 Yogi Berra의 얼굴을 들여다봤다. 가무잡잡한 얼굴에 큼지막한 주먹코가 인상적인 이 이탈리아계 야구 선수의 사진에 키스한 다음 손목을 냅다 꺾으며 카드를 날렸다. 요기 베라 카드가 오른쪽에서 왼쪽으로 날다가 인도에 한 번 내동댕이쳐진 다음에 피 위 리즈Pee Wee Reese 카드 위에서 딱 멈추는 순간 아이들이 모두 숨을 죽였다. 승리를 확인한 나는 허공에다 주먹을 휘둘러댔다. '드디어 내가 해냈다. 이제 저 카드는 다 내 것이다.'

야구 카드 뒤집기야말로 나를 맨 처음 도박의 세계로 이끌어준 놀이라 할 수 있다. 토요일 아침에 자리에서 일어나면 차고에서 빨간 라디오플라이어(Radio Flyer: 어린이용 자동차 브랜드―옮긴이)를 꺼내 타고 동네를 돌아다니며 빈 병을 모았다. 12온스(약 360ml)짜리 병은 2센트, 32온스(약 960ml)짜리 병은 5센트를 쳐주었다. 정오쯤 되면 40~50센트를 모을 수 있었고, 이 정도면 1953년 당시로서는 꽤 큰돈이었다. 그런데 나는 동네 한 바퀴를 돌며 모은 빈 병을 데이비스 스트리트 초등학교 옆에 있던 아티스 식료품점 앞에다 뿌려 놓았다. 그리고 이 병을 탑스Topps 야구 카드와 바꿨다.

카드 다섯 장이 들어 있는 야구 카드 한 벌은 5센트였다. 포장을 뜯으면 그 안에 껌이 들어 있는데 이것은 무시한 채 카드만 죽 살펴보면서 나한테 이미 있는 카드인지 아닌지 확인했다. '제발 맨틀Micky Mantle이나 리주토Phil Rizzuto가 나와라.' 또 '피츠버그 파이어리츠나 워싱턴 시네이터즈 선수는 제발 나오지 마라.' 이렇게 기도하면서 말이다. 그러고는 다들 밖으로 나가 벽에다 카드를 획 튕겨 승자를 가렸다. 여기서 얻은 교훈이 있다.

승자가 되려면 두려워하지 말고
일단 출발선에 서서 방아쇠를 당겨야 한다

열한 살 때 나는 덩치가 좀 큰 편이라서 눈 치우는 일 정도는 혼자 할 수 있었다. 캐나다발 폭설이 미국을 강타할 때면 언제나 휴교에 들어갔고, 이럴 때면 나는 삽을 들고 밖으로 나갔다. 그리고 아침 내내 눈을 치웠다. 인도에 있는 눈 치우기는 1달러, 차도는 2달러 50센트를 받았다. 눈 치우기는 참으로 고된 일이었다. 눈을 다 치웠다고 생각하는 순간 다시 눈이 펑펑 쏟아져서 그때까지 한 일이 모두 허사가 될 때도 있었다. 정오까지 계속 눈을 치웠다. 그러면 6~8달러 정도는 벌 수 있었는데, 1957년 당시로는 꽤 큰돈이었다. 이렇게 주머니가 두둑해지면 카드놀이를 하러 에디 코헨의 지하실로 갔다. 우리는 그곳에서 친구들과 '세트백Setback'이라는 카드 게임을 했다. 가끔은 오후 한나절에 10~12달러를 딸 때도 있었다. 눈 치우기보다 벌이가 더 좋았던 셈이다.

열다섯 살이 되면서 세트백은 졸업하고 포커로 넘어갔다. 토요일 아침이면 외할아버지의 캐디가 되어 용돈을 벌었다. 할아버지는 골프 실력은 별로였지만 내 용돈 벌이 대상으로는 아주 훌륭했다. 캐디를 하고 나면 10달러를 주셨는데 정말 큰돈이었다. 할아버지가 준 돈을 들고 곧바로 에디의 지하실로 향했다. 이 중에는 초등학교 시절부터 같이 모이던 아이들도 있고 힐하우스 고등학교 학생들도 있었다. 이렇게 새로 합류한 친구 중에 도니 케이Donny K.라는 녀석이 있었다. 이 녀석의 아버지는 웨스트헤이븐West Haven에서 대형 음료수 대리점을 하고 있었다. 도니는 늘 돈이 많았기 때문에 나는 이 녀석과 카드놀이 하는 것을 좋아했다. 노니의 아버지는 캐딜락을 몰고 다녔고 우드브리지 컨트리클럽Woodbridge Country Club의 회원이기도 했다. 하지만 아들인 도니는 그렇게 똑똑한 아이는 아니었다. 게임의 규칙이나 개념을 도무지 이해하지 못했다. 나보다 부유한 사람들에 대한 근원 모를 원한을 갖고 있었기에 부잣집 도련님인 도니를 이기는 것이 내게는 큰 즐거움이었다.

카드놀이로 돈을 많이 벌었기 때문인지 부모님은 내가 도박을 하는 것에 별로 신경을 쓰지 않았다. 그러나 할아버지는 달랐다. 당신이 준 돈으로 내가 무엇을 하고 다니는지 알게 된 할아버지는 화가 머리 끝까지 치밀어 어머니에게 이렇게 말했다. "힐데, 너는 어떻게 네 아들이 카드놀이를 하도록 그냥 내버려 둘 수가 있니? 도박이나 다름없는 놀이에 완전히 빠져 있더구나. 저러다 애 신세 다 망치겠다."

내가 카드놀이에 빠져 있던 것은 사실이나 그렇다고 신세까지야 망치겠는가! 나는 애퀴덕트(Aqueduct: 뉴욕시 퀸즈 구에 있는 경마장)로 갈 생각이었다. 그리고 운전면허를 따자마자 경마장으로 향했다. 갈 때는 50달러만 들고 갔지만 올 때는 100달러 이상 돈이 불어나기를 바랐다. 그리고 실제로 이런 일이 많이 벌어졌다. 카드놀이로 돈을 땄을 때의 경험이 경마장에서도 큰 효과가 있다는 사실을 알게 됐다. 다른 사람들이 돈을 벌기 위해 각자의 일을 하듯이 나에게는 이것이 그런 일이었다. 절대로 먹고 마시거나 사람들과 사귈 목적으로 경마장에 가지 않았다. 경마 신문을 읽고, 말 조련사에 대해 조사하고, 기수의 기록을 도표화하고, 또 경주로의 상태를 살폈다. 경주마의 혈통보와 최근 경기 기록을 살펴보면서 추세를 파악하려고 했다. 유명한 경마 신문인 〈데일리레이싱폼Daily Racing Form〉에서 각 경주마의 기록 순위표를 보면서 특정한 날, 특정한 거리에서 가장 좋은 성적을 낼 경주마를 찾아내려고 노력했다. 경주마별로 예상 기록을 계산한 다음, 이 결과에 따라 베팅 액수를 결정했다. 마지막으로 전광판을 살펴보면서 불일치하거나 불균형한 부분이 없는지를 찾아내 기회를 포착하고, 마지막 순간이 올 때까지 기다렸다가 적절한 시점이라고 판단될 때 베팅을 했다.

나는 애퀴덕트 경마장을 좋아했다. 초록빛 잔디로 뒤덮인 이 경마장은 정말 깨끗한 곳이었고 말들도 아주 아름다웠다. 게다가 적어도 이 경마장에서는 아버지가 천한 직업을 갖고 있는 유대인이라는 것과, 집안이 부유하지 않아서 우드브리지 컨트리클럽에 드나드는 일은 꿈도 못 꾼다는 사실에 신경 쓰는 사람은 아무도 없었다. 애퀴덕트에 있는 클럽하우스에 가고 싶으면 2~3달러 정도만 내면 얼마든지 들어갈 수 있었다.

여기서 또 다른 교훈 하나!

철저히 준비하라. 게임을 할 때는 다른 참가자보다 더 많이 알고 있어야 한다.

애머스트대학 시절에도 나는 경마장에 가는 것을 즐겼으며, 항상 혼자서 갔다. 제프리 경(Load Jeffrey: 스코틀랜드의 문학 비평가이자 판사—옮긴이) 하면 말을 탄 모습이 언뜻 떠오르지만, 1963년만 해도 애머스트에서 경마장에 출입하는 사람이 많지는 않았다. 금요일이면 축구 연습을 끝내고 나서 로드 제프리 애머스트 서점 옆에 있는 역으로 걸어 내려갔다. 피터팬 버스를 타고 뉴햄프셔 주 힌스데일Hinsdale에 있는 작은 경마장으로 향했다. 버스가 뉴잉글랜드의 아름다운 농장들을 지날 때면 창밖으로 붉게 물든 단풍을 바라보며 내 농장이 있다면 얼마나 좋을까 하는 행복한 공상에 빠져들곤 했다. 밝은 주황색 잎의 단풍나무와 소박한 헛간, 하얀 담장, 마구간 그리고 넓게 펼쳐진 초원 위에서 내 말들이 한가로이 풀을 뜯는 모습을 가만히 그려보았다. 그러고 나서 밤늦게 집으로 돌아올 때는 버스 맨 뒤에 자리를 잡고 앉아 경마장에서 딴 돈을 만지작거리며 승리감을 만끽했다.

여기서 교훈 하나 추가!

꿈을 가져라. 사람들은 당신이 지금 무엇을 하고 있는지가 아니라 앞으로 무엇을 하고 싶어 하는지를 보고 당신을 평가한다.

패피 스나이더가 늘 홍얼대던 것처럼,
꿈이 없다면 대체 꿈을 어떻게 실현할 수 있는가?

1967년 여름, 부모님은 내게 유럽여행 경비로 1,000달러를 주셨다. 5년 전에 형이 시러큐스대학을 졸업했을 때와 마찬가지였다. 애머스트대학 룸메이트였던 래리 링컨Larry Lincoln과 링컨의 형 스티브와 동행했고, 6월 중순부터 8월 말까지 총 11주 동안 유럽을 여행했다. 부모님은 컬럼비아대학 경영대학원의 가을 학기가 시작되기 전에 유럽의 문화를 많이 배우고 돌아오기를 바랐다.

그런데 래리와 스티브 형제가 박물관과 대성당을 둘러보는 동안 나는 카지노 순례에 나섰다. 바로크풍의 화려한 건물, 둥근 천장, 크리스틸 샹들리에, 벨벳 커튼 그리고 정장 차림을 한 채 오가는 사람들 등 유럽식 카지노의 풍광이 무척 인상 깊었다. 내 취향에 가장 잘 맞는 곳은 프랑스 디본Divone에 있는 카지노였다. 우리가 스위스에 머물고 있을 때, 래리와 스티브 형제의 아버지가 사준 메르세데스를 몰고 국경을 넘어 디본으로 갔다.

국경을 넘을 때 여권과 차량 등록증을 보여주자 국경 수비대원이 나에게 이렇게 물었던 기억이 난다. "선생님, 프랑스엔 무슨 일로 가십니까?"

"게임을 하려고요." 나는 이렇게 대답했다.

"아하, 그렇군요. 행운이 함께 하시기 바랍니다."

"감사합니다." 그 당시 내 프랑스어 실력은 별로였다.

카지노의 화려한 불빛을 보며 메르세데스를 몰고 들어가 입구에 세웠다. 이 순간만큼은 내 자신이 영화 〈007 카지노 로열〉에 나오는 제임스 본드 같다는 생각이 들었다. 본드처럼 룰렛을 하면서 아주 복잡한 기술을 구사하기도 했다. 베팅을 하기 전에 우선 4 또는 5 검정이 나오는 것, 연속으로 4 또는 5가 나오는 것, 4 또는 5 빨강 혹은 홀수나 짝수 등이 나오는 패턴부터 파악했다. 이렇게 룰렛 앞에 선 채 카드패의 결과를 도표화했다. 룰렛의 회전은 완전히 무작위로 이루어지며, 어떤 결과가 나올 확률은 모두 동일하다는 사실 따위는 염두에 두지 않았다. 대신에 이 게임의 진행 시스템을 포착하는 것이 중요했다. 게임의 질서를 파악하기 전까지는 얼마를 베팅해야 할지 확신이 서지 않는다. 그리고 한쪽으로 치우치는 패가 나올 날이 있을지 또 누가 알겠는가!

열흘 동안 유럽에서 머물고 나서 계산해보니 쓴 돈보다 번 돈이 더 많았다. 카지노에서 돈을 많이 벌어서 집에 돌아갔을 때 부모님께 1,000달러를 고스란히 돌려 드리고 싶었다. 생각만 해도 절로 흥분이 됐다. 유럽에 있는 동안에도 줄곧 그랬으나 여행의 마지막 행선지인 런던에서도 너무 도박에 빠져 있었던지라 좀처럼 휴식을 취하지 못했다. 도박을 할 때 명심해야 할 부분은 중간 중간 충분히 휴식을 취해야 한다는 점이다. 도박은 달리기 경주와 같아서 최상의 몸 상태가 아니면 경기에서 질 수밖에 없다. 그런데 그때 나는 이 간단한 진실을 외면했었다. 개트윅 공항에 도착하자마자 내가 제일 먼저 한 일은 가까운 클럽을 찾는 일이었다.

오전 8~9시 정도에 클럽 하나를 찾아냈다. 이른 시간이라 그런지 클럽 안에는 사람들이 별로 없었다. 왜 그렇게 한산했는지 그때는 이유를 잘 몰랐다. 원래 런던에서는 시간이 좀 더 지나야 도박 손님들이 몰려든다고 했다. 이번에는 크랩(Craps: 두 개의 주사위를 써서 하는 노름)을 할 생각이었다. 슈터(Shooter: 주사위를 던지는 사람)가 지는 쪽에 돈을 걸고 싶었는데 크랩을 하는 사람이 아무도 없었다. 그래서 내가 슈터가 되어 주사위를 던지고, 슈터인 나 자신이 지는 쪽에 베팅했다. 나는 크랩을 할 때 한 가지 원칙이 있었다. 한 슈터가 연속해서 두 번 이상 이기게 하지 않는다는 것이었다. 한 슈터가 두 번 연속으로 이기면 그때는 베팅을 중지하고 다른 슈터가 주사위를 던질 때까지 기다린다. 그런데 여기서는 그다음 슈터가 바로 나였다. 거의 무의식적으로 내리 일곱 판에서 '패스'를 외치며 내가 지는 쪽에 돈을 걸었다. 크루피어(Croupier: 도박장의 돈을 모으고 지불하는 금전 책임자—옮긴이)가 놀라움을 감추지 못하고 이렇게 말했다. "세상에! 이런 상황은 보다보다 처음이네."

여행을 하는 동안 나는 일기를 쓰고 있었고, 이날 밤에도 숙소로 돌아와 어김없이 그날의 일을 적었다.

1967년 8월 18일. 오늘 나는 아주 비싼 대가를 치르고 중요한 교훈을 하나 얻었다. 그러나 앞으로 이 교훈에 따라 행동하기만 한다면 이 비싼 수업료가 그리 아깝지는 않을 것이다. 오늘 밤 나는 400달러를 잃었다. 버젓한 직장이 있는 성인들에게도 400달러는 적은 액수가 아니겠지만, 나처럼 직업도 없는, 스물두 살 밖에 안 된 애송이에게는 회복할 수 없을 정도로 큰돈이다. 잃은 돈만 생각하면 이 글을 쓰는 지금도 열불이 난다. 그러나 냉정하게 생각하면 앞으로 절대 어기지 말아야 할 중요한 규칙을 깨달은 셈이니 크게 억울할 것도 없다.

1. 큰돈을 벌겠다는 생각으로 도박을 해서는 안 된다. 열심히 일해서 밑천을 벌어라. 그리고 한 방에 싹쓸이를 할 생각은 말아라. 이 세상에 그런 방법은 없다.

2. 여행 중에는 너무 많은 돈을 걸지 말라. 도박을 즐기고 싶다면 돈을 조금씩 나누어서 걸고, 자기 자신을 통제하기 어려운 경우라면 아예 자금을 너무 많이 가져가지 마라. 더 정확하게 말하자면 잃어도 괜찮다 싶을 정도로 아주 적은 액수만 가져가라.

3. 카지노나 경마장에서 내기 돈을 너무 많이 거는 것은 바람직하지 않다. 이런 곳에서는 그저 소액 베팅이 정답이다.

이 교훈이 얼마나 가치 있는 것인지는 미래에 판가름 날 것이다. 이제 우울하고 착잡한 기분을 떨쳐버리고 예전의 믿음으로 돌아가 열심히 일하는 것만이 성공과 행복을 보장하는 길임을 다시 한 번 되새길 시간이다. 더 늦기 전에 이것을 깨달아서 다행이다!

인격적으로 좀 더 성숙해지기 위해 경영대학원에서 정말 열심히 공부하고 도박은 1주일에 하루만 하겠다고 다짐해본다.

물론 이것은 다 헛소리였다. 나는 도박을 포기할 생각이 없었다. 다음 날 다시 카지노로 돌아갔고, 돈을 조금 번 후 런던을 떠났다. 물론 부모님이 주셨던 돈 1,000달러를 다 채우지는 못했다.

포기하지 말라. 계획을 세웠으면 그대로 밀고 나가라.

내 도박 수준을 한 단계 올려준 사람은 리키 지Ricky G.였다. 1970년 겨울에 나는 경영대학원을 졸업하고 나서 쿤롭Kuhn, Loeb & Co.에 입사했다. 또한, 뉴헤이번에 있는 해병대 예비부대에서 브루클린에 있는 러시아 심문팀으로 전속되었는데, 리키 지는 내 부대원 가운데 한 명이었다. 리키 지는 도박에 심취한, 한마디로 독특한 인물이었다. 그런데 당시 브루클린에는 심문해야 할 러시아인이 별로 없었기 때문에 주로 카드놀이를 하거나 도박에 관한 이야기를 하면서 시간을 보냈다.

2주 동안 캘리포니아 주 펜들턴 기지에서 근무할 때였다. 주말이 다가오자 리키 지가 내게 이렇게 말했다. "저, 소위님! 라스베이거스에 한번 가지 않으실래요?"

나는 아직 라스베이거스는 가보지 않았기에 당연히 이렇게 답했다. "두말하면 잔소리지! 자, 가자고!"

몇몇을 제외한 모든 부대원이 로스앤젤레스로 가서 라스베이거스행 비행기에 함께 몸을 실었다. 8월 초여서 날씨가 무척 더웠고, 사막 전역에서 모래폭풍이 일고 있었다. 우리는 폭풍 속의 돛단배처럼 마구 흔들렸고, 조종사조차도 무사히 착륙할 수 있을지 장담할 수 없는 상황이었다. 결국 세 번의 시도 끝에 무사히 착륙에 성공했다. 그리고 샌즈호텔로 이동하여 슬롯머신과 게임판, 다양한 음료와 음식 그리고 아름다운 여인들의 모습을 보았다. 이러한 광경을 보자 도박꾼으로 다시 태어난 느낌이었다.

라스베이거스는 이미 이 세상에서 내가 가장 좋아하는 곳이 되어 있었다. 도박을 한 후 방으로 돌아와 조금 쉬다가 식사를 하고 다시 아래층으로 내려가 도박을 조금 더 했다. 직장이 있는 젊은 독신남에게 라스베이거스는 정말 천국이나 다름없었다. 다른 곳과는 비교할 수 없는 최상의 클럽이었고 애퀴덕트 경마장보다도 훨씬 나았다.

그 이후로 나는 틈만 나면 라스베이거스로 갔다. 내가 담당하는 고객사 중에 서부에 본사를 둔 회사들이 있었기 때문에 이 점을 십분 활용했다. 수요일 밤에 뉴욕에서 솔트레이크시티로 날아가 목요일에는 하루 종일 솔트레이크시티 소재 회사 관계자들을 만나는 데 보냈다. 그리고 목요일 저녁에 라스베이거스로 날아가 시저스팰리스호텔에 여장을 풀고는 밤새도록 도박을 했다. 금요일 아침에는 피닉스로 가서 회사 한두 곳 정도를 돌아보고 오후에는 다시 호텔로 돌아왔다. 그런 다음 주말 내내 도박을 했고 일요일 밤에 야간 비행기를 타고 뉴욕으로 돌아왔다. 그러고 나서 월요일 아침에 출근하여 사무실에 앉아 보고서를 쓰고 도박으로 얼마나 땄는지를 계산했다.

도박을 즐기는 사람들에게 라스베이거스만큼 좋은 곳은 다시 없다.

어느 가을날, 브루클린 예비부대 모임에서 리키 지가 내게 자신의 축구 카드를 한번 봐달라고 부탁했다. 마권업자인 카민에게 전화하기 전에 확인해달라는 것이었다. 나는 이렇게 말했다. "당연히 봐줘야지. 나도 마권업자랑 거래하고 싶었는데."

마권업자는 아무하고나 거래하지 않기 때문에 업자를 만나려면 보증인이 필요하다. 그래서 리키 지가 나와 카민의 만남을 주선했다. 우리는 용커스Yonkers에 있는 아쿠아 비타 디너에서 만났다. 카민은 시칠리아 출신 마피아 단원을 연상시키듯 외투 깃을 바짝 올려세우고 모자를 삐딱하게 눌러 쓴 채 두리번거렸다. 500달러를 베팅하고 싶을 때는 '니켈'이라 하고, 1,000달러 베팅 시에는 '다임'이라는 말을 쓴다면서, 별 의심 없이 그 바닥에서 사용하는 은어를 다 가르쳐 주었다. 아마도 내가 단속 공무원처럼 생기지는 않은 모양이었다. 카민은 정보가 필요하거나 베팅하고 싶을 때 전화하라고 내게 번호를 알려 주면서 이렇게 말했다. "마틴, 당신 암호명이 필요해요. 리키가 버몬트에 살고 당신은 리키의 친구니까 메이플이라고 하지요. 메이플 슈거 어때요?" 참고로 버몬트는 메이플시럽으로 아주 유명하다.

마틴 슈워츠는 이제 메이플 슈거라는 별명을 갖게 됐다. 나는 이 이름이 마음에 들었기에 메이플을 내 암호로 했다. 나는 일요일 밤이면 카민처럼 옷깃을 세우고 중절모자를 쓴 채 밖으로 나와 공중전화로 카민에게 전화를 건 후, 수화기에 귀를 바짝 대고 속삭였다. "저, 메이플입니다. 뉴욕 자이언츠의 선수진은요? 디트로이트 라이언즈 쪽이 8 1/2 우세라고요? 좋아요, 그럼 라이언즈에 '니켈' 베팅할게요."

카민은 수표나 신용카드를 사용하지 않기 때문에 나는 집안에서 돈을 숨길 장소를 찾기 시작했다. 도박꾼은 누구나 그런 비밀 장소를 갖기 마련이다. 그는 마침내 대학원 다닐 때 봤던 조세 관련 전공서를 비밀 장소로 골랐다. 돈을 숨기기에 이보다 더 적당한 장소는 없었으며, 또 한편으로는 세금 책에다 도박할 돈을 숨긴다는 점에서 묘한 기분이 들기도 했다.

나는 축구 시즌에는 기분이 괜찮았지만 야구 시즌이 되면 자신에 대한 통제력을 잃어버렸다. 이럴 때 정신과를 찾아간다면 의사는 아마도 내가 마치 연애하듯 도박을 하고 있다고 말했을 것이다. 사회생활이 엉망이 될수록 나는 점점 더 도박에 빠져들었다. 1972년 초에는 계속해서 돈을 잃었다.

관심을 다른 곳으로 돌리기 위해 버몬트주 슈거부시Sugarbush에 있는 스키 클럽에 가입했으나 도박을 완전히 끊지는 못했다. 2월 초순에는 카민에게 1주일 새 2,000달러를 맡겼다. 이 정도면 나한테는 아주 많은 돈이었다. 어느 금요일 밤, 이러다가는 아주 거덜이 나겠다는 판단이 들어서 내 애마 TR6를 몰고 스키장으로 향했다. 그리고 주초에는 익스텐디케어Extendicare의 CEO 웬델 체리Wendell Cherry를 만나러 루이빌Louisville에 다녀왔다.

나는 경주마, 기수 그리고 룰렛의 경우와 마찬가지 방법으로 대학 농구 관련 기록을 도표로 만들었으며, 이번 시즌이 끝나갈 무렵에는 원정경기, 야간 연속경기, 홈경기에 강한 각각의 팀에 관한 자료를 모두 수집할 수 있었다. I-91번 고속도로를 타고 브래틀버러Brattleboro와 벨로우즈 폴즈Bellows Falls, 바톤스빌Bartonsville을 지나면서 '더블 이프 덴 리버설(double if-then reversal: 역전되면 두 배로 따기라는 의미로 해석됨―옮긴이)' 베팅할 네 경기를 골랐는데, 이 명칭은 카민이 붙인 것이다. 내가 고른 네 번째이자 마지막 경기는 루이빌 대 멤피스 전이었고, 나는 루이빌이 멤피스를 3.5점 차로 이기는 데 승부를 걸었다. 루이빌에서는 온통 카디널스 이야기뿐이었지만, 나는 루이빌에 대한 감이 무척 좋았다. 나는 카민에게 전화를 걸어 베팅했다.

토요일 오후부터 일요일 밤까지 TR6를 몰고 산 주변을 돌았다. 운전 도중에 라디오 주파수를 이리저리 맞추면서 경기 결과를 알아보려고 했으나, 그날따라 눈이 엄청나게 내렸고 온몸이 꽁꽁 얼어붙었다. 그러나 한밤중이 되자 네 번의 베팅 중에서 세 번은 분명히 이길 것이라는 확신이 들었다. 이제 루이빌이 4점 차로 이기기만 하면 되는 것이다. 그러면 나는 궁지에서 벗어나 제법 큰돈을 만질 수 있게 된다. 그런데 루이빌이 전반전에 약 7점 차로 지고 있다는 소식이 들렸다. 이건 좋지 않은 소식임이 틀림없었다.

순간 머리가 돌아버릴 지경이었다. 루이빌이 점수를 만회할 것인지, 못할지 당장 알고 싶어졌다. 시간은 벌써 새벽으로 접어드는데 나는 아직 스키장 주차장에서 연신 라디오 주파수를 맞추고 있었다. 솔

트레이크시티 방송에서는 모르몬교 성가대의 노래가, 퀘벡에서는 하키 경기 점수가, 포트워스에서는 소 가격이, 라스베이거스에서는 권투 경기 방송이 흘러나오고 있었다. 루이빌이나 멤피스의 농구 경기 점수는 어느 곳에서도 들을 수 없었다. 다른 사람들은 모두 파티를 즐기고 있었다. 그런데 나만 이렇게 다른 곳에 신경을 몰두하고 있으니 내 사교성에 문제가 있다고 해도 당연한 일이다.

새벽 2시가 되자 드디어 연료가 다 떨어졌다. 어쩔 수 없이 포기하고 잠자리에 들었다. 다음 날 아침, 나를 제외한 모든 이들이 스키를 타러 갔지만 나는 TR6를 타고 시내로 나가 〈뉴욕타임스〉를 집어 들었다. 루이빌이 15점 차이를 극복하고 75 대 71로 대역전 승을 거두었다는 기사가 실려 있었다.

드디어 내가 이겼다! 무려 4,000달러를 딴 것이다. 이제 곤궁한 처지에서 벗어날 수 있었다. 뉴욕으로 돌아온 나는 카민에게 전화를 걸어 어디서 만나 정산할 것인지 물었다. 프로 축구 때문에 베팅이 일요일에 마감되므로 우리는 다음 주 화요일에나 만나야 했다. 카민은 일과를 마친 후 86번가와 3번가 사이에 있는 극장 앞에서 만나자고 했다. 그런데 거금 4,000달러를 현금으로 받는다는 사실이 몹시 신경 쓰였다. 사람들로 붐비는 이 뉴욕 거리에는 단 40달러 때문에 사람 목에 칼을 들이대는 사람들도 많기 때문이다.

마침 영화 〈대부〉가 개봉했고, 극장 앞에는 사람들이 줄지어 서 있었다. 나는 극장 입구의 차양 밑에 서 있었는데, 카민이 이전처럼 옷깃을 산뜩 세우고 중절모를 비스듬히 눌러쓴 채 수많은 사람을 뚫고 내게로 와서는 내 손에 4,000달러를 쥐어주었다. 그곳에 서 있던 사람들 모두가 이 모습을 지켜봤다. 나는 〈대부〉의 주인공 돈 콜레오네가 그려진 대형 포스터 옆에서 카민이라는 이름의 마권업자가 준 돈다발을 주섬주섬 챙기고 있었다. 내가 이 돈 때문에 제 명에 못 살 것 같다는 생각이 들었다. 루카 브라시(〈대부〉에 나오는 인물) 같은 깡패가 나를 습격하려고 내 집에 숨어서 기다리거나, 어쩌면 집에 돌아가기도 전에 일을 당할지도 모른다는 생각에 겁이 났다. 다행히도 무사히 집에 돌아와 4,000달러를 책에다 숨겨 놓았지만, 긴장된 탓에 계속 진땀이 났다.

건전한 도박꾼이라면 무리한 베팅을 해서는 안 된다.
당신은 브로커도 마권업자도 아니다.

리키 지한테는 빌리 에이치Billy H.라는 에이치헨츠앤드컴퍼니H. Hentz & Co. 측 상품매매 브로커 친구가 있었는데, 이 친구는 좀 괴상한 부분이 있었다. 1971년 8월 어느 날, 우리 세 사람은 차를 타고 새러토가Saratoga로 향했다. 빌리가 말하기를 우연히 조마사 한 명을 만났는데, 이 사람이 경마 정보를 빼낼 수 있다는 말을 했다는 것이다. 좀 꺼림칙하기는 했으나 주식투자를 하는 것이나 경마에 돈을 거는 것이나 다를 것이 무엇인가라는 생각이 들었다. 두 경우 모두 정보를 미리 알아내는 것이 관건이 아니던가! 그래서 나는 이렇게 말했다. "빌리, 그 사람한테서 연락이 오면 나한테도 좀 알려 주게."
다음 달에 있었던 예비부대 모임에서 리키 지가 슬쩍 나를 불러냈다. 그러고 나서 이렇게 말했다. "소위님! 이번 주 목요일에 애쿼덕트 경마장 여섯 번째 경주에 마이튠이라는 말이 출전하는데 이 말이 틀림없이 우승한답니다. 같이 가실래요?"

"두말하면 잔소리지, 이 사람아."

월요일에 은행으로 달려가 1,000달러를 찾은 다음, 늘 숨겨두던 책에다 넣어두었다. 그런 다음 화요일에 내 비서 조앤에게 오후에 중요한 미팅이 있으니 아무런 약속도 잡지 말라고 말해 놓았다. 수요일이 되자 나는 경마 신문 〈데일리레이스폼〉을 하나 샀다. 신문을 보니 우리가 찍은 경주마 마이튠의 우승 확률이 4 대 1이었다. 그런데 목요일 아침에 리키 지가 전화를 했다. "소위님! 이번에는 안 되겠어요. 마이튠의 출장이 취소됐다네요."

다음 주 월요일은 콜럼버스 기념일이라 은행은 닫았으나 시장은 개장했기 때문에 나는 출근했다. 막 점심을 하러 나가려는데, 전화벨이 울렸다. 리키 지였다. "베팅해야 할 것 같아요. 빌리가 그러는데 마이튠이 네 번째 경주에 출전한다는 말을 들었대요. 우리는 지금 출발할 겁니다."

"좋아!"

"그런데 문제가 하나 있어요. 은행 문이 닫혔는데 우리한테는 지금 현금이 없거든요. 돈 좀 가지고 계세요?"

"음, 한 1,000달러쯤 있는 거 같은데 집에 있어서 말이야. 1시간만 시간을 줘."

"전부 가져오세요. 혹시 돈을 구할 수 있으면 더 가져 오시고요. 1시 정각에 빌리의 사무실에서 만나는 것으로 하지요."

나는 형 게리에게 전화를 걸어 수중에 돈이 있냐고 물었다. 마침 형도 이번 일에 끼고 싶어 했다. "그랜드센트럴 역에서 만나자. 30분 안에 도착할 수 있지?" 나는 이렇게 말하고 외투를 집어 들면서 비서 조앤에게 말했다. "지난 목요일에 취소됐던 미팅 말이야, 지금 다시 약속이 잡혔네. 이게 아주 중요하거든. 혹시 누가 나를 찾으면 3시에서 3시 반 정도에 들어온다고 말해 줘."

나는 곧바로 월스트리트 역으로 가서 지하철을 탔다. 42번 가에서 내려 형이 준 100달러를 챙긴 다음 다시 지하철에 올랐다. 77번 가에서 내린 뒤에 렉싱턴가와 파크가 사이 78번 가에 있는 내 아파트로 달려갔다. 집에 들어가자마자 책을 펼쳐서 1,000달러를 꺼낸 다음 다시 지하철을 타고 59번 가로 향했다. 시계는 이미 1시 5분을 가리키고 있었다. 에이치헨츠 회사는 59번 가와 파크가 부근에 있었다. 리키 지와 빌리가 인도 쪽으로 걸어나왔다.

"돈 가져오셨나요?" 빌리가 물었다.

챙겨온 돈을 건네고 나서 우리 셋은 택시를 잡아탔다. 나는 기사에게 20달러를 내밀며 재촉했다. "애퀴덕트 경마장이요. 급하니까 빨리 좀 갑시다."

우리가 경마장에 도착했을 때는 세 번째 경주가 막 끝난 참이었다. 나는 리키와 빌리에게 300달러를 빌려준 후 나머지 돈 800달러를 마이튠에게 걸었다. 7 대 2의 승률로 경주를 시작한 마이튠은 지금까지 내가 봤던 경마 경기 가운데 가장 짜릿한 장면을 연출해주었다. 마이튠은 2.5마신(말의 코끝에서 궁둥이까지의 길이—옮긴이) 차이로 우승했으며, 우리는 있는 대로 소리를 지르며 뛸 듯이 환호했고, 서로의 등을 두드리며 승리의 기쁨을 만끽했다. 이 경주에서 나는 2,800달러를 땄다. 미리 정보를 빼낼 수 있었다는 데 생각이 미치자 승리의 쾌감이 더 짜릿하게 느껴졌다.

리키 지와 빌리는 아직 경주가 남아 있어서 경마장에 더 머물렀지만 나는 다시 사무실로 돌아가야만 했다. 나는 25센트짜리 동전을 꺼내 들고 지하철역으로 향했다. 역 앞에 리무진이 줄지어 서 있는 것을 보고 속으로 이렇게 중얼거렸다. '잠깐! 아이고, 이런 멍청이를 봤나. 방금 2,800달러를 땄잖아. 이제 나한테는 4,100달러도 넘는 돈이 있구먼. 뭐하러 위험하게 지하철을 탄담?' 결국 나는 50달러에 리무진을 빌려 타고 쿤로앱으로 돌아왔다.

어떤 일이 일어나기 전에 미리 알아내는 사람을 당할 재간은 없다.

물론 미리 알아낸 정보가 잘못된 것인 경우를 제외하면 말이다.

내가 나소(Nassau: 바하마의 수도)에 있는 파라다이스 아일랜드 Paradise Island를 처음 알게 된 때가 1972년이었다. 뉴욕에서 비행기로 2시간 30분을 가서 통행료 2달러를 내고 헌팅턴 하트포드Huntington Hartford 다리를 건너면 애쿼덕트, 디본, 라스베이거스가 합쳐진 듯한 '천국'에 당도한다. 이곳에는 나무와 물이 많으며, 정장 차림의 유럽인들이 많이 찾아와 도박을 하곤 한다. 그런데 라스베이거스와 달리 파라다이스 아일랜드는 연인이 즐겨 찾는 휴양지로 더 잘 알려졌다. 나는 수영복이 어울리는 아름다운 여성과 데이트를 할 주제가 못되기 때문에 이곳에는 한두 번 정도밖에 오지 못했다.

그러다가 내게 오드리가 생겼다. 오드리는 수영복을 입은 모습이 아주 멋진 여자였다. 신혼여행지를 고를 때 나는 두 번 생각하지도 않고 이곳으로 정했다. 마침내 우리 둘은 파라다이스 아일랜드로 향했다. 1978년 3월 26일에 결혼식을 올리고 나서 그날 밤은 뉴욕에서 보낸 다음에 아침 비행기를 타고 나소에 도착했다. 나는 바닷가 바로 옆에 있는 로우스 호텔에 허니문 스위트룸을 예약했다. 정오에 체크인하고 나서 오드리가 짐을 푸는 동안 나는 수화기를 집어 들고 베어스턴스에 있는 내 브로커와 통화를 시작했다. 나는 신혼여행지에서도 돈을 벌고자 애썼다.

카지노는 오후 1시에 개장했다. 나는 5분 전 1시에 통화를 마치고 오드리에게 소리쳤다. "이봐, 오드리! 이제 슬슬 즐길 시간이야."

"1분만 기다려요, 버디." 오드리가 욕실에서 애교 섞인 목소리로 대답했다.

나는 시계를 보며 다시 말했다. "오드리, 서둘러. 지금 아주 후끈 달아올랐단 말이야."

문이 열리자 한 손에는 샴페인 병, 또 한 손에는 초콜릿 딸기가 담긴 쟁반을 든 하늘하늘한 속옷 차림의 오드리가 모습을 드러냈다.

"지금 대체 뭘 하고 있는 거야? 그 옷차림은 또 뭐고? 카지노가 1시에 문을 연단 말이야. 이러다 늦겠어."

오드리는 아무 말도 하지 않은 채 획 돌아서더니 욕실로 다시 들어가서 딸기 쟁반과 샴페인 병을 내려놓고는 문을 쾅 하고 닫아 버렸다. 오드리가 만들려 했던 파라다이스 아일랜드에서의 낭만적인 추억은 이로써 완전히 물 건너가고 말았다. 오드리는 즐긴다고 하면 카지노에서 도박하는 것밖에 생각을 못 하는 얼간이와 결혼을 한 것이다.

우선순위를 정하라.

이제는 카드놀이와 경마도 자제하고 있고, 카지노에도 자주 가지 않는다. 1978년 여름에 오드리와 내가 그 '계획'을 세운 이후로 처음에는 주식투자를 했고 그 이후로 옵션시장과 S&P 선물시장을 드나들었다. 그러나 아티스 식료품점, 에디 코헨의 지하실, 애퀴덕트 경마장, 힌스데일 경마장, 라스베이거스, 아쿠아 비타 디너, 파라다이스 아일랜드 등지에서 경험을 통해 얻은 교훈은 한순간도 잊은 적이 없다. 새로운 금융 상품이 새록새록 등장하고, 피트에서 이루어졌던 매매가 컴퓨터를 이용한 매매로 전환되며, 하버드, 와튼(펜실베이니아 경영대학원), 소르본, 런던 경영대학원 등에서 공부한 고학력 트레이더가 점점 많아졌다. 물론 학력도 중요하지만 그것이 다는 아니다. 이러한 고학력자들이 내게 조언을 구하러 올 때면 새삼 느끼는 부분이 있다. 몸소 체험하고 스스로 느끼지 못하면 출발선에 설 수도 방아쇠를 당길 수도 없다는 것. 당연히 승자가 되는 기회도 없다.

훌륭한 트레이더가 있다고 하자. 그 사람은 분명히 도박에서도 고수일 것이다.

패자가 되기 싫다면
매매 규칙을 훈련하라

선물매매는 크랩 게임과 아주 비슷하다. 그러므로 라스베이거스는 성공적인 트레이더가 되는 데 필요한 정신 수양을 하는 데 최적의 장소다. 라스베이거스에서 매번 이길 수는 없다. 따기도 하고 잃기도 하지만, 잃을 때 너무 많은 돈을 잃지 않는 선에서 도박을 즐길 수 있다면 그것으로 충분하다. 그러나 이러한 경지에 오르려면 정신적 수양과 훈련이 필요하다. 카지노 측은 손님들이 이성적이 아닌 감정적으로 베팅하기를 바라며, 손님들의 집중력을 흐트러뜨리고자 별의별 짓을 다 한다. 1년 365일 하루 24시간 동안 무제한으로 술과 여자와 오락거리를 제공하는 것도 다 그런 이유일 것이다.

카지노에서 내 주종목은 크랩이다. 크랩은 입회장에서의 매매와 흡사하다. 시끄럽고, 빠르고, 사람들이 몰리며, 엄청난 돈이 왔다갔다 한다. 12명이 테이블 앞에 모여 자신에게 유리한 패가 나오기를 기대하면서 주사위를 굴릴 때마다 시선을 집중한다. 누군가 주사위를 굴리고 칩이 이리저리 이동한다. 남자들이 꾸역꾸역 모여들고 여자들은 멀찌감치 물러선다. 사람들의 숨소리가 거칠어지고 와자지껄한 소리가 점점 커진다. 치키, 프래니, 팻 마이크가 활약하는 시끌벅적한 입회장의 모습과 다를 바가 없다.

나는 '돈 패스Don't pass' 플레이어였다. 이는 슈터가 지는 쪽에 돈을 건다는 의미다. 슈터가 지는 쪽이나 이기는 쪽이나 확률은 같다. 그러나 대다수 사람은 슈터가 이기는 쪽에 건다. 나는 그저 셔츠 밖으로 금목걸이를 내놓고 다니는 레저 슈트차림의 남자, 그리고 금속 장식이 달린 미니 드레스를 입고 주사위에다 침을 퉤퉤 뱉는 금발머리 여자와 한패가 되기 싫어서 그 사람들이 지는 쪽에 건 것뿐이었다. 나는 이 사람들이 포인트를 만들기 전에 크랩 아웃이 되기를 바랐다. 크랩판에 낀 모든 사람 그러니까 스틱맨(Stickman: 크랩 딜러로서 가운데 서서 긴 스틱을 가지고 주사위를 슈터 앞으로 밀어주는 딜러—옮긴이)까지 포함하여 이기기를 바라는 모든 사람들의 공공의 적이 되는 셈이다. 하지만 전혀 개의치 않았다. 크랩판에서든 매매 피트에서든 패자는 언제나 승자를 원망하기 마련이다.

라스베이거스에서 크랩 게임을 하면서 매매에서 활용할 세 가지 중요한 규칙을 배웠다. 첫 번째 규칙은 '게임을 할 때는 절대 감정에 치우쳐서는 안 된다'는 것이다. 슈터가 지는 쪽에 걸었을 때 슈터 개인에 대한 감정은 자제해야 한다. 슈터가 지는 쪽에 건다고 해서 개인에게 악감정이 있어서가 아니며, 또 그래서도 안 된다. 게임을 할 때 슈터가 싫어서 지는 쪽에 걸었는데 그 사람이 연속해서 이기면 자제력과 집중력이 떨어져 이성보다는 감정이 앞선 판단을 내리기 쉽다. 이러한 행동은 자기 파괴적이며 실패로 가는 지름길이라는 사실을 알았다. 카지노 측은 고객에 대해 절대 감정적으로 대응하지 않는다.

두 번째 규칙은 '돈 관리를 하라'는 것이다. 나는 카지노에 도착하자마자 바로 환전 창구로 가서 안전 금고를 하나 받았다. 그리고 200~300달러만 남기고 나머지는 금고에 넣어 두었다. 가져간 돈을 다 잃으면 돈을 더 꺼내러 왔다. 게임 도중에 금고로 가는 것은 두 가지 장점이 있다. 첫째, 물리적으로 게임 테이블을 떠나면 지고 있던 게임의 흐름이 자동으로 끊기게 된다. 둘째, 잠시 긴장을 풀고 다음에 어떻게 할지를 생각할 시간적 여유가 생긴다. 이는 얼굴에 찬물을 끼얹는 것과 같은 효과가 있다. 매매할 때도 마찬가지다. 별도 계좌에 돈을 넣어두어라. 확실하게 이 돈을 매매 계좌에 이체할 때까지 브로커가 손을 대지 못 하게 하면 순간적인 판단 착오 때문에 전 재산을 한꺼번에 날리는 불상사를 막을 수 있다.

세 번째 규칙은 '계속 이기고 있을 때 테이블을 바꾸라'는 것이다. 계속해서 행운이 따라 줄수록 그 행운에 변화가 생길 가능성도 그만큼 커진다. 실제로 테이블을 바꾸는 것이 말처럼 쉽지는 않다. 특히나 계속 이기고 있을 때는 더 그렇다. 한 테이블에서 돈을 따고 있으면 그 자리를 뜨고 싶지 않은 것이 당연하다. 그러나 딴 돈을 들고 과감하게 일어나 금고로 가서 다시 200~300달러만 남기고 모두 넣어두는 것이 최선이다. 이긴 판에서 자리를 털고 일어나 다른 테이블로 가는 것만이 카지노에서 돈을 잃게 되는 상황을 모면하는 길이다. 만약 여전히 운이 좋다고 느낀다면 집중력을 잃지 않도록 정신을 바짝 차려야 한다. 만약 게임을 계속하고 싶다면 다른 테이블로 옮겨 그 행운이 이어지기를 바라는 편이 낫다.

이러한 훈련을 한다고 해서 시장에서 승자가 된다고 장담할 수는 없으나 반대로 이러한 훈련을 하지 않으면 시장에서 반드시 패자가 된다.

Chapter 04

주가조작
사건에 휘말리다

PIT BULL

1970년 초, 컬럼비아 경영대학원을 졸업하면서 내가 주식시장에서 일하고 싶어한다는 사실을 깨달았다. 주식시장에서 일할 방법은 세 가지가 있는데, 투자은행가(증권인수업자), 트레이더, 증권분석가 이세 가지 중 하나를 선택하면 된다. 투자은행가는 증권 매입과 신주 인수, 대규모 투자 등을 통해 부를 축적한다. 투자은행가가 되기에 나는 자본, 경험과 기술이 턱없이 부족했다. 그렇다고 트레이더가 되기도 싫었다. 그 당시 트레이더는 매매 중개인 그 이상도 이하도 아닌 위치였기 때문이다. 트레이더는 자신의 고객한테서 주문을 받아 입회장에 전화로 주문을 내주는 역할을 했다. 결국 나는 증권분석가가 되기로 했다. 가장 끌리기도 했지만, 또 내 성격하고도 잘 맞는 것 같았다.

초등학교 1학년 때 선생님이 반 아이들에게 커서 무엇이 되고 싶으냐고 물었다. 그때 나는 "탐정이요" 하고 대답했었다. 영리한 유대인 아이였으나, 어른들이 선호하는 직업인 의사나 변호사는 되기 싫었고 그냥 탐정이 되고 싶었다. 내 부모님은 자신들의 현재 상태를 보면서 인생이 어디서부터 꼬였는지 잘 모르겠다고 할지 모르겠으나 나는 좀 달랐다. 내가 어렸을 때 가졌던 꿈과 현실의 직업에는 어느 정도 일관성이 있었다. 나는 어릴 때부터 분석하는 것이 좋았다. 증권분석가가 하는 일도 바로 이것이다. 증권분석가는 각 기업을 분석하고, 경영진을 만나 면담하고, 보고서를 쓰는 등의 일을 한다. 또 이들은 세계 곳곳을 누비고 다니는데, 나는 여행하는 것을 좋아했다.

1970년 봄은 미국 경기가 후퇴하던 시기였다. 따라서 1970년도 졸업생들은 월가에서 직장을 찾기가 어려웠으나 그렇다고 그냥 물러날 내가 아니었다. 나는 의욕과 열정이 넘치는 청년이었고, 그래서 '나'라는 상품을 적극적으로 팔러 다녔다. 대학원 졸업을 앞둔 연초부터 여기저기 전화를 걸어 일자리를 부탁했다. 마치 탐정처럼 신문 머리기사를 꼼꼼히 읽고나서 리서치 디렉터Research Director 이름을 찾아낸 다음에 전화를 걸었다. 이들은 대다수가 이렇게 대답했다. "올해는 채용 계획이 없습니다. 이렇게 상황 파악이 안 되는 사람은 더더구나 채용할 생각이 없습니다. 지금이 경기 침체기라는 것도 모르세요?"

그러면 나는 이렇게 말했다. "당신이 처음 직장을 구할 때 당신에게도 기회를 준 누군가가 있지 않습니까?" 이 말이 상대방과 계속 대화를 이어가는 데 효과가 있었다. 당장 확답을 받지 못하더라도 훗날을 기약하며 약속을 잡아두려고 노력했다. 여섯 차례의 시도 끝에 마침내 직장을 얻는 데 성공했다.

이렇게 해서 입사한 곳이 쿤로엡이었다. 쉬프 가家 소유인 쿤로엡은 유서 깊은 유대인 기업이자 사회적으로도 존경받는 기업이었다. 당시 리서치팀의 잭 파비아Jack Favia 팀장은 내게 연봉 1만 6,000달러를 제의했다. 1970년 당시로서는 엄청난 액수였다. 팀장은 MIT 출신으로 쿤로엡에서 의약품 부문 분석가로 일하는 에이브 브롱크타인Abe Bronchtein 밑에서 나를 일 하도록 했다. 에이브는 아주 훌륭한 조언자이자 스승이었다. 에이브는 담당하고 있는 의약품 부문 회사 중 라이트에이드Rite Aid, 레브Revco, 에커드Eckerd 등 대형 약국 체인 세 곳을 내게 맡겼다. 이렇게 해서 나는 의료부문 증권분석가의 길을 걷게 됐다.

에이브는 이들 약국 체인점 외에 의료 부문에 속한 다른 기업들도 함께 관리하게 했다. 초기에 내가 맡은 일은 팀장을 도와 포시즌스요양센터Four Seasons Nursing Centers라는 기업을 조사하는 것이었다. 메디케어(medicare: 65세 이상의 노인을 대상으로 한 노인의료보험제도)가 실시되면서 사립 요양원의 주가는 폭등하고 있었다. 사립 요양업은 새로이 주목받는 종목이었다. 포시즌스는 창업주인 잭 클라크Jack Clark가 운영하고 있었는데, 잭은 자사 주식을 월가 분석가들에게 소개하고 선전하고자 뉴욕에 왔다. 팀장과 나는 파크가에 위치한 리젠시호텔 스위트룸에 마련된 조찬 모임에서 잭을 만났다. 잭 클라크는 진짜 멋쟁이였다. 잭이 스위트룸으로 걸어 들어갔을 때 가장 먼저 눈에 띈 것은 바로 그가 신고 있던 악어가죽 구두였다. 그때까지 살아오면서 그 악어가죽 구두보다 멋진 신발은 본 적이 없었다. 마치 구두 뒤에서 후광이 비치는 것만 같았다.

정신이 올바로 박힌 사람이라면 기껏 걸어 다닐 때 신으려고 이러한 감가상각 자산(시간이 지날수록 가치가 떨어지는 자산—옮긴이)에 거금

1,500달러를 쓸 사람은 아무도 없을 것이다. 그러나 나는 그 구두를 계속 쳐다봤고 머릿속은 온통 그 생각뿐이었다. 언젠가는 나도 저런 구두를 꼭 장만할 거라고 생각했다. 그때 무슨 이야기를 나누었는지는 하나도 생각나지 않고, 오직 잭의 악어가죽 구두만 떠올랐다. 이러니 대학원을 갓 졸업한 스물다섯 살짜리 애송이를 어떻게 믿고 채용하겠는가!

몇 주일 뒤에 팀장과 나는 포시즌스에 대한 기업 실사를 위해 일리노이주 졸리엣Joliet으로 날아갔다. 팀장은 요양소 중 한 곳을 보고 싶어했다. 그 요양소는 생긴 지 얼마 되지 않았고, 나중에 안 사실이지만 포시즌스의 수익금은 요양원 운영이 아니라 건설 사업부에서 나온 것이었다. 한 마디로 잭 클라크는 사기꾼이었다. 요양원을 지어서 건설 수익금을 부풀리고 이 수익금을 다시 요양원 운영 수익금으로 둔갑시켰다. 이러한 방법을 쓰면 포시즌스 주식은 고성장이 기대되는 이른바 '개념 주식Concept Stock'으로 인식되어 높은 가격에 거래될 것이 뻔하기 때문이다. 이로부터 15년 후에 발생한 저축대부조합S&L 붕괴 사태에서 알 수 있듯이 가격 부풀리기로 건설 수익금의 규모를 얼마든지 증폭시킬 수 있다. 1970년 4월 27일, 포시즌스 주식은 거래가 중지됐다. 포시즌스는 사기 기업으로 판명이 났고, 잭 클라크와 그의 멋진 악어가죽 구두는 유치장에 들어가는 신세가 됐다.

요양원 사건 이후 등장한 관심 종목은 의료서비스(혹은 병원 경영 및 관리) 부문이었다. 포시즌스나 다른 요양 업체와 달리 의료서비스사업은 폰지 사기[1]는 아니었다. 의료서비스업은 메디케어와 메디케이드[2]를 바탕으로 한 수익 창출 가능성을 보고 기업인이 운영하는 합법적인 사업이다.

나는 이 신생 사업이 보건의료 부문과 맞물려 있다고 보고 여기에 주목하기 시작했다. 거대한 공이 서서히 굴러가기 시작한 것이다. 의료서비스 부문은 내가 증권분석가로서의 전문 지식과 경험을 축적하게 된 첫 번째 분야였다. 나는 이 신생 업종을 담당하게 된 젊은 분석가였고, 이를 통해 처음으로 능수능란한 수완가들과 접촉할 수 있게 됐다. 부지불식간에 나는 이들이 벌여놓은 게임판의 참가자가 됐다. 나는 이들 기업에 관해 우호적인 보고서를 작성했고, 이들 기업의 주식을 추천했다. 쿤로엡으로 하여금 뉴욕의 시티 미드데이 클럽City Midday Club에서 대형 기관투자가 오찬 모임을 주선하게 했다. 이 오찬 모임에는 각지에서 자가용 비행기를 타고 날아온 거물들이 참석했고, 나는 사회자를 맡았다. 주빈석에 이들과 함께 앉아서 기관투자가 고객들에게 이들을 소개했다.

"데이비드 존스David Jones는 예일대와 같은 대학의 로스쿨을 졸업했고, 켄터키콜로넬즈Kentucky Colonels의 새 사주인 웬델 체리와 공동으로 고속 성장기업 가운데 하나인 익스텐디케어를 만들었습니다. 앞으로 2년 안에 잭 매시Jack Massey와 톰 프리스트Tom Frist 박사가 호스

---

1. 폰지 사기Ponzi scheme: 신규 투자자의 돈으로 기존 투자자에게 이자나 배당금을 지급하는 방식의 다단계 금융사기를 일컫는 말로 지난 1920년대 미국에서 찰스 폰지가 벌인 사기 행각에서 유래함.

2. 메디케이드Medicaid: 65세 미만의 저소득자, 신체 장애인 등 재정적으로 어려운 사람들을 위해 연방 정부가 보조하고 주 정부가 관리하는 국민건강보험 프로그램.

피털코퍼레이션오브아메리카Hospital Corporation of America를 업계 최고 기업의 반열에 올려놓을 겁니다." 이렇게 침을 튀겨가며 선전했다. "버니 코만Bernie Korman과 밥 골드삼트Bob Goldsamt는 통합적 의료서비스의 가능성을 제일 먼저 알아낸 인물이고, 이들의 리더십 덕분에 아메리칸메디코프American Medicorp가 폭발적 성장세를 보이는 이 부문의 개척자가 될 수 있었던 겁니다."

이것은 손님들의 눈길을 끌려는 요란하고 겉만 번지르르한 선전과 다를 바 없었고, 그 선전의 핵심 역할을 담당한 사람이 바로 나였다. 이들 기업의 주가는 폭등했다. 경영진의 비위를 잘 맞출수록 더 많은 수수료가 회사로, 그리고 궁극적으로는 내 주머니 속으로 흘러들어왔다. 투자금융업계는 거액의 현금 자본이 몰리는 곳이다. 여기서 두둑이 한몫 챙기려면 할 수 있는 한 이들, 잠재 고객의 비위를 최대한 맞추면서 늘 호의적인 태도를 보여야 한다. 1972년 봄, 내가 쿤로엡에 몸담은 지 2년이 됐으며 연봉은 3만 달러로 올랐다. 나는 여전히 각지로 출장을 다니며 업계 거물들을 만났다. 약국 체인점에 대한 분석과 의료서비스업체에 관한 홍보 업무를 계속했다. 어느 날 컬럼비아 경영대학원 동창회 모임에서 친구를 만났다. 이 친구는 '그레이트피라미드Great Pyramid'에서 일하고 있었다.

그때 당시에는 아주 유능한 증권분석가들을 거느린 것으로 명성이 자자한 부티크펌(boutique firm: 한정된 고객을 대상으로 특정 금융 상품만을 취급하는 소규모 증권회사─옮긴이)이 아주 많았으며, 피라미드도 이 가운데 하나였다. 이 회사는 독특한 분위기와 카리스마를 갖고 있었다. 그런데 이 친구가 자기 회사에서 증권분석가를 더 채용하려고 하니 생각이 있으면 면접을 주선해주겠다고 했다. 피라미드에서 면접을 보는 것은 댈러스 카우보이스(미식축구팀)에 입단 시험을 치르라는 것과 같은 파격적인 제의였다. 그래서 이렇게 대답했다. "그래, 그럼 그렇게 해줘."

피라미드는 배터리 공원(맨해튼 남단의 공원) 인근에 있는 최신식 강철 건물의 33층에 자리하고 있었다. 여기서는 스태튼 아일랜드 페리가 들어오는 항구가 바로 내려다보였다. 면접은 아주 만족스러웠다. 나는 기관투자가 담당 책임자와 기관투자 리서치 부문 담당자를 만났다. 이들은 내게 연봉 5만 달러를 제의했고 나는 이를 수락했다.

피라미드는 월가에서 가장 인상적인 기업으로 급성장했다. 이 피라미드의 주인은 '쿠푸왕(King Khufu: 이집트 제4왕조의 두 번째 왕, 여기서는 실명 대신 비유적으로 사용함)'과 '카프레왕(King Khafre: 쿠푸왕의 아들로 역시 제4왕조의 네 번째 왕)'이었다. 여기서 쿠푸와 카프레는 신이자 이 경이적인 금융 기적을 이룩한 파라오였으며, 고대 이집트의 대왕처럼 자신의 무덤 안에 금은보화를 가득 채워 넣었다.

피라미드는 휘황찬란한 새 건물 안에 있었고, 이곳에서는 자유의 여신상이 내려다보였다. 피라미드에는 동유럽과 러시아의 유대인 대학살 정책을 피해 미국으로 건너온 이주민의 자손으로 가득했는데, 이들 이주민이 미국으로 왔을 때 처음 본 것도 자유의 여신상이라는 사실에서 묘한 아이러니가 느껴졌다. 이주민들은 브루클린과 브롱크스에 정착했으나, 지금 그 자손들은 자신들이 어디에서 왔는지도 다 잊어버렸다. 뉴욕의 사회계층 구조에 섞여 들어가서는 메이플라워호를 타고 미국으로 건너왔던 원조 미국인처럼 행동하고 있다. 컨트리클럽에 가입하고, 자식들을 사립학교에 보내고, 햄튼(뉴욕주 롱아일랜드 서쪽에 위치. 유명인사와 억만장자가 모여 사는 부촌—옮긴이)에서 여름을 지내는 한편, 자선단체를 후원하고, 링컨센터의 특등석을 구매하고, 구겐하임 미술관에서 포도주를 홀짝이며, 메트로폴리탄 미술관에서 치즈를 먹는다.

쿠푸와 카프레 밑에는 판매와 리서치를 담당하는 '대사제'가 있다. 이 대사제가 바로 나를 피라미드로 불러들인 장본인이다. 대사제 바로 밑에는 '선지자'가 있다. 이 선지자는 리서치팀 팀장이자 내 직속 상사였다. 그러나 나는 이 회사로 오자마자 대사제와 선지자는 내가 쿤로엡에서 모셨던 파비아나 브롱크타인과는 달리 내게 스승의 역할을 해주지는 않을 것이라는 사실을 직감했다. 피라미드는 쿤로엡과는 달랐다.

선지자, 즉 리서치 팀장 밑에는 나를 포함하여 30명의 분석가가 있었다. 리서치 팀장이 하는 일은 휘하 분석가들과의 회의를 주재하고, 진행 중인 분석 작업에 대한 보고서를 작성하고, 분석 작업을 재검토한 후 대사제에게 그 내용을 보고하는 것이었다. 그러고 나서 리서치 결과 보고서 내용이 고객과 나머지 투자 업체, 일반 대중 등에게 효과적으로 전달되고 있는지를 확인했다. 리서치 팀장은 리서치 팀을 세 개의 하위 부서로 나누었고, 여기에 각각 10명의 분석가를 배정했으며 각 부서를 책임질 수석분석가를 지명해 놓았다. 따라서 팀장은 그 후부터는 분석가 회의에 일일이 참석하지 않아도 됐다. 대신에 그 회의에 '파피루스'를 보내기만 하면 되었다.

파피루스는 내가 속한 하위 부서를 책임지는 수석분석가로서 리서치팀의 부팀장이다. 파피루스는 나와 나이 차이가 많이 나지는 않았으나, 이미 월가의 전설과 같은 인물이었다. 파피루스는 항공업 분야를 담당하고 있었는데, 당시만 해도 항공업의 주가는 그야말로 천정부지로 치솟았다. 그러나 상승 속도가 빠르면 그만큼 하락 속도도 빠른 법이다. 파피루스가 추천했던 종목이 추락하자 피라미드의 소매 브로커와 이들의 고객들이 함께 추락하는 사태가 벌어졌다. 피라미드와 관련하여 떠도는 농담이 하나 있었는데, 그것은 바로 '파피루스가 앨러게니 산맥보다 더 길게 늘어졌던 수하물 보따리를 잃었다.'는 것이었다.

우리 부서에는 '상형문자'도 있었다. 그리고 이 사람에 관한 우스갯소리도 몇 가지 있었다. 상형문자는 폴라로이드가 170달러일 때 매수를 추천했다. 즉석사진 촬영에 관한 모든 특허권을 보유한 폴라로이드였기에 필름 판매량이 계속 증가하여 엄청난 수익을 낼 것이라 믿었으나 이러한 예상은 빗나갔다. 상형문자는 폴라로이드의 주가가 4달러에서 8달러가 되고 다시 16달러가 되고 또 83달러까지 갈 것으로 내다봤다. 어디를 가든 즉석카메라가 있고, 또 누구든 이 카메라로 계속해서 사진을 찍어 댈 것으로 생각했다. 그러나 상형문자의 예측과 기대는 보기 좋게 빗나갔고 피라미드의 브로커와 고객에게는 암담한 결과만 남게 되었다.

우리 부서에는 '스핑크스'도 있었다. 스핑크스는 회계사였는데, 수익률의 증가세가 두드러진 신생 기업을 분석하는 데 관심이 많았다. 리서치팀에는 이 스핑크스와 같은 회계 전문가의 역할이 매우 중요하다. 기업의 연차보고서, 특히 신규 업종 내 신생 기업의 연차보고서에 나타난 숫자에 큰 함정이 있어 잘못된 판단을 하게 될 가능성이 매우 크기 때문이다. 기업의 연차보고서에 포함된 재무제표의 공정성을 보증하는 독립 회계법인은 통상적으로 회계감사인의 의견거절서 disclaimer라는 것을 발행하는 데 그 내용은 다음과 같다.

'우리는 일반적으로 받아들여지는 회계 원칙에 따라 재무 관련 서류를 조사했으며, 감사인의 의견으로는 첨부된 대차대조표, 손익계산서, 이익잉여금 등은 위 기업의 재정 상태를 적절히 표시하고 있다고 본다.'

그런데 이 의견거절서의 내용을 가만히 뜯어보면 여기에는 다음과 같은 의미가 담겨 있다.

'우리는 해당 기업의 경영진이 보내준 수치 관련 자료를 조사했다. 그러나 일반적으로 받아들여지는 회계 원칙을 따를 경우, 실제 수익 규모가 왜곡될 가능성이 크다는 사실을 인지하기 바란다. 더불어 이 회사는 이러한 수치 자료의 공정성을 보증해 달라고 우리 법인에 거액을 지급하고 있으며, 만약 우리가 이 일을 하지 않으면 아마 이 기업은 이 일을 기꺼이 맡아줄 다른 감사인을 찾아 나설 것이다.'

각 기업의 연차보고서의 재무 자료마다 깨알 같은 글씨로 주註가 달린 이유가 다 여기에 있다. 이러한 주는 워낙 작은 글씨로 표기돼 있고 내용도 모호하게 표현돼 있어서 일반 주주들은 여간해서는 이를 잘 소화할 수가 없다. 그러나 스핑크스 같은 회계사들에게는 이보다 더 풍성한 성찬도 없을 것이다. 스핑크스는 이 연차보고서를 앞에 펼쳐놓고 보안용 챙을 걸친 다음에 정밀 분석에 들어간다. 분석이 끝나면 이 기업의 진짜 모습이 드러나게 된다. '재고회전율이 극히 낮았다, 감가상각이 과도 계상되었다, 상품의 판매비용이 과소 계상되었다, 수취계정Receivable이 가치 할인의 용도로 사용됐을 수 있다, 신용도가 하락했다' 등등.

1972년 노동절을 기준으로 내가 피라미드에 들어온 지 3개월이 됐다. 나는 여전히 의료서비스 부문을 담당하고 있었고 시장에 대해서도 여전히 낙관적이었다. 메디케어와 메디케이드 덕분에 의료 부문에 막대한 자금이 투여됐고, 의료 부문 통합화 덕분에 의료서비스업체들의 비중이 훨씬 커졌다. 나는 스태튼 아일랜드 페리를 내려다내려다 보았다. 동료인 스핑크스가 맹활약하는 바로 이때, 잘 나가는 신규 업종을 담당하여 승승장구하는 젊은 분석가가 됐으니 이보다 신나는 있을까.

스핑크스는 피라미드의 회계 '탐정'으로서 먹잇감이라는 감이 올 때는 기업과 업종을 불문하고 어디든 조사 분석할 수 있는 이른바 '사냥' 허가증을 보유하고 있었다. 조사 결과 중요하다 싶은 부분이 있으면 해당 분석가를 찾아가서 자신이 발견한 사실을 말해준다. 스핑크스는 투실투실한 엉덩이를 의자 안에 밀어 넣고는 능글맞게 웃었다. 대변貸邊처럼 보이지만 실제로는 차변借邊인 어떤 것을 발견할 때면 스핑크스의 눈에서 광채가 났다.

"마틴," 스핑크스가 말했다. "의료서비스업체들을 조사해봤는데 아무래도 수익이 부풀려진 것 같아."

스핑크스는 계속해서 말을 이었다. 메디케어와 메디케이드의 보험료 때문에 의료서비스 부문의 수익이 증가한 것인데, 이 보험료 수치가 실은 통상적인 보험료율을 기준으로 한 수취계정(외상매출계정)의 수치라는 것이었다. 정부로부터 받을 수 있는 실제 보험료는 감사 결과를 기준으로 결정되는데, 통상적으로 이런 감사는 2~3년 후에 이루어졌다. 스핑크스는 이들 의료서비스업체가 자사의 수취계정을 과도하게 계상하고 있으며, 따라서 수익 규모가 부풀려졌다고 생각했다.

"그것참 재미있군요." 나는 약간 심기가 불편하여 앉은 자세를 고치며 이렇게 말했다. 당시 나는 의료서비스업종을 담당하는 수석분석가였다. 부풀려진 수취계정에 깜박 속았다고 감히 내게 말하는 것은, 치어리더가 구단주에게 그 지역 마권업자와 놀아났다고 대드는 것과 마찬가지였다.

그런데 스핑크스는 여기서 멈추지 않았다. "그런데 말이야. 수취계정 부분은 빙산의 일각이야. 진짜 문제는 이거야. 이들 기업은 고속 성장주라는 이유로 수익률의 30배 혹은 40배 가격으로 판매되고 있어. 바로 이게 잘못됐다는 거야. 메디케이드와 메디케어의 돈이 모두 보건의료부문으로 흘러 들어가게 되면 정부는 위 두 제도에 소요되는 비용을 줄이려 들 것이 뻔하지. 그러면 기준율이 높아지고 이것이 비용 상승의 원인이 되며, 지급액이 줄어들어 이익률이 턱없이 낮아지게 되겠지. 이렇게 되면 이 업체들은 높은 주가수익률을 유지할 수 없게 되지. 결국, 일반 유틸리티 업체의 주가수익률 수준으로 환원된다고 봐야지."

나는 스핑크스에게 정부 규제에 관해 뭐 아는 것이 있느냐고 물었어야 하는데 그렇게 하지 않았다. 스핑크스는 나보다 연장자고 또 회사 내에서도 나보다 훨씬 존경받는 인물이었으므로 이 사람이 하는 말이 정말 그럴듯하게 들렸다. 나는 내 분석가들이 중심을 잘 잡고 있고 어떤 정부 규제가 있더라도 이를 처리할 능력이 있으니 걱정하지 말라며 스핑크스를 안심시켰어야 했다. 그런데 나는 그렇게 하지 못했고, 오히려 스핑크스의 말에 신경이 쓰이는 동시에 은근히 걱정되기 시작했다. 그래서 내가 뭔가 실수한 부분이 없는지 자문해 보았다. 내가 이 분야 사람들과 너무 밀접하게 관련돼 있어서 상황을 객관적으로 보지 못하는 것일 수도 있었다. 그래서 앞으로 이 업종이 당면하게 될 문제, 특히 정부 규제 등에 관한 심층 보고서를 작성하고 이러한 문제들이 이 업종의 미래 수익 가능성에 미치는 영향에 관해 의미 있는 결론을 도출하는 편이 낫겠다 싶었다.

그래서 나는 보고서 초안을 작성한 다음 선지자에게 보냈다. 그러고 나서 9월 말에 다음과 같은 답신을 받았다.

사내 공문
날짜: 1972년 9월 28일
수신: 마틴 슈워츠
발신: 선지자
귀하가 담당하는 의료서비스업종에 관한 보고서를 작성하겠다는 의견에 찬성하는 바이며, 이 일에 전심전력해 주기를 바랍니다. 아마도 매우 중요한 보고서가 나오리라 생각됩니다. 필요하다고 생각하면 주저하지 말고 스핑크스에게 도움을 요청하기

바랍니다. 스핑크스가 기꺼이 도와줄 것이고, 또 그에게 그럴만한 능력이 있다고 생각합니다.

TP: mc

cc: 스핑크스

그래서 나는 스핑크스와 팀을 꾸려 보고서 작성에 매달렸다. 주말에는 웨스트체스터 카운티에 있는 그의 집으로 가서 두 사람이 함께 지하실로 내려갔다. 여기서 보고서 초안을 만들고 각종 수치 자료를 자세히 분석했다. 일단 수치 자료를 다 검토하고 나서는 여느 분석가들처럼 자료 분석에 들어갔다. 그리고 나서 의료서비스업종에 부정적인 영향을 미칠 것으로 판단되는 모든 것을 추려 이에 대한 추세선을 그려보고 관련 차트를 만들었다.

GNP 대비 병원 지출비에 관한 차트를 만들었다(메디케어와 메디케이드 때문에 지출 규모가 크게 증가한 것으로 나타났기 때문이다). 그리고 입실 비율에 관한 차트(개원한 지 3년 이상 된 이른바 '성숙' 병원은 입실 비율이 증가하지 않았다)와 입원일수 차트(외래진료시설의 이용률 증가와 출생률 감소 때문에 입원일수는 전국적으로 감소했다)를 만들었고, 병원비 차트를 만들었다(병원비 증가는 연 6퍼센트로 제한돼 있었다). 신규 병원 건설, 총비용 대비 급료, GNP 대비 총비용, 사후정산비용, 비정산비용, 총비용 등에 관한 차트도 만들었다. 그리고 우리는 의료서비스업체의 수익, 계약 사항, 순수익, 총비용, 환자 1인의 1일 경비당 세차감전이익 등에 관한 가설을 세웠다. 스핑크스는 처음부터 이 주장을 밀고 나갔다. "마틴, 이 업체들은 주가수익률이 너무 높아. 그렇게 높은 가격으로 팔면 안 된단 말이지. 이것은 공익사업체의 주가수익률 수준이야."

우리는 보고서 초안을 보면서, 지난 5년간 의료서비스업종의 평균 수익률인 15~20퍼센트가 훗날 하락하는 데 영향을 미칠만한 추세들에 관해 심층적인 논의를 했다. 그리고 비용 긴축 조치가 취해질 것이고, 이러한 정책이 의료서비스업종에 일차적으로 어떤 영향을 미쳤는지는 업계 선두주자인 호스피털코퍼레이션오브아메리카와 아메리칸메디컬인터내셔널AMI: American Medical International의 최근 분기 보고서를 보면 명확하게 알 수 있다고 언급했다. 이 두 업체의 주식은 수익률 대비 매우 높은 가격으로 판매되고 있으며, 우리가 발표할 보고서 내용이 사실로 입증된다면 아마도 주가에 큰 타격을 입을 것이다. 우리는 다음과 같은 결론을 내렸다. "일반적으로 투자자들은 의료서비스업체의 높은 주가수익률을 당연시하고 있으나, 미래 수익 기대치의 감소가 현재의 높은 주가수익률에 부정적인 영향을 미칠 수 있다는 점을 경고하는 바이다."

10월 말에 나와 스핑크스는 우리 부서에서 이 예비 보고서 초안을 발표할 준비를 마쳤다. 각 하위 부서는 매주 회의를 하는데, 이 자리에 분석가들이 모두 참석하여 각자의 의견을 내놓게 된다. 그런데 분석가들은 자신이 담당한 업종이 아니면 별 관심이 없으므로 사실 이러한 회의를 하는 것 자체가 시간 낭비였다. 이 사람들은 자신이 담당한 업종 혹은 기업에만 신경을 쓸 뿐이다. 증권분석가들이 무엇을 하는지에 촉각을 곤두세우는 사람은 오직 브로커뿐이다. 리서치 보고서, 특히 피라미드처럼 영향력이 큰 회사가 발표하는 보고서는 주가에 즉각적이고 직접적인 영향을 미치기 때문이다. 사실 브로커와 분석가

사이에는 정보 차단벽Chinese Wall이 존재한다. 리서치 결과가 고객, 투자 은행가, 일반 대중 등 삼자에게 공평하게 전달되도록 하기 위함이다. 그런데도 브로커들은 늘 분석가들 주위를 맴돌며 크든 작든 간에 자신들에게 유리하게 작용할 정보를 하나라도 더 얻으려고 애를 쓴다.

그런데 우리가 작성한 이 보고서가 화근이 됐다. 애머스트대학 시절, 베트남전戰 반대 운동을 하던 민주사회학생연합 회원들의 모습을 지켜보던 기억이 난다. 이들을 보면서 지식인인 척 나대는 구역질 나는 얼간이들이라고 생각했었다. 그런데 해병대에 근무하게 된 이후에야 비로소 반전反戰 운동이 전쟁터에 나가 싸우는 것만큼이나 대단한 용기와 배짱이 필요한 행동이라는 것을 깨달았다. 마찬가지로 기존 상식에 반기를 드는 것 역시 동조하는 것보다 훨씬 더 많은 용기가 필요함을 알게 됐다. 이제 나는 스핑크스의 도움을 받아 이러한 기존 상식에 도전장을 내민 것이었다. 베트남전 반대론자들처럼 나 역시 내 생각이 옳다고 확신했다.

예상했던 대로 이 보고서에 관심을 보이는 사람은 아무도 없었다. 그 누구도 의료서비스 부문에 관심을 보이지 않았다. 이들은 오로지 이 보고서 내용이 자신들이 추천한 종목에도 여파가 미칠지에만 신경을 썼다. 피라미드는 쿤로엡과는 전혀 달랐다. 전 직원이 각자 맡은 분야에만 열중했고, 파비아나 브롱크타인과는 달리 대사제와 선지자는 회의에도 거의 참석하지 않았다.

회의에 참석한 모든 분석가에게 보고서 사본을 나눠줬다. 참석자 전원이 이 예비 보고서의 내용이 기밀 정보이며, 회의가 끝나면 이 사본을 바로 폐기 처분해야 한다는 사실을 알고 있었다. 폴 스탠디시Paul

Standish는 회의 참석자 중에 유일하게 우리의 분석 결과에 관심을 보인 사람이었다. 스탠디시는 제약업 담당 분석가였고, 메디케어와 메디케이드는 의약품 구입에 많은 경비를 지출했다. 우리의 가설이 맞는다면 제약회사 역시 자금 압박을 받게 될 것이다.

그 당시에는 몰랐는데 나중에 알고 보니 회의가 끝난 후에도 스탠디시는 보고서 사본을 폐기하지 않았다고 한다. 스탠디시는 며칠 후 캘리포니아에서 돌아오는 비행기 안에서 다른 회사의 분석가와 이에 관한 이야기를 나눴다. 상대는 바로 보스턴에 있는 투자자문회사 스커더스티븐즈앤드클라크Scudder, Stevens & Clark 소속 제약업 담당 증권분석가였다.

스커더 측 분석가에게 기밀 보고서 내용을 흘린 것도 위험천만한 일이지만, 스탠디시는 이보다 더 엄청난 일을 저지르고 말았다. 1972년 11월 7일, 스탠디시는 스커더의 분석가에게 이메일로 보고서 사본을 보낸 것이었다. 아무리 생각해도 스탠디시가 대체 무슨 이득을 바라고 그런 짓을 했는지 알 수가 없다. 어쨌거나 그의 행동은 단순히 어리석은 짓 정도가 아니라 매우 비윤리적인 행동이었다.

11월 13일이 되자 사내에 드디어 소문이 퍼지기 시작했다. 스커더의 그 분석가는 이 사본을 회사 내 다른 사람들에게도 다 보여줬다. 스커더의 고객들은 자신들이 보유한 의료업체 주식을 죄 내다 팔기 시작했다. 11월 21일에는 보고서 유출 기사가 신문에 실렸고, AMI 주식은 가격이 57/8포인트나 하락했다. 그리고 1주일 만에 호스피털코퍼레이션오브아메리카의 주가는 무려 22퍼센트 하락했다. 시장 조작에 관한 소문이 월가에 파다하게 퍼졌다. 피라미드의 모든 전화는 불이

날 지경이었다. 그놈의 정보 차단벽 때문에 우리 회사 고객들은 아무 것도 모른 채 극심한 혼란 상태에 빠졌다. 소매 브로커들은 더 아우성이었다. 스커더의 고객들은 어떻게 우리 회사 브로커들보다 먼저 보고서를 입수할 수 있었을까? 대체 무슨 일이 생긴 것인가? 대사제와 선지자는 지금 어디에 있는가? 피라미드를 구성하고 있는 벽돌들이 흔들리기 시작했다.

어릴 때부터 늘 탐정을 꿈꿔왔던 나였지만 도저히 문제 해결의 실마리를 찾을 수 없었다. 선지자가 나를 불러 보고서가 어떻게 유출됐는지를 물었을 때, 나는 모른다는 대답밖에 달리 할 말이 없었다. 하지만 그가 원하는 대답이 아니었다. 우리 회사 브로커와 고객은 그렇다 치고 AMI의 유러너스 아펠Uranus J. Appel 회장은 화가 머리끝까지 치민 상태였다. 아펠은 피라미드가 자사의 주가를 조작한다고 확신했고, 이번 보고서 유출 사건은 주가 하락을 위해 회사 차원에서 주도한 계획의 일부일지 모른다는 의심을 거두지 않았다. 그래서 아펠은 뉴욕증권거래소에 이에 관한 심사를 요청했다.

11월 22일 수요일에 피라미드의 고문 변호사가 내 사무실로 찾아왔다. "마틴, 뉴욕증권거래소에서 당신에게 증언을 요청해왔어요."

증언이라고? 왜 내가 증언을 해야 하지? 이미 선지자에게 내가 아는 것은 다 말해줬는데? 왜 스핑크스를 안 보내는 거지? 스핑크스가 나보다 연장자고 또 더 존경받는 사람인데 말이다. 더구나 애초에 이러한 보고서를 만들자고 한 사람은 스핑크스가 아닌가? 피라미드의 맨 상층부에서부터 내려오는 압력에 내 어깨가 짓눌리는 기분이었다. 그러나 나는 평정심을 찾으려고 무진 애를 썼다. 나는 아무 잘못이 없었다. 그저 피라미드 맨 밑단의 바로 위에 놓인 작은 벽돌 하나에 불과하지 않는가? 틀림없이 쿠푸왕과 카프레왕도 대사제와 선지자가 나를 보호할 것이라 믿어 의심치 않을 것이다.

고문 변호사는 앞으로 벌어질 일에 대해 간략히 설명하면서, 내가 회사에서 매우 가치 있는 사람이라는 점을 잊지 말라고 했다. "마틴, 그저 있는 사실 그대로만 이야기하면 됩니다. 모든 것이 다 잘 될 겁니다." 그런 다음 자리에서 일어서며 이렇게 덧붙였다. "아, 그렇지만 만약 당신과 회사의 이해가 충돌하는 경우, 당신은 더 이상 회사의 보호를 받을 수 없으니 개인 변호사를 고용하라는 말을 해주고 싶군요."

고문 변호사가 나가자마자 수화기를 집어 들고 형 게리에게 전화를 했다. 게리는 데이비스앤드길버트Davis and Gillbert라는 법무법인에서 광고업 담당 변호사로 일하고 있었지만, 당장 내가 믿을 수 있는 변호사라고는 형밖에 없었다. "형, 저 개자식들이 나한테 수류탄 하나를 던지고 갔는데 말이야. 어떻게 해야 하지? 변호사를 구해야 해? 아, 어떻게 해?"

"아니야. 아무 잘못도 없다며? 그냥 청문회에 출석하는 거니까 걱정 안 해도 돼. 그런 자리에 변호사를 대동하고 가면 더 안 좋게 보일 수도 있어. 그러니까 그냥 가서 있는 사실 그대로만 말해."

나는 형이 일러준 대로 했다. 11월 24일 금요일, 뉴욕증권거래소로 출두하여 선서를 한 다음 장장 6시간에 걸쳐 증언했다. 해병대에서 심문 훈련과정을 이수한 나였지만, 이번과 같은 상황에는 전혀 준비돼 있지 않았다. 그곳에는 법정에서처럼 모든 증언 내용을 기록하는 속기사가 있었고, 같은 질문을 하고 또 하면서 나를 몰아쳤다.

평소에 의료서비스업종의 시황을 좋게 보고 있다가 갑자기 이렇게 부정적인 보고서를 쓰게 된 이유가 무엇인가? 이런 정보를 어디에서 입수했는가? 누구와 논의했는가? 이 보고서를 본 사람은 누구인가? 보고서 사본을 외부인에게 준 적이 있는가? 지난 3개월 동안 나 혹은 내 지인 중에서 AMI나 기타 의료서비스업체의 주식을 내다 판 사실이 있는가? 지난 6개월 동안 매도한 일이 있는가? 아니면 지난 1년 동안에 그러한 사실이 있는가?

기억력이 좋은 편이라서 내가 알고 있던 사실을 전부 이야기했다. 이렇게 6시간이 지나자 그 보고서를 누가 유출했는지 내가 모르고 있다는 것과 피라미드 혹은 다른 누군가가 주가조작을 목적으로 보고서를 유출했다고 하더라고 그것과 나는 아무런 관계가 없다는 사실이 밝혀지는 듯했다. 뉴욕증권거래소에서 나오면서 나는 내 결백이 증명됐다고 확신했으나, 해결해야 할 문제가 여전히 남아 있었다. 정식 보고서를 발표해야 하는 문제 말이다.

대사제나 선지자도 그렇겠지만, 보고서가 유출되기 전에 특히 파라오가 이 보고서를 봤다면 절대 발표하지 않았을 것이다. 사실상 우리 보고서의 골자는 의료서비스업종의 주식을 팔아야 한다는 이른바 '팔자' 추천이었고, 월가에서는 여간해서 '팔자' 추천을 하는 법이 없다. 팔라고 하고 싶을 때는 표현의 수위를 낮춰 '보유' 추천을 하는데 말이 '보유'이지 속뜻은 당장 브로커를 찾아가서 다 팔라는 말이나 다름없다. 선지자라면 당연히 스핑크스와 내가 하는 일에 대한 총책임을 져야 하고 보고서가 발표되는 회의에도 참석했어야 한다. 만약 그랬다면 선지자는 그 자리에서 이 보고서를 모두 폐기 처분했을 것이다. 그런데 안타깝게도 선지자는 그 자리에 없었고 다른 곳에서 시세 표시기만 지켜보고 있었다. 이제 이 보고서를 묻어버리기에는 너무 늦어버렸다.

대사제와 선지자가 매서운 눈으로 지켜보는 가운데 스핑크스와 나는 보고서를 다시 작성했다. AMI와 관련된 부분은 모두 삭제했고, 우리의 가설 혹은 결론을 표현할 때도 한결 순화된 단어를 사용했다. 말하자면 '~일 것이다'는 '~일지도 모른다'로, '아마도'는 '어쩌면'으로, '그러므로'는 '그래서 아마도'로 완곡하게 표현했다. 결정적으로 1972년의 나머지 기간과 1973년에도 수익률이 15~20퍼센트를 유지할 것으로 보인다는 점을 강조했다. 그리고 이 보고서의 골자는 '팔자' 추천이 아니고 단지 장기적 측면에서 보건의료서비스업계가 직면할 수 있는 잠재적 문제들을 고객들에게 '경고'하는 차원이었을 뿐이라는 점을 분명히 밝혔다.

1972년 12월 1일에 드디어 공식 보고서가 발표됐다. 그러나 이미 보건의료서비스업체 주식을 사는 사람은 아무도 없었다. 11월 27일 월요일, 〈월스트리트저널〉의 댄 도프만Dan Dorfman은 '월가의 소식Heard on the Street'에서 보고서 유출 사건을 다루었다. 그러면서 유출된 원래 보고서 내용이 피라미드가 공식 발표한 보고서보다 얼마나 더 부정적이었는지에 관해 언급했다. "대 피라미드에게 이번 사건은 '악몽'이었다. 적어도 한 내부인의 표현에 의하면 그렇다." 도프만은 이렇게 시작했다. 보고서는 내부 허락 없이 유포됐고, 그 결과 의료서비스업체의 주식을 보유한 숱한 주주들이 큰 손실을 보았으며, 대량의 공매도가 이루어지는 것을 보고 피라미드 측의 시장 조작 의혹이 불거지기도 했다. 도프만은 빅보드(뉴욕증권거래소)의 베테랑 트레이더가 한 말을 인용하는 것으로 칼럼을 끝맺었다. "내가 생각하기에 이 업종 주식은 이제 하락주가 된 것 같다. 피라미드가 한 일은 의료서비스업체의 미래 수익률에 관해 진지하게 의문을 제기한 것이다. 이들의 판단이 과연 옳은 것인지 아니면 틀린 것인지 누가 알겠는가! 그러나 만약 이들의 판단이 옳다면 이 종목은 이제 끝장이다."

유러너스 아펠을 비롯하여 업계의 다른 경영진은 계속해서 뉴욕증권거래소에 이 사건에 대한 조사를 요청했다. 12월 1일, 보고서 사본을 본 아펠은 내용이 아주 서툴고, 보건의료서비스 분야에 대해 아는 것이 별로 없는 사람이 작성한 것 같다는 의견을 피력했다. 그럼에도 분을 삭이지 못한 채 자사 주가가 폭락하는 바람에 중요한 인수 계약이 취소됐다고 불만을 토로했다.

뉴욕증권거래소는 주식 시세를 보여주는 프로그램인 스톡워치 Stock Watch를 통해 11월 13일의 주식 거래 내용을 살펴봤다. 보고서 유출 경로를 추적하다 보니 스커더의 그 분석가가 나왔고, 이 추적의 끝에는 스탠디시가 있었다. 처음에는 보고서를 유출했다는 사실을 부인했으나, 1972년 12월 12일에 스탠디시는 마침내 자신이 예비 보고서를 가지고 나와서 스커더의 분석가에게 주었다고 시인했다. 12월 14일, 스커더의 CEO 조지 존슨George Johnson은 자사 분석가 중 한 명이 보고서 사본을 입수했으며, 이렇게 유출된 보고서를 돌려 본 자사 고객들이 주가가 하락하기 전에 해당 주식을 팔았을 가능성이 있다는 점을 인정했다. 드디어 내 혐의가 벗겨진 것이다. 아니 적어도 나는 그렇다고 생각했다.

그런데 1973년 1월 26일에 AMI 주식을 보유한 캘리포니아의 주주 단체가 피라미드와 나를 상대로 소송을 제기했다. 고소장의 내용은 이랬다.

귀사의 무한 책임사원 중 한 명과 증권분석가가 치밀하게 계획된 '공매도' 음모에 따라, 원고가 주주로 있는 AMI의 재무 상태에 부정적인 영향을 미칠 수 있는 사항을 마치 내부자 정보인 것처럼 위장하여 거짓 정보를 유포했다. 그 결과 시장이 침체되어 원고는 헐값에 주식을 팔아야 했고, 피고는 매우 낮은 가격에 주식을 사서 공매도한 부분을 메울 수 있었다. 이는 AMI의 공매도 시장 조성을 위한 사전 공모를 통해 이루어진 계획적인 주가조작임이 명백하다.

이들은 손해배상금 7만 4,200달러와 추징금 74만 2,000달러를 합해 총 81만 6,200달러를 요구했다. 고문 변호사는 원고가 근거 없는 주장을 하고 있으므로 걱정할 것 없다고 말했으나, 일이 쉽게 끝날 것 같지 않았다. 아펠이 가만히 구경만 하지는 않을 것이다. 1월 말이 되자 AMI의 주가는 24 1/2로 무려 50퍼센트나 하락했다.

1973년 2월 2일, 뉴욕증권분석가협회에 참석한 아펠은 피라미드와 보고서 그리고 나를 맹비난했다. 그리고 가장 최근 분기에서 AMI의 수익이 20퍼센트 증가했다고 언급하면서 참석한 분석가들에게 AMI는 미래 성장 가능성이 그 어느 때보다 높다고 말했다. 또, 이 보고서를 절반의 진실과 오해, 누락 외에도 기본적으로 일곱 개의 허위

진술이 포함된 이른바 '지하 출판물'이라고 칭하며, 이 내용의 무허가 유출을 거칠게 비판했다. 그러고 나서 두 젊은이가 겨우 두 시간 동안 자신과 면담한 다음, 이 정확성이 결여된 보고서를 작성했음을 강조했다.

그동안 나와 친밀한 관계를 유지했던 보건의료서비스업체 경영자들이 이제는 나를 멀리하기 시작했다. 그래서 나는 졸지에 분석할 대상이 하나도 없는 그런 분석가가 돼 버렸다. 설상가상으로 당시 시장전체가 침체의 나락으로 떨어져 버렸다. 소형주는 1972년 하반기부터 이미 하락하기 시작했다. 1972년 가을에도 여전히 주가가 상승한 종목은 기관투자가들이 선호하는 폴라로이드, 코닥, 에이본Avon 등 이른바 니프티 피프티[3]였다. 이 50개 종목이 시장을 거의 장악하다시피 했고, 여기에 속한 모든 종목이 수익률의 50~60배나 되는 가격에 판매됐다. 1973년 1월, 다우지수가 1,017로 정점을 찍은 이후로 미국 증시는 사상 최악의 하락장으로 접어들었다. 3월 15일에 증거 부족을 이유로 소송은 종결됐으나, 이에 관심을 두는 사람은 아무도 없었다. 증시 전체가 암울했기 때문에 의료서비스업종의 침체는 이와 같은 분위기 속에 자연히 묻혀버렸다.

1973년 7월, 선지자가 나를 호출했다. 선지자는 시장 침체로 말미암아 회사의 경비를 절감해야 하는 상황이라고 말했다. "마틴, 정말 미안하네만 자네를 해고하지 않을 수 없네." 이 말을 듣는 순간 정신이 멍해지는 느낌이었다. 나는 우리가 한팀이라고 생각했기에 지난 6개

---

3. 니프티 피프티nifty fifty: 50개의 우량종목을 일컬음, 1969년부터 1973년까지 미국 뉴욕증시에서 나타난 우량종목 중심의 주가 상승 현상에서 나온 말이다.

월 동안 열심히 '공'을 굴려 왔다. 그런데 이제 와서 이들은 나를 내팽 개친 것이다. 어쨌거나 이것은 내 불찰이다. 이런 사태가 오리라 짐작했어야 했다. 대기업일수록 자사의 이익을 우선시하는 것이 당연하다는 사실이 다시 한 번 입증되는 순간이었다. 스탠디시가 붙잡혀 자신이 보고서를 유출했다는 사실을 시인하고 나자, 댄 도프만을 비롯한 월가 사람들은 공공연하게 피라미드에서는 누가 희생양이 될지 궁금해하기 시작했다. 물론 대사제와 선지자가 회사를 그만둘 리 없었다. 그 보고서를 쓴 사람은 나였으니까. 결국 피라미드에서 빠져줘야 할 '벽돌'은 나였다. 그런데 소송이 진행되는 동안에는 나를 쫓아낼 수 없었다. 피라미드를 무너뜨릴 만한 정보가 내게 있다는 사실을 이들도 알고 있었기 때문이다. 그러니 소송이 끝날 때까지 월급을 주며 나를 안전하게 회사에 묶어 두었다가, 소송이 끝난 후 내쫓는 것이 훨씬 안전했다.

이때 내 나이 겨우 스물여덟이었고, 아직 순진한 탓에 월가의 생리를 잘 몰랐다. 경영대학원에 다녔으나 비즈니스가 무엇인지 내게 가르쳐준 사람은 아무도 없었다. 내 아버지는 변변찮은 상인이었고, 내어머니는 고등학교 생활지도 상담사였다. 품위와 교양이 넘치는 애머스트대학에서 경제학을 전공한 것도, '언제나 충성'이라는 해병대의 표어도 아무 소용 없었다. 쿤로엡에서 나는 그 팀의 일원이었고, 상사였던 파비아와 브롱크타인은 내 든든한 방패막이가 돼 주었다. 그러나 나는 피라미드와 같은 조직에서 일할 준비가 아직 안 됐던 것이다. 피라미드에서는 뒤통수 맞지 않으려면 등에 방탄조끼를 걸쳤어야 했다.

그 당시 저축해 놓은 돈이 4만 달러 정도 됐기 때문에 곧바로 다른 직장을 알아보려 하지는 않았다. 그래서 나는 햄프턴에 있는 그룹 하우스에 머물면서 여름휴가를 보내기로 했다. 그런데 그곳 해변에서 상품시장에 들락거리는 친구들 몇 명을 만났는데, 내게 시카고에 가자고 권유했다. 이 친구들은 시카고상업거래소CME: Chicago Mercantile Exchange에서 육류(소고기와 돼지고기)를 매매하고 있다는 것이었다. 어쩌다 보니 시분할 컴퓨터 상품매매 시스템을 운영하고 있던 컴퓨터광 폴 골드스타인Paul Goldstein에게 5,000달러를 맡기게 됐다. 골드스타인에게는 개인용 컴퓨터가 없었기 때문에 새벽 3시 이외에는 컴퓨터를 사용할 수 없었다. 또 내 오랜 도박 친구인 리키 지를 통해 러시아 밀 선물에 2만 달러를 투자했다. 리키 지한테는 상품 브로커로 일하는 친구 빌리가 있었는데, 빌리의 처남이 한 정계 인물과 꽤 친분이 있었고, 또 이 정계 인물이 미국 농무부 사람과 잘 알고 있었다. 이 농무부 관계자는 직업상 모스크바를 자주 들락거렸다. 어쨌거나 이렇게 복잡한 경로를 통해 투자가 이루어졌다.

10월까지 나는 총 2만 5,000달러를 투자한 상태였으며, 생활은 점점 빠듯해졌다. 아무래도 증권분석가 일을 다시 해야겠다고 생각하고 월가 인맥을 총동원하여 여기저기 전화를 걸었다. "아, 슈워츠! 음, 경력도 좋고 다 좋은데, 피라미드 사건에 연루되어 있지 않았나요? 음, 미안하네요. 알다시피 요즘 경기가 안 좋아서 우리 회사는 직원을 채용할 계획이 없어요."

그 누구도 진실이 무엇인지 확인하려 하지 않았다. 아예 그런 일에는 관심조차 두지 않았다. 사람들은 모두 일관되고도 순결해 보이는 그 무언가를 원했다. 나는 이 사건의 희생양으로 진퇴양난에 빠졌으며, 아무도 나와 엮이기를 원치 않았다. 이 와중에도 집세는 꼬박꼬박 내야 했다. 결국 자존심도 다 버린 채 브로드웨이와 89번가 사이에 있는 직업소개소에 찾아가서 다른 구직자와 함께 줄을 섰다. 줄이 점점 줄어들수록 내 미래는 점점 더 암담해지는 것 같았다. 대체 나는 왜 스핑크스의 말에 귀를 기울였을까?

나중에야 안 일이지만 이 잘난 회계사 양반은 사실 주식의 '주'자도 모르는 사람이었다. 1973~1974년의 극심한 하락장세 속에서 의료서비스업종의 주가도 폭락했다. 그러나 이후 20여 년 동안 의료비 지출이 GNP의 6퍼센트 수준에서 16퍼센트 수준으로 급증하면서 이 업체는 지속적으로 성장했고, 이런 추세에 힘입어 의료서비스업종의 주가는 7배나 상승했다. 물론 지금은 이들 업체의 주가수익률이 많이 낮아졌지만 말이다. 이러한 맥락에서 보면 우리가 쓴 보고서의 내용이 절반은 맞고 절반은 틀린 셈이다.

개인적으로 이 사건 때문에 몇 년 동안은 정말 힘들었으나 덕분에 더욱 강해질 수 있었다. 이러한 경험이 더 유능한 트레이더가 되는 데 밑거름이 된 것도 사실이다. 또 이 일로 해서 조엘너까지 만났으니 결과적으로는 잘된 일인지도 모르겠다. 조엘너를 만난 것이 내게는 더없이 중요하고 또 가치 있는 일이니까.

지금에서야 하는 말이지만, 의료서비스업체들이 죽자고 덤벼들 만한 일거리를 아예 만들지 말았어야 했다. 선지자 또한 그러한 사태가 발생할 것을 미리 짐작했어야 했다. 선지자는 대체 무슨 생각으로 스핑크스와 함께 의료서비스업체에 대해 부정적인 내용이 담긴 보고서를 작성하라고 했던 것일까?

직업소개소 앞에 늘어선 줄에 서 있으면서 이런 생각을 했다. 내가 보고서 작성 제안서를 올렸을 때 선지자는 다음과 같은 내용의 답신을 보냈어야 했다.

사내 공문

날짜: 1972년 9월 28일

수신: 마틴 슈워츠

발신: 선지자

슈워츠, 당신 제정신입니까? 의료서비스업체에 관한 보고서는 작성하지 않는 것이 좋겠습니다. 만약 시작했다면 당장 중지하세요. 그렇게 했다가는 우리 모두 치명상을 입을 수도 있습니다. 부정적인 보고서는 그 누구도 원치 않습니다. 신탁 관리자는 자신들의 허물을 덮어줄 그런 보고서를 원합니다. 이들은 보고서를 보관해 두었다가 나중에 주가가 하락하면 그때 이 보고서를 꺼내 이렇게 말합니다. "나보다 훨씬 똑똑하고 나보다 연봉도 많이 받는 사람이 이런 보고서를 작성했죠. 그래서 나도 이 주식을 산 것이오." 그리고 스핑크스는 멀리하는 게 좋습니다. 스핑크스는 기꺼이 당신을 파멸로 이끌려 할 것이고 또 그럴만한 능력도 있습니다. 이제 자기 자신만을 생각하세요.

TP: mc

cc: 스핑크스

내부 정보자는
자신의 이익을 위해 일한다

말이 나온 김에 월가의 소문에 어떻게 대처해야 하는지에 대해 이야기해보자. 소문에 휘둘리는 것은 '스스로 열심히 노력하자!'라는 내 첫 번째 활동 지침을 부정하는 것이기 때문이다. 스스로 노력하여 얻은 정보는 자신에게 유리하게 작용하지만, 소문은 그렇지 않다. 어떤 소문을 들었을 때는 대개가 이미 늦은 것이고, 그러한 소문은 정보로서의 가치가 없다. 주가가 곤두박질치면 그때는 아무 곳에도 기댈 곳이 없다. 정보력이 떨어지면 불리하게 되며, 이럴 경우 가장 취약한 시장 참여자가 돼버린다. 그런데도 주식투자를 하는 사람들 대개가 그렇듯이 나 역시 소문에 잘 휘둘리게 된다.

늘 그렇듯이, 상황이 안 좋을 때일수록 절대 들어서는 안 되는 그런 소문에 귀가 더 솔깃해진다. 내가 평소에 늘 하던 말이 몇 손가락 안에 꼽을 정도로 극소수 사람의 말만 귀담아듣겠다는 것이었다. 그런데 막상 계속 수세에 몰리는 상황이 되면 내 귀에는 온갖 사람들의 말이 다 들려온다. 심지어는 구두닦이 소년이 하는 말까지도 귀담아듣게 된다. 경마장에 갔는데 우승마에 대한 정보가 전혀 없다. 그래서 옆에 있는 노숙자에게 물어본다. "어느 말이 이길까요?" 그러면 이 노숙자가 이렇게 대답한다. "음, 6번 말이요. 기수가 제리 베일리잖아요. 뭐, 더 볼 것도 없구먼." 제리 베일리는 거리를 좁히는 데 실패했고, 6번 말은 결국 4등으로 들어왔다.

이른바 소문주들은 한꺼번에 사람들이 몰리기 때문에 주가가 같이 올랐다가 또 같이 폭락한다. 소문주의 가격이 폭락할 때는 마땅히 하소연할 곳도 없다. 가격 하락의 이유를 설명할만한 제대로 된 정보가 없으므로 속수무책으로 당하는 수밖에. 돈을 따고 있을 때와는 달리 돈을 잃고 있을 때 사람은 한없이 약해진다. 사슬은 가장 약한 고리에서 끊어지는 법이듯 가장 좋지 않은 상황일 때는 가장 나쁜 소문에 휘둘리기 마련이다. 그러고는 이렇게 한탄한다. "이렇게 멍청할 수가! 이런 실수를 또 하다니. 왜 자꾸 이러는 걸까?" 그리고 공황 상태가 되어 진저리를 치며 시장을 떠나버린다.

소문에 휘둘린다는 것은 투자 실적이 괜찮은 누군가한테 쉽게 업혀 가고 싶은 생각이 있기 때문이다. 내 주 정보원을 '인사이드 스키니'라고 부르자. 그 역시 월가의 상황에 항상 촉각을 곤두세우는 유능한 증권분석가다. 이 사람은 항상 기업 CEO들과 함께 점심도 하고 친하게 지내며, 여기저기서 정보를 조금씩 흘리고 또 얻기도 하면서 정보를 긁어모은다.

그렇게 전화를 걸어 얻은 정보를 나에게 알려준다. 그런데 이 사람은 왜 그런 정보를 알려주는 것일까? 단지 다른 사람들에게 도움을 주는 것이 그저 좋아서, 즉 자선단체에 기부할 때처럼 자신의 관대함이나 힘을 과시하고 싶어서 그렇게 할 수도 있다. 그러나 인사이드 스키니의 정보 제공 행위에 관해 반드시 기억해야 할 것이 있다. 그는 한 사람에게만 그 정보를 알려주는 것이 아니다. 아마도 20군데 정도에 전화를 걸었을 것이다. 이 사람은 모든 사람의 친구가 되는 것에 앞서서 자기 자신의 이익도 챙겨야 한다. 추천했던 주식의 가격이 상승 기미를 나타내면 너노나노 그 주식을 사게 된다. 이 시점에서 스키니의 역할에 변화가 생긴다. 지금까지 조력자였던 그가 이제 '생활지도 상담사'가 되어 모든 '학생'의 행동을 중지시킨 채 입학 허가가 나올 때까지 가만히 기다리라고 한다.

"스키니, 스키니. 대체 무슨 일이요? 앞으로 어떻게 되는 거요?"

"아직은 괜찮아요." 스키니가 말한다.

"취리히 정상 회담은 어떻게 됐소?"

"어, 아무 문제 없어요. 다만 시간이 좀 걸릴 것 같아요. 이런 일은 원래 그렇거든요. 사전 분석이 충분히 이루어졌고 모든 것이 다 잘 되고 있으니까 너무 걱정하지 마세요. 신경 쓸 거 없다니까요. 당신은 늘 그렇게 조바심을 내서 탈이라니까."

이렇게 달래는 스키니의 말에 또 금방 화색이 돌아와서는 곧바로 뛰쳐나가 주식을 조금 더 산다. 나 혼자만 이러는 것이 아니라 스키니의 말을 들은 다른 사람들도 다 그렇게 한다. 그래서 주가는 다시 상승세를 나타내는 듯 보인다. 자신이 믿는 누군가가 뭔가를 알고 있다는 사실에 모두 안도한다. 그렇게 주가는 상승한다. 하지만 얼마 지나지 않아 주가는 폭락하고 스키니의 말만 믿었던 사람들은 공황에 빠진다.

다시 스키니에게 전화를 걸어 어떻게 된 일인지 물어본다. 스키니는 그러한 하소연은 들으려 하지 않고 오히려 이렇게 말한다. "나도 죽겠어요. 내 돈이 당신 돈보다 더 많이 걸려 있거든요." 그러나 이미 그는 자신의 주식은 이미 다 팔아 손실 폭을 줄이고, 다른 매수 종목을 벌써 수배해 놓은 상태다.

다시는 소문 따위에 휘둘리지 않으리라 몇 번이고 다짐하지만, 몇 개월 후 계속해서 돈을 잃고 있을 때 전화벨이 울린다. 역시나 인사이드 스키니다. "이봐요, 추천할 만한 아주 좋은 종목이 있어요." 그러면 또다시 귀가 솔깃해진다.

Chapter 05

금 매매로
오릭 슈워츠를 꿈꾸다

PIT BULL

"엘렌, 팝콘 좀 더 줄까?" 무심결에 손등을 엘렌의 스웨터에 문지르며 작은 소리로 속삭였다. 1964년 크리스마스 날이었다. 엘렌과 나는 뉴헤이븐 대학가에 있는 로저셔먼 극장의 맨 뒷줄에 앉아 있었다. 당시 나는 애머스트대학 2학년생이었고, 그때까지 연애다운 연애 한 번 못해본 상태였다. 내가 애머스트 같은 좋은 학교에 가려 했던 이유 중에는 그곳에서 신분 상승의 기회를 찾으려는 기대도 있었다.

자화자찬이지만 나는 무언가를 조사하는 능력 하나는 끝내줬다. 스미스대학과 마운트홀요크대학의 신입생 사진첩을 구해 열심히 들여다보면서 엠마 윌러드Emma Willard School, 에델 워커Ethel Walker School, 미스 포터스Miss Porter's School 등과 같은 명문 사립학교 출신 가운데 근사하게 생긴 여학생을 골라 이들에게 무턱대고 전화를 걸었다. 여기까지는 그렇다 치더라도 통화 내용이 가관이었다. "안녕, 그리니치에서 온 수지 페인 맞지? 나는 뉴헤이븐에서 온 마틴 슈워츠라고 해. 오늘 뭐 할 거니?" 딸까닥! "리즈 헌터? 잠깐만, 나는 애머스트에 다니는 마틴 슈워츠라고 해. 이번 주말에 카드놀이 하지 않을래? 브리지 어때? 음, 점당 얼마로 할까?" 뚝! "여보세요? 킴벌리 윌리엄스? 나는 버지 슈워츠야. 나 애머스트에 다니는 학생인데 왜 전화를 했냐 하면…… 음, 너 버지니아주 미들버그 출신이지? 거기 경마로 유명한 곳 아냐? 그래서 말인데 힌스데일 경마장에 같이 가지 않을래?" 뚜-.

나름대로 상류층 여자 좀 만나보겠다고 이렇게 허턴짓을 하다가 결국 내 수준에 딱 맞는 엘렌과 데이트를 하게 되었다. 엘렌은 제임스 힐하우스 고등학교에 다닐 때 같은 반 친구였고, 당시 바서 대학에 다니고 있었다.

어슴푸레한 불빛 사이로 제임스 본드의 당당한 모습이 화면을 꽉 채웠다. 멋지고 날렵한 모습으로 등장한 본드는 이제 영국 정보부의 지령을 받아 또 한 명의 악당과 맞설 참이었다. 007 시리즈 영화에는 멋진 여인네들이 떼거리로 등장한다는 사실은 모르는 사람이 없다. 엘렌과 데이트를 하면서 〈007 골드핑거〉를 선택한 것도 그 때문이었다. 본드의 힘을 빌려 어색한 분위기를 풀어나갈 생각이었다. 본드는 영화를 찍고 나는 그에 맞춰 내 진도를 나가려는 것이다.

이러한 음흉한 생각을 실천에 옮기는 데는 그리 오랜 시간이 걸리지 않았다. 영화가 시작되자마자 본드는 아름다운 금발 미인 질 매스터슨을 끌어안고 있었다. 마이애미의 퐁텐블로호텔 발코니에서 본드와 질이 포옹할 때 나는 뉴헤이븐에 있는 로저셔먼 극장 맨 뒷좌석에서 엘렌을 끌어안았다. 본드가 다음 진도를 나가면 나도 그렇게 했다.

그러는 동안 엘렌은 내 귀에 대고 별 뜻도 없는 말을 속삭여댔다. 007 덕분에 진도는 아주 잘 나갔다. 그래서 나는 여기서 좀 더 용기를 내보기로 했다. "이봐, 버지. 서두르지 마." 엘렌이 웃으며 속삭였다. "네가 무슨 제임스 본드인 줄 아냐?"

엘렌이 포옹을 풀었다. 엘렌이 이상한 것이 아니라 내가 007처럼 좀 더 침착했어야 했다. 고개를 들어 화면을 보니 본드가 오릭 골드핑거와 골프를 치고 있었다. 두 사람이 있는 곳은 작고 아름다운 영국의 한 컨트리클럽이었다. 보자마자 나는 골드핑거가 마음에 들었는데, 외할아버지의 캐디를 하며 용돈을 벌었던 내 어린 시절이 떠올랐다. 그들은 16번 홀 그린에 있었고, 골드핑거는 짧은 거리의 퍼팅을 앞두고 있었다. "오늘 공이 좀 잘 쳐지나요?" 골드핑거가 공을 칠 자세를 취하며 말했다. "골프나 하려고 여기 온 것 같지는 않은데요."

쿵! 본드가 홀컵 바로 옆 그린에 금괴 하나를 떨어뜨렸다. 그러자 골드핑거가 움찔했고 퍼트는 성공하지 못했다. 나는 초록색 그린 위에서 번쩍이는 그 금괴처럼 아름다운 물건은 본 적이 없었다. 옆에 있는 엘렌에게는 완전히 흥미를 잃었고 포트 녹스(미연방 금괴 보관소가 있는 곳—옮긴이)를 공격하려는 골드핑거의 계획에 완전히 매료됐다. 정말 굉장했다. 포트 녹스에 있는 금을 전부 방사능으로 오염시켜버리면 누가 감히 그곳의 금을 훔칠 생각을 하겠는가! 세계 최대 금 보관소가 사라져 버리면 골드핑거가 보유한 금의 가치는 천정부지로 치솟을 것이다. 물론 본드가 골드핑거의 이 계획을 저지시켰다. 비록 실패한 계획이기는 했으나, 이때부터 오릭 골드핑거는 내 새로운 영웅이 됐다.

나는 늘 금에 매료돼 있었다. 아무리 생각해도 나의 금에 대한 애착은 상업적인 측면보다는 문화적인 측면에서 이해하는 것이 더 나을 것 같다. 고대 이집트 시절부터 유대인은 금을 좋아했다. 늘 쫓겨 다니는 도망자에게는 금만 한 것이 없었기 때문이다. 모세가 십계명을 들고 산에서 내려왔을 당시 세간에는 금으로 우상을 만드는 풍습이 만연해 있었다. 이후 스페인의 이단 심문과 동유럽의 소수민족 학살, 또 히틀러의 유대인 대학살이 있었다. 이렇듯 유대인은 늘 쫓기는 신세였다. 내 할아버지 샘 슈워츠는 20세기 초에 동유럽의 소수민족 학살을 피해 미국으로 건너왔다. 할아버지는 어떤 형태로 부를 축적해야 하는지 알고 계셨다. 뉴헤이븐에서 양복점을 했던 할아버지는 돈에 쪼들리는 생활을 하면서도 얼마간 돈이 모이면 이것을 금으로 바꿔서 지니고 있었다. 이러한 조상의 역사가 내 유전자에도 각인된 것 같다.

금은 공기나 열, 수분에 영향을 거의 받지 않으며 대다수 용매에도 안전한 편이다. 그리고 그 자체의 아름다움과 내구성 때문만이 아니라 그 어떤 금속보다 작업 방법이나 공정이 쉽고 추출하기도 쉬워서 예로부터 그 가치가 높게 평가됐다. 이러한 이유 때문에 금은 고대 이집트 시대부터 화폐로 사용됐다.

시간이 지나면서 금을 기준으로 자국의 화폐 가치를 정하는 금본위제 국가가 하나둘 늘어났고, 19세기 말에 상업이 번성하면서 국제간 거래에 필요한 공식 결제체계의 마련이 시급해졌다. 이러한 필요에 따라 금이 국제 금융거래의 기초가 됐다. 얼마간의 예외 상황을 제외하고 금본위제는 대공황 때까지 지속됐다. 그러다 1931~1934년 사이에 모든 국가가 금본위제를 포기할 필요가 있다는 사실을 알게 됐다. 대다수 국가가 자국 통화의 가치를 절하하면 수출을 늘릴 수 있다는 것을 깨달았기 때문이다. 그러나 다른 국가가 금본위제를 폐지하면 화폐가치 절하를 통한 수출 증가의 효과도 사라지게 된다.

프랭클린 루스벨트도 대통령 취임 이후 이 같은 시류를 따르지 않을 수 없었다. 그래서 1933년 4월, 국민에게 보유하고 있는 금화를 모두 내놓도록 했다. 대다수 국민은 이 명령에 따랐으나 금을 그대로 지녔던 사람들도 많았다. 내 할아버지 샘도 20달러짜리 금화를 내놓지 않고 꼭꼭 숨겨뒀다. 어느 날 미국이 망해서 슈워츠 일가가 또 보따리를 싸서 도망가게 될 날이 올지 누가 알겠는가!

할아버지는 노인이 된 1957년까지 이 금화를 보관하고 있었다. 그러던 어느 날 할아버지는 아무한테도 말하지 않은 채 파운틴 가 맨 끝자락에 있는 웨스트빌저축은행에 찾아가서 더블 이글(Double Eagle: 20달러짜리 금화)을 현금으로 바꿨다.

할아버지한테는 그저 루스벨트 대통령의 명령을 24년이 지난 후에야 지킨다는 의미 그 이상도 이하도 아니었다. 그때 당시 더블 이글의 가치는 5배인 100달러가 되어 있었다. 로즈 할머니도 금화 몇 개를 가지고 있었는데, 내가 열세 살이 됐을 때 그중 하나를 내게 주셨다. '1925D 세인트 고든스 더블 이글'이었다.

이 금화는 1907년에 미국의 유명한 조각가 아우구스투스 세인트 고든스Augustus Saint-Gaudens가 디자인한 것으로 한 면에는 광채가 나는 태양 위로 비상하는 거대한 독수리가 새겨져 있다. 나는 이 금화가 좋았다. 그래서 몇 시간이고 금화를 가지고 놀았다. 그러다 마침내 동전을 수집하는 지경까지 이르렀다.

1958년에 중고 《레드북》을 하나 샀다. 예맨R. S. Yeoman이 1952년에 쓴 미국 동전 가이드 개정 10판이었다. 《레드북》은 동전 수집가에게 성서와 다름없는 책이었다. 이 책은 매년 개정판이 출간되는데, 미국에서 주조된 모든 동전에 대해 그 상태와 희귀성 등을 기준으로 그 가치를 평가한 내용이 수록돼 있다. 나는 《레드북》과 10달러짜리 지폐 한 장을 들고 은행으로 가서 25센트 또는 10센트 동전으로 바꿨다. 그리고 계산대 앞으로 가서 동전을 펼쳐 놓고 윙드 리버티 헤드Winged Liberty Head나 스탠딩 리버티Standing Liberty가 있나 찾기 시작했다.

이렇게 창구와 계산대를 오가며 동전을 받은 후 계속해서 내가 원하는 동전을 찾았다. 다시 한 번 탐정 놀이에 빠지던 순간이었다. 그러다가 마침내 내가 찾던 동전이 나오면 발행연도를 보고 조폐국을 확인한 다음에 레드북을 펴서 동전의 가치가 어느 정도인지 살펴봤다. 즉, 그 동전이 몇 개나 주조됐는지 그리고 현재 가치는 얼마나 되는지를 확인한 다음에 화폐 수집상을 찾아다니거나, 〈코인월드Coin World〉혹은 〈뉴미즈매틱 뉴스Numismatic News〉와 같은 동전 수집 전문지에 광고를 내서 수집가에게 동전을 직접 팔기도 했다.

이렇게 동전 매매를 해서 얼마간 돈을 벌었으나 내가 정말 좋아한 것은 금이었다. 윙드 리버티 헤드나 스탠딩 리버티를 찾아내는 것도 그런대로 재미가 있었지만, 세인트 고든즈 더블 이글과는 비교할 것이 못 됐다. 은행에서 집으로 돌아오면 가지고 온 동전들을 베개 위에 펼쳐 놓고는 이 동전들이 더블 이글로 변하면 얼마나 좋을까 하는 망상에 젖곤 했다. 금화가 정말 갖고 싶었으나 그럴 능력도 없거니와 기술적으로도 불가능했다. 수집 목적 이외에 개인이 금화를 소유하는 것은 불법이었기 때문이다.

1974년 12월 31일이 돼서야 비로소 투자 목적으로 금을 소유하는 것이 가능해졌다. 그런데 나는 주식투자로 계속 손해를 보고 있었기 때문에 금을 많이 살 수 있는 형편이 안 됐다. 오드리와 결혼하고 아멕스에서 매매 일을 하면서부터 정기적으로 금화를 사기 시작했다. 그때 당시 금값이 온스당 500달러 이상으로 상승했으나, 나는 여분의 돈이 생기는 족족 크루거란드(Krugerrand: 남아프리카 공화국의 금화—옮긴이)와 캐나디언 메이플 리프(Canadian Maple Leaf: 캐나다 왕실 조폐국이 발행한 금화—옮긴이)를 사들였다. 금화가 10여 개 정도 모이면 이것을 베개 밑에 넣고는 스크루지 맥덕(Scrooge Mcduck: 디즈니만화에 나오는 인물—옮긴이)처럼 베개를 공중으로 올렸다 내리며 장난을 쳤다. 베개를 던져 올리며 이렇게 중얼거렸던 기억이 난다. "이게 500달러짜리로 보여? 천만의 말씀. 나는 이제 부자가 될 거라고."

인플레이션에 대한 우려 때문에 경화硬貨에 관심을 보이는 사람들이 점점 더 많아짐에 따라 금값이 계속해서 올랐다. 세상의 종말을 예고하는 경제 서적들이 하나둘씩 등장했다. 더그 케이시Doug Casey 의 《위기 투자Crisis Investing》, 제롬 스미스Jerome F. Smith의 《통화 붕괴 The Coming Currency Collapse》, 해리 브라운Harry Browne의 《통화 가치 하락에서 이익을 창출하는 방법How to Profit from the Coming Devaluation》, 하워드 러프Howard J. Ruff의 《불황기에 번영을 누리는 방법Prosper from the Coming Bad Years》등이 출간되었다.

금을 워낙 좋아했던 나는 아멕스에서 처음으로 1만 달러를 벌었던 1979년 말, 아멕스의 회원권을 팔고 뉴욕상품거래소COMEX: New York

Commodity Exchange의 회원권을 살까도 생각해봤다. 나는 금 트레이더인 '오릭 골드핑거'가 되고 싶었던 것이다. 그래서 이 문제를 아내 오드리와 상의했는데, 결국 좋은 생각이 아니라는 결론이 나왔다. "버지, 지금까지 아멕스에서 잘해왔잖아." 오드리가 말했다. "금 매매를 하고 싶으면 금 관련 주식을 매매하면 되잖아."

말하기는 쉬워도 막상 실천하기는 어려운 법이다. 일단 금을 생산하는 회사가 많지 않았고, 또 아멕스에서 거래되는 금 주식이 별로 없었다. ASA는 폐쇄형 투자신탁회사로서 장외시장에서 거래되는 남아프리카 금광 주식에 투자하고 있었다. 그런데 메사주 옵션시장을 만든 루이즈 치키 미첼리 사단이 아멕스에 ASA 옵션시장을 조성했다. ASA는 메사 바로 옆에서 매매됐고, 치키 밑에서 일하는 피터 더 머스타시가 ASA 옵션을 취급했다.

항상 그랬듯이 나는 ASA 옵션매매에 나서기 전에 꼼꼼히 조사했다. 내 매매 원칙 가운데 하나가 충분히 조사한 다음 그것이 내 방법론에 적합하다는 판단이 서기 전까지는 절대 매매를 하지 않는다는 것이다. 조사 결과, 캐나다와 미국의 금 주식과 금 가격 간에 매우 흥미로운 상관관계가 있다는 사실을 알았다. 본래 주가는 금값이 움직이기 전에 먼저 변동하는 경향이 있다. 따라서 주가가 금값의 선행지표 역할을 한다. 그런데 ASA의 경우 남아프리카 금광회사에 투자한 회사이므로 금 가격에 좌우되는 경향이 더 강할 것이다. 만약 캐나다와 미국의 금 주식가격이 상승했다면 ASA 주가 역시 곧바로 상승할 것이다.

나는 1979년 12월에 ASA 옵션매매를 시작했다. 금 가격은 치솟았고 치키 주변은 사람들로 북적댔다. 금은 매우 인기 있는 신상품이었으므로 치키의 포스트 주변으로 10여 명의 트레이더가 모여들어 서로 밀치면서 고래고래 소리를 질러댔다. "31/2에 50옵션 매도!" 피터 더 머스타시가 외쳤다. "매수!" "매수!" 사람들이 일제히 소리쳤다. 누구의 주문이 체결됐는지에 대한 다툼이 일어나는 것도 다반사였다. "자, 나가서 싸우라고." "여기서는 안 돼!" 그리고 나서 나머지 사람들은 다시 매매에 집중했다.

기본적으로 나는 ASA 주식의 콜옵션을 매수하여 캐나다와 미국의 금 주식과 함께 ASA 주가도 상승한다는 쪽에 베팅하는 부류였다. 매도는 빨간색, 매수는 검은색으로 표시한 주문 장부를 한쪽 주머니에 꽂고, 또 다른 쪽 주머니에는 ASA 차트를 집어넣은 채 치키의 메사 옵션 포스트에 모여 있는 무리 사이로 비집고 들어갔다. 항상 소리를 질러대는 통에 목이 잘 쉬기 때문에 목을 보호하는 약도 꼭 가지고 다녔다. ASA의 고점, 저점과 전일 종가와 금 가격, 캐나다와 미국 금광회사들의 주가 등을 살펴보고, ASA 주가를 주시하다가 전일 고가에 근접하면 바로 ASA 옵션매매 창구로 달려갔다. 그런 다음 피터에게 소리쳤다. "매수, 매수! 내가 산다고요, 내가!" 행사가격은 5달러 간격으로 제시됐고, 상승세가 강한 날에는 주가가 이 범위를 훌쩍 뛰어넘기도 했다. 머스타시가 있는 곳에는 각각 ASA 풋(ASA 주식을 매도하기 위한 옵션)과 ASA 콜 상황이 표시된 판이 있었고, 그 주변으로 사람들이 모여 내 어깨 위로 손을 뻗으며 시끄러운 소리로 주문을 내고 있었다. 나 역시 마이크가 풍기는 위스키 냄새를 맡으며 매수·매도 전표에 주문 내용을 휘갈겨 썼다.

"피터! 41/4에 매도할 물량은요? 30? 좋아요, 제가 매수할게요."
41/4에 50, ASA 2월물 30, 콜옵션을 매수한다는 것은 총 1만 2,750달러를 지급하여 옵션당 ASA 주식 100주를 주당 50달러 가격으로 1980년 2월, 세 번째 금요일 전까지 언제든 매수할 수 있는 권리를 얻는 것을 의미한다. 이러한 권리를 사는 데 지급한 금액은 옵션당 425달러였다. 땀이 줄줄 흐르는 무더운 날이었고, 분주히 움직이느라 발바닥에서는 불이 날 지경이었다. 주가는 계속 오르고 있었다. 계속 흘깃거리며 시세판을 보다 보니 금 가격과 금 주식이 모두 움직이고 있었다. 나는 속으로 '이런 젠장! ASA를 조금 더 살 걸 그랬어.'라고 중얼거렸다.

나한테는 두 명의 사무원 수잔과 지미가 있었다. 이들은 내 주문서를 거둬들여 매매 내용을 카드에 입력하고, 이 카드를 내 청산회사인 베어스턴스로 보내는 일을 했고, 나는 그 대가로 한 달에 200달러 정도의 급여를 지급했다. "수잔! 지미!" 나는 사람들 틈에서 큰소리로 외쳤다. "대체 어디 있는 거야? 정리 좀 해 보자고. 내 포지션이 어떻지? 행사가격 45에 매도한 옵션이 몇 개지? 50에 매수한 옵션은 몇 개야?" 입에 거품까지 물며 정신없이 떠들었다. ASA 주식은 변동성이 상당히 컸고, ASA 옵션을 매매하는 것은 라스베이거스 도박장에서 연속해서 돈을 따는 것과 같은 기분을 느끼게 했다.

거의 ASA 옵션매매만으로 1980년에 60만 달러, 1981년에는 120만 달러를 벌었다. 1982년이 되자 레이건 행정부가 인플레이션 억제 정책을 쓰면서 금 가격이 하락하기 시작했다. 금 주식의 가격이 하락세를 타자 나 역시 ASA 옵션매매를 거의 중지하다시피 했다. 나는 본래 숫자에 민감한 편이었고 그동안 훈련도 충분히 해왔으며, 내게는 나만의 차트와 방법론이 있었다. 게다가 시장은 너무 빨리 움직이기 때문에 그 시장 흐름에 뒤처지지 않는 사람은 극소수에 불과하다. 금 가격이 완전히 하락세에 접어들면 그 사실은 이미 어린아이도 아는 내용이 되어버린다. 우리는 1982년 새롭게 상승장이 시작되는 시점에 메릴린치 주식으로 갈아탔다.

나는 아직도 크루거란드와 캐나디언 메이플 리프를 안전 금고 속에 보관하고 있다. 사실상 실패한 투자였다. 그중 대부분을 금값이 사상 최고치에 근접했던 1970년대 말과 1980년대 초에 샀으니 말이다. 평균 매입비용이 온스당 500달러였는데, 그로부터 근 20년이 지난 지금 금값은 온스당 300달러 근처에서 머물고 있다. 오릭 골드핑거가 다시 살아와서 포트녹스를 날려버리지 않은 한 금을 사는 것으로는 절대 돈을 벌지 못한다는 결론에 도달했다. 그럼에도 나는 여전히 금을 좋아한다. 내게 있어 금은 최후의 안전장치다. 슈워츠 일가가 또다시 도망자 신세가 될 날이 올지 누가 알겠는가? 금은 내 유전자 같은 존재다.

믿을만한 정보에는
즉각 대응하라

1982년 8월이었다. 그 당시 나는 정말 꿈에 그리던 삶을 살고 있었다. 금요일 오후, 우리는 해변의 새 별장에 와 있었고, 나는 큰 수건을 덮은 채 쿼트론(구식 컴퓨터)을 지켜보고 있었다. 나는 여기서도 직통전화로 뉴욕에 있는 데비 혼Debbie Horn과 통화를 하면서 매매를 계속하며 돈을 벌고 있었다. 바로 이때 다른 전화의 벨이 울렸다. 인사이드 스키니였다. 스키니가 그렇게 흥분하는 것은 여태껏 본 적이 없었다.

"마틴, 드디어 올 것이 오고야 만 것 같아." 스키니는 수화기 저편에서 잔뜩 쉰 목소리로 속삭였다. "볼커가 방금 휴가 중이던 전국 은행장들을 소집했는데, 멕시코의 파산이 임박한 것 같아. 각 은행이 멕시코에 빌려준 돈이 엄청난데 말이야. 대량 예금인출 사태가 일어날 거야. 비상사태야, 비상이라고!"

멕시코가 파산할 것이라는 소문은 여름 내내 월가를 떠돌았다. 모든 트레이더가 죽는 것보다 더 두려워하는 단 한 가지는 바로 1929년과 같은 끔찍한 시장붕괴 사태가 재현되는 것이었다. 신용거래 제한, 매매 자동중지, 은행의 지급준비금제도, 연방예금보험, 견제와 균형을 위한 숱한 조치 등 그 이후로 수많은 안전장치들이 마련됐기 때문에 그와 같은 사태는 다시는 발생하지 않는다고들 말한다. 그러나 말은 그렇게 해도 이를 진심으로 믿는 트레이더는 아무도 없었다.

대형 은행들이 남미에 어떤 식으로 또 얼마나 대출을 해줬는지, 향후 추세가 어찌 될지 정확히 아는 사람은 없다. 그러나 스키니 자신이 뭔가 알고 있다고 생각했다면 그의 말을 완전히 무시해버리는 것은 미친 짓이다. 스키니는 여기저기서 주워들은 소문을 옮기는 이발사나 택시 운전기사하고는 차원이 다른 인물이다. 스키니는 기업의 핵심 이사들과 직접적으로 선이 닿아 있었고, 그동안 그가 전해준 정보 덕분에 큰돈을 번 나였다. 스키니가 하는 일은 어떤 일이 실제로 발생하기 전에 미리 그것을 알아내는 것이며, 주식과 채권을 다루는 사람이지만 이보다 중요한 사실은 주식이나 채권 이외의 정보를 다룬다는 점이었다. 여러분이 만약에 개미가 아닌 이른바 큰손이라서 스키니가 관리하는 고객 명단에 이름을 올라 있다면 이것 자체로 큰 행운이다. 그리고 서로 정보를 주고받을 수 있는 위치에 있다면 적어도 열에 일곱 번은 큰 기회를 잡을 수 있다.

오후 2시 30분이었다. 주말에 은행 문이 닫히기 전에 금고에 보관 중인 내 금을 빼 와야 했다. 스키니의 정보가 맞다면 월요일에 은행 문이 열리지 않을 가능성이 크기 때문이었다.

3년 전 전업 트레이더로 일하기 시작했을 때부터 나는 꾸준히 금을 모아왔다. 상승장이다 싶을 때면 언제나 돈을 조금 빼내 크루거란드나 캐나디언 메이플 리프를 사서 필즈(W.C. Fields: 미국의 희극배우)처럼 여러 개의 안전 금고에 나누어 보관했다. 금이야말로 불의의 사고를 당하거나 곤경에 처할 때 의지가 되는 일종의 보험 증권과 같다는 생각이 들었다. 나만 그런 것이 아니라 부자들은 대부분 이렇게 자신의 재산을 여러 장소에 분산시켜 둔다. 그래야만 나중에 어떤 불상사가 닥치더라도 문제없이 대처할 수 있는 법이다. 나도 뉴욕을 떠나 올 때 크루거란드 몇 개를 서류 가방에 넣어 가져온 다음에 이를 웨스트햄튼에 있는 안전 금고에 보관했다. 이제 은행이 폐점하는 3시까지는 겨우 30분밖에 남지 않았다.

"오드리! 오드리!" 나는 목청껏 아내를 불렀다. "나는 여기서 내 포지션을 점검하고 손절매 주문을 내고 있을 테니까 당신은 어서 은행으로 가서 금을 찾아와. 멕시코가 파산할 거래. 이제 곧 대량 인출 사태가 발생할 거라고."

"버지, 대체 무슨 소리를 하는 거야? 당신 형도 이제 막 도착했고, 다 같이 해변으로 가려고 하는 중인데 뜬금없이 무슨 금을 찾아오라고 난리야?"

"오드리, 다른 소리 말고 어서 가서 금을 찾아오라고, 제발! 형이랑 같이 가. 형이 도와줄 거야. 그리고 1만 달러도 현금으로 찾아와. 금이랑 현금 모두 찾으라고, 알았지? 어서 서둘러!" 나는 데비에게 주문을 내면서 계속 매매를 진행했다. "사!" "팔아!" "보유!" "선물 좀 더!" "금!" "석유! 석유를 좀 더 사라고!" 주식, 옵션, 선물 등등 모든 것을 단시간에 매매하다 보니 덮고 있던 수건은 어느새 마구 헝클어져 있었다. 고개를 들어보니 아내 오드리와 형 게리가 어안이 벙벙한 모습으로 아직도 그냥 서 있었다. "여기서 뭐 하고 있어! 왜 아직도 안 가고 여기 있는 거야? 내 말 못 들었어? 은행에 가서 금을 찾아오라니까. 가서 우리 재산을 구해 와야 한다고. 아, 그래. 나도 확실한 것은 몰라. 그래도 대비는 해야지." 두 사람은 나를 미친 사람 쳐다보듯 했다. 나는 다시 소리쳤다. "지금은 내가 대장이야. 어서 일러준 대로 하라고. 표나지 않게 조심해서 다녀와."

"버지, 당신 지금 제정신이야? 완전히 미친 것 같아." "이봐, 지금 정말 미친 사람이 누군데 그래?" 나는 버럭 소리를 질렀다. "은행 문이 닫혀서 다른 사람들은 모두 발만 동동 구르고 있을 때 두 발 쭉 뻗고 있으려면 미리 금을 찾아다 놓아야 한다고."

그제야 오드리와 게리는 은행으로 갔고 약 1시간 후에 금을 찾아서 돌아왔다. "버지, 여기 금 찾아왔어." 오드리가 쿵 소리를 내며 금이 든 서류 가방을 바닥에 내려놓았다. "팔 아파서 죽는 줄 알았네. 자, 이제 이걸 어디다 숨겨놓을 거지?"

"침대 밑에 둘 거야. 그리고 그 위에서 자는 거지. 누가 금을 훔쳐 간다면 우리도 함께 데려가야 할 걸."

"나는 빼 줘." 오드리가 말했다. "당신 혼자 그 위에서 자, 알았지?"

주말에 볼커는 은행장 회의를 주재했고, 연준은 멕시코에 대한 구제금융을 결정했다. 위기는 끝났다. 월요일이 되자 여느 때와 마찬가지로 은행 문이 열렸다. 그리고 인사이드 스키니와 나, 그의 말을 철석같이 믿었던 몇몇을 제외한 대부분의 사람은, 주말 동안 우리가 지옥 문턱에까지 갔다 왔다는 사실을 까맣게 모른 채 평소처럼 살고 있었다.

화요일이 되자 금리는 하락했고 채권가격은 급등했다. 오후에 오드리에게 말했다. "오드리, 내 사랑! 위기가 지나간 것 같아. 부탁인데 저 금을 다시 금고에 가져다 넣어주면 안 될까?"

"흠, 내가 저걸 여기로 가져오느라고 팔이 얼마나 아팠는데? 아직도 팔이 뻐근하다고. 나는 됐으니까 이젠 당신이 하라고."

내 가족을 지키려고 한 일인데 대우가 이렇다니! 그래도 위기 상황 속에서 어떤 결정을 내려야 할 때는 다른 사람 눈에 아무리 이상하게 보이는 행동일지라도 재빠르게 움직여야 한다. 브로커, 투자 자문가, 자금 관리자, 컨설턴트, 가족, 기타 관련자 등이 함께 협력하든가 아니면 모두 대피하든가 해야 한다.

소문은 출처가 확실할 때에만 신빙성이 보장되는 것이지만, 믿을 만한 정보라는 확신이 들 때는 그에 따라 즉각 행동해야 한다. 내 가족의 안전이 우선이므로 아무리 최악의 시나리오라 하더라도 일단은 여기에 대비하는 것이 백번 옳다.

Chapter 06

한 달 만에 평생
수익 이상을 벌어들이다

앞으로 올 좋은 세월 동안 온갖 식량을 거두어들이셔야 합니다.
파라오의 권한으로 밀을 거두어들여 각 도시에 식량을 저장하
도록 하십시오. 그 식량은 앞으로 이집트 땅에 일곱 해 동안 계
속될 흉작에 대비하는 것입니다. 이렇게 하면 온 나라가 기근으
로 망하는 일을 면할 것입니다.

— 창세기 41장 35~36절

요셉이 파라오가 꾼 꿈에 대해 앞으로 7년 동안 풍년에 이어 7년
동안 흉년이 있을 것이라고 해몽한 이후부터 선물계약은 상품(곡물
등)가격의 등락으로부터 구매자와 농부를 보호할 수 있는 가장 좋은
방법이었다. 역사적 측면에서 볼 때 시카고는 선물 거래의 메카라고
할 수 있다. 시카고상품거래소CBOT: Chicago Board of Trade와 시카고상

업거래소(별칭 '머크') 등 시카고의 주요 거래소 두 곳이 본래 농산물 거래를 목적으로 설립됐기 때문이다.

시카고, 뉴욕, 필라델피아, 보스턴, 샌프란시스코 심지어 캔자스시티 등 어느 곳에 있는 거래소이든 간에 모두 카지노와 별반 다를 것이 없다. 거래소와 카지노 모두 참여자와 거래량이 많을수록 더 많은 돈을 번다. 차이를 말하자면, 카지노는 유리한 베팅 확률로 돈을 벌고, 거래소는 회원들이 내는 수수료로 돈을 번다. 카지노가 도박꾼들을 더 끌어들이려고 애쓰는 것처럼, 거래소 역시 신규 참여자들을 더 많이 끌어들이려 하는 이유가 바로 여기에 있다.

그러나 1970년대 초까지 CBOT와 머크는 계속되는 '가뭄'에 허덕였다. 2차 세계대전 이후 유입된 신규 참여자들이 상품선물에는 도통 관심이 없다는 것이 문제였다. 이 사람들이 밀이나 옥수수, 대두, 생우生牛, 돈육豚肉, 삼겹살 등에 관해 아는 것이 무엇이겠는가? 상품은 아주 노련한 투자자들에게도 풀기 어려운 수수께끼이다. 투자자들은 상품선물을 매매하고 싶어하지 않았다. 이들이 시장 혹은 거래소에서 매매하고자 했던 것은 안전 금고에 고이 모셔놓을 수 있는 그런 것이었다. 말하자면 주식이나 채권 같은 금융상품. 즉, 이들은 뉴욕거래소를 주 무대로 삼고자 했다.

머크와 CBOT가 뉴욕으로 흘러 들어가는 막대한 자금을 시카고로 끌어들이지 못하는 한, 금융 중심지로서의 시카고는 결국 또 하나의 더스트볼[4]이 될 수밖에 없는 운명이었다. 그런데 1969년에 레오 멜

---

4. 더스트볼Dust Bowl: 모래바람이 휘몰아치는 미국 서부 대초원 지대로, 매년 12월부터 다음 해 5월에 걸쳐 일어나는 먼지 폭풍 때문에 피해가 크다.

라메드Leo Melamed가 머크의 회장이 됐다. '폭풍을 만나면 아무리 빈약한 항구도 의지가 되는 법'이라는 말처럼, 멜라메드는 폭풍 속에 발견한 항구와 같은 존재였다. 멜라메드 일가는 홀로코스트(유대인 대학살)를 피해 폴란드를 탈출한 다음, 시베리아와 일본을 거쳐 일본의 진주만 공격이 감행되기 몇 달 전에 미국으로 건너왔다. 멜라메드 일가는 시카고에 정착했고, 부모인 이삭과 페이글은 숄렘 알레이헴Sholom Aleichem 학교에서 이디시어(유대인 공용어)를 가르치는 일을 했다. 고난의 유대 민족이라는 배경이 멜라메드를 머크로 이끌었는지는 모르겠으나, 어쨌든 멜라메드는 돈육 매매로 돈을 벌었다. 그런데 멜라메드 본인은 물론이고 머크나 CBOT 그리고 시카고로서는 몹시 다행스러운 것이 멜라메드가 돈육 매매 이상의 것을 꿈꾸고 계획했다는 사실이다.

멜라메드는 투자자 대부분이 머크와 CBOT를 농부가 이용하는 시장쯤으로 치부하고 있다는 사실을 깨달았다. 대다수가 소 가격이라고 하면 델모니코스 레스토랑의 메뉴판에 올라 있는 소고기 요리 가격밖에 관심이 없는데, 시카고의 거래소에서는 그렇게 관심 밖인 소 또는 옥수수를 매매하고 있었다. 멜라메드는 시급히 새로운 '게임'을 개발하여 큰손들을 끌어들이지 않는다면, 자신이 운영하는 카지노 '머크'는 얼마 못 가 망할 것이라는 사실을 깨달았다. 그러나 대체 어떤 게임을 새로 내놓아야 하는 것인가? 1969년, 머크 회장이 된 후 멜라메드는 금융상품으로서 선물의 매매 가능성을 면밀히 검토했다. 그리고 마침내 오래도록 기다렸던 그 기회가 왔다. 1971년 8월 15일에 리처드 닉슨 대통령은 외국인이 보유한 달러를 금과 태환해주겠다는 약속을 더는 이행하지 않겠다고 선언함으로써 국제 금융계를 발칵 뒤집어 놓았던 것이다.

세계를 경악케 한 이 선언은 금본위제의 종말을 고하는 시발점이 됐다. 그 이전에 각국의 통화는 미 달러화에 연계돼 있었고, 달러화는 온스당 35달러로 금 가치에 따라 고정되었었다. 그러던 것이 이 선언 이후 변동환율제가 허용된 것이다. 별안간 돈이 상품이 되어버렸다. 멜라메드가 자신이 쓴 책에서 언급했던 것처럼 이제 '돈육도, 농산물도 잊고 오직 돈(궁극적으로는 상품)만 생각할 때'가 온 것이다.

다른 사람들도 이와 같은 결론에 도달했다는 것을 안 멜라메드는 한발 앞서 이를 행동으로 옮겼다. 1972년 1월, 머크는 국제통화시장 International Monetary Market을 개설했다. 국제통화시장은 통화선물을 매매하는 별도의 거래소였다. 이에 뒤질세라 머크의 자매이자 최대 경쟁자인 CBOT는 UC 버클리의 저명한 경제학 교수인 리처드 샌더 Richard Sandor를 상아탑에서 빼내 수석 경제학자로 삼았다. 영화 〈마이 페어 레이디〉에 나오는 헨리 히긴스 교수와 같이 샌더 교수의 임무는 CBOT를 농산물을 짊어진 시골 처녀에서 금융선물을 손에 든 사교계 귀부인으로 탈바꿈시키는 것이었다. 머크를 능가할 뿐만 아니라 뉴욕의 귀부인과도 당당히 맞설 수 있는 그런 모습을 기대한 것이다.

샌더 교수는 머크에서는 이미 통화상품에서 돌파구를 찾았다는 사실을 알고 있었기에 CBOT 쪽에서는 금리와 연계된 상품을 개발하는 데 주안점을 두었다. 첫 번째로 고안한 것이 주택저당증권 선물계약이었다. CBOT가 1975년에 내놓은 지니메이Ginnie Mae가 바로 그것이다. 그런데 이 상품에는 인도의 문제가 따랐다. 그래서 샌더 교수는

1977년에 30년 만기 재무부채권 선물계약을 개발했다. 그러고 나서 정부가 발행하는 모든 유형의 채권과 함께 30년 만기 재무부채권은 CBOT를 일라이자 둘리틀(영화 〈마이 페어 레이디〉에서 귀부인으로 변신한 여주인공)로 변신시키기에 충분한 상품이라는 결론을 얻었다.

1970년대 말이 되자 머크와 CBOT는 각각 통화와 재무부채권에서 돌파구를 찾았고, 이제 타 거래소와 당당히 겨뤄 뉴욕의 막대한 자금을 끌어들일 만한 수준이 됐다. 그러나 소와 옥수수가 통화와 재무부채권으로 바뀌는 일은 결코 하루아침에 이루어진 것이 아니다. 뉴욕의 큰손들은 굳이 시카고까지 와서 칩을 베팅하려고 하지 않았다. 월가에 있으면서 대기업주들을 상대로 주식과 채권거래를 하면 되는데, 무엇 하러 시카고까지 가서 농부들과 선물거래를 하려 하겠는가?

매매 상황에서 종종 볼 수 있는 현상인데, 결국에 머크와 CBOT를 살린 것은 멜라메드의 능력이었다. 즉, 처음에는 시카고 거래소 측에서 볼 때 큰 손실로 여겨졌던 것을 반대로 큰 이익으로 바꿔놓은 멜라메드의 능력이 이곳을 살린 셈이다. CBOT와 머크는 주로 세금 스트래들[5]을 통해 큰 기회를 잡았다. 이는 1970년대에 세금기피 수단으로 사용했던 방법이다. '위장 매매'[6]와 '공매도' 조항에서는 이른바 과세 상각 매도를 금하고 있다. 세금 경감을 목적으로 특정 연도에 특정 증권을 매도한 이후에 이와 본질적으로 동일한 증권을 곧바로 매수하여 고의로 자본 손실(Tax Loss: 세금 공제를 위해 설정하는 자본 손실—옮긴

---

5. 스트래들straddle: 옵션거래에서 만료일과 행사가격이 같은 하나의 콜옵션과 하나의 풋옵션을 동시에 매입하거나 매도하는 것.

6. 위장 매매wash sale: 한 사람이 같은 종목의 주식에 대해 매수와 매도주문을 거의 동시에 내는 것.

이)을 실현하는 방법이 있다. 따라서 이러한 편법적 세금 경감 시도를 막으려는 목적으로 매도 후 곧바로 재매수가 가능한 증권에 대해서는 연말에 매도를 금지하고 있다. 이러한 규정은 상품선물에는 적용되지 않았다. 연말에 상품매매를 통한 '이익과 손실을 오가는 곡예'라는 방법으로 수많은 유명 가수와 영화배우, 운동선수 그리고 나 같은 트레이더들이 수백만 달러의 세금을 절약할 수 있었다. 메릴린치와 같은 대형 증권회사에서 고객에게 절세 서비스를 제공하기 위한 부서까지 따로 둘 정도로 세금 스트래들 전략은 상당한 인기를 누렸다. 그런데 1980년대 초에 미 국세청IRS: Internal Revenue Service은 이 같은 현실을 인식하고 법적 허점을 이용한 이러한 편법 행위를 근절하기로 했다.

CBOT와 머크는 세금 스트래들 전략으로 거액의 수수료를 챙겼고, 시카고 거래소 사람들에게 IRS의 규정은 《분노의 포도[7]》와 다를 바 없었다. 무언가 대책이 필요했다. CBOT와 머크는 애초부터 경쟁자 관계라 늘 치열하게 싸우는 것으로 유명했으나, 이제 외부에 공동의 적이 생기고 나니 한 가족이 돼버렸다. 두 집단은 이제 하나가 되어 시카고 거래소에 유리한 것은 함께 공유했으며, 양자 간의 분쟁이나 문제는 종결되거나 모두 해결됐다. IRS가 세금 스트래들 전략에 대한 공격을 개시하자 멜라메드와 CBOT 회장 레스 로젠탈Les Rosenthal이 제일 먼저 한 일은 시카고 출신의 하원의원이자 하원 세입세출위원회House Ways and Means Committee의 위원장인 댄 로스텐코우스키Dan Rostenkowski를 찾아간 것이었다. 멜라메드에 따르면 로스텐코우스키

---

7. 분노의 포도Grapes of Wrath: 미국 소설가 존 스타인백의 작품으로 대공황 시대 미국의 참혹한 현실을 그림.

의 첫 번째 질문은 언제나 '이거 시카고에 중요한 것인가요?'였다고 한다. 결론을 말하자면 댄 로스텐코우스키는 시카고 선물시장의 가장 위대하고 가장 영향력 있는 '투사'였다.

로스텐코우스키는 선전했으나 뉴욕 출신의 대니얼 패트릭 모이니한Daniel Patrick Moynihan 상원의원이 이끄는 동부 쪽 진보 세력의 위세도 만만치 않았다. 멜라메드가 언급한 바대로 이 안건이 상원에서 표결에 부쳐졌을 때 모이니한 의원은 그때까지 자신은 스트래들이라고 하면 중국 명나라 시절에나 유행했을법한 괴이한 편법 행위로 알고 있었다고 포문을 열었다. 결국 상원에서의 싸움은 시카고 측의 패배로 끝났다. 이제 로스텐코우스키의 차선책은 자신이 위원장으로 있는 양원협의회Conference Committee로 하여금 시카고 측 당사자들의 마음을 달래 줄 만한 무언가를 제공하게 하는 것뿐이었다.

그렇다면 이들에게 던져줄 '떡밥'은 무엇일까? 그것은 바로 경제회복조세법ERTA: Economic Recovery Tax Act:: 1981에 깊숙이 숨어 있던 기타 조항이었다. 1981년 6월 23일 기준, 이 조항은 '모든 선물계약은 연말에 시가평가(자산 가치를 매입가가 아닌 시가로 평가해 장부에 계상하는 것—옮긴이)되고, 자본 소득이나 자본 손실에 대해 40퍼센트는 단기, 60퍼센트는 장기로 취급된다.'라고 돼 있었다.

이것이야말로 시카고 측 사람들로서는 눈이 번쩍 뜨이는 희소식이었다. 본래 선물은 단기 금융상품이다. 단 20분 만에 포지션의 진입과 청산이 마무리되기도 한다. 그런데 자본 이익의 60퍼센트는 일반 소득세율(50퍼센트)이 아니라 장기 자본이득세율(20퍼센트)로 세금이 부과된다는 것이다. 이것이 어떻게 가능할까? 사실, 이는 모든 논리에

반하는 조항이다. 시카고 측 사람들에게 중요한 것은 논리가 아니라 실질적 이익이었다. 그들은 거름더미 속으로 굴러떨어졌으나, 로스텐코우스키 덕분에 향긋한 냄새를 풍기며 그곳에서 빠져나올 수 있었다. 라스베이거스는 공짜 객실, 음료, 칩, 유명 가수 혹은 야한 옷을 입은 무희들로 손님을 끌어모으려 하지만, 이제 시카고는 이보다 100배는 더 좋은 '당근'을 손님들에게 제공할 수 있게 된 것이다.

아멕스 입회장에서 매매를 시작한 이후 1979년에 나는 단 4개월 만에 10만 달러를 벌었고, 1980년에는 60만 달러를 벌었다. 그리고 1981년에는 100만 달러를 향해 순항하고 있었다. 나는 조엘너의 조언에 따라 주식과 채권을 매매했고, 차익 거래에도 일부 손을 댔다. 물론 대개가 옵션매매였다. 옵션매매가 레버리지 효과가 가장 컸기 때문이다. 보통 나는 시간 단위, 심지어 분 단위로 포지션 진입과 청산을 마무리했다. 따라서 내 포지션은 대부분이 단기 자본 이익을 창출하는 것이라 여기에는 일반 소득세율이 적용됐다. 나는 뉴욕에서 살고 있었으며, 57퍼센트라는 높은 비율의 세금 폭탄을 맞았다. 이 중 50퍼센트는 연방세였고, 14퍼센트는 지방세였는데, 지방세 중에서 절반은 연방세에서 공제돼서 총 57퍼센트가 된 것이다. 벌어들인 수입의 57퍼센트를 정부에 고스란히 갖다 바치는 것은 사실 상당히 부담스러웠다.

이제 세금 스트래들 전략도 사용할 수 없게 된 이상 선물매매에 자연히 관심이 쏠리게 됐다. 나뿐만이 아니라 시장을 주무르는 이른바 큰손들은 너나 할 것 없이 선물매매를 고려하기 시작했는데, 선물계약의 경우 1달러당 18센트의 세금을 절약할 수 있었다. 즉, 자본 이익의 60퍼센트에는 장기 소득세율 20퍼센트가 적용되고(=12퍼센트), 나머지 40퍼센트에는 일반 소득세율 50퍼센트가 적용되어(=20퍼센트), 총 소득세율은 50퍼센트가 아니라 32퍼센트가 된다. 이 정도 절세라면 트레이더에게는 상당히 큰 액수임에 틀림없다.

내가 만약 시카고거래소에서 선물매매를 한다면 우선 청산회사부터 물색해야 한다. 그런데 당시까지만 해도 뉴욕에 있는 증권회사들은 선물을 거의 취급하지 않았다. 스피어리즈앤드켈로그Spear, Leeds & Kellogg는 뉴욕에 지점을 둔 대형 청산회사였다. 그래서 나는 1982년 3월 2일에 이 회사의 계좌를 개설했고, 이행보증금 조로 12만 달러어치의 재무부채권을 매입했다. 선물계약은 신용거래증거금Margin Requirement의 15~20배까지 가능했다. 재무부채권의 형태로 12만 달러를 증거금으로 납부했으므로, 운용 가능한 기초 자산의 규모가 180~240만 달러라는 계산이 나온다. 레버리지 비율이 20 대 1이므로 5퍼센트 상관에 결과는 천지 차이가 된다. 즉, 5퍼센트가 내게 불리하게 움직인다면 증거금은 다 거덜 나는 것이고, 반대로 그 5퍼센트가 내게 유리한 방향으로 움직인다면 증거금의 가치는 원래의 2배인 24만 달러로 뛰어오르기도 한다. 이렇게 되면 내가 운용할 수 있는 자산 규모는 480만 달러로 불어난다.

재무부채권을 담보로 제공한 것과 관련하여 또 한 가지 흥미로운 부분은, 내가 취한 포지션으로 이익을 내는 동시에 채권에서 발생하는 이자까지 수령할 수 있다는 점이다. 세상에 이처럼 멋진 게임이 또 어디에 있겠는가! 주식에 투자할 때는 주식을 매수하는 데 돈이 들어가고 따라서 자본 비용이 발생하게 된다. 그러나 선물매매는 계속해서 이익을 내는 한 이러한 식의 자본 비용은 발생하지 않는다.

스피어리즈앤드켈로그에서는 내게 데비 혼이라는 사무원 하나를 붙여주었다. 데비는 뉴욕선물거래소(New York Futures Exchange: 별칭 '나이프')에서 데이비드 허쉬코비츠David Hershkowitz의 매매를 돕고 있었다. 나이프와 CBOT 및 머크 간에는 직통전화가 개설돼 있었다. 3월과 4월에 나는 금선물, 유로달러선물 그리고 머크의 스위스 프랑과 독일 마르크, CBOT의 30년 만기 재무부채권 선물계약 등에 대한 시험 거래를 시작했다. 물론 주식에서 완전히 손을 뗀 것은 아니었다. 아멕스에서 옵션매매로 짭짤한 수익을 올리고 있었고 나한테 통화와 채권은 블랙잭과 룰렛 게임처럼 전공 분야는 아니었다. 나는 항상 내 전공인 '크랩(주식투자)' 테이블을 찾고 있었으나, 주식을 취급하는 선물시장은 존재하지 않았다. 그래서 아멕스 주식 옵션매매에서 손을 떼지 못하고 있었고, 시카고에서의 선물매매 규모는 아주 작았다. 게다가 1973년에 컴퓨터광이었던 폴 골드스타인에게 5,000달러를 맡겼다가 다 까먹었고, 또 몇 다리 건너 인맥을 통해 러시아 밀 매매에 2만 달러를 투자했다가 이 역시 다 날린 기억이 아직도 생생하다.

선물매매에 집중할 수 없었던 또 한 가지 이유는, 1981년 11월에 개인적으로 큰 아픔을 겪었기 때문이다. 당시 오드리는 첫 아이를 배고 있었다. 임신 20주에 양수 검사를 받았는데, 이 과정에서 의사는 양수가 없다는 사실을 발견했고 곧 아이를 잃게 될 것이라고 말해줬다. 우리는 큰 충격에 빠졌다. 내 외할아버지는 '남태평양'이라는 노래에 나오는 가사 '꿈이 없으면 어떻게 꿈을 실현할 수 있겠는가?'를 흥얼거리기 좋아하셨다. 그런데 꿈을 빼앗기는 것이 얼마나 견디기 어려운 고통인지에 대해서는 내게 가르쳐주지 않으셨다.

오드리가 아이를 잃고 나서 우리 두 사람은 인생이 참 짧다는 사실을 새삼 깨닫게 됐다. 인생을 즐길 수 없다면 대체 돈은 벌어서 무엇하겠는가? 이제는 돈을 쓰면서 살 때라고 판단했다. 전에는 오드리와 함께 늘 해변 별장에서 시간을 보냈었다. 사실 오드리를 만난 것도 별장에서였다. 그런데 지금 우리는 결혼을 했고, 달리 갈 곳도 없는 뉴욕에서 침실 두 칸짜리 아파트에 틀어박혀 새장 안의 새처럼 살고 있었다. 우리는 항상 우리 소유의 별장이 있었으면 했다. 그래서 이번에야말로 별장을 마련할 때라고 생각했다. 1982년 1월 1일, 우리 수중에는 120만 달러가 있었다. 우리는 이 가운데 1/3인 4,000달러를 떼서 햄튼에 있는 별장을 하나 구입했다.

금전적으로만 따져 본다면 그렇게 많은 운용 자본을 비운용 자산에 쏟아붓는 것은 어리석은 일이다. 그러나 여름에 3개월 동안 해변 별장에 머물며 수영장에 앉아 쿼트론을 지켜보며 매매하는 모습을 상상해보라. 멋지지 않은가! 게다가 지난 3년 동안 계속해서 매매에 성공했기 때문에 앞으로도 잘 해낼 것이라는 자신감이 있었다.

권투를 예로 들자면, 나는 다운을 당해 바닥에 쓰러졌을 때도 심판이 여덟을 셀 때까지 누워 있었던 적이 없다. 항상 그 전에 반드시 일어섰다. '인생사 새옹지마'라고, 쓰러진 채 계속 좌절해 있으면 좋은 일이 왔을 때 기회를 놓치고 만다고 굳게 믿는 사람이다. 우리가 해변 별장을 구입한 후 2개월이 지난 1982년 4월 21일, 드디어 지출 비용을 모두 만회할 기회를 얻었다. 머크에서 레오 멜라메드가 '궁극의 계약'이라고 칭한 스탠더드앤드푸어스 S&P500 주가지수 선물계약을 출시한 것이다. S&P선물계약은 500개 대형주의 가격을 기초로 한 것이었다. 이 상품이 출시되자마자 '바로 이거야!'라는 생각이 들었다. 내 전공 분야라 할 수 있는 주식을 기초로 한 상품이었기 때문이다. 매직 T, 10일 이동평균, 오실레이터, 스토캐스틱[8] 등 그동안 내가 연구하고 종합해왔던 모든 기법이 이 새로운 상품 하나로 수렴되는 느낌이었다. 그것은 마치 블랙잭 테이블에서 게임을 하고 있는데, 어느 날 갑자기 금액이 1만 달러로 제한된 크랩 테이블이 새로 생긴 것과 같다고 할 수 있다. 1982년 4월 29일 아침에 처음으로 S&P선물매매를 했다. 6월물 SPM 20계약을 매수했고, 370달러의 손실이 났다. 그래도 다음 날 다시 매매를 시도했다. 117.20에 6월물 SPM 40계약을 매수했으니 이때의 총 계약 규모는 234만 4,000달러$(40 \times 500 \times 117.20)$였다. 그런데 이 정도 규모는 재무부채권으로 대체한 증거금 12만 달러로 충분히 담보가 되기 때문에 추가로 자본을 투입할 필요는 없었다. 이것이 바로 레버리지 효과라는 것이다. 계약을 매수하고 나서 2시간 후, 117.70에 전량 매도하여 1만 달러$(40 \times 500 \times 117.70 = 2,354,000 - 2,344,000 = 10,000)$의 이익을 냈다.

봄, 여름 내내 나는 S&P선물매매 실험을 계속했다. S&P선물에 관심을 기울이는 한편 경계심도 늦추지 않았다. 어떤 상품이든 신상품은 그 미래가 불투명한 법이다. 상품이 새로 나오면 시장 참여자들은 처음에는 누구나 시험적으로 매매를 해보기 때문에 거래량이 들쑥날쑥해서 거래소 측으로서는 안정된 거래 상태를 유지하기가 어렵다.

---

8. 스토캐스틱: 일정 기간 주가 등락 범위에서 현재 주가가 어느 정도 위치에 있는지를 가늠하는 기술적 지표로서 주가가 움직이는 특성을 가장 잘 반영하는 지표 중 하나.

나는 머크에서 그랬던 것처럼 거래일을 30분 단위로 쪼개 그때마다 차트에 가격변동률을 표시했다. 조수간만이 일어나듯 하루 동안 고점과 저점 상황이 번갈아 나타나는 이른바 모멘텀(momentum: 시장에서 주가의 힘이나 운동량 상승에너지 등을 나타낼 때 사용하는 용어—옮긴이)을 확인할 수 있었다. S&P500 종합주가지수가 0.50달러 상승한 후 이어서 0.30달러, 또 다시 0.10달러가 상승하는 식으로 연속 세 번의 상승세가 나타났다면, 다음에는 이 모멘텀에 변화가 생길 것이라고 짐작할 수 있다. 사인 곡선은 하향 곡선 주기로 접어들고 시장은 정지 표시를 향해 가고 있으니 이제 기어를 바꿔야 했다.

S&P선물매매에는 많은 가능성이 있다고 봤다. S&P선물은 레버리지 효과가 상당하고 주식 포트폴리오 전체를 매수할 필요 없이 신속하게 시장에 진입할 수 있다는 장점 외에 헤지(위험 방지) 효과도 상당히 뛰어나다. 시장이 하락세이고 보유 기간의 실익을 잃고 싶지 않아서 보유 주식을 팔 생각이 없을 때는 이와 반대되는 포지션의 선물계약을 동량 매도하여 위험을 분산시키는 방법을 사용할 수 있었고 각종 세금 혜택까지 누릴 수 있었다.

그러나 나는 여전히 소규모로 매매했다. 8월에 연방준비제도이사회의 폴 볼커 의장이 마서즈빈야드Matha's Vineyard, 잭슨홀Jackson Hole, 바하버Bar Harbor, 뉴포트Newport 그리고 프랑스 남부 등지에서 휴가를 즐기고 있던 대형 은행의 은행장들을 워싱턴으로 불러올린 이후 시장이 요동쳤기 때문이다. 멕시코가 파산할 것이라는 소문이 파다하게 퍼졌고, 워싱턴에서 있었던 은행장 회의에서 연준은 대형 은행의 줄 파산을 막기 위해 멕시코에 대한 구제금융을 결정했다. 이 소식이

전해지자 금리는 하락했고, 각 은행의 신탁부서, 연금기금, 뮤추얼펀드와 18퍼센트라는 높은 수익률로 단기금융상품에 막대한 자본을 투자했던 보험회사 등이 주식시장으로 눈을 돌리기 시작했다. 8월 17일에 다우지수는 39.81포인트나 상승했고, 나 역시 옵션에 매달리느라 S&P선물에 관심을 둘 여력이 없었다.

게다가 나는 샌더 교수가 고안한 30년 만기 재무부채권 선물과 통화선물로 짭짤한 수입을 올리고 있었다. 로스텐코우스키가 찾아낸 기타 조항과 정부가 채권 발행량을 늘리고 있다는 사실 덕분에 CBOT는 시장 거물들에게 더더욱 매력적인 시장이 되었고, CBOT의 30년 만기 재무부채권 선물은 세계에서 가장 활발히 거래되는 상품이 됐다. 이렇게 거래량이 증가하면서 재무부채권은 훨씬 안전한 투자상품이 된 것이다.

텔레레이트(Telerate: 1970년대 사용된 시세 조회 단말기)라고 하는 새로운 도구도 하나 발견했는데, 이것은 재무부채권 선물을 매매하는 데 정말 큰 도움이 됐다. CBOT는 재무부채권 선물에 대해서는 안정된 시장을 조성하고 있었으나, 재무부가 발행한 기존의 실물채권, 즉 '현물'을 집중적으로 거래하는 이른바 중앙시장은 없었다. 현물로는 사일로에 저장된 곡물이 있었는데, 이러한 곡물은 농부와 투자자 그리고 증권회사를 통해 거래하는 기관투자가 등이 개별적으로 사고팔았다. 금리가 오르락내리락하면 주요 곡물가격도 이에 따라 등락을 거듭한다. 그러나 채권은 회사에 따라 매도호가가 98일 수도, 101일 수도 있다. 채권의 종류와 채권 보유자, 그리고 매매하고자 하는 채권의 양 등에 따라 가격이 정해진다. 곡물을 사고파는 농부들의 거래와 마찬가지로 채권선물도 가장 적당한 호가 수준에서 매매가 이루어진다.

칸토피츠제럴드Cantor Fitzgerald 소속 채권 판매상인 닐 허쉬Neil Hirsch는 특정 장소의 '현물' 전체에 대한 가격 정보를 제공하는 이른바 블랙박스 서비스가 필요하다는 점을 인식했다. 그래서 허쉬는 텔레레이트라는 회사를 차렸다. 텔레레이트는 각 증권회사의 채권시세 정보를 취합하여 재무부가 발행한 전 채권의 최신시세를 알아냈다. 이렇게 얻어낸 시세는 채권 트레이더의 블랙박스 상에서 바로바로 확인할 수 있었는데, 이 블랙박스는 텔레레이트에서 임대해줬다. 이렇게 아주 단순한 아이디어로 허쉬는 큰 부자가 됐으며, 나중에 그는 텔레레이트를 다우존스에 매각했다.

아멕스 입회장 2층에서 더 많은 시간을 보내기 시작한 후 얼마 지나지 않아 나는 시세조회단말기를 장만했다. 대개 시세 패턴에서의 불균형 혹은 일반적 흐름에서 벗어난 곳에서 기회가 창출되는 법이다. 이러한 점에서 볼 때 텔레레이트는 채권선물 매매에 큰 도움이 됐다. 게다가 나는 이른바 기계 애호가라서 뭐든 나오는 즉시 사들였다. 아멕스에서는 2층에 있는 트레이더들도 매일 입회장에 모습을 드러내는 것이 원칙이었다. 이러한 원칙에 따라 나 역시 매일 아침 입회장으로 내려가야 했으나, 아멕스는 채권이 아닌 주식을 거래하는 곳이여서 텔레레이트가 단 한 대도 없었다. 그래서 오후 3시쯤에는 채권시세를 확인하러 위층으로 되돌아가야 했다. 채권선물 시장은 오후 3시에 폐장되지만, 증권회사가 거래를 원하는 한 현물은 이보다 더 늦은 시간까지 매매가 가능하다. 텔레레이트를 통해 시간외매매 동안의 채권시세를 훑어보면 다음 날 채권선물의 시세를 어느 정도 짐작할 수 있었다.

9월 10일 금요일 오후였다. 텔레레이트를 보려고 입회장에서 위층으로 올라왔는데 아주 흥미로운 사실이 눈에 띄었다. "오드리, 와서 이것 좀 봐. 내 생각에는 채권현물과 S&P500 지수 간에 어떤 상관관계가 있는 것 같아."

"버지, 나 지금 바빠." 오드리가 대답했다. 전업 트레이더로의 삶에 출산 계획까지 세우게 되면서 오드리는 다니던 직장을 그만두고 나와 함께 일하고 있었다. 차트도 만들어주고 각종 서류작업도 도맡아 해주었으며, 시장에 관한 내 의견을 들어주는 역할도 했다. 그렇게 같이 일하게 된 지 오래지 않아 오드리는 내가 진지한 이야기를 하는지 아니면 그냥 흘려들어도 될 만한 이야기를 하는지 정도는 분간할 수 있는 수준이 됐다.

"이리 와서 이것 좀 보라니까. 이 둘 사이에 뭔가가 있는 것 같단 말이야." 오드리는 그때 마침 서류작업을 하고 있었기 때문에 그 작업에 집중하고 싶은 생각뿐이었다. 별장에서 뉴욕으로 막 돌아온 터라 밀린 일 처리에 바쁘던 참이었다. 내가 계속 재촉하자 마지못해 의자를 움직여 텔레레이트가 보이는 곳까지 다가왔다. "채권현물이 채권선물의 선행지표라고 보고 있거든." 나는 텔레레이트의 시세를 가리키며 말했다. "그런데 당신도 알다시피 주가는 또 금리에 따라 오르락내리락하거든." 금리가 오르면 기업들의 자본 비용이 증가하게 되므로 영업 비용이 증가하고 수익이 감소하는 것이다. 그리고 금리가 높을수록 소비자들의 신용 구매가 더 어려워진다. 따라서 매출과 수익은 점점 감소하며, 수익이 저조하면 주가도 떨어지게 마련이다.

"그래서?"

"음, 그래서 시간외매매에서 재무부채권의 가격이 상승하면 다음 날 금리가 하락한다는 거지. 그러니까 내일 개장 시 S&P가 상승 출발한다는 거야." 나는 차트 더미를 움켜잡았다. "예를 하나 들어줄게. 8월 30일, 마감 1시간 전의 현물 가격이 3/4포인트 하락했어." 10일 이동평균 차트를 꺼내 들며 말했다. "여기 31일의 S&P 지수를 좀 봐. 0.80포인트 하락 출발했지? 그런데 지난주에는 채권가격이 1/2포인트 상승했는데 S&P가 다음 날 개장 시 상승 출발했어."

"그래서?"

"오드리, 이거야말로 대단한 발견이라고. 이게 아주 훌륭한 선행지표가 된다는 말이야!" 나는 점점 흥분이 됐다. "채권선물 시장은 3시에 마감이지만, S&P는 4시 15분까지 매매할 수가 있어. 3시에서 4시 15분 사이에 현물가격이 오르면 마감과 동시에 선물을 매수할 수 있다고. 현물가격이 내리면 S&P를 공매도할 수 있고 말이야." 나는 텔레레이트에 나타나는 시세를 가리켰다. "봐! 마감 전 1시간 동안 채권가격이 1/2포인트 상승했어. 내 생각이 맞는다면 월요일에 S&P가 상승 출발할 거라는 거지."

오드리가 시계를 들여다봤다. "버지, 지금이 4시 10분이니까 5분 정도 시간이 있어. 시험해 보고 싶으면 한번 해봐."

그 말이 떨어지기 무섭게 나는 전화기 있는 쪽으로 다가갔다. "마감 전 1시간 동안 1/2포인트나 상승한다면 너무 늦어버릴지도 몰라. S&P 지수를 확인해야겠어. 데비! 데비!" 스피어즈앤드켈로그에서 붙여준 사무원 데비 혼에게 말했다. "나 마틴인데, S&P 12월물 시세가 어떻게 되지? 시가 좀 알려줘. 그래, 잘 됐군! 변동 없단 말이지? 그럼 시가에 30계약 매수해 줘!"

주말 내내 차트를 살펴보면서 시간외매매에서의 현물가격과 다음 날 S&P 가격 간의 상관성을 찾아내려 했다. 그리고 이 상관성이 내가 사용하는 다른 지표와 얼마나 일치하는지도 살펴봤다. 완벽하다고는 할 수 없으나 시간외매매에서의 채권현물가격이 익일 S&P 지수와 동일한 방향으로 움직였다. 이보다 중요한 것은 이러한 움직임이 매직 T, 10단위 이동평균, 오실레이터, 스토캐스틱 등 기존 지표가 그려내는 시세 패턴에 거의 정확하게 들어맞는다는 사실이었다.

월요일 아침 개장 때까지 도저히 기다릴 수가 없었다. 오드리와 나는 아침 일찍 거래소로 출근해서 가자마자 쿼트론 앞에 딱 붙어 앉아 있었다. 나는 장이 상승 출발할 것이라 확신했고, 이러한 예상에 맞게 119.40으로 출발했다. "좋았어." 나는 수화기를 들어 데비에게 전화를 했다. "매도!"

그 주의 나머지 기간에 채권현물의 시간외매매 시세는 하루는 3/32포인트 하락했고, 어느 날은 2/32포인트가 하락하는 등 들쑥날쑥했다. 9월 20일 월요일이 돼서야 내 채권현물 지표는 9/32포인트 상승을 나타냈다. "좋았어, 오드리. 바로 이거야. 내일 S&P 지수가 틀림없이 상승 출발할 거야."

"얼마나?"

"글쎄, 그것까진 모르지. 아직은 자료가 부족해서 말이야. 그렇지만 나를 믿어도 돼. 분명히 상승 출발할 거야. 적어도 0.20포인트는 상승할 거로 생각해." 4시 10분에 수화기를 들었다. "데비! S&P 10월물의 시세 좀 알려줘. 123.40? 좋았어. 50계약 매수!"

데비는 4시 11분에 내게 전화를 걸어 123.45에 주문을 체결했다고 알려줬다. 나는 308만 6,250달러에 50계약을 매수했다(50계약×500× 1982년 12월의 S&P 예상 지수). 이번에도 역시 이행보증금 조로 매입한 재무부채권으로 충분히 담보가 되기 때문에 추가 자본을 투입할 필요는 없었다. 화요일 아침, S&P는 123.65로 출발했고, 그 즉시 0.75 포인트가 상승했다. 개장하자마자 장부상 이익이 7,500달러가 된 것이다. 기존에 사용했던 다른 지표도 모두 살펴봤는데, 그 모든 지표가 다 상승장을 가리키고 있었다. "어떻게 해야 하지? 오드리! 어떻게 해야 하느냐고? 이익을 실현해야 해? 아니면 추가 매수를 해야 해?"

"버지, 그냥 좀 있어 봐. 장이 상승 출발했으니까 추가 자본 없이 계속 매매할 수 있잖아."

S&P는 124.40까지 올랐다가 잠시 숨 고르기를 한 다음에 124.30을 유지했다. 주당 0.85포인트가 오른 셈이고, 따라서 총이익은 2만 1,250달러가 됐다. 이날 오후에 현물가격은 시간외매매에서 다시 11/32만큼 상승했다. 그래서 나는 4시 10분에 50계약을 매수했고, 다음 날 S&P가 0.70포인트 상승 출발하면서 1만 8,750달러의 이익을 냈다. 대단하지 않은가!

9월 23일 목요일, 시간외매매에서 현물가격이 하락세를 타다가 12/32를 회복했다. 이제 S&P 지수도 하락할 것이라는 내 예상이 맞을지 검증해볼 차례였다. "데비! 12월물 시세는? 123.85? 음, 25계약을 매도해줘!" 이렇게 주문을 내고 오드리를 흘깃 쳐다봤다. 오드리 역시 옳다는 듯 고개를 끄덕였다. "아냐, 다시 말할게. 50계약! 시가로 50계약 공매도!"

다음 날 아침 10시 1분, 개장과 함께 S&P는 123으로 출발했고 덕분에 나는 또 1만 8,750달러를 벌었다. 좋았어! 양 포지션에서 전부 이익이 나다니!

9월의 나머지 기간 내내 나는 텔레레이트를 끼고 앉아 계속해서 치고 빠지는 작전을 고수했다. 50계약을 매수하고 또 50계약은 매도하는 전략을 구사하면서 말이다. 이제 시장에는 더 이상 상승장의 기미가 보이지 않았다. 9월 13일에 S&P는 119.40으로 출발했고, 다음 날인 14일에는 119.35로 마감됐다. 그러나 나는 이러한 장세에서도 16만 달러를 벌었다.

10월이 되자 시장은 다시 폭발했다. 10월 6일 수요일에 다우존스는 37.07포인트 상승했으며, 이는 사상 두 번째로 높은 상승폭이었다. 아멕스 사람들은 오랜만에 만나는 행운에 거의 제정신이 아닌 상태로 돈을 갈퀴로 긁어모으고 있었다. 폐장 후 입회장에는 매매 전표가 수북이 쌓여 있어 아예 바닥이 보이지 않을 정도였다. 내 옵션매매 덕분에 아멕스는 수수료를 듬뿍 챙겼고, 다른 모든 이들이 어깨춤을 추며 술집으로 향할 때 나는 텔레레이트를 확인하려고 서둘러 엘리베이터 쪽으로 갔다. "오드리, 현물가격이 어떻게 되고 있지? S&P 12월물 시세는?" 오드리는 데비에게 전화를 걸어 시세를 알아보고 있었다.

"버지, S&P가 126.45로 상승했대. 현물가격도 상승 중이고." 내 혈압 역시 상승하고 있었다. 우리는 나머지 30분 동안 채권현물의 가격이 계속 오르는 상황을 지켜보고 있었다. S&P의 선행지표로 삼았던 채권현물은 3시 30분에 11/32, 3시 45분에는 12/32만큼 상승했다.

정말 놀랄만한 상승폭이었다. 화장실이 급했으나 자리를 뜰 수가 없었다. 4시 정각에는 110/32이나 상승했던 것이다!

"데비! S&P 12월물 150계약 매수해줘! 아니야, 200계약으로 정정할게. 처리하고 바로 전화해줘. 주문 완료하고 우리 모두 라스베이거스로 가는 거야!" 이렇게 말하고 전화를 끊었다. "오드리, 이번 건이 잘되면 우리는 정말 새로운 경지에 올라서는 거라고."

다음 날 아침 S&P는 128.70으로 출발했다. 나는 평균 가격 126.53에 200계약을 매수했었다. 21만 7,000달러(200계약×500×2.17)! 이것이 내가 올린 총이익의 규모였다. 정말 굉장하지 않은가!

10월 한 달 거의 내내 S&P가 상승하건 하락하건 간에 나는 무조건 이익을 냈다. 10월 22일, 선거 전에 연준이 재할인율을 인하할 것이라는 소문이 돌았다. 그러자 시간외매매에서 채권현물가격이 하락했고, 다음 날 S&P는 1.85 하락 출발했다. 나는 전날 S&P 150계약을 공매도했기 때문에 개장하자마자 1분 만에 13만 8,750달러의 이익을 냈다. 월말이 되자 총이익 규모는 140만 달러가 됐다. 아래위층으로 오르락내리락하느라 두 다리는 욱신거렸고, 데비에게 수화기를 통해 소리를 지르느라 목은 다 쉬고 말았다. 그리고 기쁨에 겨워 있는 힘껏 끌어안는 바람에 오드리의 갈비뼈는 흐물흐물해졌다. 지난 2월에 개인적인 어려움을 겪은 데다가 해변 별장을 구입하느라 40만 달러를 지출하면서 우리 수중에는 120만 달러 정도가 남아 있었다. 그런데 이 한 달 동안 그때 지출한 것의 두 배가 넘는 돈을 벌었는데, 평생 벌었던 돈보다 더 많은 금액이었다. 그때의 기분은 뭐라 표현할 길이 없다. 날마다 구름을 위를 걷는 기분이었다고나 할까. 20일 동안 매일 평균

7만 달러씩 벌어 집으로 돌아갔다. 내가 계속 증권분석가로 남아 있었다면 7만 달러를 버는 데 아마도 1년은 족히 걸렸을 것이다.

어느 날 갑자기 나는 한계가 없어 보이는 서른일곱 살짜리 백만장자가 돼 있었다. 그 이유는 무엇일까? 내 성격에 맞는 새로운 '게임'을 발견하여 그 게임을 온전히 내게 유리한 것으로 만들 수 있었기 때문이다. 나는 채권현물과 S&P선물 간에 상관관계가 있다는 사실을 처음으로 깨달은 사람 중의 하나였다. 이것은 내가 주식, 채권, 통화 등에 모두 손을 대봤기에 가능한 일이었다. 트레이더들 대부분이 한 가지 종목을 전문으로 하기 때문에 그 외 다른 종목에 관해서는 잘 모르는 경우가 많다. 이런 사람들은 교차로에 있을 때 자신에게 필요한 이정표를 찾아내지 못한다. 또 나는 S&P매매에 텔레레이트를 사용하는 것이 큰 도움이 된다는 사실을 처음으로 알아낸 S&P 트레이더 중 한 명이었다. 그리고 내 믿음직한 텔레레이트 덕분에 모든 도박꾼이 꿈꾸던 화려한 삶을 살고 있다. 나는 어떤 일이 발생하기 전에 미리 그것을 예측했다.

운이 좋았다고? 그렇게 생각하고 싶다면 말리지 않겠다. 그러나 단지 운으로만 이런 결과를 얻을 수는 없다. 나름대로 열심히 노력해서 얻은 결과이기 때문이다. 시간과 노력을 들여 다른 사람이 알아내지 못한 것을 발견했고 그래서 요셉(구약 성경에 나오는 야곱의 아들. 아버지의 사랑을 받아 독차지해서 형들에게 미움을 샀고, 형들로 인하여 이집트에 노예로 팔려 갔으나 그곳에서 오히려 크게 출세함—옮긴이)보다도 더 행복한 기분이었다. 나는 내 가족을 돌볼 수 있는 능력이 있고 앞으로 이들에게 경제적으로 더 풍요로운 삶을 선사할 수 있다.

요셉의 형제들이 돌아왔다는 소식이 파라오의 궁에 전해지자 파라오와 그의 신하들은 기뻐하였다. 파라오가 요셉에게 말하였다. "형제들에게 이르시오. 짐승들에 짐을 싣고 가나안 땅으로 돌아가서 아버지와 온 식구를 이리로 데려오라고 이르시오. 또한 내가 이집트에서 가장 좋은 땅을 주어 그 땅의 기름진 것을 먹고살게 허락했다고 이르시오."

— 창세기 45장 16~18절

프로 트레이더라면
매도와 매수 둘 다 능해야 한다

마음은 정했으나 양면적인 방법을 쓰기로 했다.

— 케이시 스텐겔Casey Stengel

입회장에 들락거린 지 두 달 정도 됐다. 나는 디지털이큅먼트의 스페셜리스트 프래니 산탄젤로와 옵션매매를 하고 있었다. 그런데 호가를 확인하러 오르락내리락해야 하는 것이 늘 불만이었다. 입회장에 내려가 있으면 확인해야 할 정보를 제때 볼 수가 없었다. 시세표시기를 임대해서 보는 스페셜리스트들은 스크린에 올릴 종목 기호들을 자신들이 선택한다. 치키는 메사페트롤륨을 스크린에 올렸고, 조이는 텍사코를, 그리고 프래니는 디지털이큅먼트를 올렸다. 이런 식이라서 필요한 정보 모두를 한곳에서 볼 수 있는 사람은 아무도 없었다.

"마틴, 위층에 쿼트론이 갖춰진 사무실이 하나 있어." 프래니가 말했다. "그 사무실을 공짜로 사용하게 해주지. 편하게 써도 돼." 프래니는 종일을 입회장에서 보냈다. 그러나 프래니는 거물급 투기자였던지라 자신의 사무원인 제리 멀둔Jerry Muldoon과 레온 다고스티노Leon D'Agostino를 위층에 상주시키고 있었다. 제리와 레온은 프래니의 자본 일부를 가지고 매매하면서 자신들의 몫을 챙겼다. 나를 수익을 올리는 트레이더라고 생각한 프래니는, 내가 2층에 있는 자기 사무실을 사용하는 것이 자신에게 도움이 될 것이라고 여겼다. 입회장에서는 나와 매매를 하고, 2층에서는 제리와 레온을 통해 내 정보와 아이디어를 뽑아내겠다는 계산이었다.

나는 좀 우쭐해졌다. 점심때가 되면 다들 음식점으로 향했지만, 나는 샌드위치 하나를 사 들고 사무실로 올라갔다. 그곳에서 차트를 검토하고 수정하면서 오후 장을 대비했다. 내 앞에 놓인 쿼트론과 입회장과 연결된 직통전화 덕분에 필요한 정보를 다 얻을 수 있었다. 매매 시점이다 싶을 때 팻 마이크에게 전화를 걸면 마이크가 주문을 체결해주었다.

제리와 레온은 내가 어떻게 이익을 내는지 다 지켜보았고, 그래서인지 나를 아주 살갑게 대했다. 프래니가 이 두 사람에게 나를 잘 살펴보라고 일렀다는 것을 알고 있었으나, 사무실도 공짜로 쓰고 있는데다가 또 이들이 나쁜 사람들이 아니기에 나한테 특히 손해나는 일은 아니었다. 내가 매매 주문을 내러 마이크를 찾아 아래층으로 내려가면, 제리와 레온은 잽싸게 전화기를 집어 들었다. 그러나 별로 개의치 않았다. 이 사람들이 나를 따라서 똑같은 주문을 낸다면 오히려 내 포지션이 더 강화되는 효과가 있기 때문이다.

메사 옵션매매에 손을 댄 다음에는 남아프리카 금 주식인 ASA를 매매했다. 인플레이션이 통제 불능할 정도로 치솟자 전 세계적으로 금 주식의 가격이 폭등했다. 나 같은 마켓타이머에게는 다시없는 좋은 기회였다.

어느 날 나는 마이크에게 전화를 걸어 5월물 ASA 50옵션을 매수하라고 말했고, 제리와 레온이 옆에서 듣고 있었다. 나는 이 두 사람에게 뭐 하고 있냐고 따져 묻지 않았고, 내 포지션을 따라 하든 말든 전혀 신경 쓰지 않았다. 마이크가 전화로 주문이 체결됐다고 알려왔기에 상황이 어떤지 살펴보려고 입회장으로 내려갔다. 헤이즈와 도니지, 프래니, 팻 마이크 등과 인사를 나누면서도 한쪽 눈으로는 시세표를 확인했다. '뭔가 잘못됐어!' 내가 원하던 방향과 다르게 흘러가고 있었다. '아무래도 포지션을 변경해야 할 것 같은데?' 매수 포지션을 청산하고 매도 포지션으로 돌아섰다. 일단 매수 포지션에서 매도 포지션으로 바꾼 다음, 위층으로 올라왔다. 올라가 보니 제리가 쿼트론 앞에 딱 붙어 앉아 있었다. 얼굴에는 걱정하는 빛이 역력했다. "저, 마틴!" 제리가 입을 열었다. "장이 안 좋아 보여요."

나도 쿼트론을 흘깃 쳐다봤다. "나도 알아. 그래서 매도 포지션을 취한 거야."

"매도라고요? 언제요? 조금 전에 매수주문을 냈잖아요!"

"아, 그랬지. 그런데 입회장에 가보니까 상황이 안 좋더라고. 그래서 포지션을 바꿨는데?"

핑크빛이 돌던 제리의 오동통한 얼굴이 금방 새빨개졌다. "이런 망할 자식!" 제리는 버럭 소리를 지르며 자리에서 벌떡 일어섰다. 제리는 소프트볼팀에 소속돼 있어서 늘 야구 방망이를 책상 옆에 세워두고 있었다. 제리는 이 방망이를 집어 들고 내 뒤를 쫓아왔다. "이 자식, 죽여 버리겠어!" 제리는 화가 머리끝까지 치민 모양이었다.

"제리, 진정해."

"어떻게 말도 없이 포지션을 막 바꿀 수가 있어?" 제리는 여전히 자신의 머리 위로 방망이를 마구 휘두르며 나를 쫓아왔다.

"나는 내 할 일을 했을 뿐이라고." 방망이를 피해 의자 밑으로 고개를 숙이며 말했다. "제리, 나도 내 가족을 돌봐야 한다고. 우리 가족 중에는 아일랜드 사람이 없어. 당신도 알다시피 '사라진 부족'(이스라엘의 열두 부족 가운데 행방이 묘연한 한 부족을 일컬음─옮긴이)은 아일랜드가 아니라 이스라엘에서 없어진 거라고."

이 말에 좀 진정이 된 모양이었다. 제리가 방망이를 내려놓는 것을 보고 다시 말했다. "잘 들어, 제리. 지금까지 돈을 벌 수 있었던 이유는 내가 스위치히터, 즉 양손을 다 쓰는 타자였기 때문이야. 야구 시합을 할 때처럼 오른손 투수가 나오면 왼쪽 타석에 들어선단 말이지. 장세에 따라 포지션을 자유자재로 바꾸는 거야."

마켓타이머라면 매도와 매수 모두에 능해야 한다. 시장 추세가 변하는데도 그 추세가 다시 바뀌기를 바라면서 기존 포지션을 그대로 유지하는 것은 어리석은 일이다. 미키 맨틀Mckey Mantle처럼 타고난 스위치히터라면 더 바랄 것이 없겠으나, 그것이 아니라면 적어도 로드 커류Rod Carew처럼 피나는 노력이라도 해야 한다. 연습! 연습! 또 연습 말이다!

이 말은 취미 삼아 시장을 기웃거리는 투자자 혹은 아마추어 트레이더에게는 해당 사항이 없다. 프로 트레이더가 되고자 하는 사람이라면 반드시 새겨들어야 한다. 평균 수준의 투자자들은 대부분이 매수 포지션 위주로 매매하며, 또 이들이 잘하는 것이 이것밖에 없기도 하다. 공매도를 잘 하지 않으니 이에 관해 잘 알지도 못하고, 알 필요성도 느끼지 못한다. 하지만 프로 트레이더가 되려면 공매도 역시 능해야 한다.

Chapter 07

균형감을 잃고 순식간에 80만 달러를 날리다

PIT BULL

1982년 선거일이었다. 오드리와 나는 책상 앞에 앉아 개장을 기다리고 있었다. 우리는 막 투표를 하고 집으로 왔는데, 기분이 좀 찝찝했다. 사실 나는 진보 성향인 민주당의 지지자였고, 이것은 예나 지금이나 변함이 없다고 생각해왔다. 부모님이 내게 그런 사상을 심어준 것도 있다. 뉴헤이븐 집에 프랭클린 델라노 루스벨트의 사진이 벽에 걸려 있었던 것만 봐도 우리 집 분위기를 짐작할 수 있을 것이다. 그런데 지금의 나는 돈을 많이 벌게 되면서 내 뿌리를 잃어가고 있었다. 선거에서 민주당이 아닌 공화당에 표를 던지고 온 것이다.

뉴욕에서 산다는 것은 수입의 57퍼센트를 세금으로 낸다는 것을 의미한다. 내가 보기에 정부는 내 돈을 아무리 많이 거둬들여도 성에 차지 않아 하는 그야말로 '대식가'였다. 그런데 대체 그 많은 세금은 다 어디에다 쓰는 것일까? 도로에는 깊은 웅덩이가 여기저기 패여 있고, 지하철은 온갖 지저분한 낙서로 뒤덮여 있으며, 거리는 강도와 도둑질이 난무하고, 도시 근로자들은 늘 파업을 한다. 내가 낸 세금이 제대로 사용된다는 생각이 들면 얼마를 내든 개의치 않을 것이다. 그러나 세금이 낭비되거나 잘못 관리된다고 느껴진다면, 내 '마음'이 아니라 '지갑'을 지킬 수 있는 쪽에 표를 던질 것이다. 맙소사, 딱 공화당원 같은 말을 하고 있네. 큰돈을 벌기 시작했고 S&P500 덕분에 돈방석에 올라앉게 됐다면, 나뿐만이 아니라 다들 이렇게 변할 것이다.

 S&P 매매를 시작한 이후로 6월을 제외하고는 매달 이익을 냈다. 이 와중에 열다섯 번째 애머스트 동창회에 참석했다가 큰 자부심에 우쭐거리며 집으로 돌아왔다. 대학 동창회야말로 그 사람이 사회에서 얼마나 잘나가고 있는지를 가늠하는 좋은 장이 된다. 졸업 후 열 번째로 열리는 동창회에 가보면 누가 돈을 잘 벌고 있는지 어느 정도 감이 오기 시작한다. 졸업 후 그 정도의 시간이 흐를 때쯤이면 의사인 친구들은 전공과를 선택하여 개업하기 시작할 것이고, 변호사 친구들 역시 전공 분야를 선택하고 동업자를 구해 법률사무소를 차리려고 할 것이기 때문이다.

 한편, 학교에 남은 이들은 박사 학위를 따거나 조교수가 되어 종신 교수직을 넘볼 것이고, 일반 기업에 입사한 친구들은 마케팅과 생산 부서 등 여러 보직을 거친 후 자신에게 딱 맞는 부서에서 자리를 잡고자 할 것이다. 금융계로 진출한 이들은 많은 고객을 확보한 후 실전 거래에 임하려는 시점이 된다. 그런데 동창회가 열다섯 번째쯤 되면 해당 분야에서 나름의 성공을 거둔 '스타'가 한두 명씩 나오기 시작한다.

새로운 치료법을 개발하고, 큰 소송에서 승소하고, 중요한 논문을 발표하고, 이사가 되고, 큰 거래를 성사시키는 등등. 그리고 스무 번째 동창회에서는 누가 잘나가고 있는지가 거의 다 정해져 있고, 스물다섯 번째쯤 되면 이미 모든 상황은 종료되어 더는 변하지 않게 된다. 호화로운 임원실에 앉아 고급 백포도주를 마시며 거액의 수표를 동창회 기금으로 턱턱 내놓든가, 아니면 구석 자리를 배회하며 여전히 맥주나 홀짝이는 처지가 되든가 둘 중 하나다.

나로 말하자면 어느새 스타의 반열에 올라서 있었다. 지난 5년 동안 내 위치가 얼마나 달라졌는지 생각하면 더욱 뿌듯해진다. 열 번째 동창회만 해도 나라는 존재조차 모르는 동창들이 태반이었다. 그때 나는 허턴에 다니고 있었는데, 가진 돈도 없었고 작은 월세 아파트에서 살고 있었다. 게다가 용기가 없어서 오드리에게 결혼하자는 말도 못 꺼내는 형편이였다. 그런데 열다섯 번째 동창회가 열릴 무렵에는 전업 트레이더로 일하며 백만장자의 꿈을 이뤘고, 이스트사이드East Side에 있는 호화로운 아파트와 햄튼 해변에 별장도 장만하는 등 행복한 결혼생활을 하고 있었다.

1963년 가을, 대학에 갓 입학했을 때 유진 윌슨Eugene S. Wilson 입학처장이 신입생인 우리에게 이런 말을 했었다. "여러분은 아마도 고교 시절에 반에서 상위 10퍼센트 안에 드는 학생이었을 겁니다. 그러나 졸업연도인 1967년이 되면 이 가운데 절반은 분명히 하위 50퍼센트에 속하게 될 겁니다." 그 말을 듣는 순간부터 나는 반드시 상위 10퍼센트 안에 드는 사람이 될 것이라 다짐했고, 드디어 열다섯 번째 동창회에서 이 다짐이 현실이 됐음을 느꼈다. 나는 동창들이 나의 성공을 알아봐 주기 바랐다. 그래서 악어가죽 구두를 신고 커다란 롤렉스시계를 찬 채 아내 오드리와 팔짱을 끼고 동창회장을 활보하고 다녔다. 물론 집으로 돌아오자마자 3만 5,000달러의 손실을 냈다는 사실을 알게 됐다. 이때가 6월이었으니 말이다.

7월과 8월에는 별장에서 계속 매매를 했고, 얼마 안 가 손실을 만회하면서 33만 3,000달러를 벌어들였다. 9월에 채권선물과 S&P와의 상관관계를 발견하게 되면서 16만 달러를 벌었고, 10월에는 믿음직한 텔레레이트 덕분에 140만 달러를 벌었다. 정말 믿을 수 없을 만큼 대단한 성과였다. 누구도 이렇게 큰 성과를 올린 사람은 없었다. 1982년 10월, 나는 단연코 아멕스에서 가장 눈부신 실적을 올린 사람이었다.

이때 나와 오드리는 트리니티플레이스 74번지에 있는 건물의 9층 사무실에서 책상 두 개를 놓고 일하고 있었다. 사무실을 마련해야겠다고 생각하고 있었는데, 마침 청산회사인 베어스턴스에서 내주었다. 자사에 더 많은 이익을 만들어줄 것처럼 보이는 스페셜리스트에게 마련해주는 사무실이었다. 그렇다고 뭐 전과 크게 달라진 것도 없었다. 클럽처럼 시끌벅적한 장소에서 여러 사람과 부대끼며 일하기는 마찬가지였다.

오드리와 내가 일하는 사무실은 후미진 구석에 있었다. 한마디로 그렇게 좋은 자리는 아니었다. 우리 뒤쪽으로는 불펜(군소 트레이더들이 모여 있는 곳)이 있었는데, 베어스턴스에 소액 계좌를 튼 트레이더들이 시가를 피우며 모여 있었다. 이들도 여느 트레이더와 마찬가지로 욕을 섞어가며 있는 대로 소리를 질러댔다. "이봐, 멍청이. 호가가 어떻게 되냐고!" "잔말 말고 바로 매도하라니까." "맙소사, 내가 지금 홈런을 친 거야?" "이런 제기랄! OEX(S&P100 지수) 콜옵션 5계약을 날려 버렸네. 저 망할 놈들이 주문체결을 제때에만 했어도 되는 건데." "치키, 저 개자식이 메사 옵션 주문을 가로채 버렸어." 참 살벌한 곳이었다. 게다가 나는 담배 연기에 알레르기가 있었다. 입회장에 있는 몇 안되는 여성 가운데 한 명이었던 아내에게도 최적의 작업 환경은 아니었다. 그러나 일단 우리가 여기서 큰돈을 버는 이상 이보다 더 좋은 장소도 없었다.

내 책상과 오드리의 책상은 L자형으로 놓여 있었다. 우리는 한팀이었고 손발이 척척 맞는 그야말로 환상의 짝꿍이었다. 나는 시장을 잘 알았고, 오드리는 나를 잘 알았다. 무엇보다 오드리는 내 마음을 잘 읽었다. 나는 쿼트론 앞에서 구시렁거렸고 이동평균선을 점검했으며, 전화로 조엘너와 의견을 나누거나 데비에게 연락하여 호가를 확인했다. 오드리는 그런 내 옆에서 묵묵히 자기 일을 하면서 내 언행을 관찰하고 기분을 살폈다. 오드리는 진정한 예언자였다. 내가 휘갈겨 쓴 메모와 내 몸짓 언어를 이해하고, 내가 하는 말과 행동의 의미를 정확하게 파악했다. 오드리는 나의 진담과 농담을 바로 구분해낼 수 있는 유일한 사람이자, 내가 진정으로 하고 싶어 하는 것이 무엇인지 알았다.

나는 내 자리에 앉아 스크린을 들여다보고 이동평균을 살펴보면서 가끔 이런 말을 던졌다. "장이 좋아 보이는데? S&P가 변곡점을 쳤어. 매수 범위에 들어왔다는 얘기지." 그러면 오드리는 이렇게 대답했다. "버지, 그렇게 생각해? 그럼 생각대로 해봐." 우리 두 사람은 4시 10분에 텔레레이트 앞에 딱 붙어 앉아 현물시세를 확인하기도 했다. 그러면서 오드리는 내 귀에 대고 속삭였다. "버지, 때가 왔다고 생각하는 거지? 어서 주문해." 나는 오드리의 말을 따랐고, 다음 날 개장 시 S&P는 11/2이 오른 상태로 출발했다. 우리는 1분 만에 또 큰 이익을 낸 것이다. 오드리가 그 자리에 버티고 앉아 내 생각이 맞다고 거들어주는 것이 내게는 큰 힘이 됐다.

보통, 선거일에는 거래가 활발하지 않다. 그래서 대통령 선거일에는 시장도 개장하지 않으나 중간선거 때는 열린다. 다만 개장은 하더라도 은행 문도 닫히고 선거 결과도 불투명하기 때문에 월가에서도 이런 날은 그저 관망하는 입장이라 시장이 크게 변동하는 일은 없을 거라는 게 일반적 견해다. 게다가 월가 역시 딱히 공화당의 승리를 원하는지도 입장이 확실치 않았다. 이번 중간선거는 레이거노믹스[9]에 대한 첫 번째 국민투표였고, 현 행정부의 경제정책을 심판하는 데 초점이 맞춰져 있었다.

공화당은 1980년 선거에서 백악관과 상원을 장악했다. 이번 선거에서는 '소통의 달인'이라 칭해지는 레이건 대통령의 경제정책, 즉 '적하효과[10]'를 노린 공급 중심의 경제 논리가 유권자들에게 먹혀들었는지가 판가름나게 된다. 민주당은 실업률이 대공황 이후 최고치인 10.1퍼센트라는 점을 지적하는 한편, 레이건 행정부가 선거 이후 사회보장 혜택의 감소를 계획하고 있다고 주장했다. 한편, 공화당은 자신들이 내건 정책이 완수되기를 바랐다. 〈월스트리트저널〉에 따르면 공화

---

9. 레이거노믹스Reaganomics: 미국의 레이건 대통령이 재임하던 1980년대 '힘에 의한 위대한 미국'을 재건하기 위한 경제정책을 말한다. 세출의 삭감, 소득세의 대폭 감세, 기업 규제 완화 등 안정적인 금융정책을 펼쳤다. 반면 사상 최대의 군비를 증강하면서 재정적자에 시달리기도 했다.

10. 적하효과trickle-down: 넘쳐흐르는 물이 바닥을 적신다는 뜻의 경제용어, 대기업이 성장을 통해 수익을 창출하면서 덩달아 중소기업과 소비자에게 혜택이 고루 돌아간다는 의미이다.

당이 유권자들에게 '정책 고수stay the course'를 줄기차게 주장하는 데 대해 민주당은 이것이 '저주 고수stay the curse'에 다를 바 없다고 응수했다고 한다. 여론조사 결과는 반반인 것으로 나타났다. 즉, 공화당은 계속해서 상원을 장악하고, 대신 민주당은 하원을 접수할 것으로 예상했다. 나는 이 시나리오가 그럴듯하다고 봤고, 시장에 큰 영향을 미칠만한 극적인 사건이 발생할 거라고는 기대하지 않았다.

그런데 놀랍게도 선거일 아침 일찍부터 주가가 급등했고, 그날 내내 그 수준으로 유지되다가 다우존스가 16.38포인트 상승하는 선에서 장이 마감됐다. 거래량은 1억 477만 주로, 월요일의 거래량 7,353만 주를 크게 앞지르는 수준이었다. 이는 보다시피 엄청난 거래량이었고, 이날이 선거일이었다는 점을 고려하면 더욱 놀라운 상황이었다. 출구조사 결과는 예측대로였는데, 공화당은 상원으로, 민주당은 하원으로 보내는 것으로 레이건 행정부의 정책을 계속 밀어주기로 한 것으로 나타났다. 그리고 매수자들은 어느 당이 우세하든 간에 낙관주의가 득세하기를 희망한 것으로 드러났다.

이날 오전에는 매수 포지션이었으나, 장이 마감될 무렵 매도 포지션으로 돌아섰다. 시장이 갑작스레 상승할 때면 마감 무렵 공매도를 통해 대량 매물로 인한 단기 급락을 노리는 경우가 종종 있기 때문이다. 다우지수는 월요일 이후 30퍼센트 이상 상승했고, 1973년 이후 처음으로 1,000선을 돌파했다. S&P는 137.70으로 출발하여 장중 한때 140.90까지 상승했다가 138.85로 장을 마감했다. 내가 사용하는 모든 지표는 시장이 과매수 상태임을 나타내고 있었고 과연 지표는 틀리지 않았다. 시장이 등락을 거듭하고 있었는데, 이것은 우리한테는 유리한 장세였다. 텔레레이트를 지켜본 결과 채권현물의 시간외매매 호가는 선거 결과만큼이나 불확실했다. 따라서 폐장 포지션(overnight position: 하루 거래가 끝난 후 브로커와 딜러의 순포지션—옮긴이)을 취해야 하는 수고는 덜 수 있었다.

"버지, 새 코트를 하나 장만해야겠어." 퇴근 준비를 하고 있는데 아내가 내게 이렇게 말했다. 이 말을 듣고도 별로 놀라지는 않았다. 오드리가 장모인 샐리 폴로코프와 통화하는 내용을 들었기 때문이다. 이 세상의 모든 어머니가 그렇듯 장모도 자신의 딸이 원하는 것은 무엇이든 해주고 싶어 했다. "내일 하루는 쉬고 엄마랑 같이 쇼핑할 거야. 엄마가 잘 아는 모피상이 있는데, 밍크코트를 싸게 해준다나 봐."

이렇게 해서 오드리에게도 밍크코트가 하나 생겼다. 이제 우리가 정말 공화당 편이 된 것인가! 아무려면 어때라. 오드리가 밍크코트를 갖고 싶다면 가져야겠지. 그래도 될 만큼 열심히 일해서 돈을 벌었고, 더구나 아내가 다시 임신했다는 사실을 알게 됐으니 말이다. 이 추운 날씨에 밍크로 온몸을 감싸는 것만큼 아이와 아내를 따뜻하게 해줄 수 있는 것이 또 무엇이겠는가!

"그렇게 해." 오드리에게 말했다. "선거 결과 때문에 시장이 크게 요동칠 것 같지는 않으니까 내일도 별다른 일은 없을 거야. 내일 하루 쉬어. 그리고 장모님이랑 같이 가서 멋진 코트를 하나 장만하라고."

다음 날 아침 회색 엘도라도에 올라 커다란 가죽 시트에 몸을 맡긴 채 혼자 출근길에 올랐다. 공화당과 민주당 모두 자신의 승리를 자신하고 있었다. 오래지 않아 진짜 승자가 판가름 날 것이고, 어느 쪽이 이기든 완승 혹은 완패보다는 적절하게 힘의 균형이 분배된 결과가 나올 것으로 예상했다. 적어도 나는 그렇게 봤다. 선거 결과에 따라 시장이 급등 또는 급락하는 일은 발생하지 않을 것이라고 내다봤다.

주가가 혼조세를 나타내기 시작했으나 채권가격은 반등했고, S&P는 화요일 종가보다 0.35포인트가 오른 139.20으로 출발했다. 투자자들은 선거 결과에 따라 연준이 금리를 인하할 것이라고 확신하는 듯했다. 10월 15일에 금리 인하가 단행된다는 추측이 나돌았으나, 선거 결과를 반영하여 금리 인하가 실현되지 않자 시장은 36.33포인트나 폭락했고, 이는 사상 두 번째로 큰 하락폭이었다.

나는 계속해서 뉴스를 주시하고 있었다. 경제학자들이 재할인율 인하를 점치고 있었기에 나는 S&P 15계약을 매수했다. 그러나 내 모든 지표가 시장이 단기 과매수 상태임을 가리키고 있었고, 연준이 실제로 어떤 태도를 보일지 알 수 없는 노릇이라서 계속 안절부절못하고 있었다. 오드리에게 무슨 말을 하려고 몸을 뒤로 젖힌 순간 그 자리에 그녀가 없다는 사실을 깨달았다. 오드리가 전화라도 해주기를 바랐으나 그럴 가능성은 별로 없었다. 오드리는 장모와 함께 외출할 때면 나라는 존재는 까맣게 잊기 일쑤였다.

11시가 되자 점점 더 초조해지기 시작했다. 시장은 되돌림 없이 계속 상승 중이었다. 불펜 쪽에서 나는 소음이 점점 커지고 있었다. "젠장, 누가 노던텔레콤Northern Telecom에다 로켓을 달았나?" "IBM이 움직이고 있어. 이제 빅블루(IBM의 별칭) 호에 올라탈 때라고." "일렉트릭도 장난이 아닌데. 증권회사 주도 그렇고. 뭐야! 마벨(AT&T의 애칭)까지 오르고 있잖아. 기술주, 증권주, 운송주 모두가 다 오르고 있다고." "시세표 좀 빨리 봐야 하는데." "호가, 호가가 어떻게 되냐고! 아,

이런 멍청이들 같으니." "호가 말이야. AT&T 500계약을 시가로 매수해 달라고." "텔레다인 콜옵션 매수!" "디지털이큅먼트도 오르고 있어."

쿼트론을 확인해 보니 시장이 분명히 상승하고 있었다. 이제 어떻게 해야 하지? "어제와 같은 상황이야. 상승세가 계속되지는 않을 거야. 지표들이 시장의 과매수 상태를 가리키고 있잖아. 곧 하락하게 되겠지. 오드리, 나 어떻게 해야 하지?" 그러나 이 간절한 물음에 답하는 이는 아무도 없었다. 내 판단이 옳은지 그른지를 말해 줄 오드리는 그 자리에 없었다.

나는 수화기를 집어 들고 S&P500 선물을 매도하기 시작했다. "데비, 모든 주가 다 상승하고 있어. 그런데 이게 오래갈 것 같지는 않아. 지금 시세가 어떻게 되지? 139.20? 아침에 샀던 15계약 다 던지고 50계약 더 공매도해줘." 시장은 계속 상승했다. 정오가 지나자마자 140.05에서 25계약을 추가로 공매도했고, 오후 1시 10분, 141.40에서 25계약을 또 추가했다. 오후 2시가 되자 상승세가 약간 주춤했다. "데비, 시세는? 140.95? 좋았어. 과매수 상태라고 내가 말했잖아. 50계약 추가 매도!" 3시 30분이 되자 시장은 완전히 통제 불능 상태가 됐다. 갑자기 시장이 두 번째 상승 추세를 형성하며 가격이 폭등했다.

텔레레이트를 보니 채권현물도 계속 오르고 있었다. S&P선물은 가격 제한선인 143.85까지 치솟았다. 규정상 S&P의 장중 등락 허용폭은 최대 5포인트다. S&P가 이 수치에 도달하게 되면 다음 날 이 제한선 위에서 매도호가가 형성되거나 제한선 아래에서 매수호가가 형성될 때까지 이 가격선 위로는 거래가 허용되지 않는다. 나는 그저 오드리와 장모를 욕하면서 하릴없이 앉아 있었다. 밍크코트 하나 사는데 시간이 뭐 이렇게 오래 걸려?

조바심에 속이 바짝바짝 타들어갈수록 내 판단이 옳다고 자꾸 주문을 걸었다. 텔레레이트를 다시 살펴봤다. 채권가격은 계속 오르고 있었다. 그러나 그것이 뭐 어떻다는 것인가? 시장 상승세가 더는 계속되지 않을 것이다. 과매수 상태가 분명하다. 3시 47분, 장이 마감되기 28분 전이었다. 더는 참지 못하고 데비에게 소리쳤다. "시세는? 지금 시세가 어떻게 되냐고? 이런 젠장!"

"마틴, 여전히 가격 제한선에 머물러 있어. 143.85라고."

"50계약 추가로 매도해 주게."

"지금 가격 제한선에 묶여 있는 상태인데?"

"내 말대로 해. 토 달지 말란 말이야." 나는 이미 제정신이 아니었다. 만약 이 자리에 오드리가 있었다면 정신 차리고 당장 매도를 중지하라 했을 것이다. 가격 제한선에서 공매도를 하다니! 이보다 어리석고 자기 파멸적인 행위가 또 어디 있겠는가! 이것은 정말로, 완전히, 제대로 미친 짓이었다. 도대체 오드리는 왜 전화도 없는 거지? 내가 죽거나 말거나 아무 상관없다는 것인가? "버지, 다시 잘 생각해봐. 지금 당신이 무엇을 하고 있는지 말이야. 매도를 중지하고 포지션을 회복해야 해. 지금 당장!" 왜 여기 와서 내게 이런 말을 해주지 않는 걸까?

설상가상으로 전적으로 믿을만한 지표가 눈앞에 뻔히 보이는데도 나는 이것을 철저히 무시해버렸다. 뉴욕증권거래소 사람들은 시카고 거래소 사람들이 S&P500선물을 통해 자신의 밥그릇을 빼앗고 있다고 생각했다. 그래서 자신들의 밥그릇을 보호하려는 목적으로 뉴욕선물거래소(나이프)를 만들었다. S&P선물 거래량에는 못 미치지만, 나이프에서도 뉴욕선물거래소 선물지수를 바탕으로 한 선물거래가 이루어졌다. 나이프선물은 S&P선물과 4 대 7의 비율로 거래됐다. 즉, 나이프가 4포인트 상승하면 S&P는 7포인트 상승했다. 그런데 나는 나이프에는 전혀 관심을 기울이지 않았다. S&P에 비하면 나이프 정도는 조족지혈이라고 생각했기 때문이다. 그러나 S&P가 가격 제한선에 묶여 있어 매매가 중지된 이상 나이프에서 돌파구를 찾았어야 했다. 만약 오드리가 옆에 있었다면 S&P선물 매도를 중지하고 나이프로 갈아타라고 조언했을 것이다. 그러나 오드리는 장모와 함께 코트를 사러 가고 없으니 쓸데없는 가정을 계속해봐야 아무 소용없다.

오후 3시 58분, 쿼트론을 보니 나이프는 4.05 상승한 것으로 나타났다. 나이프 선물은 거래량도 적고 가격도 낮았기 때문에 가격 제한선에는 이르지 못했다. 이러한 사실에도 아랑곳하지 않고 나는 다시 S&P 50계약을 매도했다. 진정한 '피트의 제왕'이 누구인지 보여주겠다는 듯이 허세를 부리며 말이다. 나이프의 상승폭을 고려하면 S&P는 7포인트 이상 상승했다는 것인데, 그럼에도 불구하고 가격 제한선인 148.85에서 50계약을 추가로 매도한 것이다. 매도하자마자 계약당 1,000달러, 그러니까 총 5만 달러의 손실을 봤다. 정말 환장할 노릇이었다.

내가 '나의 태양 흑점 이론'이라고 부르며 신봉하는 이론이 있는데, 나는 백 번 중 두 번 정도는 통제가 불가능할 만큼 비이성적이 될 때가 있다. 이때가 바로 그 시기였다. 내 눈앞에 분명히 드러난 사실을 보고도 이를 믿지 못했다. "나이프는 유동성이 한참 떨어지는 거래소야." 나는 이렇게 부르짖고 있었다. "절대 이럴 수는 없어." 그러나 내 앞에 놓인 지표들이 가리키는 것은 모두 옳았고 나도 그것을 잘 알고 있었다. 그러나 그 사실을 말해 줄 오드리는 대체 어디에 가 있단 말인가? 이 사실이 나를 정말 미치게 했다.

마침내 장이 마감됐고, 내 S&P 매도 포지션은 총 250계약이었다. 내가 저질러 놓고도 그 사실을 믿을 수가 없었다. 나는 반쯤 정신이 나간 상태로 가방을 챙기고 외투를 걸친 다음 사무실 문을 향해 걸어갔다. 불펜의 레이 구라Ray Gura는 아직도 책상 앞에 앉아 있었다. "어이, 마틴!" 레이가 말을 걸었다. "오늘 장 대단했지? 단 3일 만에 8퍼센트나 상승했다고. 오늘만 43.41포인트 상승이야. 사상 최대 상승폭이 아닐까? 어때 마틴, 자네도 오늘 재미 좀 봤지?"

"어, 레이. 정말 굉장한 날이었어요!" 레이는 좋은 사람이었고 양키스팀의 골수팬이기도 했다. 나이가 많았는데도 예의가 참 바른 사람인데다 무엇보다 오드리를 항상 존중해줬다.

"오늘 자네가 입회장에서 깨춤 추는 것을 볼 수 있는 거겠지? 어라? 마틴, 왜 그래? 어째 표정이 안 좋은데?"

"아니, 괜찮아요. 좀 피곤해서 그래요."

"이봐, 마틴! 떼돈을 번 날인데 피곤하다니 말이 되나? 43포인트나 상승한 이런 날에 말이야."

당신도 나처럼 추세를 거슬러 사고를 쳐보면 그리 느긋할 수 없을 것이다. 집으로 돌아오는 길이 그 어느 때보다 멀게 느껴졌다. 지금까지 순식간에 그렇게 큰돈을 잃어 본 적이 없었다. 아니, 그렇게 많이 잃을 수 있다는 것을 생각조차 해본 적이 없었다. 계좌를 확인해 본 결과 시가 기준으로 60만 달러의 손실이 발생한 것으로 나타났다. 그러나 S&P는 마감 전 30분 동안 가격 제한선에 묶여 있었고, 나이프는 계속 상승했기 때문에 다음 날이 되면 손실 규모가 더 커질 가능성이 컸다. 어쩌다 이렇게까지 됐을까? 어쩌면 이렇게 어리석을 수가 있을까? 적어도 그동안 나 자신을 스타라고 믿었다는 데 생각이 미치자 한심스럽기 짝이 없었다.

이제 다시 열 번째 동기 동창회 시절로 돌아가는 것은 아닐까? 작은 월세 아파트에 살면서 다 낡아빠진 TR6을 타고 다니던 그 시절, 증권분석가로 일하며 민주당에 투표하던 그 시절로 말이다. 정부가 내가 낸 세금을 낭비하든 잘못 관리하든 무슨 상관이란 말인가! 내게 필요한 것은 오로지 복지정책이란 말이다.

"오드리, 대체 왜 전화를 안 한 거야?" 집안으로 들어가면서 소리부터 질렀다. "오늘 내가 250계약을 공매도했다고. 100만 달러를 잃을 수도 있단 말이야."

"버지, 진정해. 오늘은 운이 나빴을 뿐이야. 내일 가서 정리하면 될 거 아니야. 이미 엎질러진 물이야. 오늘 당신이 할 수 있는 일은 아무것도 없어."

"그냥 단지 운이 나쁜 날이었다고? 그런 말이 어떻게 나와? 4시간 만에 100만 달러를 날렸다고, 내가! 대체 왜 전화를 안 한 거냐고?"

"엄마랑 나는 코트를 고르느라 정신없었어. 잠깐만! 지금 입어 볼 테니까 기다려 봐. 당신 마음에도 들 거야."

정말 대단한 여자였다. 나는 속이 바짝바짝 타고 있는데 이 여자는 오늘 산 코트를 바라보고 있었다. 오드리의 이런 면이 나를 항상 놀라게 했다. 오드리는 절대 내 일에 감정을 개입시키는 법이 없었다. 내가 얼마를 벌었다고 말하든 또 얼마를 잃었다고 말하든 오드리에게 그 사실 자체는 그다지 중요하지 않았다. 내가 하는 일의 본질이 바로 돈을 벌고 또 돈을 잃는 것이었다. 그래서 내가 무슨 말이나 행동을 하든 간에 결국에는 손실보다 이익이 클 것이라는 게 오드리의 생각이었다. 잃은 돈이 무려 100만 달러라고 해도 말이다.

오드리의 말은 내게 위로가 되지 못했다. 매매를 제대로 이해하고, 이 수렁에서 나를 건져내 줄 그런 사람이 필요했다. 그 사람이 바로 조엘너였다.

"예, 저 마틴예요, 비키. 지금 뭐하고 계셨어요? 귀찮게 해서 죄송한데 밥이랑 통화 좀 할 수 있을까요? 아, 오늘 정말 엉망이었어요. 그 문제로 밥과 의논했으면 해서요. 예, 고마워요. 아, 밥! 당신 생각은 어때요? 내가 오늘 S&P를 250계약이나 공매도했어요. 지금 아주 미치고 팔짝 뛰겠어요. 저 이제 어떻게 해야 해요?"

"마틴, 이성을 찾으라고. 우리가 늘 하는 얘기가 있잖아. 후진 기어를 1단 기어로 바꾸려면 우선 중립 기어부터 넣어야 한다는 걸 모르나? 방향을 바꾸고 싶으면 일단 손실부터 막아야지. 그러니까 일단 손실 포지션부터 정리해. 중립 기어를 넣으라고. 손실 포지션을 청산하고 나면 상황이 훨씬 나아질 걸세."

"밥, 그러나 시장 추세가 바뀌지 않을까요? 내 모든 지표가 과매수 상황이라고 일러주고 있단 말이에요. 지금 청산할 수는 없어요. 추세가 바뀔 것 같거든요."

"마틴, 진정해. 정신 똑바로 차리고 내 말 잘 듣게나. 자네가 아무리 똑똑해도 시장을 능가할 수는 없어. 자네가 믿는 그 지표들이 틀렸어. 이제 선거는 끝났고 연준은 재할인율을 내릴 거야. 이게 바로 시장의 눈이야. 금리는 하락하고 있고, 기관 투자가들은 단기금융상품에서 주식으로 자금을 이전할 것이네. 시장이 하락할 수도 있겠지. 그러나 그러한 기대나 예상에 의지해서는 안 돼. 포지션을 청산하게. 나를 믿어, 마틴. 지금의 손실을 감수하게나. 그리고 이익 종목은 자네 뒤를 따라오는 것이 아니라 자네 앞에서 달리고 있다는 사실을 명심해야 해."

"고마워요, 밥. 당신이 현명하다는 것과 당신 말이 옳다는 것도 알아요. 그렇지만, 자그마치 100만 달러예요. 손실이 100만 달러라고요. 그걸 어떻게 쉽게 감수하겠어요."

"마틴, 그래도 감수해야 해."

나는 밤새 잠을 이루지 못하고 뒤척였다. 일이 잘 돼가는 것처럼 보일 때마다 왜 이렇게 꼬이는 걸까? 이틀 전만 해도 나는 요셉에 버금가는 행복한 사나이였다. 그런데 지금은 내가 욥이 된 기분이었다. 그리고 대체 오드리는 또 왜 저러는 것일까? 아침이면 100만 달러를 잃게 된다는 데 그것이 실감 나지 않는 것일까? 어떻게 저리도 곤히 잠을 잘 수가 있지?

다음 날 아침에 우리는 엘도라도를 타고 사무실로 향했다. 들어가서 포지션 정리부터 해야 한다고 생각하니 발걸음이 무거웠다. S&P가 하락 출발하면 좋겠다는 생각을 잠시나마 했다. 내 지표들이 틀린 것이 아닐지도 모른다. 시장이 원래 자리를 찾는다면 과매수였다는 내 판단이 옳았던 것으로 판명될 수도 있지 않을까? 어쨌거나 지금은 오드리가 내 곁에 있다는 사실만으로 좀 든든한 기분이었다.

S&P는 145.00으로 출발했다. 가격 제한선까지 갔던 어제 종가 143.85에서 1.15포인트 더 상승한 것이었다. "젠장! 그래도 생각했던 것만큼 나쁘지는 않군." 나는 이렇게 말했다. "어제 나이프가 4.10포인트 상승 마감하는 것을 보고 S&P는 적어도 145.50 정도에서 출발할 것으로 생각했는데 말이지. 시장이 나한테 유리한 쪽으로 움직이려나? 매도 포지션을 두 배로 늘릴까?" 예전의 나였다면 아마도 그렇게 했을지도 모른다. 그러나 이때 어깨너머로 오드리의 목소리가 들렸다. "버지, 매도 포지션을 줄여. 어서 줄이라고! 이미 얘기 끝났잖아. 그렇게 하기로 했으니까 어서 서두르라고. 지금 당장!"

포지션을 줄이라고 계속 외쳐대는 소리를 들으며 공매도분을 매수하기 시작했다. S&P 계약을 매수할수록 손실 규모는 점점 줄어든다. 결국 45분 만에 매도 포지션을 전부 청산했다. 처음에는 100만 달러를 손해 봤다고 생각했는데 포지션을 다 청산하고 보니 실제 손실액은 80만 달러 정도였다. 조엘너가 옳았다. 포지션을 청산하자마자 홀가분해졌고, 내 기분과 상황도 훨씬 나아졌다. 그제야 다시 숨을 쉴 수 있었다. 그리고 얼굴에도 비로소 화색이 돌았다.

이후 4주일 동안 정말 열심히 매매에 임했고, 모든 것이 거의 정상으로 돌아왔다. 11월 말이 되자 손실 규모는 5만 7,000달러로 줄어들었다. 12월에는 92만 8,000달러를 벌었고 연말에는 선물매매로만 300만 달러 이상의 이익을 냈다. 내가 실수를 했던 것은 분명하다. 오드리가 곁에 없어서 나는 균형감을 잃어버렸다. 완전히 이성을 잃고 가격 제한선에서 매도주문을 내버렸다. 그러나 이러한 것은 중요하지 않았다. 중요한 것은 오드리와 조엘너 덕분에 내 실수를 깨닫고 그 실수를 만회할 수 있었다는 사실이다. 그래도 아직 내게는 매매를 잘하는 재주가 있고, 더구나 S&P선물매매에서 유리한 위치에 서 있다. 그리고 이익을 내는 능력, 그것도 아주 큰 이익을 내는 능력도 무제한급이다.

12월이었다. 크리스마스 연휴 직전에 오드리는 새로 산 코트를 들고 집으로 들어왔다. 매우 아름다운 블랙글라마(blackglama: 유명 모피회사) 밍크코트였다. 오드리는 옷상자에서 코트를 꺼내 입은 다음에 내 앞에서 모델처럼 휙 돌고 나서 말했다.

"버지, 나 어때?"

나는 아내에게 다가가 손등으로 코트의 등 부분을 문질러봤다. 역시나 블랙글라마 밍크는 우리 두 아이(아내 그리고 배 속의 아기)를 따뜻하게 감싸주기에 그만이었다. "굉장히 멋져!" 그러고는 또 이렇게 덧붙였다. "당연히 멋있어야지. 그게 얼마짜린데? 자그마치 80만 달러짜리라고."

연패의 늪에서 벗어나려면
일단 게임을 멈춰라

트레이더라면 누구나 이런 상황에 직면하게 된다. 그러나 진정한 승자만이 이런 상황을 극복할 수 있다. 연패라는 괴물은 트레이더 앞에 너무 자주 출몰하여 잘 나가는 트레이더를 무차별적으로 공격해댄다. 연패는 트레이더의 판단력을 흐리게 하고 자신감을 갉아먹는다. 때로는 바닥이 보이지 않는 나락으로 떨어뜨려 다시는 그곳에서 빠져 나오지 못할 것 같은 좌절감에 사로잡히게 만든다. 무언가 잘못됐고, 이제 자신은 매매에 관한 감을 완전히 잃어서 두 번 다시 승자가 될 수 없을 것이라는 생각이 강하게 들기도 한다. 그러나 이럴 때는 대개가 판단력이나 감이 떨어져 있는 상태이므로 모든 것을 멈추고 평상심을 찾는 것이 우선이다.

연패의 사슬을 끊는 가장 좋은 방법은 일단 손실 포지션을 정리하고 그 게임에서 감정을 배제하는 것이다. 나는 오래전 라스베이거스의 크랩 테이블에서 이러한 교훈을 얻었다. "잃은 돈을 건지려고 더 많은 돈을 거는 일은 절대 하지 말라"는 말이 있다. 맞는 말이다. 가진 돈을 잘 관리해야 하고, 절대 판돈을 크게 가져가지 말아야 한다. 잃고 있을 때 판돈을 올리는 사람들이 많다. 이런 사람들은 주사위 한 번에 잃은 돈 모두를 회수하려고 덤빈다. 그러나 이러한 전략은 반드시 패한다. 연패를 끊는 가장 좋은 방법은 게임을 중지하는 것이다. 패하는 게임에서는 손을 떼고 더 이상의 출혈을 줄여라! 잠시 시간을 갖고 감정을 추스러야 한다. 원기를 회복하고 다시 게임판으로 돌아오더라도 시장은 여전히 존재한다.

그러나 말하기는 쉬워도 실천하기 어려운 것이 바로 이런 종류의 충고다. 1996년 8월 당시 나는 내 인생 최악의 연패 수렁에 빠져 있었다. 매매 능력이 완전히 바닥이 난 것은 분명히 아닌데 손실이 나는 것이 너무 두려워서 이익을 낼 것이라는 생각이 전혀 들지 않아 미칠 지경이었다. 두려움 때문에 반응 시간이 점점 늦어졌고, 상황이 어떻게 돌아가는지는 충분히 알겠는데 반응이 더뎌지다 보니 점점 더 많은 위험을 떠안게 됐다. 이럴 때는 그저 방향을 바꿔 방전된 배터리를 충전하는 것이 상책이다. 그런데 나는 그렇게 하지 못했다. 한 친구가 내게 전화를 걸어 같이 골프를 치자고 했다. 안 그래도 휴식이 필요하다 생각했던 터라 그 친구에게 18홀 풀코스를 돌자고 말했다. 그런데 막상 일어서서 나가려니 발이 떨어지지를 않았다. 시장은 여전히 굴러가고 있는데 나만 그 자리를 뜨는 것이 영 미덥지 않았다. 그래서 결국 별로 가망성 없는 종목을 10계약이나 매수했고 결과는 2만 5,000달러를 잃는 것으로 끝이 났다. 이 매매로 하루를 완전히 망쳐버렸고 자신감마저 잃고 말았다.

후진 기어를 1단 기어로 바꾸려면 우선 중립 기어부터 거쳐야 한다. 나쁜 흐름을 끊으려면 일단 기어를 중립으로 놓고 멈춰야 한다. 손실에 대한 두려움이 커지기 시작하면 우선 이성이 마비되고, 자신의 판단과 행동에 대해 자신감이 없어진다. 매매에서 잠시 손을 떼면 정서적으로 안정될 뿐 아니라 마비됐던 이성도 서서히 회복된다. 시간은 언제나 당신 편이라는 사실을 명심하라. 그 시간을 마음의 안정을 찾는 데 사용하라. 서서히 긴장을 풀고, 머리를 말끔히 비우며, 마음의 준비를 충분히 하라. 그리고 자신의 작업 습관과 방법에 대한 자신감을 회복하고, 다시 매매에 임할 채비를 갖추라. 절대 단번에 손실을 만회하려고 덤비지 말라.

다시 정신이 돌아왔을 때 나는 현실을 직시하고 되도록 포지션 규모를 작게 가져갔다. 그래서 손실이 났을 때 미련 없이 손을 털고 나올 수 있었다. 이 과정에서 나 자신에게 계속 읊조린 것이 '적게라도 이익을 내자'였다. 이익, 이익, 이익. 이번 게임은 완전히 심리전이었다. 너무 힘들고 피곤했다. 그러나 예전과 같은 좋은 감을 다시 찾고 싶었다. 무엇보다 자신감을 회복하고 싶었다. 자신감이야말로 성공하는 트레이더가 갖춰야 할 필수 요건이기 때문이다. 다음 날에는 3계약을 매매했다. 예전의 나를 생각하면 3계약이면 정말 포지션 축에도 안 드는 작은 규모였다. 그러나 이 매매로 1만 5,000달러의 이익을 냈다. 그리고 그 다음 날 이 1만 5,000달러를 4만 달러로 불렸다. 그러자 갑자기 자신감이 솟고 예전의 감이 다시 돌아온 느낌이 들었다.

여러 가지 이유 때문에 처음부터 이렇게 하기가 쉽지 않다면 일단 매매에서 손을 뗐다가 작은 규모로 매매를 다시 시작해보도록 한다. 가장 중요한 것은 손실 포지션을 모두 정리하고 이익과 손실 포지션이 균형을 이룰 때까지 매매 자본을 잘 유지하는 것이다. 연패 또한 게임의 일부일 수밖에 없으나, 후진 기어를 일단 중립 기어로 바꾸어 넣을 정도로 정신 수양이 잘된 트레이더라면 언젠가는 연패의 사슬을 끊어 다시 이익을 내는 흐름으로 바꿀 수 있다.

Chapter 08

챔피언 트레이더로
세상에 이름을 알리다

PIT BULL

《라이어스 포커Liar's Poker》에서 저자 마이클 루이스는, 트레이더
는 자신들이 '금융계의 첨단을 걷는 거물big swinging dick'로 그려지기
를 바란다고 말했다. 그러나 1983년까지는 과연 누가 최고 거물인지
가려낼 수 없었다. 1980년대 초까지만 해도 트레이더 집단은 소수 종
교 집단과 유사한 작은 사회 집단 그 이상도 이하도 아니었다. 일반 대
중에게 트레이더는 거의 존재감이 없었다. 트레이더는 대다수 사람이
평생 걸려 벌 수 있는 돈보다 더 많은 돈을 단 두어 시간 만에 번다. 그
런데도 아무도 이러한 사실을 모른다. 헌트 형제(텍사스 석유 재벌가 출
신으로 은 시세 조작 혐의로 유죄 판결을 받음―옮긴이)나 빌리 솔 에스테스
(Billie Sol Estes: 텍사스의 재력가로서 횡령 혐의로 고소당함―옮긴이)처럼 사
회적으로 큰 물의를 일으킨 사람들이나 언론에 이름이 오르내릴 뿐,
대부분은 관심 밖의 존재들이었다. 이런 사람들보다 더 쇼킹한 사건

을 일으키지 않는 한 트레이더의 존재가 대중에게 확실하게 각인될 일은 없을 것이다.

1983년 1월, 한 금융 관련 잡지에서 다음과 같은 광고문을 봤다.

전미 주식, 옵션 & 상품매매 챔피언십
미국 최고의 브로커, 투자 자문가, 트레이더는 과연 누구인가?
미국 최고의 금융인 자리를 놓고 경쟁하라!

대회 요강: 브로커, 투자 자문가, 일반인 등을 대상으로 함. 참가자는 각자 계좌를 개설하고 2월 1일부터 해당 분야에서 매매를 시작한 다음, 손익계산서 사본을 제출한다. 2월 1일을 기준으로 시장 가치 증가율로 승자를 가린 다음, 매월 그 결과를 발표한다. 매매 착수에 필요한 최소 잔고는 주식, 주식과 옵션, 상품분야는 각 5,000달러, 옵션분야는 1,000달러다. 관리 계좌를 기재해야 한다.
금융트레이더협회 (213) 827-2503

광고문을 읽자마자 이것이야말로 바로 나를 위한 대회라는 생각이 들었다. 믿음직한 텔레레이트가 있는 이상 세상에서 나만큼 S&P매매를 잘해낼 사람은 없다는 확신을 만천하에 대고 증명할 기회라고 생각했다. 게다가 나라는 사람은 경쟁을 즐기는 인간이 아니던가! 나를 활력 넘치게 하는 것 중에 경쟁만한 것이 없었다. 내가 바로 '금융계의 최고 거물'이라는 사실을 세상에 알릴 준비가 됐다.

나는 광고에 나온 연락처로 전화를 걸었다. "네, 금융트레이더협회의 놈 자데Norm Zadeh입니다." 그런데 놈 자데도 그렇고 금융트레이더협회라는 것도 들어본 적이 없었다. 월가 사람들 전부가 다 그랬을 것이다. 그러나 그것이 무슨 상관이람? "놈," 나는 이렇게 입을 뗐다. "당신이 누군지는 잘 모르겠으나 일단 대회에 참가할 테니 등록해 주세요. 나야말로 미국 최고의 트레이더이고, 어떤 사람과 붙어도 이길 자신이 있습니다."

나중에 알았지만, 놈 자데는 머리가 당구공처럼 빛나는 대머리라는 사실을 제외하고는 매매업계의 돈 킹(Don King: 유명한 권투 프로모터)과 같은 존재였다. 킹과 마찬가지로 자데는 화려한 경력을 자랑하는 천부적인 셀프 프로모터(자신의 흥행성을 높이는 능력을 가진 자—옮긴이)였다. 〈갬블링타임스Gambling Times〉에서 뽑은 '미국에서 가장 박식한 도박사 4위'에 선정된 자데는, 프로 핸디 캐퍼(경마 당첨금 비율을 정하는 사람—옮긴이)이자 프로 포커 선수 그리고 프로 스포츠 도박사였다. 1974년에 출간된 자데의《이기는 포커 시스템Winning Poker System》은 수많은 카드 고수들에게 포커의 고전으로 여겨진다. 자데는 라스베이거스에서 더 유명하지만, UCLA에서 잠시 교편을 잡았던 이력을 들어 자신을 수학자로 홍보하는 쪽을 택했다.

1989년 7월 10일자 〈배런스〉에 존 리스치오John Liscio가 쓴 글이 실렸는데, 그 내용은 이랬다. "스톡 피킹stock picking 대회에 관한 아이디어는 자데가 UCLA 객원 교수로 있었던 1980년대 초에 나온 것이었다. 엘리베이터 안에서 마주친 경제학과 교수들이 자데를 완전히 무시하는 듯한 태도를 보이자 그는 충격을 받았다. 그래서 그 사람들이 애지중지하는 효율적 시장 이론이 완전히 틀렸다는 사실을 입증함으로써 잘난 체하는 교수들의 코를 납작하게 해주겠다고 생각했다. 자데는 학생들에게 실전 매매 과정을 가르치기 시작했는데, 이때 선물매매 계좌에 있는 실제 돈을 사용하였다. 자데는 140퍼센트의 수익률을 기록했고, 실전 매매 과정에 등록하는 학생도 처음 10명에서 85명으로 늘어났다. 그 이후 자데는 학교를 떠났다." 실제 권투 프로모터처럼 자데는 '전미 매매 및 투자 챔피언십'을 주식, 옵션, 주식 및 옵션 그리고 권투의 헤비급에 해당하는 선물 등 크게 네 부문으로 나누었다. 나는 선물과 주식 및 옵션부문에 등록했다.

이 대회가 있기 전부터도 나에게 매매는 프로 권투 경기와 같은 것이었다. 나는 채권매매가 시작되는 오전 9시부터 S&P선물매매가 종료되는 오후 4시 15분까지의 하루를 15라운드로 나누었다. 7시간 15분 동안의 시간을 30분 단위로 쪼갠 다음, 그 30분마다 각종 매매 자료를 검토하는 방식을 취했던 머크 시절의 접근법을 차용한 것이었다. 머크에서 선물 매매를 하던 사람들은 누구나 이처럼 세분화된 시간 단위로 사고하는 데 익숙해져 있었다.

권투 선수로 치자면 나는 주로 역습을 노리는 스타일인 카운터펀처였다. 카운터펀처에게는 타이밍이 생명이었다. 상대의 빈틈을 노려서 치고 바로 빠졌다. 반복해서 치고 빠지고, 머리와 몸을 상하좌우로 끊임없이 흔들며, 이쪽에서 또 저쪽에서 한 방씩 날리는 식이었다. 내 가족의 안위를 위태롭게 하는 일이 발생하는 것은 원치 않았기 때문에 주먹을 크게 휘두르는 공격 방식은 취하지 않았다. 상대를 쓰러뜨리기보다는 라운드마다 차근차근 점수를 더 따려고 했고, 가능한

한 다운당할 수 있는 위치로 몰리지 않으려 애를 썼다. 이는 안전하기는 하나 내게 큰 승리를 가져다주는 접근법은 아니었다. 1년에 200일 동안 적게 잃고 적게 버는 패턴을 유지했다. 여기서 5,000달러를 잃었으면 저기서 6,000달러를 버는 패턴이 라운드마다, 그리고 하루에도 20~40회씩 이루어졌다. 이후 50일간의 매매 기간 동안 나는 계속 이익을 냈다. 이런 식으로 채권매매에서 7만 5,000달러, 주식에서 10만 달러, 1~2회의 옵션매매에서 12만 5,000달러, 그리고 S&P선물로 15만 달러를 벌었다. 이러한 과정이 반복되면서 결국 나는 승자가 됐고, 1년에 500만 달러를 벌어들였다.

이번 대회는 모든 참여자에게 개방되어 있고, 최소 투자금이 선물, 옵션, 주식 및 옵션부문은 5,000달러, 옵션부문은 1,000달러라는 것이 내게는 불리하게 작용했다. 내 매매스타일은 자데의 대회와는 정말 맞지 않았다. 나는 50만 달러로 매매를 시작해서, 잽 공격 위주로 매일 조금씩 꾸준히 이익을 낸 후 최종 승자가 되는 방법을 사용하려 했다. 그러나 이 대회는 최소 투자금 규모가 너무 작고 매매 기간도 4개월밖에 안 되는데다가, 참가 신청을 한 사람들 중 아마추어들이 이른바 럭키 펀치를 기대하며 5,000달러를 한꺼번에 쏟아 부을 가능성이 농후했다. 아마추어 트레이더들은 내게는 허용되지 않는 그런 기회를 누릴 수 있다. 나는 생계를 책임지면서 가족의 안전도 도모해야 하는 데 비해, 자신을 훌륭한 투자자라고 생각하는 뉴저지 출신의 치과 의사는 자신의 고객인 기업 인수 전문가한테서 유용한 정보를 듣고 5,000달러를 한꺼번에 털어 넣어 그 돈의 3배를 벌 수도 있다. 만약에 일이 잘못돼 이 치과 의사가 녹아웃된다 해도 큰 문제는 없다. 그러나 나는 사정이 다르다. 만약 내가 패하게 되면 나는 그날로 생업을 접어야 하는 불상사가 생긴다. 물론 나도 이번 대회에서만큼은 좀 작은 규모의 계좌를 가지고 한방에 큰 이익을 내는 것을 목표로 할 수도 있다. 그러나 그럴 경우 지금까지의 내 매매스타일에 변화가 생기기 때문에 그렇게 할 수는 없었다. 이것은 바로 내가 오드리를 만나기 전, 그리고 전업 트레이더의 길을 가려는 계획을 세우기 전에 했던 매매 방식이었다. 지난 9년 동안 '녹아웃'을 목표로 했던 내 매매 방식 때문에 나는 패자가 됐었다. 그 이후 비로소 내 성격에 맞는 매매 방식을 찾아냈으니 매매 자본이 5,000달러이든 50만 달러이든 간에 이 매매 규칙을 고수할 생각이었다.

대회의 참가비는 주식부문은 150달러였고 나머지 세 부문은 192달러였으며, 1차 대회 참가자는 고작 74명뿐이었다. 그러니까 자데는 참가비만으로는 큰돈을 벌 수 없었다. 그래서 다른 묘책을 짜내야 했다. 내가 자데에게 참가자들의 탄식행위(呑食行爲: 자기가 직접 매매하지 않고 자기의 상대편이나 상대편의 대리인이 되어 매매를 성립시키는 행위—옮긴이)를 방지할 방법은 있느냐고 묻자, 모든 참가자로 하여금 매달 손익계산서를 제출하게 하는 것 외에도 매일 전화로 매매 상황을 알리도록 할 것이며 통화 내용을 녹취할 것이라고 대답했다.

아하! 이것이 바로 자데가 생각해낸 묘책이었다. 미국에서 가장 뛰어난 트레이더를 찾아내서 그 사람들의 포지션을 십분 활용하겠다는 계산인 것 같았다. 아무러면 어쩌랴? 머크 사람들을 제외하고 나한테서 매매 기술과 정보를 빼내 갈 수 있는 사람은 아무도 없다. 자데 역시 이 부분을 생각했을 수 있으나, 내 S&P매매 포지션의 진입과 청산

속도가 얼마나 빠른지와 매매 빈도가 얼마나 높은지를 알고는 매매 상황을 매일 전화로 알려야 한다는 항목은 제외해주었다. 그래서 나는 매달 손익계산서만 제출하면 됐다.

1차 대회에서 나는 선물부문에서 3위, 주식 및 옵션부문에서도 3위를 차지했다. 그러자 내 승리욕이 더 불타올랐다. 74명 중 3위면 그렇게 나쁜 성적은 아니었으나 나로서는 전혀 만족스럽지가 않았다. 애머스트의 윌슨 입학처장이 우리 중에 절반은 나중에 하위 50퍼센트에 속하는 사람들이 될 것이라 했던 그 시절로 돌아간 것 같았다. 여기서 나는 나보다 준비가 더 잘돼 있던 앤도버와 엑시터 출신 학생들을 물리치지 못한 셈이다. 매매에 관한 한 지금 나보다 더 준비가 잘된 사람은 아무도 없다. 그래서 그 사실을 반드시 증명하기로 마음먹었다. 나는 명실상부 헤비급 세계 챔피언이 될 것이다. 이렇게 결심하자마자 다음번 대회에 참가 신청을 했다.

2차 대회 기간은 1983년 8월 1일부터 12월 1일까지였고, 참가자는 133명이었다. 나는 선물부문에서 69.2퍼센트의 수익률로 6위를 차지했다(우승자는 5,000달러의 최소 투자금으로 388.4퍼센트의 수익률을 기록한 아마추어 트레이더였다). 그러나 나는 '올해의 최대 수익자'에 선정됐다. 나중에 안 일이지만 내가 1년 동안 벌어들인 돈은 다른 참가자들이 벌어들인 돈을 모두 합한 것보다 많았다. 프로모터 자데는 〈배런스〉, 〈퓨처스Futures〉, 〈인베스터즈데일리Investor's Daily〉, 〈스톡스앤드코모디티스Stocks and Commodities〉, 〈월스트리트레터Wall Street Letter〉 등에 낸 광고문을 통해 승자를 공표하는 한편 다음번 대회의 참가자를 모집했다. 광고문에 실린 내 이름을 보는 것이 좋기는 했으나 여전히 뭔가 부족한 느낌이 들었다. '챔피언 트레이더'가 되지 않으면 이 갈증은 영 해소될 것 같지 않았다.

원년 챔피언 트레이더는 프랭키 조Frankie Joe였다. 프랭키 조는 42세였고, 뉴욕증권거래소 입회장에서 주문원으로 일하던 사람이었다. 조는 선물부문에서 181.3퍼센트의 수익률로 2위, 주식 및 옵션부문에서는 70.6퍼센트의 수익률로 1위를 차지했다. 나는 조가 얼마를 투자했고 또 벌었는지 몰랐다. 내가 아는 것이라고는 조가 충분히 자랑해도 될 만한 실력을 갖췄다는 것과, 그럼에도 내가 충분히 그를 이길 수 있다는 사실뿐이었다. 나는 다시 자데에게 전화를 걸어 1984년 2월 1일에 시작되는 대회에 참가 신청을 하면서 이렇게 말했다. "놈, 프랭키 조에게 전해주세요. 내가 반드시 꺾고야 말겠다고요."

매매에서는 자신감을 잃으면 그것으로 끝이다. 승리에 대한 확신이 없으면 링에 오를 수도 또 올라서도 안 된다. 그러나 이러한 자신이나 확신은 어느새 자만심으로 변하기 십상이다. 그리고 흠씬 두들겨 맞아서 지칠 대로 지쳐버린 권투 선수에게 위안이 필요하듯, 자존심 역시 달래고 어르기도 하고 쓰다듬어 줄 필요가 있다. 선동가, 핸디 캐퍼, 도박사, 수학자 등 다양한 직함을 지닌 자데도 이것을 인식하고 있었다. 자신감에는 승리만한 약이 없으나 대중의 인정이야말로 자존감의 회복에 필수적이다.

월가에서 전미매매챔피언십The U.S. Trading Championship은 어느새 초미의 관심사로 떠올랐다. 1984년 2월 1일에 시작된 대회에는 총 185명이 참가했다. 2월 18일자 〈뉴욕타임스〉는 비즈니스 섹션 1면에 전미매매챔피언십 관련 특집기사를 실었다. '재미로 하는 투자 그리고 수익Investing for Fun and Profit'이라는 제하의 이 기사에는, 1983년도 챔피언 트레이더인 프랭키 조와 올해의 최고 수익자였던 내 사진이 올라와 있었다. 사진 속에서 프랭키는 사람 좋아 보이는 중국인처럼 해맑게 웃고 있었고, 나는 고문당하는 유대인처럼 오만상을 찡그리고 있었다. 그러나 진정한 스타는 자데였다. 참가비를 챙겨 돈을 좀 만져 보겠다는 심산으로 작년부터 이 대회를 시작한 자데를 두고 기사에서는 '캘리포니아 주 마리나 델 레이의 수학자'라느니 '전직 대학교수'라느니 하는 표현을 썼다.

그러거나 말거나 기사에는 나에 관한 이야기도 실려 있지 않은가! "1983년도 전미매매챔피언십에서 가장 많은 돈(자그마치 140만 달러)을 번 사람은 마틴 슈워츠로서, 그의 선물 계좌는 무려 175.3퍼센트나 수익이 증가했다. 미국증권거래소 회원이자 前 증권분석가인 슈워츠 씨는 '내가 어떻게 승자가 됐는지를 묻는다면 그간의 손실 매매에서 배운 것이 많았다고 말할 수 있다'고 했다."

이탈리아의 옛 속담에 '차게 식혀 먹어야 제 맛인 음식처럼, 복수는 음미하면서 천천히 하는 것이 제 맛'이라는 말이 있다. 나는 이 기사를 수백 장 복사해서 대 피라미드 안 여기저기에 도배하고 싶은 마음이 굴뚝같았다. 그 누구보다 피라미드의 파라오가 이 글을 봤으면 했다. 자신들이 내 뒤통수를 치지만 않았다면 피라미드에 엄청난 돈을 벌어다 주었을 텐데, 하며 나를 그렇게 내쫓은 것을 후회하는 꼴이 보고 싶었다. 그러나 굳이 내가 그렇게 나설 필요도 없었다. 2월 19일, 인사이드 스키니가 나에게 전화를 걸었다. 스키니는 피라미드와도 연결고리가 있어서 그쪽 내부 사정에도 밝았다. "마틴, 아주 웃긴 일이 생겼어.

대사제와 선지자가 자기네 돈을 관리하도록 자네한테 말 좀 잘해달라는 데?"

"그래? 그럼 좋아. 두 사람한테 전해 줘. 홍해가 갈라지면 그때 나한테 전화하라고." 놈 자데, 정말 최고다. 내 구겨졌던 자존심이 이렇게 말끔히 치유되다니!

대회가 유명해지면서 자데는 매달 금융 관련 간행물에 참가자들의 순위를 발표하기 시작했다. 세간의 관심이 이 대회에 집중됐고, 특히 프랭키 조와 내가 챔피언을 놓고 열띤 경쟁을 벌이면서 대회의 존재가 세상에 더 알려지게 됐다. 우리는 거의 3개월 동안 한 치의 양보도 없이 맹렬히 싸웠다. 매달 광고가 나간 직후에는 두 사람 다 크게 '주먹'을 휘둘러대며 난타전을 벌였다. 그러던 중 5월 중순경, 프랭키 조가 내게 전화를 했다. 그전에는 둘이서 말 한마디 나눈 적이 없었다. "마틴," 조가 입을 열었다. "나는 이제 할 만큼 한 것 같아요. 더는 못하겠어요. 아무래도 수건을 던져야 할까 봐요. 저는 이제 휴가를 떠날 겁니다."

이 말을 듣고 이제 이겼다 싶은 생각에 오드리에게 말했다. "자, 축배를 들어야겠군. 프랭키 조가 휴가를 떠난다니 우리도 이참에 좀 쉬어볼까?" 휴가에서 돌아와서야 프랭키 조가 얕은수를 썼다는 것을 알아차렸다. 프랭키 조는 휴가를 가기는커녕 그동안 계속해서 매매에 임했고, 마감 하루를 남겨놓은 시점에 나보다 0.1퍼센트를 앞서고 있었다. 0.1퍼센트? 믿기 어렵겠지만 0.1퍼센트는 프로모터가 흐뭇해할 만한 아슬아슬한 수치임에 틀림없었다. 젠장, 그동안 나는 무엇을 한 것인가! 나는 자데에게 전화를 걸어 "이제부터 전쟁이다."라고 외치며 전의를 불태웠다. 물론 자데는 이러한 상황 자체를 즐겼다. 그래서 곧바로 〈월스트리트저널〉측에 전화를 걸어 이번 챔피언십이 프랭키 조와 나의 자존심을 건 한 판이 될 것이라고 알려줬다.

대회 마지막 날, 나는 수세에 몰려 있던 처지에서 빠져나왔다. 4시 15분까지 쉼 없이 S&P선물을 매매했다. 드디어 종료 벨이 울렸고, 나는 3.4퍼센트 차이로 프랭키 조를 앞질렀다. 4개월 동안 나는 초기 자본금 48만 2,000달러를 120만 달러로 불렸고, 총수익률은 254.9퍼센트였다. 프랭키 조는 자본금 5,000달러를 굴렸고 무엇을 어떻게 했던 간에 프랭키 조의 수익률은 251.5퍼센트였다. 1984년 6월 7일자 〈월스트리트저널〉의 기사는 이렇게 보도되었다. "자데는 8월에 다음번 대회를 치를 계획이다. 전문 트레이더인 조는 자신이 겉은 42세지만 속은 86세 노인과 같은 상태라며 다음 대회에 참가하지 않겠다고 말했다. 그러나 슈워츠 씨는 챔피언 타이틀을 방어할 뜻을 내비치며, 어느 누가 도전해도 이길 자신이 있다고 말했다."

기사 내용대로 나는 다음 대회에도 참가했다. 이번에는 선물부문에서 443.7퍼센트의 수익률을 기록하며 총 262명의 참가자를 물리쳤다. 프랭키 조는 정말 대회에 참가하지 않았고, 심장 발작으로 사망했다. 매매는 스트레스가 상당히 많은 일이다. 더구나 모든 사람이 지켜보는 상황에서의 매매라면 특히 더 그렇다. 속은 86세 노인이나 마찬가지라고 했던 프랭키 조의 말이 영 빈말은 아니었다. 트레이더들은 늘 조와 같은 생각을 하며 산다.

시간이 지나면서 자데가 단순히 참가자들의 매매 활동에 편승해서 이익을 보려는 목적 외에도 더 많은 것을 노리고 이 대회를 이용하고 있음을 깨달았다. 전미매매챔피언십을 통해 자데는 미국 최고수 트레이더 집단에 관한 한 최고 권위자로 급부상했다. 이러한 명성은 자데에게 세 가지 이점을 안겨줬다. 우선 투자자들을 자금 관리자에게 붙여주고 수수료를 챙겼다. 둘째, 자신의 펀드를 운용하기 시작했고, 재능 있는 젊은 트레이더를 끌어들여 자신이 운용하는 자금을 관리하게 했다. 셋째, 〈일류 관리자 일람Summary of Top Managers〉이라고 하는 뉴스레터를 발행했다. 그러나 그런들 어떠랴! 자데가 그런 명성을 쌓는데 내가 일조한 부분도 있겠으나, 나 역시 그 대회 덕분에 대중에게 인지도를 높였고, 1989년에는 내 펀드를 운용할 수 있게 됐으니 말이다.

나는 다른 사람의 자금OPM을 맡아 관리하기 시작하면서 챔피언벨트를 내놓았다. 내게 필요한 것은 동기를 부추길만한 어떤 자극이었고, OPM 관리가 바로 그런 자극제 역할을 했다. 그렇게 지내다가 1992년이 됐다. 이때 냉철한 자기분석과 함께 내 인생을 재평가해봤다. 그리고 자데에게 전화를 걸어 왕년에 한주먹 하던 내로라하는 권투 선수들이 다 그렇듯이 다시 링 위에 올라가 챔피언 타이틀을 거머쥐고 싶다고 말했다. 은퇴했던 내가 다시 복귀하는 것은 대회 측에도 그렇고 나 자신에게도 득이 되는 일이었다.

〈배런스〉의 존 리스치오는 특집기사를 통해 내 귀환을 알렸다. "1주일 정도만 마틴과 이야기를 나누고 그가 매매하는 모습을 지켜본다면, S&P선물매매업계의 보비 피셔라 불리던 이 사내가 여전히 대가로서의 명성을 잃지 않고 있다는 사실을 믿어 의심치 않게 될 것이다. 오직 전화기와 시세표시기만 비치된 방 안에 여러분이 선택한 최고트레이더와 슈워츠를 남겨 두고 이들에게 같은 액수의 자본금을 준

다음, 하루 동안 매매하라고 해보자. 장이 마감되면 아마도 슈워츠가 승자가 되어 유유히 그 방을 나설 것이 분명하다."

리스치오의 말이 옳았다. 나는 다시 돌아왔고, 1992년도 전미투자 챔피언십의 새로 생긴 50만 달러 이상급 선물부문에서 승리하면서 다시 세계 헤비급 챔피언에 등극했다. 갈수록 노련미를 더해가던 프로모터 놈 자데는 경쟁부문의 수를 자꾸 늘렸다. 부문의 수가 늘면 승자의 수와 참가자의 수도 늘어나고, 더불어 경쟁 또한 더욱 치열해지기 마련이다. 당연히 자데의 수입도 늘어날 것이다. 그 후 나는 다시 영구 은퇴를 선언했다. 그러나 또 알 수 없는 노릇이다. 언제 또 복귀하고 싶은 유혹에 시달릴지도 모르니 말이다. 은퇴했던 두 거물 슈거 레이 레너드와 조지 포먼의 세기의 대결도 결국 성사되지 않았던가!

그런데 외부적인 요인 때문에 내가 다시 복귀전을 치를 기회가 없어지게 되었다. 자데가 조용히 이 대회의 막을 내렸던 것이다. 1996년 12월 26일자 〈월스트리트저널〉의 '월가의 소식'에 따르면, 대회 개최가 중지된 것과 미국증권거래위원회SEC: Securities and Exchange Commission 조사가 무관하지 않으며, 적어도 이 조사가 대회 중지의 원인을 제공했을 것으로 보고 있었다. 좀 더 정확하게 말해서 SEC가 주목한 부분은 대회 프로모터인 놈 자데가 투자자의 재무 상태에 관한 세부적 정보 없이 투자자들을 자금 관리자에게 연결해주었다는 점과, 자데가 대회 결과의 공정성에 대한 검증이 충분히 이루어졌다고 주장한 점 등이다. 이 부분에서 또 한 번 돈 킹이 연상된다. 그동안 이 대회를 치르면서 자데는 매매업계의 주요 인사로 떠올랐다.

자데는 대회 주최자, 투자 자문가, 자금 관리자, 뉴스레터 발행자,

개인 투자자 등 각기 다른 여러 개의 모자를 쓰고 있었기 때문에 정밀 조사와 분석, 비평의 대상이 되지 않을 수 없었다. 〈월스트리트저널〉은 놈 자데를 스탠퍼드 대학과 UCLA 객원 교수직을 역임한 응용수학 교수라고 소개하면서, 자데 역시 대회 결과의 공정성을 검증하는 데 약간의 문제가 있었다는 점을 시인했다고 밝혔다. 그리고 기사는 이렇게 끝을 맺었다. "그러나 자데 씨는 자신이 여러 직함을 가지고 있다는 사실이 객관성을 해치지는 않았다고 주장했다."

그러거나 말거나! 금융 잡지에는 여전히 나에 대한 기사가 나오고 있고, 대중의 인지도 또한 높아졌으며, 무엇보다 가족과 친구 그리고 투자업계에서의 내 신용도가 한층 높아졌다. 누가 뭐라 해도 자데는 내게 은인이었다. 자데는 어둡고 외로운 사무실 속에 갇혀 있던 나를 밝은 빛의 세상으로 끌어낸 사람이었다.

1989년 7월, 나는 아스펜에서 휴가를 즐긴 후 돌아오는 길에 라과디아 공항에서 짐이 나오기를 기다리고 있었다. 기다리는 동안 가판대에서 〈배런스〉를 집어 들고 휙휙 넘기다가 존 리스치오가 놈 자데의 매매 대회에 관해 쓴 기사를 발견했다. 사무실에 앉아 있는 모습을 찍은 내 사진이 기사 중앙에 떡하니 올라와 있었다. 나는 이 사진을 내 아이들에게 보여줬다. 아이들은 이제 네 살과 여섯 살이었다. 왜 우리 아빠는 다른 아이들의 아빠처럼 양복을 차려입고 출퇴근하지 않는지 한창 궁금할 나이였다. "이게 누구지?" 하고 물었다. 그러자 이렇게 대답했다. "아빠, 아빠!" 이제 이 아이들이 좀 더 크면 다른 아이들이 네 아빠는 직업이 뭐냐고 물어올 것이다. 그러면 내 아이들은 이렇게 말하겠지. "응, 우리 아빠는 챔피언 트레이더야." 그렇다, 그거면 된 거다.

손절매할 수 있는 용기야말로
핵심 매매도구이다

매매에서 가장 중요한 도구 중 하나가 바로 손절매다. 매매할 때 자신의 감정과 자존심을 배제하고 판단 착오를 인정한 다음 빨리 손실 포지션을 청산하는 것이다. 그런데 손절매를 하는 데 어려움을 느끼는 사람들이 상당히 많다. 손실 포지션을 한시라도 빨리 청산해야 하는데, 시장 흐름이 다시 자신에게 유리한 방향으로 바뀔 것이라고 기대하면서 현 포지션을 그대로 유지한다. 이는 한마디로 자기 파괴적인 처신일 뿐이다. 조 그랜빌Joe Granville이 입버릇처럼 하던 말이 있다. "시장은 당신이 매도 포지션을 취했는지 매수 포지션을 취했는지에 대해 모르며, 또한 관심도 없다." 내 포지션에 감정을 개입시키는 사람은 나 자신뿐이다. 시장은 철저히 수요와 공급의 원칙에 따라 움직인다.

손실을 감수하는 것은 자신의 판단이 잘못됐다는 것을 인정하는 것이기에 받아들이기 쉽지 않다. 그러나 시장에서는 누구나 판단 착오를 하거나 틀릴 때가 있는 법이며, 이 또한 게임의 한 부분일 뿐이다. 그만 포기하고 손실 포지션에서 빠져나와야 하는 '항복점Uncle Point'을 미리 정해놓고 매매에 임해야 하고, 그 지점에 도달했을 때는 미련 없이 손 털고 나올 수 있도록 평소에 정신 수양을 열심히 해야 한다.

어느 날 내 친구 더블 보기(Double Bogey: 저자가 임의로 지은 익살스런 이름—옮긴이)와 함께 골프를 친 적이 있는데, 베이네트웍스Bay Networks

에 투자했다가 큰 낭패를 봤다고 투덜거렸다. 이 친구는 그때까지도 도대체 뭐가 잘못된 건지 모르겠다고 했다. 그는 베이네트웍스 주식의 가격이 30달러대였을 때 처음 이 주식에 대해 알게 됐고, 가격이 40달러대로 올랐다는 말을 여러 기사를 통해 접했다고 했다. 그리고 결국 주당 43달러에 이 주식을 샀다. 그런데 주가가 다시 35달러로 떨어졌을 때 정말로 씻을 수 없는 실수를 저지르고 말았다. 매수 포지션을 두 배로 늘렸던 것이다. 그러고는 주가가 10달러대로 곤두박질치는 것을 그냥 앉아서 바라볼 수밖에 없었다. "정말 미치고 팔짝 뛰겠더라니까." 더블 보기가 말했다. "떨어질 거면 확 떨어지든가 이건 떨어지다가 한두 번씩 반등을 하니까 그냥 던져버리지도 못하고 계속 붙들고 있었던 거지."

"어떻게 할 계획이었는데?" 내가 물었다.

"계획? 딱히 계획이랄 것도 없지. 50달러대를 회복할 때까지 그냥 가지고 있으려고 했지. 뭐, 다른 뾰족한 수가 있나?"

이것이 바로 아마추어들의 문제다. 계획은 있는데 그것이 반쪽짜리 계획인데다가 긍정적인 방향으로만 매달려 있는 것, 바로 그것이 문제였다. 처음부터 이익뿐 아니라 손실 부분도 계획안에 넣었어야 한다. 그런데 아마추어들은 이익이 얼마나 날 것인가에만 신경을 쓰고 손실이 날 때 어느 정도까지 감수할지는 생각조차 하지 않는다. 마치 자동차 전조등에 갇힌 사슴처럼, 차가 와서 들이받을 때까지 꼼짝 못하고 그냥 그 자리에 서 있다. 손실 포지션을 붙들고 있을 때 유일한 계획은 이것뿐이다. "제발, 하느님. 이번만 어떻게 잘 넘기게 해 주세요. 다음에는 절대 이런 실수 안 하겠습니다." 그러나 이 또한 말뿐이다. 운이 좋아서 용케 손실 포지션이 회복되고 나면 언제 그랬냐는 듯이 또 다시 멍청이가 된다. 손실 포지션에 갇혀 당황하던 때는 다 잊어버리고, 자신이 매매 천재라는 헛된 망상에 사로잡혀서는 예전과 같은 실수를 반복한다. 그리고 역시나 또 손실 포지션에 갇혀버린다. 대다수가 돈을 잃고 있을 때 객관성도 같이 잃게 된다는 사실을 인식하지 못한다. 라스베이거스에서 크랩 게임을 할 때와 마찬가지 상황이 벌어진다. 화려한 장식이 달린 옷을 입은 뚱뚱한 금발 여자가 주사위를 굴렸을 때 당신이 돈을 잃었다. 그러면 엉뚱하게 그 여자에게 화살을 돌린다. 그러고는 절대 저 여자한테는 지지 않겠다고 다짐한다.

그런데 이때 여러분이 잊은 사실이 하나 있다. 그 여자는 당신에게 아무런 관심이 없으며, 그저 규칙에 맞게 순서대로 주사위를 굴렸을 뿐이다. 괜한 질투를 내고 욕심과 시기를 부릴 때마다 여러분의 판단력은 흐려진다. 시장은 라스베이거스의 그 금발 여자 같아서 당신이란 존재에 전혀 신경을 쓰지 않는다. 크랩이든 매매든 간에 게임을 할 때는 자존심 따위는 던져버려야 하는 이유가 바로 여기에 있다. 대부분이 그렇겠지만, 자존심을 배제하기가 그렇게 어렵거든 오디세우스처럼 해라. 즉, '자동 손절매'라 쓰인 기둥에다 자기 자신을 꽉 동여매고 게임에서 감정을 배제시켜라.

손절매에는 두 가지 형태가 있다. 하나는 실제 주문 상황에서 브로커에게 특정 가격에서 매도하라는 주문을 내는 것이고, 또 하나는 특정 가격 수준에 도달하면 무조건 매도하겠다고 자기 자신과 약속을 하는 것이다. 어떤 쪽이든 간에 손절매는 자신을 보호하는 매매기법이다. 손실 포지션을 그대로 유지했을 때 발생하게 될 추가 손실을 손절매가 막아주기 때문이다. 손절매는 트레이더가 더 깊은 수렁 속에 빠지는 것을 방지해 주고, 빠진 수렁 속에서 살아서 올라오기 쉽도록 만들어준다. 그리고 자동 손절매 기법은 저만치 뒤처져 있던 대뇌 기능을 중립 상태로 회복시켜 준다. 이미 잃은 돈까지 바로 회복되지는 않겠지만, 적어도 머릿속을 맴도는 손실 포지션의 압박감에서 해방시켜 맑은 정신으로 다시 다음을 기약할 수 있는 상태가 된다.

매매에서 손실이 커질수록 객관성도 더 많이 떨어진다. 손실 포지션에서 빨리 벗어날수록 어지러운 머리가 더 빨리 정리되고, 더불어 잃었던 객관성도 되찾을 수 있다. 이성적으로 상황 파악을 제대로 할 수 있다면 심호흡 한 번 크게 한 다음 다시 매매에 임할 수 있다. 그러나 무엇보다 시장에는 수많은 기회가 존재한다는 사실 또한 늘 명심해야 한다. 손절매 기법을 통해 자본금을 지켜낸 이후에는, 위험 수준은 낮은 반면 이익 가능성이 큰 진입 시점을 인내심을 가지고 기다릴 여유가 생긴다.

Chapter 09

무법도시 시카고와 맞서 승자가 되다

PIT BULL

"그러니까, 슈워츠 씨. 우리가 입주 승인을 해주면 월 관리비로 얼마를 낼 생각이신가요?" 파크가 협동조합위원회 회장이 나에게 말했다.

월 관리비라고? 대체 이 사람이 무슨 소리를 하고 있지? 7층에 있는 방 열두 칸짜리 아파트를 사려고 현금을 300만 달러나 냈는데, 이제 월 관리비를 얼마나 낼 거냐니 이건 또 무슨 뚱딴지같은 소리냐는 말이다.

"상품매매 일을 하신다고요?" 회장이란 작자가 다시 말을 이었다. "그거 도박이랑 같은 거 아닌가요? 우리는 입주자들 전부가 재정적으로 안정돼 있었으면 해요. 나중에라도 재정적으로 문제가 생기면 어쩝니까? 그럴 때 집을 비워 달라고 말하는 것도 참 못할 짓이잖아요."

나는 오드리를 흘깃 쳐다봤다. 아니나 다를까 오드리의 얼굴에는 근심이 가득했다. 내 욱하는 성미를 잘 알기 때문에 회장의 이런 말을 들고 또 무슨 일을 저지르지나 않을까 전전긍긍하는 모습이었다. 울컥 화가 치밀기는 했다. 그렇지만, 심호흡을 한 번 하고 이렇게 말했다. "이봐요, 우리는 지난 7년 동안 1년에 수백만 달러를 번 사람들이오. 입주신청서를 보면 알 수 있듯이 순자산이 900만 달러나 되는데 무슨 문제가 있단 말입니까? 앞으로도 재정적으로 문제가 생길 일은 없다고 보는데요."

"앞일을 어떻게 장담할 수 있나요. 시장처럼 불확실한 곳도 없고 말이지요." 나는 이래서 비관적인 사람이 싫다. 저런 사람들이 패자가 되는 것이라니까! "음, 그렇게 생각하신다면 뭐, 이렇게 하지요. 만약 그런 일이 생기면 그냥 말하세요. 집을 비워달라고요. 그게 당신이 해야 할 일이니까 부담 갖지 말고 그렇게 하세요. 그럼 됐죠?"

1984년 11월의 일이었다. 이날 나는 협동조합위원회의 이사 두 명과 함께 회장실에 앉아 있었다. 고참 이사 세 명이 이 빌딩의 아파트를 구매하려는 사람들의 재정 상태 등을 조사한 다음, 구매 승인을 내주어야 입주가 가능하다. 이 세 사람은 옷이 잘 맞는지를 확인하려는 재단사처럼 두꺼운 안경 너머로 우리를 넘겨다봤다. 입주 승인이 떨어진다면 지금까지 이 빌딩에 들어온 사람 중에 우리 부부가 가장 젊은 입주자가 될 터였다.

솔직히 말해서 우리 정도의 재정 상태면 입주 승인이 나는 데 큰 문제는 없을 거라 생각했다. 다만, 이런 형태의 면담은 나름 회원들의 자부심이 큰 어떤 클럽에 입회할 때 치러야 하는 하나의 통과의례라고 보면 될 것 같았다. 신입 회원의 입회에 대한 결정권을 쥐고 있다는 사실 자체를 과시하고 싶은 사람들에게 약간의 아양을 떨면 통과되는 그런 절차가 아닐까. 그러니까 이들은 파크가의 협동조합위원회는 아무나 들어올 수 없는 곳이라는 사실을 우리에게 알려주고 싶은 것일 게다. 어쨌거나 우리는 이 아파트에서 꼭 살고 싶었다.

"좋아요." 회장이 말했다. "월 관리비를 밀리면 지체 없이 퇴거 명령을 내릴 겁니다." 다른 두 이사도 동의한다는 의미로 고개를 끄덕였다. "일단 우리 파크가 협동조합위원회에 오신 걸 환영합니다."

그때 오드리는 임신 3개월째였다. 우리의 두 번째 아이였고 아내가 임신한 것이 우리가 이 아파트로 이사하게 된 결정적인 이유가 됐다. 사실, 300만 달러는 우리가 가진 총재산의 1/3에 해당하는 큰돈이었다. 경제적 측면에서만 보면 이 큰돈을 아파트에 쏟아 붓는다는 것은 참으로 어리석은 선택일 수 있다. 만약 이 돈을 매매자금으로 활용한다면 더 많은 돈을 벌수도 있다. 그러나 우리는 이런 비슷한 결정을 전에도 한 적이 있다. 지난 2년 동안, 전 재산의 1/3을 털어 왜 해변 별장을 장만했는지를 나 자신한테 수도 없이 물어봤었다. 그 돈을 뮤추얼 펀드에 투자했으면 지금쯤 100만 달러 이상으로 불었을 것이고, 그랬다면 내 가족은 재정적으로 더 안정된 상태에 있을 것이다.

그러나 이것이야말로 수많은 트레이더가 쉽게 빠지는 함정이다. 일류 트레이더로 손꼽히는 사람 중에 나무 꼭대기에 올라갈 때까지는 노력이 맺은 결실을 맛보지 않은 사람들이 많았다. 개중에는 죽을 때까지 그 열매를 맛보지 않은 사람들도 있었다. 이런 사람들에게는 돈을 버는 과정 자체가 결실이었다. 이들에게는 돈이 곧 힘이고, 이 힘은 자신들의 자존심을 살릴 수 있는 유일한 도구였다. 그런데 나는 이러한 힘 따위에는 관심이 없었다. 나는 그저 나무에 올라가면서 얻게 되는 열매를 그때그때 따서 맛보고 싶었다. 다시 말해 나는 돈 쓸 데가 있으면 쓰자는 주의였다. 아무리 어렵게 번 돈이고 큰돈일지라도, 필요하다면 쓰고 보자는 것이 내 생각이었다. 그것이 잘못된 생각인가? 내게는 S&P500선물이라는 화수분이 있고, 언제든 나는 내가 쓴 돈보다 더 많이 벌 수 있다. 오드리와 나는 해변 별장을 갖고 싶었기에 장만했다. 그리고 지금은 방 열두 칸짜리 파크가 아파트가 좋아서 그것도 구입했다. 살다 보면 열심히 벌어 놓은 돈을 써야 할 때가 있다. 그렇게 열심히 돈을 버는 이유가 무엇인지 진지하게 생각해볼 일이다. 다 먹고살자고 하는 일 아닌가! 솔직히 별장과 아파트를 사는 데 돈을 쓰는 모습이 다른 사람 눈에 어떻게 비치든 나는 전혀 상관하지 않는다.

1985년 4월 4일 목요일, 우리의 새 아파트로 이사하기로 한 날이었다. 오후에 이사할 계획이었으나 이런 날은 흔히 그렇듯이 사소한 문제 하나가 발생했다. 나는 일부러 이삿날을 목요일로 잡았었다. 다음 날이 성금요일(Good Friday: 그리스도의 수난 기념일, 부활절 직전의 금요일―옮긴이)이라서 시장이 열리지 않기 때문이었다. 연휴 동안에 사무실을 다 꾸민 다음, 월요일부터 매매에 나설 수 있겠거니 생각했다. 그런데 이날 폐장 무렵에 이전 집주인한테서 연락이 왔다. 이삿짐센터 사람들이 아직 도착하지 않아 이사를 할 수 없으니 며칠만 더 말미를 주면 안 되겠느냐는 것이었다.

나는 계약서에 서명했으면 당연히 그 내용 그대로 이행해야 한다는 주의였다. "계약서대로 이행해주세요." 그러나 이 당연한 원칙이 누구에게나 적용되는 것은 아닌 모양이었다. 우리 쪽 이삿짐센터 직원들은 짐을 싣고 벌써 파크가에 가서 대기하고 있는데 대체 이 일을 어찌하라는 말인가? 짜증이 밀려왔다. 그 사람들이 이사 나갈 때까지는 입주할 수 없고, 그러면 당연히 월요일까지 사무실을 꾸미지도 못할 것이다. 전화와 컴퓨터를 몇 대 놓기로 했기 때문에 각 설치 기사들에게 전화를 걸어 일정을 재조정했다. 이런 상황이다 보니 다음 주말까지 일을 했더라면 더 좋았을 뻔 했다.

어쨌거나 너무 많은 시간을 매매에 할애하지 않은 것은 잘한 일이었다. 아내의 출산 전 한 달과 출산 후 두 달 정도는 매매에서 거의 손을 떼다시피 해야 한다는 사실을 깨달았다. 출산 전후에는 호르몬에 변화가 생기므로 남편인 나만이라도 정상 상태를 유지하려고 노력해야 한다. 그리고 좋은 남편이 되려면 집에 있을 때 밤늦도록 차트 작업을 한다거나, 수익률이나 계산하고 있어서는 안 된다. 출산 전에는 라마즈 호흡과 아내의 등을 마사지하는 방법을 배워야 한다. 출산 후 두 달 동안은 태어난 아이가 생활의 중심이 되며, 내 일상 따위는 꿈도 꿀 수 없다. 밥도 제때 챙겨 먹을 수 없고, 잠을 제대로 자는 것도 어려워지는 등 생활 자체가 엉망이 된다. 밤에도 서너 차례는 일어나야 하고, 기저귀가 제대로 채워졌는지 확인도 해야 한다. 그러다 보면 하루 종일 파김치가 되기 일쑤고 집중력도 많이 떨어진다. 내 딸이 태어난 때가 1983년 6월 7일이었다. '선거 후 대참패 사건' 이후로 연패에 늪에 빠져 총 15만 달러를 날렸던 시기가 바로 1983년 5월부터 7월까지였다.

그런데 이번에는 둘째의 탄생이 임박한 것 외에도 파크가 아파트에 목돈을 쏟아 붓는 사고까지 쳤기 때문에 한 마디로 정신이 하나도 없는 상태였다. 우여곡절 끝에 금요일 늦은 오후가 되어서야 마침내 아파트에 입성했다. 임신 8개월째인 오드리는 새 집에 들어오니 물 만난 고기가 따로 없었다. 토요일과 일요일 내내 상자를 내리고, 가구를 이리저리 옮기고, 이런 저런 것들을 주문했다. 아이가 태어나기 전에 우리 보금자리를 말끔하게 정리해 놓겠다는 심산인 듯했다.

나는 오드리가 벽을 헐고, 주방을 새로 꾸미고, 욕실을 개조하고, 창문도 새것으로 교체하겠다고 줄줄이 읊는 소리를 들으면서 아파트 안을 어슬렁거렸다. 그 많은 계획을 다 실현하려면 대체 돈이 얼마나 더 들어갈 것인지 생각이 들었다. 아내의 계획이 하나씩 늘어갈수록 관리비를 못 낼 경우 우리를 당장 쫓아내겠다고 했던 회장의 말이 더 크게 귓전을 울렸다. 아내가 원하는 대로 집안을 제대로 꾸미려면 아무래도 돈을 더 열심히 벌어야 했으나 별로 걱정스럽지는 않았다. 마음을 추스르고 다시 열심히 일하면 그뿐이었다. S&P선물매매라는 무기가 있는 한 새 주방, 새 욕실, 새 창문, 월 관리비 그런 것들은 문제가 되지 않는다고 생각했다.

처음 S&P매매에 손을 댄 이후로 벌써 3년이 지났고, 나는 이것으로 많은 돈을 벌었다. 그러나 그것이 절대 쉽지는 않았다. 시카고에서의 매매는 뉴욕에서의 매매와 전혀 달랐다. 거래소 사람들끼리 농담 삼아 하는 말 중에 이런 것이 있다. "한번 해보려고 갔더니 시카고에서는 선물매매가 대세더라." 시카고는 그야말로 거칠디거친 서부의 무법도시와 같았다. 리처드 데일리Richard Daley가 시카고를 주름잡고 있었고, 무덤에 있는 양반들이 투표(사망자의 이름을 이용한 부정투표)를 하는 그런 곳이었다. 〈시카고데일리뉴스Chicago Daily News〉의 전설적인 칼럼니스트 마이크 로이코Mike Royko가 있는 곳이기도 했다. 시카고의 공식 표어는 '전원도시Urbs in Horto'라고 주장하지만, 이 표어는 '내 것은 어디에Ubi est Mea?'로 바뀌어야 할 것 같다. 머크의 규칙은 퀸즈베리 규칙(퀸즈베리 후작이 정한 권투 규칙. 일명 공평 경쟁의 원칙이라고도 함—옮긴이)과는 전혀 상관이 없다. 그러니 머크에는 신사라고는 눈 씻고 찾아봐도 없다. 머크에서는 정직한 것과 학벌이 좋은 것보다는 강하게 밀어붙이면서 좋은 사람과 친분을 쌓는 것이 훨씬 중요하다.

머크에는 외부인이 설 자리가 없다. 머크 회원이 아니면 주문 체결 가격 그대로를 지급해야 하는데 그것도 선불로 해야 한다. 뉴욕에서는 자신이 매매 당사자라면 본인이 매매에 나서고, 대리인이라면 고객 대신 매매하고 나서 수수료를 챙긴다. 이것이 뉴욕 거래소에서의 매매 시스템인데 시카고는 그렇지가 않다. 머크에서는 '이중매매'가 허용되기 때문이다. 즉, 브로커 자신이 당사자가 되어 자기매매를 하는 동시에 고객을 대신해 매매하는 것이 가능하다. 그런데 이럴 경우 브로커와 고객의 이해관계가 충돌하는 일이 발생하고, 이른바 '선행매매front running'가 기승을 부릴 공산이 크다.

고객의 주문을 이행하기에 앞서 자기매매를 먼저 하거나, 친인척을 심부름꾼처럼 옆에 딱 붙여 두었다가 고객의 주문 사항을 미리 알아내 대신 주문을 하게 하는 등 손실 없는 자기 포지션을 유지하는 데 심부름꾼을 이용하는 브로커가 바로 선행매매자이다. 고객이 80에 S&P선물 10계약을 매수하라는 주문을 냈다고 하자. 이와 동시에 브로커의 친척도 80에 10계약 매수주문을 낸다. 고객보다 먼저 10계약을 매수하면 이것을 다시 브로커에게 되팔 수 있다는 사실을 알기 때문에 가능한 일이다. 최악의 상태라고 해봐야 본전치기이거나 더 최악의 경우에는 매매를 취소하면 그만이다. 브로커의 친척이 10계약을 매수했는데 가격이 상승한다면 이 사람으로서는 위험하지 않은 매매가 되겠지만, 고객의 손에는 '거래 없음' 전표만 덩그러니 남게 된다. 그리고 자신의 스크린에 매수호가 수준에서 7틱(tick: 최소가격 변동폭)이 상승한 것으로 나타나는 순간 혈압도 상승하기 시작한다.

이런 일이 반복되면서 수천 달러가 브로커의 호주머니로 들어가고 나면 그제야 그 브로커를 교체한다.

자신의 브로커가 그다지 정직한 사람이 아니라는 사실은 주문이 부분적으로 체결됐을 때 확인할 수 있다. 말하자면 10계약 매수주문을 냈는데 결과적으로는 4계약만 체결됐고, 분통 터지게도 매수호가 수준에서 7틱이나 상승하는 꼴을 지켜봐야 하는 경우다. 이는 최소한 그 브로커가 고객을 속이려고 '간을 보고' 있다는 반증이다. 대개 고객은 브로커들이 고객의 주문을 이행해주고 수수료를 챙겨 생계를 유지한다고 생각하기 때문에 이들이 고객의 주문을 성실히 체결해줄 것으로 기대하나, 이는 순진한 고객의 오해일 뿐이다. 솔직히 브로커들이 고객의 주문을 체결해주고 받는 수수료가 수백 달러라면, 자기 주문을 체결하고 버는 돈은 수천 달러나 된다. 뉴욕에서는 이러한 선행매매가 극히 예외적으로 행해지나, 시카고에서는 이것이 아주 기술적으로 그리고 공공연하게 이루어진다.

내가 S&P선물매매를 시작하고 3년 동안은 시장이 지금처럼 그렇게 빨리 움직이지 않았고, 나 또한 이른바 물타기매매[11]를 좋아했다. 말하자면 50계약 정도를 정해 놓고 물타기매매를 했다. 매수 시점에 거의 다다랐다 싶으면 현 시점에서 가격이 바닥을 친 후 상승세를 타기 바라면서 S&P가 10센트(혹은 2틱) 하락할 때마다 5계약씩 매수하는 전략을 구사했다.

이때 처음에 정해놓은 매매량에 거의 근접한 양을 매수하기는 하나, 그 전부를 매수하는 일은 없었다. 시장 흐름이 내게 유리한 쪽으로 바뀌게 되면, 최종 가격이 내가 낸 최종 매도호가를 넘어서는 수준까지 상승하기를 바라면서 합리적인 수준의 가격상승 목표치를 정한 다음, 다시 물타기매매에 임한다. 또, 반대로 매도단가를 높이려는 목적으로 추가로 매도 포지션을 취할 때도 있다. 이렇게 하여 손실 포지션의 규모를 줄인 다음, 원점에서부터 다시 매매하기 시작한다. 궁극적으로 내 지표가 맞는다면 추가 매수 혹은 추가 매도를 통한 물타기 전략으로 얼마든지 이익을 낼 수 있다. 저속시장slow market에서는 이러한 물타기매매 전략이 돈을 버는 가장 좋은 방법이고, 내가 취한 핵심 포지션이 올바르다면 매매에 따른 위험 수준도 매우 낮기 마련이다.

나는 토니 디Tony D.라는 브로커와 주로 거래했는데, 토니 디에게는 소니 제이Sonny J.라는 처남이 한 명 있었다. 소니는 늘 토니 옆에 딱 붙어 있었고, 얼마 지나지 않아 나는 이 두 사람의 행동이 의심스러워

---

11. 물타기매매scale trading: 평균 매매단가를 현시세보다 낮추거나 높이려는 목적으로 일정한 주가 간격을 두고 같은 주식을 계속 매수하거나 매도하는 것. 대체로 시세가 오름세일 때는 매도를, 내림세일 때는 매수를 늘려 평균 매수단가를 조정하게 된다.

지기 시작했다. 내가 물타기 추가 매수[12] 주문을 낼 때면 어김없이 소니가 앞서서 주문을 내는 것이었다. 스크린에는 .10, .10, .10이 뜨는데 아무리 기다려도 내가 낸 5계약 주문이 체결됐다는 전화가 오지 않았다. 내 호가대로 자신들이 매매를 끝낼 때까지 말이다.

그리고 그럴 동안에도 물타기매매는 계속 되었다. 왜 항상 마지막 틱에서 내 주문이 체결되는지가 의아스러웠다. 나는 그렇게 순진한 사람이 아니었고, 아멕스 입회장에서 매매하던 경력도 갖고 있다. 그러나 아멕스에서 매매하는 것은 시카고에서 매매하는 것에 비하면 콜럼버스 기사단(Knights of Columbus: '로마 가톨릭 우애 공제회'라고도 함. 사회복지를 위한 종교단체—옮긴이)과 빙고 게임을 하는 것처럼 신사답기 그지없었다. 머크에는 치키나 프래니 같이 시장을 조성하는 스페셜니스트가 없었고, 주문을 순서대로 처리할 방법도 없었다. 피트에는 누구나 입장하여 자유롭게 매매할 수 있었고, 자유보다는 난장판이라는 말이 더 어울리는 곳이었다. 이러한 부분에 대해 전화로 불만을 토로하면 돌아오는 대답은 언제나 한결같았다. "유감이네요, 마틴. 누가 또 당신을 앞질렀나요? 그렇다 해도 당신은 지금 돈을 벌고 있으니 그렇게 불평할 필요는 없잖아요?" 그렇다, 돈을 아주 많이 벌고 있기는 하다. 그러나 그 돈이 여전히 어딘가로 새나가고 있단 말이다.

선행매매는 머크에서 돈을 벌고 싶은 사람이라면 반드시 넘어야 할 여러 장애물 가운데 하나에 불과하다. 매매는 공개호가(公開呼價: open outcry) 방식으로 이루어졌다. 즉, 피트에 있는 트레이더들이 소리

---

12. 추가 매수scale down: 주가가 하락세일 때 평균 매수단가를 낮추려는 목적으로 추가 매수하는 것 혹은 추가 매도scale up 주가가 상승세일 때 평균 매도단가를 높이려는 목적으로 추가 매도하는 것.

를 지르거나 수신호를 사용하여 매매하는 것을 말한다. 이러한 매매 방식은 수많은 논란을 야기했고, 급속 시장[13]인 경우는 특히 더 그랬다. "레니, 매매가 성사된 것 맞지?" "아니, 난 모르는데? 난 당신 바로 뒤에 있는 저 사람을 보고 있었단 말이요." "이런 젠장! 그 사람은 당신 동생이잖아?" 머크 회원들은 이러한 식의 다툼이나 비신사적인 행동 또는 각종 부정행위에 익숙해져 있기는 하지만, 이러한 행위 때문에 추가 비용이 드는 것은 사실이다. 그리고 이러한 행위에 맞서 자신을 방어하지 못하면 이들의 먹이가 되는 것은 한순간이다.

설상가상으로 머크에는 '피트운영위원회pit committee'라고 하는 자체 타임머신까지 갖추고 있었다. 이 위원회는 피트에서 활동하는 거물급 트레이더들로 구성된 일종의 자율 질서 유지대였다. 그러나 안타깝게도 이 위원회가 한 일이라고는 동료의 치부를 서로서로 가려주는 일뿐이었다. 위원회의 위세가 강해질수록 회원권의 가치는 더 올라갔다. 피트운영위원회는 시간을 거슬러 올라갈 수 있는 권한을 쥐고 있었는데, 이미 체결된 매매를 무효로 만들 만큼의 힘이 있었다. 이들은 실제로 매매를 백지화할 필요가 있을 때 호루라기를 불었다.

어느 날 시장가격이 거의 천장을 쳤다고 판단되어 사무원에게 전화를 걸어 50에 10계약 매도주문을 냈다. 스크린에 .55, .55가 떴다. 이는 .55에 2계약 매매가 성사됐다는 의미이다. 그런데 아무리 기다려도 .50에 10로트(계약) 매도가 완료됐다는 전화가 없었다. 내 지표들이 예측한 바대로 시장가격은 .40, .30, .20, .10, .00으로 계속해서 떨어지고

---

13. 급속 시장fast market: 매수자와 매도자의 주문건수가 왕성하여 가격 수준을 충분히 인지할 수 없을 만큼 가격이 급속하게 변화되고 있는 시장.

있었다. 내가 매도주문한 10로트는 대체 어떻게 됐단 말인가? 마지막 틱에 딱 걸려 매매가 성사되는 것은 그나마 나았다. 매도주문 자체가 아예 체결되지 않은 상태에서 가격은 계속해서 곤두박질 치는 상황을 생각해보라. 정말 미칠 지경이 된다.

매매가 이루어지는 약 10분 동안에는 내 주문이 체결됐는지 안 됐는지, 더 나아가 내가 아직 10로트를 보유하고 있는지 아무도 모른다. 나는 전화기에 대고 사무원에게 고래고래 소리를 질렀다. 가격은 계속 움직이고 있는데 내 포지션이 어떻게 됐는지조차 알 수 없으니 미칠 노릇 아니겠는가! 결국 내 사무원은 .55에 체결된 2계약 매도주문이 '무효'가 됐고 .50에는 한 계약도 매매가 성사되지 않았다고 실토했다. 결과적으로 나는 아직도 매수 포지션을 유지하고 있다는 이야기였다. 그 순간 나는 완벽한 패자로 전락하고 말았다.

참다못한 나는 머크 법무팀에 전화를 걸었다. 그리고 이러한 부당한 매매 방식에 넌더리가 난다고 말하고 이러한 사실을 기록으로 남기겠다고 엄포를 놨다. 그러자 이들은 조사를 해보겠다고 말했다. 그러나 내가 머크의 '가족'이 아닌 이상 달라지는 것은 아무것도 없을 게 뻔했다.

머크에는 모든 매매에 대해 그 가격과 시간을 기록하는 장치가 마련돼 있었다. 그러나 이미 체결된 매매를 무효로 할 때는 처음부터 그러한 매매가 성사되지 않았던 것처럼 인쇄된 매매 기록을 빼버리면 된다. 만약 나중에 문제가 생기면 실수였다고 말하면 그만이며, 이러한 행태는 영원히 계속될 것으로 보였다.

3년 동안 머크에서 매매를 하면서 이곳은 나름의 세계가 구축돼 있다는 사실을 깨달았다. 그리고 머크에서 일하는 나는 내 가족의 생계를 책임지고 있을 뿐 아니라 수많은 시카고 '가족들'의 생계까지 책임지고 있다는 사실을 받아들였다. 내가 시카고로 날아가서 피트에서 직접 매매에 나서지 않는 한 이것에 대해 내가 할 수 있는 일은 아무것도 없었다. 머크에서는 이른바 슬리피지(slippage: 주문을 냈을 때 주문을 넣은 시점의 가격으로 체결되지 않고 더 나쁜 가격으로 체결되는 것—옮긴이)라는 것이 존재한다. 슬리피지를 통해 빠져나간 이익분은 머크에서 매매 작업을 하는 데 들어가는 비용이라고 보면 된다. 머크의 명예회장 레오 멜라메드는 영원한 트레이더 리오 멜라메드에서 머크 초창기 시절을 묘사하면서 이러한 부분을 시인했다. "나는 시장이 수요와 공급의 원칙에 따라 작동하는 것으로 알고 있었는데, 그들은 시장이 자신들에게 유리한 방향으로 작동하는 것으로 이해하고 있었다."

머크에서 매매하려면 결산 처리를 해줄 회원사(청산소)가 필요했다. 매매할 때마다 절실히 느끼지만 좋은 청산소를 찾는 일이 항상 문제였다. 선물매매는 '시가 평가'를 기준으로 거래가 이루어진다. 하루를 마감하는 시점에 청산소가 당일 거래된 모든 매매 사항을 거래소의 중앙 청산소로 제출하면, 모든 계좌가 현금 기준으로 결산된다는 의미다. 손실을 냈다면 계좌의 차변에 기입되고, 이익을 냈다면 대변에 기입된다. 주식과는 다르게 아직 포지션을 보유하고 있는지는 중요치 않다. 모든 사람이 매일 현금결제를 하고 다음 날에는 백지상태에서 다시 매매를 시작한다. S&P매매가 가능한 것은 S&P선물계약이 현금으로 결제되기 때문이다. S&P500 지수에 포함된 500개 종목 하나하나에 적당한 가중치가 부여된 그러한 증서를 인도하는 것이 불가능하기 때문이다.

스피어리즈앤드켈로그SLK에서 붙여준 데비 혼은 아주 훌륭한 사무원이었으나, SLK가 부과하는 수수료는 적은 액수가 아니었다. 선물매매를 시작한 지 1년 만에 나는 S&P선물 피트에서 가장 잘 나가는 트레이더가 됐다. 양방매매(round turn: 매도/매수 또는 매수/매도로 서로 상쇄되는 왕복 거래를 말함—옮긴이) 혹은 단타매매 규모만 해도 2만 5,000달러이며, 이는 총 S&P선물매매 규모의 0.5퍼센트에 해당하는 것으로 상당히 높은 수준이라 할 수 있다. 그러나 단타매매는 내가 해왔던 주요 매매 방식이었다. 물타기 추가 매수와 추가 매도, 그리고 치고 빠지기식 매매로 큰돈을 벌었다. SLK는 양방매매 한 건당 25달러의 수수료를 부과했는데, 다 합할 경우 총수수료가 60만 달러를 넘었고 이는 내 S&P선물매매 이익의 20퍼센트에 해당하는 금액이었다. SLK와 1년을 거래한 후 수수료율 조정 협상에 들어갔으나, 만족할만한 결과를 얻지 못했다. 그래서 다른 방법을 찾아보기로 했다.

머크의 불공정한 매매 방식에서 발생하는 슬리피지와 만만치 않은 수수료를 제하고도 S&P선물매매로 300만 달러를 벌었다는 사실은 내가 택한 매매 방식이 얼마나 효율적인지 다시 한 번 확인하는 순간이었다. S&P선물은 내 주종목이고, 어차피 시카소에서 매매를 해야 했기 때문에 1983년에 드디어 머크에서 지수옵션회원권IOM: Index Options Membership을 구입했다. 머크는 매매 계약당 1달러의 수수료를 부과했는데, 회원은 이 수수료를 내지 않아도 됐다. 회원권의 가격은 5만 3,000달러였다. 매매량이 워낙 많다 보니 1년 동안의 수수료만 따져도 5만 3,000달러는 너끈히 될 것이므로 이 정도 가격이면 괜찮다 싶었다. 이제 괜찮은 청산회사를 찾는 일만 남았다.

고객을 유치하려는 소규모 청산회사들의 전화는 항상 걸려온다. 청산회사를 설립할 수 있는 기본 요건으로는 우선 거래소 회원 자격이 있어야 하고, 그 외에 전화기와 적정 수준의 운영 자본만 있으면 된다. 청산회사 설립 요건이 이처럼 간단하기에 머크에서 활약하는 군소 트레이더 중에는 자신이 직접 청산회사를 설립하는 사람도 많다. 이렇게 하면 자기매매에 부과되는 수수료를 절약할 수 있고, 또 다른 고객한테서 수수료를 받아 챙길 수 있다는 장점이 있다. 나는 뉴욕에 있는 대형 청산회사를 선호하는 쪽이었으나, 1980년대만 해도 이런 회사들은 선물매매의 비중이 크지 않았다. 그래서 당연히 선물에 대한 이해도가 떨어졌다. 이들에게 선물매매는 그저 서부의 농부들이나 하는 것으로 여겨졌을 뿐이다. 그러나 이제 내가 이러한 농부가 되어 시카고에 새로운 씨앗을 뿌려야 할 입장이었다.

1984년 3월, SLK 출신의 전임 사무원 데비 혼한테서 전화 한 통을 받았다. 데비는 원래 시카고 출신이었는데, 군소 채권 트레이더였던 마르쿠치 형제가 서드라살서비스Third LaSelle Services, Inc.라는 청산회사를 세우자 여기서 일하려고 다시 돌아온 것이다. 서드라살서비스라는 상호에서 '서드Third'는 시카고 금융 지구가 위치한 거리 이름에서 따온 것이고, '라살LaSelle'은 17세기 프랑스의 탐험가 시에르 드 라살Sieur de La Salle에서 따온 것이었다. 라 살은 처음 원주민한테서 비버 가축을 강탈한 것을 계기로 시카고에 모피 교역의 토대를 세웠던 인물이다.

서드라살은 CBOT와 머크 양쪽에 회원 자격을 갖추고 있었고, 데비는 시카고로 귀향한 이후부터 마르쿠치 형제들과 잘 알고 지냈다. 데비는 그들을 좋은 사람들이라고 말하면서 나를 정당하게 대우해 줄 것이라고 했다. 그래서 일단 서드라살의 사장인 재키 마르쿠치Jackie Marcucci를 만나봤다. 재키는 내가 자사의 고객이 돼 준다면 데비를 전용 사무원으로 붙여주고, 수수료도 매매당 7.50달러만 부과하겠다고 약속했다. 지금까지 들었던 것 중에 가장 괜찮은 조건이었다. 나는 데비를 좋아했고 그녀가 좋은 사람이라는 것도 알고 있었다. 무엇보다 수수료가 계약당 7.50달러밖에 안 되는 좋은 조건을 무시하기 어려웠다.

워싱턴 정가에도 시카고 출신 인사들의 입김이 만만치 않음에도 상품선물거래위원회CFTC: Commodity Futures Trading Commission는 시카고에서의 거래가 거의 무법 수준에서 이루어진다는 사실을 알고 있었다. 그리고 이 위원회가 상품 인도 대신 선물의 현금결제를 허용한 이후 투자자의 씨가 말라버리지 않을까 우려했다. 이들 영세 청산회사의 대다수는 영세 자본으로 설립됐고 선물시장의 재정적 안정성을 담보하기 위해 CFTC는 모든 투자자에게 자신의 계좌에 거래 이행보증금을 예치하라고 요구했다. 이러한 이행보증금은 두 가지 형태로 나뉜다. 하나는 실제 매매대금을 결제하는 데 사용하는 현금계좌다. 이는 비규제계좌unregulated account로서, 계좌의 돈은 고객의 소유이나 청산회사가 이 돈을 사용할 수도 있다.

청산회사가 이 돈을 투자금으로 사용하는 가장 효율적인 방법 가운데 하나는 환매조건부(Repo: Repurchase Agreement: 이하 '레포')로 자금을 대여하는 것이다. 환매조건부매매란 투자자가 증권을 매수하는 방식으로 자금을 대여하고, 자금 차입자는 약정 만기일에 매수가보다 더 높은 가격으로 동일 증권을 매수하는 것을 조건으로 하는 매매를 가리킨다. 수많은 은행과 저축대부조합이 연준이 부과한 지급준비금 요건을 충족시키기 위해 이러한 방법을 사용했다. 레포는 대개가 기간이 하루밖에 안 되는 초단기 계약이나, 청산회사는 이러한 방식을 통해 큰돈을 벌어들인다.

이행보증금의 또 한 가지 형태는 바로 규제계좌Regulated Account다. 이 계좌는 청산회사가 보유하는 보증금으로서, 일일 결산을 하는 데 현금이 부족하고 고객이 마진콜(Margin Call: 추가증거금 청구)에 응하지 못했을 때 회사는 보증금을 사용할 수 있다. 이러한 규제계좌는 재무부채권으로 구성되며, 이러한 형태의 이행보증금은 청산회사가 함부로 손댈 수 없다. 규제계좌는 선물시장의 구조선과 같은 역할을 한다. 시장이 침몰하면 재무부채권이 대신 나서서 지급을 보증해준다. CFTC 규정에 따르면 시카고거래소 사람들은 이 규제계좌를 함부로 전용하지 못하게 돼 있으며, 이 계좌를 건드릴 수 있는 유일한 경우는 고객이 마진콜에 응하지 못했을 때뿐이다.

낮은 세율과 높은 레버리지 외에 이러한 이행보증금제도 역시 내가 선물매매를 선호하게 된 이유다. 나는 늘 이익을 내고 있었기 때문에 현금계좌에 추가로 돈을 넣을 필요가 없었고, 서드라살서비스와의 거래 조건을 협상하면서 머크가 요구하는 규제계좌의 규모를 최소화할 수 있었다. 내 경우, 120만 달러어치의 재무부채권을 매입하는 것으로 규제계좌의 요건을 충족시켰다. 이것이 더 좋았던 이유는 여기서 이자 수입까지 발생한다는 사실 때문이었다. 주식을 매매할 때는 주식가격을 다 치러야 하므로 자본비용이 발생한다. 그런데 선물을 매매할 때는 계속해서 이익이 발생하는 한 자본비용이 발생하지 않는다. 나로서는 꿩 먹고 알 먹는 매매인 셈이었다. 120만 달러어치 재무부채권에서 이자가 발생하는 동시에, 이 계좌가 담보한 포지션을 통해 이익을 내고 있으니 일거양득이 따로 없는 상황이었다.

우리가 파크가로 이사했을 때는 서드라살과 거래한 지 1년쯤 된 시점이었고, 나는 그동안의 거래 관계에 꽤 만족하고 있었다. 데비에 대한 만족감은 두말하면 잔소리였다. 이보다 더 훌륭한 사무원은 다시없을 터였다. 그는 책임감 있고 유능한데다가 강직하며 정직하기까지 한 드문 사람이었다. 그리고 데비가 약속한 대로 마르쿠치 형제는 정말 나에게 많은 신경을 써줬다. 재키는 전형적인 사업가 타입이자 달변가였다. 나와 거래를 시작한 이후 그는 곧잘 뉴욕으로 건너와서 리틀 이탈리아(Little Italy: 이탈리아인 거주 지역)에 있는 유명한 식당에 우리 부부를 데려가곤 했다. 크리스마스 때가 되면 고급 포도주를 보내오기도 했는데, 월가 사람들 사이에서 선물로 오가는 라피트 로칠드 Lafite·Rothschild 급의 최고급 포도주는 아니었다. 시카고 사람들이 즐겨 마시는 이탈리아산 포도주였다. 유럽 농부들이 큰 통에 포도를 넣고 밟아서 즙을 냈기 때문에 이 포도주에서는 사람의 발끝에서 나오는 달짝지근한 맛이 느껴졌다.

재키가 서드라살의 고객 상담에 뛰어난 반면, 조니는 피트에서 그들을 돌보았다. 조니는 키가 6피트 5인치에 몸무게가 280파운드인 대단한 거구였는데, 주문체결에 문제가 생길 때마다 데비는 조니에게 전화를 걸어 조언을 구했다. 덩치가 큰 사람들은 대체로 주문을 체결하는 데 탁월한 능력을 보였는데, 조니는 주문체결 시 다툼이 생겼을 때 상대방으로 하여금 자신의 잘못을 인정하게 하는 방법을 수백 가지나 알고 있었다. 재키와 조니가 있고, 데비가 내 계좌를 관리해 주는 한 아무 문제도 없을 것 같았다.

4월 11일 목요일이었다. 새 아파트로 이사 와서 근 1주일이 지났고, 이제 다시 업무에 복귀할 때였다. 여기저기 전화를 걸어 일정을 잡고 나니 기계 장치들도 다시 작동하고 전화벨도 울리기 시작했다. 나는 머크 입회장과 연결된 직통전화를 들고 데비와 통화를 시도했다. "데비, 잘 있었어? 음, 우리도 잘 지내고 있지. 그런데 말이야. 입주한 지 얼마 안 돼서 그런지 당분간은 돈이 좀 많이 들어갈 것 같아. 오드리는 이 집을 아주 다 뜯어고칠 모양인가 봐. 하겠다는 게 뭐가 그리 많은지 적어 놓은 목록의 길이가 한 1미터는 되는 것 같아. 그래서 말인데 돈이 좀 필요해."

"마틴," 데비가 입을 열었다. "오늘은 매매가 안 돼요."

"뭐?"

"재키와 이야기를 나누는 게 좋을 거예요. 아무래도 회사에 문제가 좀 있는 거 같은데, 베빌브레슬러라는 곳과 관련이 있더라고요."

"베빌브레슬러? 그게 뭔데? 대체 무슨 소릴 하는 거야?"

"베빌브레슬러앤드슐만Bevill, Bresler & Schulman이라고, 뉴저지에 있는 국채회사인데, 이 회사가 파산했나봐요. 오늘자 〈월스트리트저널〉 1면에 기사가 났어요. 재키도 이 회사와 거래를 좀 하고 있었거든요."

"뭐라고? 데비, 그럼 내 돈은, 내 돈은 어떻게 됐어? 내 돈을 찾아 달란 말이야!"

"마틴, 진정해요. 재키와 통화해서 그의 얘기를 들어보세요. 재키는 다른 사람 돈은 다 아무 문제없다고 하네요."

"문제가 없다고? 이런 망할! 난 시카고에 있는 놈들은 하나도 안 믿어. 아, 내 돈!" 나는 탕 소리를 내며 수화기를 내려놓은 다음, 다른 수화기를 집어 들었다. 그리고 서드라살의 전화번호를 눌렀다. 상대방이 자신에게 다짜고짜 고함부터 칠 것이라 예상했는지 전화를 받은 안내원은 상당히 신경질적이며 격앙된 목소리로 전화를 받았다. 물론 이 안내원의 예상은 틀리지 않았다. 나 또한 소리부터 질렀으니 말이다. "나, 마틴 슈워츠라는 사람인데, 대체 재키는 지금 어디 있소?"

"죄송합니다, 슈워츠 씨. 사장님은 여기 안 계신데요."

"그럼 조니를 바꿔줘요."

"죄송합니다만, 그분도 지금 안 계십니다. 메모를 남겨 주시면 나중에 전화하시라고 전해 드릴게요."

"메모를 남기라고? 당신 분명히 메모를 남기라고 했지요? 그럼 그 망할 놈들한테 이렇게 전해 주시오. 무슨 수를 쓰고 있는지는 내 알 바 아니고 당장 내 돈을 토해놓지 않으면 가만있지 않겠다고."

나는 수화기를 내동댕이치듯 내려놓았다. 손이 부들부들 떨렸다. 대체 뭐가 어떻게 돌아가고 있는 건가? 책상 위에서 가장 최근의 계좌 관련 자료를 집어 들었다. 현재 서드라살에서 관리하는 내 현금계좌는 없었다. 파크가의 아파트로 이사 오기 전에 기존의 포지션을 모두 청산하고 현금을 모조리 단기금융투자신탁MMF: money market fund에 넣어 두었다. 그래서 이번의 긴 연휴 동안에도 나는 여기서 나오는 이자를 챙길 수 있었다. 불행 중 다행인 것은 서드라살이 보유한 것이 현금계좌가 아니라 120만 달러어치 재무부채권계좌이고, 이것은 또 규제계좌라는 점이었다. CFTC 규정 덕분에 내가 마진콜을 충족시키는 한 서드라살이 내 계좌를 가지고 장난칠 일은 없었다. 서드라살과 관련하여 문제가 있다면 그것은 비규제계좌와 관련된 문제일 것이다. 논리적으로는 다 맞는 말이다. 그러나 시카고에서 일어난 일이니 또 모르는 것이다. 돈이 실제로 내 주머니로 들어올 때까지는 안심할 수 없다.

급히 엘리베이터로 뛰어가 로비로 내려간 다음 〈월스트리트저널〉을 집어 들었다. 데비 말로는 베빌브레슬러에 관한 기사가 여기에 실렸다고 했다. 그런데 그곳에 협동조합위원회 회장이 신문을 들고 서 있었다. "안녕하세요, 슈워츠 씨." 회장이 말을 붙였다. "무슨 일이 있나요?"

"아, 아니요. 아무 일도 없는데요." 순간 이 사람이 뭔가 아는 것이 아닌가 하는 생각이 들었다. "왜 그러시죠?"

"아니, 나는 그저 이사라는 것이 원래 신경이 많이 쓰이는 일이고, 또 부인이 임신 중인 것 같아서 그냥 안부 차원에서 물어본 것뿐입니다."

"아 네, 다 괜찮습니다. 아주 좋아요. 신경 써 주셔서 감사합니다." 나는 신문을 들고 다시 잽싸게 엘리베이터 안으로 들어갔다. 웬만하면 저 사람과는 부딪히지 않았으면 싶었다. 마치 우리를 여기서 내쫓을 순간만 손꼽아 기다리는 사람 같아 보였다.

기사를 보니 베빌브레슬러앤드슐만은 뉴저지주 리빙스턴에 본사를 둔 공인 브로커 딜러로서, 주로 미국 국채와 지방채를 취급하는

회사였다. 베빌브레슬러앤드슐만과 계열사인 에셋매니지먼트Asset
Management는 전국의 소규모 저축대부조합과 레포를 해왔다고 한다.
에셋매니지먼트는 이 약정을 이행하지 못해서 4월 8일 월요일에 결국
파산했다. 이어 4월 10일 수요일에 SEC는 베빌브레슬러앤드슐만과
그 계열사에 대해, '고객의 증권에 대한 관리권을 획득했다. 증권의 매
각 대금을 회사의 이익을 위해 사용했다'라고 판단하고, 이들 회사와
고위 경영진에게 사기 혐의를 적용했다. 이에 따라 베빌브레슬러앤드
슐만과 그 계열사는 재산관리 상태에 들어갔다. 서드라살과 이들 회
사와의 관계를 속속들이 알 수는 없었으나, 마르쿠치 형제가 채권 사
업을 했고, 베빌 및 그 계열사와 서드라살 간에 레포가 이루어졌던 것
은 분명해 보였다.

원래 레포는 현금을 대여해 주는 대신 재무부채권을 담보로 수령
하는 형태다. 그런데 재무부채권을 빌려 주고 현금을 수령하는 이른
바 역레포가 이루어졌고, 이 부분에서 손실이 발생했다면 내게도 마
찬가지 영향을 미치게 된다. 아니, 내게 손실이 발생하는 것은 이 경우
뿐이다. 그러나 내 재무부채권계좌는 규제계좌이므로 베빌 측에서 손
을 댈 수는 없었을 것이다. 그래도 안심할 수 없는 것은 다른 곳도 아
닌 시카고에서 이 일이 벌어졌다는 사실이다. 시카고는 사망자의 이
름을 도용한 부정투표가 난무하고, '내 것은 어디에?'라는 표어가 어울
리는 도시가 아니던가!

온갖 가능한 상황이 내 머리를 어지럽히고 있는 가운데서 희망적
인 것은 하나도 없었다. 재키와 계속 통화를 시도하다가 마침내 연결
이 됐다. "재키, 대체 어찌 된 일이요? 당장 내 채권을 돌려주시오."

"마틴, 마틴, 진정하세요, 제발. 아무 문제없어요. 다 괜찮다고요. 내가 보내준 포도주나 한 잔 마시면서 마음을 가라앉히세요."

"포도주라고요? 지금 이 시점에 그런 말이 나옵니까? 나는 내 돈만 찾으면 돼요! 그 채권은 규제계좌에 들어 있는 거잖아요. 당신들은 함부로 건드릴 수가 없다고. 그건 불법이라는 거 알지요? 당장 내 채권을 내놓지 않으면 지금 그곳으로 가서 당신 머리가죽을 홀랑 벗길 테니 그런 줄 아시오." 사실 말이 그렇다는 것이다. 재키도 조니만큼이나 덩치가 산만한데 그러기는 쉽지 않을 것이다.

"마틴, 기술적인 문제가 좀 있는 것뿐이라고요. 컴퓨터가 고장 나는 바람에……. 그러나 지금 조니가 조사를 하고 있어요. 나를 믿으세요. 정말 아무 일도 없을 거예요."

"이런 젠장! 내 말은……."

내 말이 다 끝나지도 않았는데 재키가 전화를 끊어 버렸다. 내 돈을 다 잃어버린 것이 틀림없다는 불길한 느낌이 확 들었다. 이 사람들이 내 증권을 가지고 장난을 쳤고, 결국 그것을 다 날린 것이 분명했다. 내 돈의 안전을 보장할 수 없는 것이다. 이렇게 두 눈을 멀뚱하게 뜬 채 120만 달러를 강탈당할 수는 없다. 적어도 지금은 아니다. 큰 아파트로 이사 온 지 얼마 되지도 않은데다가 곧 아이도 태어난다. 앞으로 매매는 또 무슨 돈으로 할 것인가? 게다가 월 관리비는 또 어떻게 하라고? 급한 마음에 나는 다시 한 번 머크의 법무팀에 전화를 걸었다.

"당신들이 이 사기꾼들을 등록시켰잖소." 나는 흥분해서 마구 엄포를 났다. "그러니 당신들이 책임지시오. 그동안 그곳에서 무슨 해괴한 일이 벌어지고 있었는지 내가 모를 줄 아시오? 알고도 그냥 모른 체하고 넘어간 거란 말이오. 나는 머크의 회원이니 당신들이 회원의 권리를 지켜줘야 하는 게 당연하지 않소? 이 문제는 당신들이 해결해야 한다고요. 이건 당신들의 문제라고!" 수화기에 대고 나는 쉴 새 없이 내 생각을 쏟아냈다. 저쪽에서는 현재 상황을 인지하고 있으며, 지금은 조사하는 중이라고 말했다.

나는 내 변호사에게 전화를 했다. "콘스타인! 이 망할 놈들을 고소해야겠어! 내 돈을 돌려받아야 한다고! 그래, 손해배상도 청구해야겠지? 맞아, 징벌적 손해배상도 같이 청구해! 이 망할 놈들을 손봐줄 수 있는 일이면 뭐든지 다 할 거야! 이놈들이 내 일을 엉망으로 만들어버렸어. 내 생활을 완전히 박살 내버렸다고!" 변호사는 정확한 사실을 알 때까지 기다리라며 나를 진정시켰다.

나는 베어스턴스에 있는 내 브로커인 마이크 마르골리스Mike Margolis에게 전화를 했다. 나는 베어스턴스가 시카고에서도 영업을 하고 있다는 사실을 알고 있었고, 최고위 경영층에 속하는 지미 케인Jimmy Cayne이 머크의 레오 멜라메드 회장과 막역한 사이라는 것도 알았다. "마이크, 자네가 나 좀 도와줘야겠어. 시카고에 있는 그 망할 놈들이 내 돈 120만 달러를 꿀꺽하려 하고 있다고. 어떻게 케인이 손을 좀 써줬으면 좋겠는데, 안 될까? 상황이 어떻게 돌아가는 건지 좀 알아봐 줘." 마이크는 알아보겠다고 했다.

나는 계속해서 수화기를 붙들고 있었다. 일이 어떻게 돌아가는지 알아보려고 주변 사람들을 들들 볶아댔지만, 그날이 다 저물도록 120만 달러어치 재무부채권을 다시 찾을 수 있을지는 여전히 모르는 상태였다. 그날 밤을 꼬박 새운 후, 아침이 되자마자 다시 여기저기 전화를 하기 시작했다.

"데비, 일이 어떻게 된 거래? 뭐 새로운 소식 없어?"

"재키와 조니는 아무 말도 안 하고 있어요. 그런데 돌아가는 상황을 보니 서드라살이 파산할 것 같고, 이 회사 자산은 모두 다른 회사로 넘어갈 것 같아요. 오늘자 〈월스트리트저널〉을 보니 그렇더라고요."

"그럼 내 돈은 어찌 되는데?"

"아아, 마틴, 그건 저도 잘 모르겠어요."

전화를 끊자마자 〈월스트리트저널〉을 가지러 로비로 내려갔다. 이번에도 내 우편함 옆에 그 회장이 서 있었다. 회장은 운영위원회의 다른 이사 한 명과 이야기를 하고 있었다. 이 사람들도 경제면을 보면서 머리를 절레절레 흔들고 있었다. 맙소사, 저들도 베빌 기사를 읽은 모양이로군! 내가 곤경에 처했다는 것도 알았을 것이고, 아마 우리를 내쫓을 준비를 하겠지? 나는 엷은 노란색 실크 차양 뒤로 몸을 숨긴 채 그 사람들이 자리를 뜨기를 기다렸다.

마침내 두 사람이 자리를 뜨자 냉큼 신문을 집어 들고 바로 엘리베이터에 올랐다. 서드라살에 관한 기사를 읽다 보니 마치 시카고상공회의소가 배포한 보도자료를 읽는 기분이었다. "서드라살의 계열사인 소규모 국채 딜러 브로커즈캐피털오브시카고Broker's Capital of Chicago는 베빌과의 환매조건부매매로 최대 200만 달러의 손실 위험에 처해 있다…(중략)…서드라살 측의 요청으로 자사 고객의 계좌는 시카고에 있는 다른 청산회사 세 곳으로 이전됐다…(중략)…거래소 측은 서드라살의 계좌가 다른 회사로 이전된 만큼 고객의 자산이 손실될 위험은 없을 것이라고 밝혔다. 상품선물거래위원회CFTC의 대변인은 '고객의 자산은 그대로 남아 있으며 전혀 손실이 발생하지 않은 것으로 보인다.'고 밝혔다."

나는 다시 머크 법무팀에 전화를 걸었다. "〈월스트리트저널〉 기사를 보니 서드라살의 계좌가 다른 회사로 이전됐고 고객의 계좌는 전혀 손실이 없다고 하던데, 그럼 그 회사가 어디요? 내 돈은 지금 어디 있는 거요?" 자신들도 아직은 모른다고 하면서 CFTC와 거래소에서 지금 조사하고 있다는 말만 되풀이했다.

"당신들, 지금 사람 놀리는 거야?" 나는 수화기에다 대고 버럭 소리를 질렀다. "이봐요, 그건 절대 건드릴 수 없는 규제계좌라고. 당신들만 연줄이 있다고 생각하면 곤란하지. 나도 정가에 인맥이 있는 사람이야. 내 돈을 찾지 못하게 되면 CFTC에 전화해서 그간의 일을 낱낱이 까발려줄 테니 그런 줄 아시오. 참고로 나 지금 이 통화 내용 다 녹음하고 있소."

나는 콘스타인, 마르골리스, 데비한테 전화를 걸었다. 물론 조엘너한테도 했다. 하다못해 아멕스에 있는 프래니한테까지 전화를 해서는 어디 연락해볼 만한 사람이 또 없는지를 물었다. 그런데 오후 5시 직전에 누군가가 내게 전화를 걸어왔다. 그 사람은 자신을 시카고에 있는 청산회사 사울스톤Saul Stone & Co.의 대리인이라고 소개했다. 목소리는 상당히 밝았다. 그리고 자신들이 내 계좌를 이전받아서 120만 달러를 재무부채권 형태로 보유하고 있으며, 가능하다면 데비를 다시 내 사무원으로 붙이고 싶다고 했다. "마틴, 당신과 거래하게 돼서 매우 기쁩니다. 당장 내일부터 매매를 시작하실 수 있습니다."

통화를 끝내고서도 이 상황이 도저히 믿어지지 않았다. 이틀 만에 처음으로 막혔던 속이 확 뚫리는 기분이었다. 나는 바로 직통전화의 수화기를 들고 데비에게 전화했다. "데비, 내 돈을 찾았어. 우리 다시 매매를 시작할 수 있게 됐다고. 그리고 데비, 이제 자네는 사울스톤 소속이라네."

"네?"

"내 계좌가 사울스톤으로 옮겨졌다는군. 그리고 일하는데 데비 자네가 꼭 필요하다고 말했더니 내 돈과 함께 당신도 사울스톤으로 옮겨진 거라고, 알겠어?"

"아! 그 부분은 그렇다치고요. 대체 어떻게 된 거지요?"

"이봐, 그건 나도 잘 몰라. 당신도 알려고 하지 마. 다 누이 좋고 매부 좋자고 이렇게 된 것이겠지. 그 사람들에게 120만 달러 정도야 우스운 금액 아니겠어? 그 정도야 다른 누군가한테서 또 얻어내면 되는 거겠지. 중요한 것은 나 같은 사람이 매매를 계속한다는 것이 아닐까?"

내 돈이 어떻게 해서 지켜진 것인지 그 내막은 모르지만, 중요한 것은 내 돈을 고스란히 찾았다는 사실이었다. 이 때문에 다른 누군가가 손해를 봤는지 어떤지는 잘 모른다. 다만, 머크 사람들이 클럽으로 가 함께 술잔을 기울이면서 뭔가 일을 성사시키지 않았을까 추측할 뿐이다. 거래소의 명성이 훼손되는 것을 두고 볼 수는 없었을 것이다. 한 회사가 고객 관리를 잘못 한다면 다른 회사들도 다 마찬가지라고 봐도 된다. 이런저런 이유로 해서 내 돈을 되찾을 수 있게 된 것이 아닌가 싶다.

이날 밤 나는 정말 숙면을 취했다. 다음 날 아침, 신문을 가지러 로

비로 내려가니 역시 회장 양반이 또 그곳에 있었다. "안녕하세요." 나는 날아갈 듯한 기분으로 인사를 건넸다. "일은 잘 되시죠?"

"안녕하세요, 슈워츠 씨." 내가 다가가자 회장이 말했다. "집안 정리는 다 됐나요?"

"아, 예. 다 끝났습니다. 이제 저도 업무에 복귀하려고요."

재키와 조니 역시 업무에 복귀했다. 그들이 운영하던 청산회사는 날아갔으나, CBOT에서 여전히 채권선물을 매매하고 있다. 시카고에서라면 한두 번 미끄러지는 일쯤은 그러려니 하고 넘겨야 한다.

트레이더로 성공하는 세 가지 비결

나한테는 마크 쿡Mark Cook이라는 친구가 있다. 마크는 오하이오 외곽 지역에 사는 농부이면서 동시에 상당히 유능한 트레이더이기도 하다. 그래서 매우 흥미로운 매매 방법 몇 가지를 개발하여 팩스 서비스를 통해 판매하기도 했다. 어느 날 나는 수화기를 집어 들고 마크의 전화번호를 돌렸다. 테리 런드리에게 했던 식으로 말이다. "이봐요, 마크, 나는 마틴 슈워츠라고 하는데요. 지금 뭐하고 계신가요?" 나는 트레이더 고수들과 이야기하는 것을 좋아했다. 기꺼이 그 사람들과 정보를 공유할 의사가 있기 때문이다. 내가 가진 정보를 다른 트레이더에게 나눠주는 것을 꺼리는 스타일이 아니었다. 마크는 내게 팩스로 정보를 주었고 우리는 그렇게 시장 전략을 공유했다.

1997년 1월 23일에 '성공하는 트레이더의 비결'이라는 제목으로 마크 쿡이 보낸 팩스를 받았다. 사람들은 내게 최고의 트레이더가 되려면 어떻게 해야 하느냐고 항상 묻는다. 나 또한 이러한 질문에 마크가 어떤 대답을 할지 궁금했다.

마크는 성공하는 트레이더가 되려면 우선 매매를 업으로 삼아 이일에 전념해야 한다고 했다. 매매를 업으로 삼지 않고 대충 여가 시간에 했다가는 낭패를 보기 십상이다. 즉, 전업 트레이더들이 자신의 돈을 순식간에 가로채고 만다. 마크 쿡은 개장 벨이 울리면서부터 폐장 벨이 울릴 때까지 온종일 시장을 주시하면서 일지를 기록했다. 그 일지를 보면 하루에 진입 횟수가 40을 넘을 때도 있었다. 이렇게 하지 않으면 이익을 내는데 지장이 생길 수 있다. 매매에 왕도는 없다. 시장은 트레이더가 게으름을 피우는 것을 기가 막히게 알아낸다.

둘째, 자신의 성격에 맞게 매매 습관을 만들어야 한다. 자신이 감정적인 성향을 가진 사람이라면, 그 사실을 받아들이고 그것이 긍정적인 영향을 끼치는 방향으로 매매스타일을 구축해야 한다. 욕심이 좀 많거나 소심한 성격이라면, 이러한 성향이 의사 결정에 영향을 미칠 것이다. 그런데 자신의 정서 상태가 어떤지를 제대로 인지하지 못한다면 잘못된 결정을 내릴 수도 있다. 마크는 소심하고 걱정이 많은 성격인데, 굉장히 걱정스럽다는 생각이 들 때마다 이러한 정서 상태가 매수 결정을 내리는 데 도움이 된다는 사실을 알았다. "내 불안 수준이 극도로 높아질 때마다 그러한 불안이 매수 신호가 될 수 있도록 훈련을 하는 거지. 그렇지 않으면 다 끝나는 거야."

마크가 말하는 세 번째 비결은 가장 객관적인 상태에서 매매 계획을 세워야 한다는 것이다. 최악의 시나리오를 가정하고 이를 작업의 출발점으로 삼아라. 매매 작업에서 가장 객관적일 수 있는 때는 바로 매매를 시작하기 전이다. 일단 매매를 시작하는 순간부터 감정이 개입되기 마련이므로 매매 계획은 반드시 매매를 실행하기 전에 세워야 한다. 잘못을 했으면 곧바로 그 사실을 인정하라. 손 털고 뒤로 물러나서 일단 목숨부터 부지한 다음, 훗날을 기약하라. 상당히 비겁한 접근법으로 보이겠으나, 그것만이 트레이더로서 영원히 살아남는 방법이다. 나는 마크의 이러한 분석도 꽤 일리가 있다고 생각한다.

항상 받는 질문 가운데 이러한 것도 있다. 즉, 매매 능력은 선천적으로 타고나는 것이냐 아니면 후천적으로 학습할 수 있는 것이냐는 것이다. 이 질문에는 '둘 다!'라고 대답하고 싶다. 선천적으로 나는 숫자에 좀 밝은 편이고 경쟁하는 것을 즐기며 도박도 좋아한다. 그리고 후천적인 부분을 보자면 애머스트 대학에서 열심히 공부하는 법을 배웠고, 컬럼비아대학 경영대학원에서 비즈니스를 배웠으며, 해병대에서는 위기에 대처하는 훈련을 받았다. 훌륭한 트레이더는 훌륭한 운동선수와 같다. 특정한 기술이나 능력은 선천적으로 타고나야 하지만, 그러한 기술을 잘 사용하는 방법은 후천적으로 배워야 한다.

Chapter 10

예술품 경매로
또 다른 희열을 맛보다

PIT BULL

1985년 5월 8일, 아내가 아들을 출산했다. 그리고 11월에 오드리는 유방암 판정을 받았다. 4년 전인 1981년 12월에 우리 부부는 첫 아이를 잃은바 있다. 그 후 또 이런 일을 당하니까 노력의 결실을 바로 즐기지 않고 바라만 보는 것은 정말 어리석은 일이라는 생각이 강하게 들었다.

이듬해 봄과 여름에 오드리는 아파트를 완전히 개조하기로 마음먹었다. 벽을 허물고, 새 주방을 들이고, 욕실을 개조하고, 창문을 교체하는 등 그야말로 모든 것을 다 바꿨다. 돈이 엄청나게 들어갔지만 그런 것은 별로 문제가 되지 않았다. 나는 여전히 챔피언 트레이더이고, 지출하는 이상으로 더 많이 벌었다. 사실, 필요하다면 이보다 더 많은 돈을 쓸 준비가 되어 있었다.

'성공'이라는 높은 나무의 꼭대기 근처까지 올라가 보면 우아하게 즐길 수 있는 고급스러운 취미가 꽤 있다. 테드 터너Ted Tunner는 아메리카 컵(1851년 창설된 국제 요트 경기—옮긴이) 스타일의 10미터짜리 요트를 보유했고, 조지 스타인브레너George Steinbrenner는 양키스 구단을, 웨인 뉴턴Wayne Newton은 혈통 좋은 아라비아산 종마를, 찰스 황태자는 애인을 소유했다. 그러나 나는 요트나 스포츠 구단, 종마 따위에는 관심이 없었다. 내게는 오드리가 있었고, 시장이 바로 내 애인이었다. 굳이 내 돈을 취미 생활에 쏟아부을 계획이 있었다면 미술품을 수집하는 데 쓰기를 원했을 것이다.

내가 아주 어렸을 때, 어머니와 함께 기차를 타고 뉴욕으로 가서 온종일 뉴욕현대미술관, 구겐하임미술관, 휘트니미술관 등을 둘러보았다. 물론 나는 에디 코헨의 지하실에서 카드놀이를 하는 것이 훨씬 좋았으나, 어쨌든 이때부터 미술에 대한 관심의 싹이 자라게 된 셈이었다. 어머니는 모네, 마네, 드가, 세잔느 등 유명 화가가 그린 작품을 사서 뉴헤이븐 집의 벽에 걸어놓았다. 그래서 비록 진품은 아니었으나 훌륭한 그림을 감상하는 일이 익숙해졌다. 이제 나는 웬만큼 돈을 벌었고 그래서 진품을 갖고 싶었다.

아파트 개조 공사가 마무리되고 나서 오드리와 나는 어퍼 이스트 사이드[14]에 있는 프레스코—팔레트 갤러리로 알 프레스코와 클리프 팔레트를 만나러 갔다. 알은 컬럼비아 경영대학원에서 같이 공부한 친구였으며, 알과 클리프는 사촌지간으로 각자의 아버지로부터 갤러리를 물려받았다. 이 두 사람의 할머니가 미국의 초기 인상주의 화가

---

14. 어퍼 이스트 사이드Upper East Side: 세계적인 미술관과 명품 쇼핑의 천국이며, 맨해튼 최고의 부촌이다.

존 트와크트먼John H. Twachtman과 친척이었고, 듀퐁Du Pont과 결혼했다고 한다. 그러므로 예술적 유전자로 보나 경제적 배경으로 보나 알과 클리프가 어퍼 이스트 사이드에 있는 이 근사한 갤러리를 운영한다고 해도 그리 놀랄 일은 아니었다.

내가 큰돈을 벌기 시작한 1980년대 초부터 오드리와 나는 토요일 오후에는 갤러리를 구경하면서 시간을 보내기 시작했다. 프레스코—팔레트는 우리가 자주 들르는 갤러리였으며, 그곳의 작품들이 마음에 들었다. 그러나 그때까지만 해도 그런 작품을 덥석 살 만한 형편은 아니었지만 지금은 그럴 수 있게 되었다.

1986년 10월, 우리는 10만 달러에 어니스트 로슨Ernest Lawson의 〈겨울 영상Winter Reflections, 1915년〉을, 40만 달러에 로버트 보노Robert Vonnoh의 〈농부의 정원Jardin de paysanne, 1890년〉을 샀다. 한나절 만에 미술 작품 두 개를 사는 데 거금 50만 달러를 들였던 것이다. 이렇게 했더니 알이 뉴욕시립대 대학원 미술사 교수 윌리엄 거츠William Gerdts가 쓴 《미국의 인상주의American Impressionism》라는 책을 하나 챙겨줬다.

거듭 말하지만, 어렸을 때부터의 경험 때문에 나는 인상파 화가들이 좋았다. 1984년, 나는 오드리와 처음으로 유럽 여행을 떠났다. 파리에 머무는 동안 운전기사를 고용하여 지베르니(Giverny: 프랑스의 작은 마을)에 있는 모네의 생가와 정원에도 다녀왔다. 때는 5월 초였고, 19세기 말~20세기 초에 형성된 퐁라방Pont'Aven, 그레쉬르루앙Grez'sur'Loing, 콩카르노Concarneau, 지베르니 등 예술가들의 집단 촌락으로 몰려드는 미국 화가들처럼 오드리와 나도 프랑스의 작은 마을에서 느껴지는 이 특별한 풍광에 마음이 끌렸다. 그러나 뉴욕으로 돌아와 우리가 살 수 있을만한 그림을 찾아다니면서, 일류 프랑스 인상파 화가들의 작품을 사들이려는 것 자체가 무리임을 뼈저리게 느꼈다. 마네, 르느와르, 드가, 모네 등 인상파 거장들의 작품을 감히 내가 어떻게 살 수 있겠는가? 군이 프랑스 화가의 그림을 사겠다면 이보다 급이 조금 낮은 화가의 작품을 골라야 할 것 같았다.

한편, 시어도어 로빈슨Theodore Robinson, 프레드릭 프리스크Frederick Frieseke, 윈슬로 호머Winslow Homer, 메리 카사트Mary Cassatt, 로버트 보노Robert Vonnoh 등 프랑스의 거장들 밑에서 그림 공부를 했던 미국 인상파 화가들의 작품은 내 능력으로도 충분히 살 수 있었다. 그래서 갤러리를 여러 곳 둘러보고 또 거츠의 책도 참고한 결과, 누구나 그렇듯 화가들도 한창 잘 나갈 때와 슬럼프에 빠질 때가 있다는 사실을 알았다. 적어도 내가 볼 때 메리 카사트의 전성기 때 작품은 쇠락기 때의 드가 작품보다 훨씬 아름답게 느껴졌다. 게다가 프랑스 인상파 화가의 작품과 달리 미국 화가의 작품은 구매자의 속물근성을 자극할만한 요소가 없다. 이류 프랑스 화가의 작품을 사는 값의 3분의 1 가격이면 일류 미국 화가의 그림을 살 수 있었다. 초창기에 아멕스에서 매매하던 옵션이나 1980년대 초에 매매하던 S&P500선물처럼, 미국 인상파 화가의 작품이 내 스타일과 성격에 딱 맞는 것 같았다. 가격도 적당했고 무엇보다 성장 가능성이 있으며, 미국 인상파는 미술 분야의 떠오르는 샛별이었다. 나는 이런 작품들을 잘 이해했다. 만약 내가 미술품 수집에 나선다면 나는 주저없이 미국 인상주의 화가의 작품을 선택할 것이다.

프레스코—팔레트 갤러리에서 좀 더 많은 시간을 보내면서 시장 논리에 관한 한 알과 클리프도 나만큼이나 많은 것을 알고 있다는 사실을 깨달았다. 갤러리에 전시된 작품을 보면, 이들은 최고 화가의 최고 작품을 최저가로 구매했다. 최고품만을 원하는 부호들은 항상 존재했기 때문에 이들은 상당한 수준의 유동성을 확보할 수 있었다. 나도 매매할 때는 최고 우량주만을 취급했었다. 이런 회사들만이 최상의 유동성을 제공하기 때문이다. IBM이나 제록스, 듀퐁 주식을 5만 주 매수했는데 금방 마음이 바뀌었다고 하자. 그래도 이러한 주식을 매매할 시장은 늘 존재하기 때문에, 약간의 위험을 감수하면 모두 매도할 수가 있다. 프레스코—팔레트의 장점이 바로 이처럼 유동성 확보가 보장된 '우량주(최고 작품)'를 많이 보유하고 있다는 사실이다. 그런데 문제는 이러한 갤러리는 고객과 소매로 거래한다는 한다는 점이었고, 유대인으로서의 본능은 계속 나에게 도매로 거래하라고 속삭였다.

딜러를 통해 미술품을 사는 것의 장점은 불확실성으로 말미암은 위험으로부터 벗어나 안전하게 매매가 성사된다는 것이다. 딜러가 모든 일을 다 해놓았기 때문에 최고 중의 최고 작품을 구매한다는 사실을 의심할 이유가 없다. 그런데 딜러를 통한 거래의 단점이 있는데, 그것은 적지 않은 수준의 수수료를 지급해야 한다는 점이다. 미술품 수집의 초보자이고, 자신이 무엇을 원하는지 잘 모르거나 아주 특별한 작품을 찾는다면 모를까 굳이 딜러에게 엄한 돈을 쓸 필요가 어디 있겠는가! 나는 내가 원하는 것이 미국 인상파 화가의 작품을 사는 것임을 알고 있었다. 그리고 어떤 특별한 작품이 아니라 그저 최고 화가의 명작을 최저가에 사고 싶을 뿐이다. 그렇다면, 이제 나는 딜러가 방문하는 미술품 경매장을 찾아가서 그 사람들이 하는 것과 동일한 일을 하면 된다.

미국 미술계의 양대 경매장은 59번가와 파크가 부근에 있는 크리스티 경매장과 72번가와 요크가 사이에 있는 소더비 경매장이다. 오드리와 나는 이 두 경매장의 예전 카탈로그를 구해 열심히 공부했다. 두 경매장에서 판매된 작품의 가격, 작가, 품질 등을 비교해봤다. 그리고 미국 인상파 작품에 관한 한 소더비 쪽이 좀 더 우세하다는 결론에 도달했다. 소더비 경매장에서는 12월 초와 5월 말에 각각 한 번씩, 연 2회에 걸쳐 미국 인상파 화가의 작품을 경매한다. 그래서 우리는 1986년 12월 4일 드디어 경매에 참가해보기로 했다.

전투에 나서기 전에 만반의 준비를 갖추고 싶었다. 미술품 경매는 난생처음 도전해보는 분야였고, 날고기는 미술계 고수들을 나 혼자서 감당하기는 아무래도 역부족일 것 같았다. 그래서 경매가 시작되기 3주 전에 알과 클리프를 찾아갔다.

"오드리와 내가 미국 인상파 작품을 수집하려고 하는데, 소매는 싫고 직접 경매장에서 낙찰을 받고 싶어서 말이야. 이번에 소더비 경매에 참여하려고 하는데 조언이 필요해. 이렇게 하면 어떨까? 우리를 도와준다면 자네들이 사고 싶어 하는 작품을 우리가 살게. 나중에 그 작품을 원하는 고객이 나타나면 우리에게 알려주고 거래를 주선하면 되잖아. 자네들은 작품을 사는 데 들어가는 자금을 절약할 수 있고 나중에 거래가 성사되면 수수료를 챙길 수 있으니까 좋지 않겠어?"

내 제안이 그럴듯하게 들렸던 모양이다. 그래서 알과 클리프가 경매 당일에 우리 옆자리에 앉아서 작품에 대한 정보를 알려주겠노라고 말했다. 게다가 우리를 대신해서 호가도 내주겠다고 했다. 자리에서 일어서서 나가려고 할 때 알이 자신의 책상 밑에서 1986년 12월 4일에 진행되는 소더비 경매에 관한 최신 카탈로그를 하나 꺼내서 내게 건네며 이렇게 말했다. "이거 가져가서 열심히 연구해보게."

그러자 교수님한테서 시험지를 받아든 기분이 들었다. 집에 돌아오자마자 오드리와 함께 자리를 잡고 앉았다. "소더비 경매장에 알과 클리프랑 함께 갈 거야. 이 카탈로그를 보고 사고 싶은 작품을 고르라고 하더군. 그러면 어떤 작품에 호가를 넣지 결정하는 것을 도와주겠데."

오드리와 나는 2주일 동안 카탈로그를 들여다보면서 미국 인상파 화가의 작품을 전부 검토했다. 그리고 최고의 화가가 그린 최고의 작품 중에 적정 가격으로 살 수 있는 작품을 찾아보려고 했다. 좋은 작품을 찾아내는 것은 좋은 주식을 찾아내는 것과 같았다. 1986년도 소더비 경매에 나올 작품은 조각품을 포함하여 총 349개였다. 이 가운데 약 50개 정도가 미국 인상파 화가의 작품이었다. 적당한 주식을 고를 때처럼 여러 가지 기준에 따라 이 가운데 대부분을 선택 대상에서 제외했다. 주식은 수익, 제품, 시장점유율, 경영진 등이 우리 기준에 맞지 않다고 판단되면 가차없이 탈락시켰다. 한편, 그림은 가격, 구도, 색감, 출처, 작가 등의 기준에 따라 선별했다.

1주일 동안 작품 선별 작업을 벌인 끝에 최종적으로 다섯 개 작품을 선택했다. 로트(품목 번호) 176, 차일드 해섬Childe Hassam의 〈바다로 가는 길Road to the Sea〉, 로트 190, 시어도어 로빈슨의 〈지베르니의 여름Summer Hillside, Giverny〉, 윌리엄 메리트 체이스William Merritt Chase의 〈시네콕 풍경Shinnecock Landscape〉, 로트 204, 모리스 브라질 프렌더개스트Maurice Brazil Prendergast의 〈정원The Garden〉, 로트 207, 프레드릭 프리스크의 〈강가에서On the River〉 등이었다. 이제 알과 클리프를 만나러 갈 차례였다.

경매는 12월 4일 목요일에 시작되었다. 11월 28일 금요일, 시장 마감 후 프레스코―팔레트 갤러리에 들렀다. 역시나 알과 클리프는 우리가 고른 작품 전부에 대해 잘 알고 있었다. "흠, 안목이 좋군." 알이 말했다. "그렇지만 카탈로그만 가지고는 안 돼. 직접 눈으로 작품을 봐야 한다고."

경매에 출품될 작품들은 11월 30일 일요일부터 12월 3일 수요일까지 열리는 전시회에서 볼 수 있었다. 그런데 우리가 관심을 둔 작품 중에 〈정원〉은 소더비 전시회장에서 볼 수 없고, 이스트 82번가 코―커Coe―Kerr 갤러리에서 열리는 프렌더개스트 작품전에서만 볼 수 있었다. 그래서 오드리와 나는 토요일에 코―커 갤러리를 찾았다. 참으로 눈부신 작품이었다. 실제로 보니 카탈로그에서 본 것보다 훨씬 더 좋았다. 우리는 이 작품을 사기로 최종 결정하였다. 1주일 후에 이 굉장한 그림이 우리 집 벽 위에 걸려 있을 것으로 생각하니 절로 흥분이 되기 시작했다.

소더비 전시회는 일반에게 모두 공개되나 월요일 밤에 열리는 전시회는 그렇지 않다. 월요일 밤의 전시회는 미리 예약해야만 관람할 수 있으며, 유명 인사들이 모이는 칵테일파티 겸 전시회가 열린다. 나는 그 전시회에 참석하고 싶었다. 뉴욕의 미술계 거물들이 모이는 자리니 분위기도 좀 파악하고 그들과 친분을 쌓는다면 좋지 않겠는가! 그러나 그 당시만 해도 소더비에서 관리하는 유명인사 명단에 우리 부부의 이름은 올라가 있지 않았기에 초대받지 못했다. 우리는 그쪽 분야의 상류층이 아니었다. 오드리와 나는 전시회 마지막 날인 수요일 오후, 알과 클리프를 만나서 우리가 고른 나머지 4개 작품을 함께 보러 가기로 했다. 막 외출하려던 찰나에 베이비시터가 갑자기 오지 못한다고 해서 오드리는 그냥 집에 남아 있기로 했다.

소더비 경매장 안으로 들어서자 어찌해야 할지 몰라 어색하기 이를 데가 없었다. 애퀴덕트 경마장이나 라스베이거스의 시저스 팰리스 호텔 안으로 들어서는 것과는 사뭇 다른 분위기일거라 예상했고, 그 안에 있는 사람들은 죄다 조심스럽게 걸으며 말도 속삭이듯 조용히 할 것으로 생각했다. 그런데 전혀 그렇지 않았다. 소더비의 주 전시실은 1948년 공화당 전당 대회장을 방불케 했다. 거만해 보이는 아이비리그 출신 와스프와 와스프를 동경하는 사람들이 큰소리로 서로 인사를 건넸고, 자신들이 뭔가 특별한 것을 알고 있다는 사실을 다른 사람들이 알아주기를 바라는 듯 전문어를 섞어가며 좀 과장된 행동을 보였다. "이것은 레드필드의 걸작 중 하나가 분명해." "팩스턴의 쌍안雙眼 화풍을 사용한 작품이란 말이지." "그러니까, 여기서 이렇게 초점의 통일이 일어나고 있어. 이 외곽 부분을 약간 희미하게 표현해서 작품 전체의 분위기가 훨씬 좋아졌잖아." "〈개와 함께 있는 소녀〉를 한번 봐. 강렬한 에너지가 느껴져." "로빈슨의 비범함이 돋보이지. 공간 축소 기법과 광선이 부드럽게 여과된 듯한 이 표현, 그리고 가벼운 붓 터치를 한번 보라고." 이 무슨 귀신 씨나락 까먹는 소리냐 말이다. 그러나 월가에서 늘 듣던 소리에 비하면 이 정도는 아무것도 아니었다.

알과 클라크는 쉴 새 없이 움직이고 있었다. 이곳이야말로 두 사람이 활개치는 시장이니만큼, 이곳의 모든 사람을 알고 있었다. 알과 클리프는 계속해서 다른 사람들에게 나를 소개해줬지만, 나는 친목 도모에 시간을 낭비할 생각은 없었다. 내가 살 작품을 구경하고 그곳 사람들의 분위기도 좀 파악할 겸 그곳에 간 것이었고, 애퀴덕트 경마장에서 경주마를 살펴보고, 아멕스에서 스페셜리스트의 면면을 파악했던 것과 같은 맥락이었다. 우리가 사려고 지목한 그림들을 둘러보면서 다른 사람들이 그 작품에 관해 어떤 이야기를 나누는지도 귀담아들었다.

집에 돌아와서는 오드리와 함께 우리가 그동안 정리해 놓은 내용을 다시 한 번 검토했다. 최종 전략을 정하고, 변곡점을 검토하고, 진입과 청산가격을 정하는 등 내일 있을 시장에 참여하기 위해 만반의 준비를 갖췄다. 나는 해병대의 일반 수칙을 잊는 일이 없었으면 하고 바랐다. 매매는 시간과의 싸움이고, 일이 망쳐지기 전에 미리미리 마음을 다잡아 놓고 있어야 한다는 것을 잘 알기에, 경매장에 나가서도 이러한 마음가짐이 흐트러지지 않기를 바랐다. 즉, 내가 마음먹은 최대 입찰가에 도달했을 때 여기서 한 번만 더 호가를 내고 미련없이 그만두겠다는 계획을 세웠고, 감정이 앞서 이 계획이 무산되지 않기를 바랐다. 그러니까 내 최대 입찰가격이 20만 달러인데 현재 호가가 21만 달러까지 나왔다면, 여기서 22만 달러로 호가를 낸 후에도 낙찰이 안 되면 그 경매 건은 포기하겠다는 것이다. 경매도 입찰자의 감정에 많이 좌우되는 게임이므로 절대 이성을 잃는 일이 없어야 한다. 그러니 그만둘 시점을 미리 정해 놓고 이를 반드시 지켜야 한다. 잠자리에 들기 전에 다시 카탈로그를 집어 들었다. 너덜너덜해진 카탈로그에서 로트 176, 로트 204, 로트 207이 나온 페이지를 찾아 조심스레 접어두었다.

소더비 경매는 2회로 나뉘어 진행된다. 오전 경매는 로트 1부터 로트 150까지를 대상으로 10시 15분에 시작하고, 오후 경매는 로트 151부터 로트 349까지를 대상으로 2시부터 시작된다. 로트는 연대순으로 되어 있어서 우리가 관심 있는 미국 인상파 작품들은 오후에 경매가 진행되나, 경매 진행을 구경하고자 오전부터 참여하기로 했다. 경매 당일인 목요일 아침, 요크가 1,334번지로 걸어가 건물 입구에 있는 경비원을 보니 7년 6개월 전 처음으로 트리니티 플레이스 86번지에 있는 아멕스 건물로 들어서던 때가 생각났다. 건물 안으로 들어선 우리는 외투를 벗어 휴대품 보관소에 걸어 놓고 라운지로 향했다. 알과 클리프가 보였다. 두 사람은 2층에 있는 주 경매실로 올라갔고, 우리는 조용히 그들의 뒤를 따라갔다.

오프브로드웨이 극장처럼 생긴 작은 방으로 들어갔는데, 앞줄에는 좌석 4개가 놓여 있었다. 클리프가 입찰을 담당할 것이라서 알이 클리프의 왼쪽에 나를 앉혔다. 알은 내 왼편에 앉았고, 오드리는 알의 왼편에 자리했다. 우리 바로 앞에는 전화기가 배치된 탁자 하나가 있었는데, 여기에는 트위드 차림의 젊은 남녀 대여섯 명이 앉아 있었다. "전화로 입찰하는 사람도 있거든. 세계 각지 사람들이 전화 입찰을 한다고." 알이 설명해줬다. 이 젊은이들 왼쪽 앞에는 전자 환율표시판이 있었는데, 이 표시판에는 달러, 파운드, 프랑스 프랑, 스위스 프랑, 엔, 독일 마르크 등 입찰자가 사용하는 통화의 환율이 표시된다. 우리 바로 앞에는 불룩 솟아오른 단이 있었고, 이 단에는 진열 상자가 달린 커다란 굴대가 장치돼 있었다. 이 주변으로는 투광 조명등 빛이 비치고 있었고 양쪽에는 커튼이 쳐져 있었다. "저곳에서 출품작을 보여주는 거야. 또 저 진열대가 회전식 쟁반처럼 세 부분으로 나뉘어 있다고. 출품된 작품의 경매가 진행되는 동안 커튼 뒤쪽에서는 낙찰된 품목을 내리고 다음 품목을 올려놓는 거지." 알의 설명이었다. 진열 상자 오른쪽에 연단이 하나 있었다. 지금은 연단 위에 아무도 없으나 경매가 시작되면 경매인이 그곳으로 올라오게 될 것이다.

경매실 양옆과 뒤쪽으로 칸막이 좌석이 줄지어 있었다. 아마도 유명 인사들이 이 좌석을 차지하고 싶었다. 여기저기 몰려다니며 수다를 떨던 사람들이 10시 15분에 수석 경매인 존 매리언John Marion이 단상에 오르자 바로 자리에 착석했고, 장내는 쥐죽은 듯 조용해졌다. 서 있는 사람들은 오직 소더비 경매 진행요원들뿐이었다.

존 매리언은 기품이 느껴지는 목소리로 판매 규정을 설명했다. 그리고 전화 경매 담당자들의 상태를 점검하고, 진행요원들이 잘 배치돼 있는지 살펴본 다음 로트 1을 불러냈다. 그러자 '윙' 하는 소리와 함께 굴대가 회전했다. 버터스워스Buttersworth의 〈갈라테이아를 침몰시키는 메이플라워The Mayflower Defeating Galatea〉였고, 거친 바다를 항해하는 두 척의 범선 그림이었다. "5라고 하셨네요. 5 맞지요?" 좀 더 자세히 보려고 청중들이 일제히 몸을 앞으로 내밀었고, 트위드 차림의 젊은이들은 수화기를 든 채 이야기를 하고 있었으며 환율표시판도 작동하기 시작했다. 진행요원들도 바쁘게 고개를 이리저리 돌렸다. 장

내에는 갑자기 팽팽한 긴장감이 돌았다.

"6! 네, 7은 없나요?" 중후하고 기품 있는 목소리로 경매인이 말했다. "7! 네 좋습니다. 8? 네, 8! 그럼 9 부르실 분 없나요?" 입찰가는 계속 나왔으나 나는 누가 어디서 호가를 내는지 알 수가 없었다. 아멕스와는 완전히 딴판이었다. 손을 흔드는 사람도 소리를 지르는 사람도 없었다. 입찰은 누구의 눈에도 띄지 않는 상태로 조용히 진행됐다. "9? 다시 한 번 갑니다. 자, 9 없습니까? 낙찰입니다." 탁! 존 매리언이 자신의 오른손에 딱 들어맞는 청동 고리쇠로 연단을 살짝 내려쳤다. 굴대가 빙그르르 돌고 표시판에 환율이 표시됐다. 첫 번째 경매 내용을 다 기록하기도 전에 경매인이 두 번째 품목을 불러냈다.

클리프는 오전 경매에서 두 개 품목에 대해 입찰을 했다. 카탈로그에 나와 있는 입찰안내 부분을 보면 모든 입찰은 '패들(주걱 모양의 도구)'을 이용해 하는 것으로 돼 있으나, 프로들은 이 방법을 거의 사용하지 않는 것 같았다. 프레스코—팔레트 패들도 클리프의 무릎 위에 계속 있을 뿐 한 번도 이것을 사용하지 않았다. 그 대신에 윙크를 하거나 코를 두드리거나 귀를 잡아당기거나 머리를 끄덕이거나 타이를 당기는 등, 존 매리언이 알아차릴 수 있을만한 여러 가지 행동을 해보였다. 나로서는 이런 상황이 당황스럽기만 했다. 이런 미묘한 몸짓 하나에 20~30만 달러가 왔다갔다한다니 불안해서 참을 수가 없었다.

그러나 전화기, 숫자, 표시판, 호가, 매매 확인, 돈이 오가는 속도 등에 차차 적응이 되기 시작했다. 가만히 따져보니 아멕스 현장에서의 상황과 별다를 것이 없다는 생각이 들었다. 경매장은 좀 더 청결하고 고상한 버전의 아멕스였다. 존 매리언은 좀 더 잘 차려입고 좀 더 세련된 '프래니 산탄젤로'였다.

오전 경매를 마치고 점심을 먹으러 나왔으나 신경이 예민해져서인지 영 입맛이 없었다. 오전 경매에 나온 품목 대부분이 카탈로그에 표기된 예상 경매가를 웃도는 수준에서 낙찰됐다.

"이봐, 클리프. 내가 입찰가를 너무 낮게 잡은 것 아닐까?"

"그야 모르지 뭐. 예상가를 정확히 산출할 때도 있고 다른 사람이 자네보다 아슬아슬하게 높은 가격으로 낙찰을 받을 수도 있고. 일단 오후 경매 상황을 지켜보고 전략을 수정하든지 하자고."

오후 1시 50분에 우리는 다시 자리로 돌아왔다. 이번에도 정확히 오후 2시가 되자 존 매리언이 단상으로 올라왔다. 로트 151, 존 라 파지John La Farge의 〈탐미주의자The Aesthete〉가 1만 3,000달러에 낙찰됐다. 카탈로그 표시가의 두 배가 넘는 가격에 팔린 것이다. 아무래도 상황이 좋지 않은 것 같았다. 전반적으로 낙찰가가 너무 높았다. 환율이 표시되고 굴대가 돌았다. 30초마다 한 개씩 팔려나가고 있었다. 메사 옵션이 매매되는 속도보다 더 빨랐다.

12분 후, 마침내 로트 176, 〈바다로 가는 길〉이 등장했다. 해섬의 작품을 가질 때가 온 것이다. 우리는 소더비 추정 낙찰가 중 최고치인 20만 달러를 최대 입찰가로 생각하고 있었다. "150부터 시작할까요?" 경매인의 중후한 목소리가 들렸다. 클리프가 자신의 귀를 잡아당겼다. "네, 150! 그럼 175는 안 계신가요?" 입찰 경쟁이 붙었다. "네, 175! 자, 200?"

"저기 저 그리스 사람이야." 알이 속삭였다. 클리프가 알았다는 듯이 고개를 끄덕거렸다.

"네, 200입니다. 225는 없나요?" 잠시 침묵이 흘렀다. "210 계신가요?"

클리프가 내 의사를 확인하려는 듯 내 쪽을 쳐다봤다. "계속 가, 210 좋아." 나는 이렇게 속삭였고, 클리프는 경매인을 향해 윙크를 했다.

"네, 210 좋습니다. 그럼 220은? 네, 220!"

"저기 저 귀부인이 호가를 냈어." 알이 말했다.

"계속해." 나는 작은 소리로 말했다. 그러자 클리프는 자신의 코를 두드렸다.

"네, 230. 아, 이제 240입니다. 240 없으신가요?"

"이번에는 아까 그 그리스인이야." 알이 말했다.

젠장! 저 그리스인한테 질 수는 없었다. 그래서 클리프에게 240에 지르라고 신호를 보내려는 순간 오드리의 손톱이 내 허벅지 살을 파고드는 것이 느껴졌다. "진정해, 버지. 그냥 저 두 사람이 경쟁하게 놔두라고. 상황이 별로 좋지 않아. 다른 입찰자가 두 명이나 남아 있잖아." 오드리가 옳았다. 우리는 그리스인과 귀부인이 끝까지 경쟁하는 모습을 지켜봤고, 낙찰가는 28만 달러까지 올라갔다. 경매라는 것도 정말 쉽지가 않았다. 크랩 게임을 할 때와 비슷했다. 게임에서 지는 것은 정말 싫지만 그래도 흥분은 금물이었다.

7분 후 로트 190, 시어도어 로빈슨의 〈지베르니의 여름Summer Hillside, Giverny〉이 47만 5,000달러에 팔렸다. 소더비가 추정한 낙찰가 범위를 벗어난 것은 아니었으나, 내가 사기에는 너무 비싼 가격이었다. 3분 후에 로트 196, 윌리엄 메리트 체이스의 〈시네콕 풍경Shinnecock Landscape〉은 30만 달러에 낙찰됐다. 이는 추정 낙찰가에서

50퍼센트나 초과한 가격이었다. 상황이 좋지 않았다. "제길!" 나는 숨을 죽이며 이렇게 중얼거렸다. "이봐, 너무 걱정하지 말라고." 알이 달래줬다. "너무 감정적으로 입찰한 거야. 쓸데없이 낙찰가가 너무 높아진 거지. 이제 다음 준비를 해야지."

심장이 쿵쾅거렸다. 201, 202, 203번 경매가 모두 끝났다. 경매인이 고리쇠로 단상을 쳤고 굴대가 빙그르르 돌았다. "로트 204, 모리스 브라질 프렌더개스트의 〈정원〉입니다. 수채화고요." 중후하고 기품 있는 목소리로 경매인이 작품을 소개했다. "140? 네, 140! 자 그럼, 160? 감사합니다. 160! 그럼 180 계신가요?" 클리프가 고개를 끄덕였다. "180! 감사합니다. 자, 200 있나요? 200? 네, 200! 그럼 220 있나요?"

"필라델피아 갤러리야." 알이 속삭였다. "갤러리 측에서 사는 건지 고객용으로 사는 건지는 모르겠네."

"어느 쪽이든 상관없어. 이번 작품은 무슨 일이 있어도 꼭 내가 사야 해. 어서 진행해, 클리프."

존 매리언이 클리프 쪽을 봤고 클리프는 고개를 끄덕였다.

"220! 좋습니다. 그럼 230 있나요?" 잠시 침묵이 흘렀다. "프렌더개스트의 명작, 230 없나요?" 존 매리언이 장내의 뒤쪽을 둘러봤다. "감사합니다. 230! 이제 240 있나요?" 매리언이 다시 클리프 쪽을 바라봤다.

"역시 필라델피아 갤러리야." 알이 말했다. "다른 입찰자는 없어."

클리프가 내 쪽으로 고개를 돌렸다. 그래서 나는 오드리를 쳐다봤다. 오드리가 고개를 끄덕였다. "계속해." 그러자 클리프가 타이를 잡아당겼다.

"네, 240! 250 계십니까?" 내 무릎 위에는 카탈로그가 펼쳐져 있었다. 나는 두 손으로 내 머리를 감싸 쥐고 프렌더개스트의 그림을 봤다. 제발, 제발 내 것이 되라. "240, 더 없습니까? 하나, 둘, 낙찰입니다." 나는 그 자리에서 벌떡 일어났다. 이번 일은 내 인생 최고로 감격스러운 사건이었다. 나는 알의 몸 위로 상체를 구부려 오드리를 껴안은 후, 알에 이어 클리프와 악수를 했다. 헤이즈와 내가 입회장에서 매시드포테이토 춤을 췄던 것과 비슷한 승리의 의식이었다. 우리 뒤에 앉은 사람들도 나와 오드리를 축하해줬다. 낙찰가 24만 달러(+소더비 수수료 2만 4,000달러)면 나쁘지 않은 가격이었다.

아이고, 나는 경매가 아직 끝나지 않았다는 사실을 까맣게 잊고 있었다. 로트 206의 경매가 막 끝났고, 이제 로트 207, 프리스크의 〈강가에서〉가 등장했다. 오드리가 탄성을 내질렀다. "정말 굉장한 걸?" 오드리는 지난밤 전시회 때 집에 있었기 때문에 이 작품을 직접 보는 것은 지금이 처음이었다. "꼭 사자! 사자!" 오드리가 강하게 주문을 했다.

나는 아주 충성스런 해병대원이고 지금 막 행진 명령을 받은 셈이었다. "240! 자 그럼 260 있습니까?" 클리프는 얼굴을 씰룩거리거나 타이를 잡아당기는 등의 행동으로 입찰하고 있었다. "270! 280! 네, 이제 290?" "계속해! 계속!" 그러자 클리프는 계속해서 신체 일부를 움직여 의사 표시를 했다. "하나, 둘, 네, 낙찰입니다!" 이제 됐다. 드디어 〈강가에서〉가 우리 차지가 된 것이다. 또 한 작품을 낙찰받은 것에 대해 축하하는 의미로 여러 사람이 등을 두드려줬다. 정말 믿을 수 없는 일이었다. 29만 달러(+2만 9,000달러)와 24만 달러(+2만 4,000달러)라니! 파크가의 고급 아파트를 구입한 이후로 순식간에 이렇게 큰돈을 써본 적이 없었다.

6개월 후, 알과 클리프가 나를 만나러 왔다. "버지, 자네가 관심을 가질만한 제안이 하나 있어서 왔어. 자네가 보유한 보노의 그림을 사고 싶어 하는 수집상이 있어. 70만 달러를 준다는데? 보노 그림에 그 정도면 아주 좋은 가격이라고 생각해."

"내 생각도 그래." 이 그림은 9개월 전에 40만 달러에 샀기 때문에 나 역시 선뜻 그렇게 대답했다. 9개월 만에 75퍼센트의 이익이 발생한다면 아주 괜찮은 매매라는 생각에 우리는 보노의 그림을 그 수집상에게 팔기로 했다. 그 그림은 지금 프랑스 지베르니에 있는 미국미술관Muse American에 전시돼 있다.

그 후 몇 년에 걸쳐 가격이 적당하다고 판단될 때 프레스코—팔레트 갤러리를 통해 다른 작품들도 몇 점 팔았고, 다른 금융 상품과 마찬가지로 투자 가치가 있다 싶을 때 예술 작품을 사기도 하고 팔기도 했다. 소더비와 크리스티 경매장은 물론 수천 명에 달하는 알과 클리프 같은 딜러들도 잘 아는 사실이다. 그들은 시장을 조성하는 한 부류이다. 다른 측면에서 볼 때 예술 작품은 단순한 투자 대상을 넘어서는 대상이다. 채권이나 주식, 선물과는 달리 그림은 사기 전에 누가 그것을 소유했었는지, 팔 때는 그것이 어디로 갈지 알고 싶어한다. 금융 상품과 예술품매매의 차이점이라면 예술품매매에는 감정과 윤리 의식이 개입된다는 점이다.

내가 산 그림은 우리 집에 온 손님과 같은 존재다. 나는 어니스트 로슨과 함께 잠에서 깨고, 프레드릭 프리스크와 함께 밥을 먹고, 윈슬로 호머 그리고 차일드 해섬과 함께 책을 읽는다. 그리고 모리스 프렌더개스트, 윌리엄 글래켄즈, 메리 카사트과 함께 앉아 있다. 내 어머니가 아주 오래전부터 알고 있었던 것처럼, 이들과 이들이 그린 그림은 예의와 겸손, 인성 등을 내게 가르쳐준다. 이러한 것들은 에디 코헨의 지하실이나 거래소의 입회장에서는 절대 배울 수 없는 것들이다. 그리고 돈을 버는 일이 세상에서 가장 중요한 것은 아니라는 사실도 가르쳐준다. 이러한 가르침을 통해 더 좋은 인간으로 성장할 수 있게 해준다.

파크가로 이사 오고 나서 몇 년 후, 나는 협동조합위원회 이사로 선출됐고 또 다시 회장에 선출됐다. 회장이 되고 얼마 지나지 않아서 이 아파트에 산지 20년이 넘었다는 한 주민한테서 전화 한 통을 받았다. "슈워츠 씨, 만나서 드릴 말씀이 있는데 찾아뵈어도 될까요?"

그렇게 해서 우리는 거실에 함께 자리했다. 나를 찾아온 주민이 시선을 아래로 향한 채 입을 열었다. "저, 슈워츠 씨. 지금 제 사정이 좋지 않아서요. 물론 이 시기가 지나면 금방 괜찮아질 겁니다. 지금 당장이 문제인데요. 아무래도 월 관리비를 내지 못할 거 같아요."

처음에는 무슨 말을 어떻게 해야 할지 몰랐다. 이런 고급 아파트에 사는 사람이 관리비를 낼 수 없다는 사실이 선뜻 이해가 가지 않았던 것이다. 규정대로 하자면 관리비를 내지 못한 그 주민은 채무불이행이라는 이유로 당장 내쫓을 수 있다. 7년 전 내가 이곳으로 입주하려 할 때도 회장한테서 이런 소리를 들은바 있다. 그러나 나는 뉴헤이븐 출신으로 자수성가한 사람이고, 처음부터 상류층이 아니었다. 부와 권력을 지닌 사람들은 가난한 사람들을 멸시한다. 그러나 그런 멸시를 받아본 사람은 그것이 어떤 기분인지 잘 안다. 그러므로 부와 권력을 지닌 사람이 됐을 때 자기보다 못한 사람한테 아량을 베풀어야 한다고 생각했다.

"네, 그렇군요. 여기 오래 사셨다고요. 25년? 30년인가요? 시간을 가지고 일이 잘 해결되도록 해 보세요. 분명히 잘 될 거예요. 관리비는 그때 가서 내도 괜찮습니다."

내 말을 듣자 그 사람은 상당히 안도했으며, 나가려다 말고 잠시 서서 내 방을 둘러봤다. 그 순간만큼은 그 방에 걸려 있던 그림들이 이 아파트보다 훨씬 고귀하고 가치 있게 보였다. "정말 훌륭한 작품들을 갖고 계시네요."

"고맙습니다. 우리도 저 그림들을 참 좋아해요. 그리고 바로 이런 일이 있을 때 여기 걸려 있어서 더 좋네요."

아무리 고수라도 무기가 없을 때는 섣불리 매매하지 마라

매매할 때 가장 중요한 것은 항상 무기를 챙겨야 한다는 것이다. 무장을 하지 않은 채 길거리를 돌아다니는 것은 위험천만한 일이다. 잘 알지도 못하는 곳을 총도 없이 어슬렁거렸다가는 목숨을 부지하기 어렵다. 실전 매매에 임하기 전에 아주 많은 시간을 들여 내 방법론을 연구하고, 친구인 헤이즈 노엘과 함께 아멕스 입회장을 답사했던 것이 다 이러한 이유에서다. 그런데 안타깝게도 '바람의 도시(Windy City: 시카고의 별명)'에 들렀을 때 이 원칙을 그만 망각하고 말았다.

1987년 봄, 오드리와 나는 한 파티에 참석할 기회를 잡았다. 우리가 미술품 수집에 열을 올린 지 6개월 정도가 됐을 때였다. 알과 클리프가 시카고에 있는 윈디시티미술관 개장 기념 파티가 있는데 기부만하면 이 행사에 초청받을 수 있다는 말을 했다. 이 말을 듣자마자 나는한치의 망설임도 없이 바로 수표책을 집어 들고 펜을 꺼냈다. 이 미술관의 설립자와 그 아내는 미국 인상파 화가 작품의 주요 수집가였고,미술관 개장 파티는 그해 미술계의 중요한 행사 가운데 하나이기도했다. 정장 차림을 한 미술계 거물급 인사들이 각지에서 몰려올 것이다. 나는 서명한 수표를 발송하고, 악어가죽 구두를 꺼내 윤이 나게 닦았다. 이제 파티에 참석할 준비가 된 것이다.

우리는 미술관 개장 전날, 드레이크호텔에 여장을 풀었다. 그런데다음 날까지 딱히 할 일이 없었던 나는 이왕 시카고까지 온 김에 머크에 가서 데비 혼을 한번 만나봐야겠다는 생각이 들었다. 지난 5년 동안 나는 S&P500선물매매에 관한 한 최고의 트레이더 중 한 명으로인정받았으나, S&P선물매매 피트에는 한 번도 가본 적이 없었다. 그래서 직접 가서 그곳의 트레이더들이 어떻게 일하는지 지켜보는 것도 재미있을 것 같았다. 나는 택시를 잡아타고 시카고의 파크가로 여겨지는 웨커 드라이브Wacker Drive를 향해 달렸다. 그리고 마침내 머크,즉 시카고상업거래소 본사에 도착했다. 외벽이 화강암으로 장식된 40층짜리 쌍둥이 빌딩을 보면서 내가 이 대단한 곳의 한구석을 차지하고 있다는 생각에 가슴이 뿌듯했다.

나는 바로 회원 데스크로 다가갔다. "마틴 슈워츠라고 합니다. 여기회원이지요. 제 배지를 좀 주시겠어요?"

내가 이름을 말하면 데스크에 있는 안내자가 바로 나를 알아볼 것으로 생각했다. 그러나 이 안내자는 나를 멍하니 쳐다보면서 이렇게 말했다. "슈워츠 씨라고요? 철자가 어떻게 되지요?" 뭐야, 이 여자가 지금 무슨 말을 하고 있는거지? 거래소 직원이 아닌가? 아무래도 입회장으로 가봐야 아는 사람을 만날 수 있겠군!

나는 아르마니 정장에 발리 악어가죽 구두를 신고 번쩍이는 배지를 뽐내며 입회장으로 들어섰다. 그런데 입회장은 생각 이상으로 컸다. 정말 축구장 크기만 했다. 너무 넓어서 대체 데비를 어디서 찾아야 할지 막막했다. 시장은 개장했고 그곳에 있는 모든 사람들이 이리저리 바쁘게 움직이고 있었다. 마치 러시아워 때의 그랜드센트럴 지하철역의 광경을 보는 것 같았다. 누군가의 도움이 필요했던 나는 마침내 옆을 지나가던 주문원을 잡고 물어봤다. "저기요! 나는 마틴 슈워츠요. S&P선물 피트가 어디요?"

"당신이 누구인지는 내 알 바 아니고 그 피트는 저쪽에 있어요." 주문원은 사람들이 모여 있는 쪽을 아무렇게나 가리키고는 바로 그 자리를 떴다. 그래서 나는 건너편 쪽으로 걸음을 옮겼다. 내 주변은 온통 팔각형 부스였다. 이것이 바로 피트인 모양이었다. 사람들은 소리를 지르고 팔을 흔들며 정신없이 수신호를 보내는 등 '호가 방식'으로 매매를 하고 있었다. 손바닥 안쪽은 매수, 손바닥 바깥쪽은 매도, 손가락 흔들기는 입찰 혹은 매도가격 등을 의미한다. "6에 10계약 매수!" "6월물 삼겹살 시세는?" "9월물 돈육 매도분 없어?" 돌아가는 상황을 보니 육류 피트인 모양이었다. 그래서 다시 다른 곳으로 발길을 돌렸다.

"스위스 프랑의 매도호가는?" "85에 독일 마르크 30계약 매도!"

"페소는 어떻게 돼가고 있는 거야?" 육류 피트를 지나 이제 통화 피트로 온 모양이었다.

"6월물 80에 5계약 매수!" "9월물 95에 10계약 매도!" 마침내 익숙한 소리가 들려왔다. 그곳에서 고개를 들어 스크린을 쳐다봤다.

드디어 S&P선물 피트를 제대로 찾아왔다.

여기서 데비를 찾는 것은 어렵지 않았다. 머크 입회장에서 일하는 여성은 그리 많지 않았기 때문이다. 데비는 주변 사람들에게 나를 소개해줬는데, 베테랑급 트레이더들은 나를 알아봤으므로 나는 기분이 꽤 좋았다. 마치 빌리 더 키드(Billy the Kid: 서부 개척시절의 유명한 총잡이—옮긴이)가 등장한 것 같은 광경이 연출됐다. "안녕하세요." "아이고, 여긴 웬일이신가?" "만나서 반갑군요. 당신 얘기는 많이 들었어요." "여기는 처음이시죠?" "오신 김에 매매 좀 해보실래요?"

이거 뭐라고 대답해야 하는가? 지난 5년 동안 S&P선물에서라면 누구 못지않은 아니 누구도 따라올 수 없을 정도의 실적을 올렸던 것은 사실이다. 나야말로 서부에서 가장 빠른 총잡이였고 지금 여기 이 사람들은 직접 두 눈으로 내 실력을 확인하고 싶은 것이다. "좋아요, 그러지요!" 나는 바로 데비 옆으로 갔다. 그간의 내 매매 원칙상 사람들의 부추김에 이끌려 피트에 들어서는 일은 하지 말았어야 했다. 또한 주문을 내고 매매를 성사시키는 일도 당연히 하지 말았어야 했다.

당시 시장은 널을 뛰는 형국이었고, 매매에 나서자마자 내가 곤경에 빠졌다는 사실을 깨달았다. '총'을 집에 두고 왔다는 사실을 깜빡했던 것이다. 지금 내 수중에는 차트도, 쿼트론도, 이동평균도, 오실레이터도, 스토캐스틱도 아무것도 없었다. 여기에 있는 사람들 모두가 나를 향해 총구를 겨누고 있는데, 나는 겁도 없이 알몸으로 서 있었다. 들리는 것이라고는 피트에서 나오는 호가 외침과 보이는 것이라고는 정신없는 수신호뿐인데, 그 어떤 것도 제대로 파악이 되지 않았다. 보고들은 바를 토대로 판단하건대 시장이 상승세를 타고 있었으나, 내가 보기에는 그것도 이미 천장에 도달한 것으로 여겨졌다. "20에 5계약 매수." 피트 너머에서 얼굴이 온통 여드름투성이인 한 애송이가 성화를 부렸다. "이봐요, 슈워츠 씨. 여기 구경하러 온 건가요, 아니면 매매를 하러 온 건가요?"

젠장! 나는 숨을 죽이며 속으로 중얼거렸다. 그깟 5계약쯤이야! "데비, 절대 질 수 없지! 20에 50계약 매도! 50 매도하겠음!" 저 애송이가 매수 포지션을 취한다면 나는 매도 포지션을 취할 테다.

피트 주변에서 아우성이 들렸다. "매도 완료! 20에 15계약 매수!" "20에 10계약 매수!" "20에 20계약 더!" "이봐요, 슈워츠! 더 매수할게요." "흠, 뉴욕 양반! 다 털어보시지? 20에 20계약 더 매수!" "슈워츠, 9월물은 없나요? 60에 20계약 매수!" 대체 여기서 무슨 일이 벌어지고 있는 거지?

이후 1시간이 그렇게 고통스러울 수 없었다. 나는 고집스러울 만치 매도 포지션을 고수했으나 죄다 헛수고였다. 시장 흐름이 내게 유리한 방향으로 바뀔 기미가 보이지 않았다. 결국 9만 달러의 손실이 난 시점에서 매매를 중지했다. 허탈한 기분으로 피트에서 나올 때 나이든 트레이더 한 명이 이렇게 소리쳤다. "이봐요, 슈워츠 씨! 꼭 한 번 다시 와요! 몇 년 동안 전화로 우리 돈을 다 긁어갔잖소! 이렇게 직접 면전에서 당신 돈을 챙기는 재미가 아주 쏠쏠합니다."

1989년에 다시 머크에 갈 기회에 있었으나, 그때는 절대 매매하지 않았다. 총을 집에 두고 나왔다면 절대 총격전에 나서지 마라! 시장은 다른 사람들에게 감명을 주는 그런 장소가 아니다. 트레이더로서 사람들에게 감동을 줄 수 있는 유일한 방법은 항상 긴장의 끈을 놓치지 않은 채 자신의 깜냥에 맞게 매매하는 것이다. 어쨌거나 시카고의 거물 인사가 한번 되겠다고 설쳤다가 윈디시티미술관 기부금과 머크에서의 매매 손실금을 합해 10만 달러를 날려버렸다.

Chapter 11

마틴 슈워츠, 거장 조지 소로스를 이기다

월가에서 가장 흔히 오가는 질문이 있다. "10월 19일에 당신의 포지션은 어땠나요?" 1987년 10월 19일, 당시 나는 매수 포지션을 취했고, 결과적으로 잘못된 결정이었다. 다시 그때로 돌아간다 해도 나는 여전히 잘못된 판단을 내리고, 매수 포지션을 취할 것 같다.

1980년대는 한마디로 격동의 시기였다. 1982년 8월에 폴 볼커 연준 의장이 멕시코에 대한 구제금융을 결정한 이후, 미국시장은 대 상승장을 형성했다. 1982년부터 1987년까지 5년 동안 다우존스산업평균지수는 790에서 2600 이상으로 껑충 뛰었다. 지수가 무려 230퍼센트나 상승한 셈이었다. 1987년 처음 9개월 동안에만 다우지수가 650포인트(33퍼센트) 상승했다. 월가는 마치 팜플로나(Pamplona: 축제 때 투우 행사가 열리는 스페인 북동부에 위치한 유명한 도시─옮긴이)와 같았다. 팜플로나 투우 행사 때 쏟아져 나온 황소를 피해 수많은 사람이 이리저리 몰려다니는 광경이 연상될 정도로 월가는 수많은 황소(강세)에 즐거운 비명을 지르고 있었다. 그해에 나는 800만 달러를 벌었고, 돈을 버는 것이 너무 쉬웠던 지라 모두들 이러한 장세가 영원히 계속될 것으로 믿어 의심치 않았다.

온통 주식에만 내 신경이 집중되었으며, 이익은 점점 늘어났다. 콜럼버스기념일(10월 12일)이 낀 주말에는 웨스트햄튼에 사는 프로 테니스 선수 앤드리와 그의 아내 가비와 함께 파라다이스 아일랜드로 놀러 갈 정도로 우리 부부는 그 당시 시장에 대해 크게 낙관하고 있었다. 물론 콜럼버스기념일에도 시장은 열리지만, 아멕스 사람 중 지중해 지역의 습성에 젖어 있는 유대인이나 이탈리아인들은 이날 출근하지 않았다. 콜럼버스기념일에도 시장을 지키고 있던 사람들은 빅보드(뉴욕증권거래소)에 있는 북유럽, 와스프, 아일랜드 사람들이었다. 지난 8년 동안 별다른 사건은 일어나지 않았지만, 마음을 완전히 놓은 채로 편히 휴가를 즐기기는 좀 어려웠다. 그래서 오드리와 앤드리, 가비가 이국의 정취가 물씬 나는 바닷가 술집에 앉아 느긋하게 피나 콜라다를 마시는 동안, 나는 전화통을 붙잡고 계속 매매에 매달렸다. "테네코 1만 주를 사라고. 뭐? 테네코가 인수될 것 같다고? 그러면 2만 주를 더 사. 매수! 매도! 보류! 오드리, 카지노 문은 언제 열지?"

콜럼버스기념일이 낀 주말 이전부터 시장의 낌새가 심상치 않았다. 10월 8일 목요일, 다우존스산업지수가 35포인트 하락했고, 9일 금요일에는 다시 34포인트 하락했다. 그리고 12일 월요일에는 10포인트 하락한 반면, 13일 화요일에는 36포인트가 상승했다. 그러다 수요일에는 95포인트라는 기록적인 하락폭을 나타내며 다우지수가 곤두박질첬고, 15일 목요일에 또 다시 58포인트가 하락했으며, 그 다음 날은 바로 '검은 금요일'이었다. 〈월스트리트저널〉은 금요일의 기록적인 지수 하락 양상을 다음과 같이 묘사했다. "다우존스산업평균지수가 108.65포인트라는 기록적인 수치로 폭락함에 따라 거래량이 전대미문의 수준인 3억 3,850만 주로 증가했다. 이 같은 지수 하락은 역대 세 번째로 큰 하락폭이다. 그러나 일부 기술적 분석가들은 금요일에 거래량이 폭등한 것은 앞으로의 장세가 좋아질 것을 암시하는 신호라고 주장했다."

이것이 대다수 전문가가 검은 금요일을 바라보는 시각이었다. 말하자면 금요일의 시장 폭락은 큰 하락 추세의 대미를 장식하는 현상, 즉 금요일을 끝으로 하락장이 막을 내릴 것으로 예상했다. "시장의 대폭락은 '임종 시 마지막으로 내는 소리'와 같다. 즉, 이제 하락장이 임종을 맞은 것이다." 베어스턴스의 잭 솔로몬Jack Solomon의 주장이었다. "시장이 '항복점'에 다다랐다." 키더 피바디(Kidder, Peabody: 투자은행)의 데니스 재럿Dennis Jarrett의 시각이었다. 또 수많은 기술적 분석가들이 다음과 같은 의견에 동조했다. "금요일의 대폭락은 전형적인 '매도 정점selling climax'의 모습이다." 나 역시 시장이 바닥을 쳤다고 봤다. 내 매매 원칙 중의 하나가 '금요일의 하락세는 다음 월요일에도 이어진다.'임에도 나는 매수 포지션을 취하기 시작했다.

16일 금요일, 장이 마감되기 직전에 나는 데비에게 전화를 했다. "데비, S&P 40계약을 시가로 매수해줘." 내 주문대로 데비는 283.50에 40계약을 매수했다. 평소의 내 포지션 규모를 생각한다면 이 정도는 아주 약소한 수준이었으나, 본능적으로 이번 시장에서는 그 정도면 충분하다는 감이 왔다. 주말을 보내는 동안 두 가지 일이 일어났고, 그것은 나를 계속 신경 쓰이게 만들었다.

늘 그렇듯이 금요일 밤이면 파김치가 되어 쓰러질 지경이 되었다. 너무 피곤해서 외출은 꿈도 꾸지 못했으므로 오드리는 맛있는 음식을 만들어줬고, 식사가 끝난 다음 나는 소파에 벌렁 누워 루이스 루케이저Louis Rukeyser가 진행하는 〈월스트리트 위크Wall Street Week〉를 시청했다. 루케이저가 마틴 즈웨이그Marty Zweig에게 다우지수가 108포인트나 하락한 것에 대해 어떻게 생각하느냐고 물었다. 마틴는 자금관리자이자 시장 예측자로서 이 프로의 고정 출연 중이었다. 이 질문에 마틴는 이렇게 답변했다. "시장이 위험합니다. 내 생각에는 여기서 500포인트는 더 떨어질 것으로 보입니다."

마틴도 우리 아파트에 살고 있었다. 그래서 일요일에 그에게 전화를 걸었다. 마틴가 내려왔고, 우리는 1시간 남짓 산책을 하며 이야기를 나눴다. 채권시장도 빠르게 급락하고 있었으며, 마틴는 모든 지표가 다 비관적이라고 말했다. 그러면서 앞으로 500포인트는 더 떨어질 것이라는 의견을 굽히지 않았다. 물론 마틴의 말은 앞으로 몇 달 동안 500포인트가 떨어진다는 의미였다. 그때만 해도 나나 마틴나 24시간 만에 정말 지수가 500포인트나 하락할 줄은 상상도 하지 못했다.

또 다른 일은 재무부장관의 태도였다. 주말 동안, 베이커 재무장관이 그렇지 않아도 골골하던 시장에 찬물을 끼얹어버렸다. 독일의 단기 금리 인상 움직임을 비난하고 나섰던 것이다. 베이커는 달러 가격의 통제를 통해 미국의 무역 적자 규모를 줄이려고 했고, 독일 측의 이같은 조치는 지난 2월에 독일 정부와 맺은 협정을 위배하는 것이라고 보았다. 양국 간에 오고간 설전이 시장을 뒤흔들었다. 베이커 장관의 언행을 지켜보면서 나는 뭔가 잘못되고 있다는 사실을 깨달았다.

월요일이 됐다. 나는 극도로 신중한 자세를 취했다. 마틴가 〈월스트리트 위크〉에서 했던 말과 베이커와 독일 간의 힘겨루기 양상을 되짚어 보면서, 아무래도 시장 상황이 좋지 못할 것이라는 생각이 들었다. 나는 모든 사안에 대해 '항복점', 즉 심적인 손절매 시점을 정해 놓고 있었으나, 당장 문제는 내가 그러한 원칙을 지킬 수 있을 만큼 정신적으로 강한가 하는 점이었다. 마음속으로 어느 시점이 되면 팔아야 한다고 생각하는 것과 그러한 지점에 도달했을 때 실제로 팔 수 있는가는 전혀 별개의 문제였다. 손절매 시점을 지키는 것이야말로 진정한 고수와 평범한 트레이더를 구분하는 지표가 된다.

개장을 알리는 벨이 울리자마자 시장은 통제 불능 상태로 치달았다. 다우지수는 개장하자마자 15분 만에 150포인트 하락했다. 나는 책상 앞에 앉아 S&P 40계약과 상당량의 옵션과 주식 포지션이 '항복점'을 한참 지나친 광경을 지켜보며 망연자실한 상태가 됐다. 과포지션 상태가 된 것이다. 이때는 방아쇠를 당길 수도 없고, 시장에 대해 어떤 반응도 할 수가 없었다. 해병대에서는 폭격을 당할 때는 가만히 있지 말고 전진이던 후진이던 반드시 움직이라고 배웠다. 멍하니 앉아 있다가 집중포화를 맞지 말라는 것이다. 그러나 그것도 재래식 무기로 공격당했을 때의 이야기다. 지금은 완전히 핵공격을 당한 상태라 움직이기는커녕 손가락 하나 까딱할 여지가 없었다.

두 눈으로 스크린만 뚫어지라 응시했다. 이런 세상에! 모든 지표가 다 하락세였다. 다우존스산업지수? 30분 만에 200포인트 하락했다.

S&P? 19포인트 하락 출발했고, 이후로 계속해서 하락하고 있었다. 나이프? 뭐 말할 것도 없었다. 나스닥? 의무 후송용 헬기를 타고 떠난 지 오래였다. 시카고옵션? 한마디로 작전 중 전사KIA: killed in action다. 나는 속으로 중얼거리기 시작했다. '대체 이게 어찌 된 일이냐고. 도저히 이럴 수는 없어. 내 포지션을 어쩌면 좋으냐고. 제발 반등해라, 제발! 반드시 반등해야 해.'

10시 30분이 되자 장이 잠시 숨 고르기를 하는 듯하더니 약간의 반등이 있었다. 나는 포지션 처리를 위해 여기저기 전화를 하면서 장세를 파악하기 시작했다. "거래량은?" "매도 측 물량은?" "매수측은?" "새로운 매수자가 있는 거야? 아니면 공매도자가 재매수하는 거야?" "젠장, 머크가 12나 하락해서 지금 172라고? 그리고 디지털은 20 하락해서 152? 가격이 너무 높아, 사람들이 사야 말이지!" 이후 20분 만에 다우지수가 저점에서 100포인트 반등하는 것을 보고 행동에 나섰다.

나는 부리나케 시카고로 전화를 걸었다. "데비, S&P 40계약 전부 던져, 시가로! 지금 당장!" 나는 267.50에 전량 매도했고, 315라는 큰 손실을 입었다. 그러나 그것이 내 평생 가장 훌륭한 매매 가운데 하나였다고 자부한다. 내가 마켓타이머라는 것이 이번처럼 뿌듯했던 적이 없으며, 또 이번만큼 매매 시점을 탁월하게 포착했던 적도 없다고 생각한다. 이날 고점에서 겨우 1.50 낮은 수준에서 S&P 40계약을 처분했던 것이다. 이 시점부터 시장은 다시 끝 모를 나락으로 곤두박질쳤고, 나는 계속해서 매수 포지션을 전부 청산했다. 11시 30분이 되자 콜럼버스 기념일에 샀던 소량의 옵션을 제외하고 모든 포지션을 청산할 수 있었다. 이 옵션은 정리할 수가 없었는데, 매수주문이 전혀 없는 상태에서 매매가 전면 중지됐기 때문이었다.

정오가 되자 다우지수가 다시 150포인트 가량 하락했다. 이 시점을 기준으로 200만 달러라는 엄청난 손실을 입었다. 그러나 적어도 나는 포지션을 전부 청산했고, 더 이상의 손실은 발생하지 않았으니 그나마 다행이었다. 만신창이가 되었어도 추가적인 출혈은 막았으니 그것으로 된 것이다. 군대에서는 후퇴도 때로는 최선의 공격일 수 있다고 말하는데, 나중을 위해 일단 목숨을 부지하는 것이 우선이기 때문이다. 나 또한 훗날을 기약하려고 일단 시장에서 손을 떼고 나 자신을 살려둔 것이다.

문제는 내가 전장에서 충분하다 싶을 만큼 멀리 퇴각했느냐 여부이다. 시장의 모든 시스템이 완전히 무너진 것인지 아닌지가 분명하지 않았다. 1929년의 시장 붕괴가 재현되는 것인가? 마음속 깊은 곳으로부터 아버지의 모습이 떠올랐다. 그 당시 아버지는 두 가지 일을 하면서 수입에 맞게 살려고 노력했으나, 그마저도 여의치 않았었다. 나는 내 가족을 부양할 수 있는 다른 일들에 대해서 생각하기 시작했다. 내 첫 번째 원칙은 항상 내 가족을 보호하자는 것이었다. 이런저런 생각 때문에 착잡한 심정으로 사무실을 나와 집으로 향했다. 그리고 집에 들어서며 아내를 불렀다. "오드리, 시장이 완전히 무너졌어. 아무래도 다시 금을 찾아와야 할 것 같아."

오드리는 내가 진심으로 하는 말인지를 가늠해 보는 것 같았다. "버지, 시장이 정말로 그렇게 안 좋아?"

"지수가 150포인트 이상 하락했어. 아주 안 좋아."

"당신 포지션은?"

"매매가 중지된 옵션을 제외하고는 다 청산했어." 가만 보아하니 오드리는 1982년에 내가 해변 별장에서 그녀에게 금을 찾아오라고 재촉했던 상황을 떠올리는 것이 분명했다. 그 금이 얼마나 무거웠던가? 정말 다시는 그런 일을 하고 싶지 않았다. "나는 할 만큼 했다고 생각하는데?"

나는 아들이 자고 있는 침실로 들어갔다. 엄지손가락을 빨며 잠들어 있는 아이를 바라보면서 이런 생각을 했다. 모든 것이 틀어져서 땡전 한 푼 없는 처지가 된다면? 내가 할 수 있는 다른 일이 있는데도 가족을 지키기 위해 하지 않았다는 사실을 아이들이 알게 되면, 내 아이들의 얼굴을 어떻게 볼 것인가? 그래, 금을 찾아와야겠어!

나는 급히 옷장으로 달려가 낡은 서류 가방을 꺼내 들고 엘리베이터로 향했다. 나는 트레이더였다. 무엇보다 나는 내 직감을 믿었으며, 지금 나에게 상황이 심상치 않다고 말하고 있었다. 내 생각이 맞는다면 1929년에 후버 대통령이 그랬던 것처럼 레이건 대통령이 은행 업무 중단을 선포할 것이고, 그럴 경우 내 금은 은행에 그냥 묶여 있게 될 것이다. 그러니 나는 한시라도 빨리 가서 내 금을 전부 찾아와야 한다.

"버지, 어디 가는 거야?"

"아무래도 불안해. 가서 금을 찾아와야겠어."

"정 그렇다면 가서 찾아와. 그렇지만, 조심해야 해!"

우리 아파트는 65번 가와 파크가 사이 모퉁이에 있었다. 내가 가려는 이스트뉴욕저축은행East New York Savings Bank은 우리 아파트 건물 아래쪽인 64번 가와 3번 가 사이 모퉁이에 있었다. 청명한 가을 날씨가 한창인 거리로 나간 나는 서류 가방을 옆에 낀 채 65번 가를 따라 걸으며 3번 가로 향했다. 65번 가의 남쪽에는 체이스맨해튼은행Chase Manhattan Bank의 데이비드 록펠러David Rockefeller 회장 소유의 타운하우스가 있고, 그 옆집에는 얼마 전까지만 해도 닉슨이 살고 있었다. 현재 닉슨은 뉴저지 주 새들 리버Saddle River로 이사를 한 상태였다. 12시 30분경, 록펠러의 대저택에 도착했다. 그런데 외부 주차장을 보니 고급 리무진이 여섯 대 가량 주차해 있었다. "음, 여기서 무슨 일이 진행되고 있나? 아무래도 삼극 위원회Tri—Lateral Commission의 비상회의가 소집된 모양이군."

지금 록펠러 집에 부시 부통령, 헨리 키신저Henry Kissinger, 조지 슐츠George Shultz, 밀튼 프리드먼Milton Friedman, 마거릿 대처Margaret Thatcher, 헬무트 콜Helmut Kohl, 거기다 허버트 후버의 유령까지 모여서 자신들의 재산을 어떻게 보호할지 작당을 하는 게 틀림없었다. 그 외 세상 사람들의 재산과 안위는 차후의 문제일 것이다. 갑자기 내 발걸음이 빨라졌다. 서둘러 안전 금고로 가야 했다. 여기 있는 작자들이 백악관에 전화 한 통만 걸면 은행들은 바로 문을 걸어 닫을 것이다. 지미 호파(Jimmy Hoffa: 미국의 전설적인 노조위원장)의 관 뚜껑보다 더 단단히 말이다.

은행 카드에 내 안전 금고의 번호를 적어 넣는 동안 이마에서 땀이 흘러내리기 시작했다. 카드를 경비원에게 건네준 후 같이 금고실 안으로 들어갔다. 경비원은 자신의 열쇠로 내 금고를 열어주고 그 자리를 떴다. 나는 다시 내 열쇠로 금고를 열었다. 그리고 금고를 잡아 뺐다가 하마터면 바닥에 엉덩방아를 찧을 뻔했다. 금 40파운드(약 18킬로그램)가 얼마나 무거운지 깜빡했던 것이다. 크루거란드가 들어 있는 플라스틱 통을 서류 가방에 챙겨 넣기 시작했다. 금덩이는 적어도 25만 달러 가치는 될 것 같았다. 아니 이보다 훨씬 더 될지도 모른다. 왜냐하면, 시장이 완전히 무너지면 금의 가치는 천정부지로 치솟을 것이 뻔하기 때문이다.

보석과 할머니한테서 받은 20달러짜리 금화 1925D 세인트고든스, 아파트 소유권 증서 등 금고 안에 있는 것들을 모조리 다 챙겼다. 서류 가방이 금방 불룩해졌으나 금고 안에 아무것도 남겨 놓고 싶지 않았다. 시장이 완전히 붕괴한 것이라면 모든 재산을 내 수중에 두고 싶었다. 일을 끝내고 금고를 잠근 다음, 서류 가방을 들고 경비원을 호출했다. '다 챙겼으면 이제 여기서 나가자. 내일은 여기 문이 안 열릴지도 모르거든.' 나는 속으로 이렇게 중얼거렸다.

가방을 들고 거리로 나섰다. 거리는 인디언 서머(봄날 같은 화창한 날씨—옮긴이)를 즐기며 점심을 먹으려는 사람들로 넘쳐났다. 그 사람들이 전부 다 나를 바라보고 있다는 기분이 들었다. 마권업자 카민이 영화 〈대부〉를 보려고 늘어서 있는 군중 앞에서 내 손에 4,000달러를 쥐여 주던 때와 같은 기분이었다. 그런데 지금은 4,000달러가 아니라 자그마치 30만 달러를 지니고 있다. 그래서 길을 건널 때도 구석으로만 찾아다니면서 택시를 잡으려 했다. 그러나 40파운드나 되는 가방이 너무 무거워서 걸음에 속도가 붙지 않았다. 그때보다도 한결 더 가난하고 재빠르며, 머지않아 있을 대참사의 존재조차 모르는 무지한 소매치기들의 손아귀를 벗어나고자 갖은 애를 다 썼다.

택시가 쉽게 잡히지 않아 할 수 없이 마냥 길을 따라 걷고 있었다.

무거운 가방이 한쪽 어깨를 짓누르는 바람에 콰지모도(소설 『노트르담의 꼽추』에 나오는 주인공 이름)처럼 몸이 한쪽으로 기울어진 채로 65번가로 들어섰다. 록펠러의 집 앞에 당도했을 때는 땀범벅이 된 셔츠가 온몸에 딱 달라붙었고, 너무 힘이 들어서 한참을 헐떡거렸다. 최상류층의 거물들이 이곳에 모여 다른 사람들의 돈을 빼앗을 궁리를 하고 있겠지만, 내 돈만큼은 절대 그렇게 안 될 것이다. 나는 선택받은 사람이며, 책임을 다 하고 있고, 또 내 가족을 돌보고 있으니까 말이다.

나는 비틀거리며 집안으로 들어서자마자 소파 위로 쓰러졌다. "버지, 대체 무슨 일이야? 당신 얼굴이 비트(무처럼 생긴 빨간색 채소)처럼 새빨개졌다고." 오드리가 말했다.

"금이야." 나는 숨을 헐떡거리며 가방을 가리켰다. "금을 가져왔어. 침실에 갖다 놔. 이제 모건개런티Morgan Guaranty로 가서 현금을 좀 찾아와야겠어."

"버지, 그러다 당신이 먼저 죽겠어. 정말 이렇게 해야 하는 거야? 이번에는 확실한 거냐고."

"상황이 안 좋다고, 오드리. 시장이 완전히 무너지고 있다니까. 아까 록펠러 집 앞 주차장에서 리무진을 봤어. 높은 분들이 모여서 회의를 하고 있더라니까." 나는 자리에서 일어나 비틀거리며 사무실로 꾸며 놓은 방으로 들어갔다. 1시 30분, 지수는 265포인트 하락했다. 자본주의가 허망하게 무너지는 모습을 내 두 눈으로 지켜보고 있었다. 셔츠를 갈아입고 싶었지만 그럴 시간이 없었다. 65번가에 모인 그 인간들이 언제 백악관에 전화할지 모를 일이었다. 1분 1초가 아까운 상황이었다.

"안녕하세요, 슈워츠 씨." 현관 안내인이 말했다. "또 나가시게요? 하긴, 날씨가 이렇게 좋으니까요."

"택시!" 나는 거의 신음하듯 중얼거렸다. "택시를 타야 한다고. 월 관리비를 내려면 현금이 있어야 해."

모건개런티트러스트Morgan Guaranty Trust Co. of New York는 주택가에 도 지점을 여럿 두고 있었다. VIP가 은행 일을 봐야 할 때 도심지로 나와야 하는 수고를 덜어주기 위한 배려였다. 나는 택시 기사에게 매디슨가와 58번가에 있는 GM 빌딩까지 가자고 말했다. 지점에 도착한 나는 수표에 2만 달러를 써넣은 다음, 한 창구로 다가갔다. 한 젊은 여성이 단정한 정복 차림으로 분주하게 움직이고 있었다. 내 수표를 현금으로 바꾸려면 창구 직원의 승인이 필요했다. 미국에서는 9,999달러를 넘는 금액을 현금으로 바꾸려면 특별 서류를 작성해야 하기 때문이다. 마약 거래상이 아닌지 확인하는 절차가 필요하다는 게 더 정확한 이유일지도 모르겠다. 어쨌거나 창구에 표시된 것을 보니 이 젊은 여성의 이름은 킴벌리 반 펠트였고, 직함은 대리였다.

"이곳에 계좌가 있는데 이 수표를 현금으로 바꾸려고 합니다." 수표를 건네며 말했다.

그 직원은 내가 준 수표를 들여다봤다. "잠깐만 기다려 주세요, 손님." 앞에 놓인 키보드를 두드려 내 기록을 확인하는 듯했다.

"이 금액을 인출하시면 계좌의 잔고가 최소 잔고에 못 미치게 됩니다. 그래도 이 금액을 찾으시겠습니까?"

"네! 시장 지수가 400포인트나 하락했어요. 내일이면 은행 문이 열리지 않을 수도 있고, 이번 주말까지 수표결제가 원활하게 이루어질지도 장담할 수 없습니다. 그래서 돈을 찾으려는 거예요. 당신도 나처럼 하는 게 좋을 거예요."

다시 내 아파트로 돌아왔을 때, 내 셔츠 주머니에는 2만 달러가 들어 있었고 얼굴에는 만족스러운 미소가 가득했다. 미국의 악명 높은 은행 강도 존 딜링거John Dillinger와 윌리 서튼Willie Sutton이 한 사람으로 합쳐진 그 사람이 바로 나인 것 같은 묘한 승리감이 느껴졌다. "일이 잘된 모양이네요, 슈워츠 씨." 현관 안내인이 말했다. "아까 나가실 때는 안색이 좀 안 좋아 보였거든요."

"아주 좋아, 윌리엄. 모든 것이 다 좋아." 나는 이렇게 대답했다. "내일이면 이 아파트에 사는 사람 중에 아마 절반은 관리비를 내지 못할 거야. 그렇지만, 나는 아냐." 나는 주머니를 손으로 툭툭 두드려 보이며 말했다. "내가 아주 본때를 보여주지. 내일 은행 문이 열리지 않아도 나는 괜찮아. 현금으로 관리비를 낼 수 있거든."

나는 찾아온 현금을 금과 함께 금고에 넣어 두었다. 오후 2시 30분이었다. 나는 시장 상황을 살펴봤다. 모건개런티의 킴벌리 반 펠트에게 했던 말대로 지수는 409포인트나 하락했고, 그 하락세가 계속되고 있었다. 나는 수화기를 집어 들고 형 게리에게 전화를 걸었다. "형! 30분밖에 시간이 없어. 어서 은행으로 가! 가서 현금을 좀 찾아다 놓으라고! 내일이면 은행 문이 안 열릴 거야."

"버지, 지금 은행에 갈 시간이 없어. 바쁘단 말이야. 고객과 상담 중이거든."

"형, 지금 고객이 대수야? 내 말 들어. 은행의 구조적 붕괴가 시작되기 직전이란 말이야. 금융계는 지금 스리마일 섬(Three Mile Island: 악몽의 원전 사고가 발생했던 지역—옮긴이)이나 다름없다니까. 어서 은행으로 가, 지금 당장!"

"버지, 너무 예민한 거 아니야? 82년에도 그랬잖아. 해변 별장에 놀러 갔을 때 말이야. 완전히 미친 사람처럼 그 난리를 치더니. 아무튼 지금은 은행에 갈 시간이 없어. 할 일이 너무 많아서 말이야."

"그래? 그럼 은행 문이 닫혀서 돈을 못 찾게 되었을 때 수중에 한 푼도 없으면 어떻게 하려고 그래?"

"그러면 너한테 가서 빌려 달라고 할 거야."

508포인트 하락으로 장이 마감되고 난 후 조엘너에게 전화를 걸었다.

"밥, 당신 생각은 어때요?"

"잘 모르겠어, 마틴. 그렇지만 우리가 늘 하는 얘기가 있잖아. 머리가 어질어질해서 토하고 싶을 정도로 장이 안 좋을 때 포지션 크기를 두 배로 늘리라고."

화요일 아침은 허리케인이 온통 휩쓸고 간 다음 날 해변을 거닐며 피해액을 산정하는 것과 같은 분위기였다. 표면적인 피해 규모는 어느 정도이고 또 구조적인 피해 규모는 어느 정도인지에 대해 월가에는 온갖 소문이 나돌았다. 소문에서 뉴욕증권거래소는 개장하지 않을 것이며, 머크도 문을 열지 않을 것이다, 아마 거래소는 모두 개장하지 않을 것이다, 등등이었다. 이 가운데 압권은 우량주 중에서도 초우량주인 모건개런티가 박살날지 모른다는 소문이었다. 나는 인사이드 스키니에게 전화를 걸었다.

"마틴, 상황이 안 좋아." 스키니가 쉰 목소리로 말했다. "차익거래 포지션, 주식매도 포지션, S&P매수 포지션 등을 두루 보유하고 있는데, 투매 장세selling panic 때문에 완전히 망했어. 선물은 40포인트 할인된 가격으로 매매가 이루어지고, 주식은 아예 매매 자체가 안 되고 있어. 지난밤 시가 평가가 이루어진 다음에 완전히 죽사발이 됐지. 머크에 10억 달러 이상 빚을 진 셈이 되더군. 마진콜을 맞출 수가 없어."

인사이드 스키니가 한 말의 골자는 선물매도 포지션을 취한 사람들이 큰 낭패에 빠졌다는 것이다. S&P지수선물의 실제 가치가 아니라 40포인트 할인된 시가로 가치를 평가해야 하기 때문이다. 상품시장에서는 당일 결산을 원칙으로 한다. 그런데 시가 평가 후 마진콜을 충족시키려면 막대한 현금이 필요한데 하룻밤 안에 이 돈을 다 마련하기는 사실상 불가능하다.

나는 조엘너에게 전화를 걸었다. "그린스펀이 대출 창구를 열었다는군." 조엘너가 말했다. "나도 방금 들은 소식인데, 그래서 이번에 크게 손실을 낸 큰손들이 S&P 포지션 사수에 필요한 증거금을 대출받았데. 그렇지 않았으면 아마 머크는 개장할 수 없었을 것이고 우리는 다시 대공황 상태로 치달았을 거야." 와! 이번에도 내 직감이 정확하게 들어맞았다. 금을 찾아다 놓기를 정말 잘했다. 1시간 전만 해도 모든 금융 시스템이 무너지는 사태에 직면해 있었다.

머크가 개장할 것이라는 예상이 나오기 직전, 나는 시장 상황을 알아보려고 데비에게 전화를 걸었다. 그 당시 머크는 불난 호떡집처럼 난장판이었다. 데비도 그러한 광경은 한 번도 본 적이 없다며 혀를 내두를 정도였다. 월요일에 피트운영위원회는 잇따른 매매 무효 사태에 놀라 파랗게 질려 있었다. 트레이더들은 주문을 포기하고 꽁무니를 뺐다. 앞에서 언급했던 레오 멜라메드까지 피트에 나와 모든 것이 다 잘 될 것이라고 안심시켰지만, 거기서 이 말을 믿는 사람은 아무도 없었다. 수많은 트레이더와 브로커가 위험에 노출되는 것을 꺼려 입회장에 아예 모습을 드러내지 않았다. 마진콜을 충족시키지 못한 회원들이 파격적인 할인가로 회원권을 팔려고 내놨다.

주식의 경우, 스페셜리스트가 시장을 조성하고 만약 매수 및 매도 주문이 사라지면 장부를 마감하여 매매를 중지할 수 있다. 월요일 장에서는 바로 이 같은 현상이 벌어졌었다. 그러나 공개호가 방식으로 매매가 이루어지는 S&P선물에는 스페셜리스트가 존재하지 않는다. 피트에서 주문을 내고 늘 누군가가 특정 가격에 무언가를 사거나 팔겠다고 제의한다. S&P선물이 그렇게 크게 할인된 가격으로 매매됐던 것도 바로 이러한 이유 때문이다. 트레이더는 모든 매도주문가를 보면서 매수호가를 내지만, 실제 지수 산정에 포함된 가장 최근의 가격보다는 낮게 부르게 마련이다. 뉴욕증권거래소에 상장된 주식 대부분에서 아예 호가 자체가 존재하지 않았다. S&P500지수를 산정하는 데 사용된 가격은 대개가 월요일 폐장 시점을 기준으로 한 가장 최근의 시세였다.

시장의 불안정성을 인지한 나는 매매를 하지 않기로 마음먹었다. 이 상황에서 S&P를 매매한다는 것은 미친 짓이다. 시장이 더 심하게 요동칠수록 피트에 있는 인간들의 배만 더 불려줄 뿐이다. 나는 매매에서 정기적으로 손실을 냈으며, 심지어 장이 최고로 좋았을 때도 그랬다. 하물며 오늘 같은 장세에서는 아마도 그들이 나를 가루가 되도록 씹어 삼킬 것이 뻔하다. 화요일 아침 내내 주머니에 손을 찔러 넣은 채 화면만 응시하고 있었다. 거래량이 폭주하면서 주가가 반등했다. 11시 30분에 데비가 전화로, 레오 멜라메드와 머크의 현 회장인 잭 샌드너Jack Sandner가 방금 피트로 내려와 모든 매매의 일시 중단을 선언했다고 알려주었다. 뉴욕증권거래소의 일시 휴장에 대비한 조치라고 했다. 만약에 뉴욕증권거래소가 휴장하면 그 많은 사람이 다 머크로 몰려들 것이기 때문이다. 그러나 정오가 지날 무렵, 다우존스 뉴스의 와이어는 수많은 우량 기업들이 주식 환매 프로그램을 시행한다는 소식을 내보내기 시작했다. 이러한 긍정적인 소식이 우량주의 주가를 밀어 올렸고, 머크는 다시 개장했다. 이날 다우지수는 102.27이나 상승하면서 장을 마감했는데, 근래 일일 상승폭으로서는 최대치였다. 어쨌거나 대량 인출 사태가 올 것이라는 내 예상은 빗나갔고, 그저 마음 편하게 이번 사태를 지켜볼 수 있었다는 것으로 만족해야 했다. 어쨌거나 그해에도 600만 달러의 이익을 냈고, 내 금은 안전하게 잘 있지 않은가! 신경이 너무 예민했던 것 같았다. 나는 마치 라스베이거스에서 큰돈을 딴 것처럼 나른한 기분에 사로잡혔다. 휴식이 필요했다.

수요일이 되자 다른 주식들도 우량주의 주가상승 대열에 합류했고, 오후 3시경에 주가는 175포인트나 상승했다. 이는 전일에 기록한 일일 최대 상승폭을 능가하는 수준이었고, 월요일에 하락한 508포인트의 절반 이상이 회복된 셈이었다. 시장은 달아오르고 있었으며, 나 역시 복귀할 때가 된 것이다.

나는 매직 T, 이동평균, 오실레이터, 채널 밴드 등 내가 사용하는 모든 지표를 살펴봤다. 그런데 이 모든 지표가 다 무용지물이 되어 버렸다. 내 평생에 시장이 이렇게 요동치는 것을 본 적이 없었다. 지금의 시장은 질서나 좌우대칭도 없고, 간조와 만조 역시 없었다. 주가는 마치 허리케인 속의 구명보트처럼 위아래로 정신없이 오르락내리락하고 있었다. 이럴 때는 그저 직감에 의존할 수밖에 없다. 이 직감은 내게 이 극적인 반등은 오래 계속되지 않는다고 말하고 있었다. "데비!" 나는 큰 소리로 말했다. "다시 포지션 진입을 해야겠어. 그러나 천천히, 매우 조심스럽게 해야 해. 시험 삼아 시가로 매도해본 후 어떤 현상이 나타나는지 살펴보자고."

시장은 계속 상승하고 있었으며, 나는 한 번에 1계약 혹은 2계약씩 계속 매도했는데 선행매매에 순번이 밀린 채 여기서 0.10, 저기서 0.15로 내 주문이 체결됐다. S&P는 258.25로 마감됐고, 이날 나는 평균 255에 12계약을 매도하며 마무리했다. 나한테 이 정도 포지션 규모는 아무것도 아니었다. 보통은 하루에 100~150계약에 대한 매도 혹은 매수 포지션을 취하면서 장을 마감하지만, 이번 장에서는 그렇게 할 수 없었다.

오후 5시가 됐다. 나는 밥 프레처Bob Prechter가 무슨 말을 하는지 들어보려고 엘리엇웨이브핫라인Elliott Wave Hotline으로 전화를 걸었다. 프레처는 조지아 주 게인즈빌Gainesville에 살고 있으며, 시장 자문 뉴스레터 〈엘리엇의 파동이론가The Elliot Wave Theorist〉를 발행하고 있었다. 프레처는 1982년에 상승장의 시작을 예측했고, 1980년대를 주름잡는 시장 전문가가 됐다. 그가 하는 말을 신봉하는 추종자들이 여럿 있었다. 뉴스레터를 발행하는 것 외에도 매주 월, 수, 금 오후 5시면 이렇게 핫라인을 통해 정보를 교환했다. 1987년 10월 21일 수요일에 프레처는 시장에 대해 부정적인 견해를 보였다. 핫라인에 따르면 조수가 바뀌었고, 이틀간의 반등에도 시장은 하락세를 나타낼 것이라는 이야기였다.

목요일 아침, 시장이 열리자마자 나는 데비에게 전화를 걸었다. 프레처는 시장 권위자 중에서도 최고였다. 프레처가 시장이 하락한다고 말한다면 그것이 내게는 좋은 기회일 수도 있다. 상승이든 하락이든 상관없이 시장 변동성이 크다면 나로서는 그 흐름을 제대로 타야 한다. 벨이 울렸고, 마침내 장이 열렸다. "마틴!" 전화기 저편에서 데비가 소리를 질렀다. "지금 시어슨Shearson 1,000계약 시가 매도주문이 들어왔어요."

"시세, 시세는? 어서 시세를 알려달라고!"

"매도호가가 240이에요."

"이런, 종가가 258이었는데! 어떻게 된 거지? 잠깐만, 생각을 해야 해!" 내 포지션이 어떻게 되는지 머릿속으로 빠르게 계산했다. 나는 255에 12계약을 매도했었다. 12계약에 500을 곱하고 여기에 다시 15포인트의 이익분을 곱하면 총 9만 달러라는 계산이 나온다. "마틴, 매도 호가 230이에요! 아니 다시 225!"

"물량은? 225에 매도분이 몇 계약이냐고?" 공매도한 12계약을 이 가격에 재매수하면 앉은 자리에서 18만 달러를 벌게 된다. "물량이 얼마나 되냐고?"

"매수호가가 없어서 잘 모르겠어요. 아, 220! 215!" 이런 세상에! 대체 무슨 일이 벌어진 것인가? S&P가 아예 바닥을 뚫을 기세로 곤두박질치고 있었다. 매수호가를 내는 사람은 아무도 없었다. 지난 5년 동안 S&P선물매매를 했으면서도 이런 경우는 한 번도 본 적이 없었다. "210! 205! 마틴, 매도 호가 202에 주문이 체결됐네요."

"크기는? 매수규모가 어느 정도야?"

"모르겠어요. 호가를 놓쳐버렸어요. 200! 아, 198에 주문 한 개 체결!"

"커버(공매한 것을 다시 사서 포지션을 메움―옮긴이)!!!" 나는 데비에게 이렇게 소리쳤다. 피트에 있는 사람들도 매수에 나서기 시작했다. "12계약 커버! 그리고 그 내용을 바로 청산소에 입력해! 저 놈들이 내 주문을 새치기하는 꼴은 더 이상 못 보겠어!" 시장이 이런 식으로 돌아갈 때는 잊어버렸다고 발뺌하면서 매매 한두 건 정도 빼가는 것은 흔히 있는 일이었다. "어서 서둘러!"

전화를 끊고 스크린으로 눈을 돌렸다. 202가 뜨더니 다시 200이 떴다. 그다음으로 198, 197, 195가 차례대로 떴다. 그러더니 다시 197, 200, 204 순서로 뜨는 것이 아닌가! 시장 추세가 갑자기 바뀌었다. 그러나 나는 괜찮았다. 아마도 200 정도 선에서 포지션을 커버했을 것이기 때문이다. 정말 굉장하다!

"데비! 데비! 매매가 성사됐어?"

"마틴, 200에 5계약 체결했어요. 그런데 나머지 7계약은 장담할 수가 없어요."

"현재 시세는? 210? 정말 빠르게 움직이는군. 7계약이 200에 체결되지 않은 것 같으면 시가로 5계약을 다시 매수해, 지금 당장!" 그 놈들이 7계약 매수주문을 또 꿀꺽한 것이 틀림없다. 7계약이니까 최소한 3만 5,000달러에 최소 10포인트씩을 나한테서 벗겨 먹은 셈이로군! 아니, 어쩌면 이보다 더 많아질지도 모르지.

"마틴, 210에 5계약 매수주문 체결했어요. 그리고 나머지 2계약은 215에 체결했고요. 이게 내가 할 수 있는 최선의 매매였어요. 요리조리 장난을 치는 통에 더는 어찌해볼 수가 없네요."

온몸이 부르르 떨렸다. 기쁨으로 인한 전율인지 불쾌함에 진저리가 쳐지는 것인지는 알 수 없었다. 나는 12계약 매수로 29만 달러(5×500×이익분 55포인트, 5×500×이익분 45포인트, 2×500×이익분 40포인트)를 벌었고, 머크는 내 이익금 5만 달러를 가로챈 셈이었다. 12계약에 29만 달러라니, 정말 엄청나지 않은가! 대체 시장에서 무슨 일이 벌어졌던 걸까?

나중에 안 사실이지만, 당시 시어슨 1,000계약 매도주문은 조지 소로스George Soros의 퀀텀 비브이아이 뮤추얼펀드Quantum B.V.I. Mutual Fund를 대신해서 이루어진 것이었다. 외관상으로는 소로스도 프레처와 시장을 바라보는 시각이 같았고, 그래서 자신의 펀드에서 운용 중이던 S&P선물 2,400계약을 개장가로 매도하기로 결심한 것처럼 보였다. 〈배런스〉에 따르면, 처음에 1,000계약 시가 매도주문이 피트에 떨어졌을 때 사람들은 큰일이 터졌다는 생각부터 했다고 한다. 즉, 기관 투매의 징후를 느꼈던 것이다. 그래서 이들은 매도호가가 200 수준으로 떨어질 때까지 몸을 사렸다. 그러다가 195와 210 사이에서 매매가 성사됐고, 그 이후 몇 분 만에 가격이 230까지 반등했다. 덕분에 피트에 있는 수많은 사람이 돈벼락을 맞았다. 이것은 머크 사상 꽤 유명한 매매사건 중의 하나이며, 그 자세한 내막은 시카고 연방법원 기록에서 확인할 수 있다. 소로스는 시어슨을 상대로 이 법원에 1억 6,000만 달러 손해배상 청구소송을 제기했고, 결국 배상금액은 추후

당사자 간의 합의로 해결됐다. 인사이드 스키니의 말에 따르면, 소로스는 이 사건으로 8억 달러의 손실을 봤다고 한다. "마틴, 소로스는 양 다리를 걸쳤다가 낭패를 봤어." 나에게 이날은 그 대단한 조지 소로스를 이긴 날로 기억될 뿐이었다.

집으로 돌아왔는데도 여전히 온몸이 떨렸다. "오드리," 들어서자마자 아내를 불렀다. "당신이 믿기 어렵겠지만, 12계약 매매로 29만 달러나 벌었어, 오늘."

"정말? 대단한 걸! 12계약은 얼마 동안 지니고 있었는데?"

"하룻밤."

"정말 잘됐어! 그럼 이제 저 금고 안에서 서류 가방 좀 꺼내지 그래? 내 보석을 어디 둘 곳이 없어서 말이야."

23일 금요일이 되자 나는 금을 다시 이스트뉴욕저축은행 금고에 보관했다. 금고 이용고객에게 제공되는 작은 방에 서서 크루거란드가 들어 있는 플라스틱 통을 모조리 꺼내 안전 금고 안에 넣으면서, 금 찾기 소동이 이번이 두 번째라는 생각을 했다. 그 두 번 모두 시장은 다시 안정을 찾았고, 나는 큰돈을 챙겼다. 조엘너의 말이 옳았는지도 모른다. 장이 너무 안 좋아서 구토가 날 지경일 때가 바로 현재 포지션을 두 배로 늘려야 하는 시점일지도 모른다. 지난 10년 동안 이런 경험을 해본 적이 없으나, 다음번에 창자가 뒤틀릴 정도로 장세가 정말 안 좋게 느껴진다면 그때는 먼저 내 포지션을 두 배로 늘려놓은 다음에 금을 찾으러 갈 생각이다.

최악의 상황에서
현명하게 대처하는 방법

밥 프레처는 가장 재능있는 시장분석가 중 한 명이다. 밥은 멘사 회원일 정도로 머리가 아주 좋은 사람인데, 전액 장학금을 받으며 예일대학을 다녔고, 1971년에 심리학 학위로 대학을 졸업한 후 수년 동안독학으로 기술적 분석에 관한 공부를 했다. 이러한 배경에 따라 기술적 시장분석가로 메릴린치에 입사했으며, 여기서 랠프 넬슨 엘리엇Ralph Nelson Elliott: 1871~1948의 이론에 심취하게 되었다.

회계사 출신인 엘리엇은 세간에 잘 알려지지는 않았으나, 기술적분석가로 1920년대와 1930년대에 시장분석 방법론의 하나인 파동이론을 개발했다. 그리고 세상을 뜨기 2년 전인 1946년에 필생의 역작《자연의 법칙? 우주의 신비Nature's Law?The Secret of the Universe》를 내놓았다. 이 책이 출간된 이후, 파동이론에 심취한 사람들이 생겨나기 시작했다. 비록 소수이기는 했으나 투자자는 물론이고 철학자, 수학자, 심리학자, 신학자 등 다양한 집단에서 파동이론 신봉자들이 나왔다.

밥 프레처는 1971년에 메릴린치를 그만두고 가족과 함께 조지아주 게인즈빌로 이사했다. 밥이 사는 곳은 러니아 호수Lake Lanier변에있는 작은 마을인데, 애틀랜타 북쪽으로 자동차로 갈 경우 약 1시간거리였다. 이곳에 정착하면서부터 시장 관련 뉴스레터 〈엘리엇 파동이론가〉를 발행하기 시작했고, 1978년에는 역시 회계사 출신이자 엘리엇의 또 다른 추종자인 프로스트A. J. Frost와 함께《엘리어트 파동이론》을 썼다. 이 책에서 저자는 1980년대의 대상승장을 기가 막힐 정도로 정확하게 예측했다. 시간이 흐른 후, 프레처의 뉴스레터와 함께 이 책이 유명해지면서 프레처는 1980년대를 풍미한 시장 권위자가 됐다.

나는 프레터가 발행하는 뉴스레터를 정기 구독했다. 내 매매 방법을 좀 더 향상시키는 데 도움이 될만한 정보를 늘 찾고 있었고, 엘리엇의 파동이론이 내 매직 T를 어느 정도 인정해줬기 때문이다. 이 이론은 수학을 기초로 하고 있으며, 좌우대칭, 만조, 간조, 사물의 자연 질서 등에 매료된 내 성향과도 딱 맞았다. 나와 같은 트레이더에게 이 이론이야말로 진정한 '우주의 신비'였다.

1983년의 어느 가을날, 나는 수화기를 집어 들고 프레처에게 전화를 걸었다. 1978년에 테리 런드리에게 그랬던 것처럼 말이다. 밥은 놈 자데가 주최한 챔피언 트레이더 경연대회에 참가한 적이 있었기에 내 이름을 알고 있었다. 우리는 시장에 대해 이야기하기 시작했는데, 나는 밥의 말이 마음에 들었다. 그래서 매월 일정액의 수수료를 밥에게 지급하는 조건으로 컨설팅 거래를 맺었다. 나는 밥의 지성을 진심으로 존경했고, 조엘너와 이야기를 나눌 때처럼 하루에도 수차례나 서로 의견을 교환하곤 했다.

1987년의 시장 붕괴 시가까지 밥은 많은 추종자를 거느렸었고, 강연으로만 2만 달러의 수입을 올렸다. 그러나 그는 '시장의 권위자'라는 타이틀에 점차 피로와 환멸을 느끼기 시작했고, 상승장의 끝에서 시장이 붕괴하는 모습을 보면서 완전히 부정적으로 변했다. 시장이 회복되고 상승세가 계속됐음에도 밥의 마음은 전혀 바뀌지 않았다. 우리는 조석파潮汐波라는 큰 파도의 물마루에 도달했고 머지않아 시장은 붕괴할 것이며, 그것으로 끝이라는 것이었다.

1989년에 밥은 전미 기술적분석가들의 동업자 단체인 기술적시장 분석가협회Market Technicians Association의 회장이 됐고, 폴 튜더 존스가 참석하는 공개 토론회에 나를 초청했다. 밥은 오랫동안 시장에 대해 비관적 견해를 견지해왔기 때문에 밥을 지지하는 청중이 서서히 줄고 있었다. 그래서 토론회 석상에서 밥을 슬쩍 내 쪽으로 끌어당기며 조용히 속삭였다. "파도가 바위에 부딪쳐 부서져 버린다 하더라도 부딪히는 그 순간까지는 파도를 타야 하지 않겠어요? 시장이 하락세를 탈 때까지 기다렸다가 그때 가서 하락장이라고 이야기해도 늦지 않아요."

그러나 밥은 이런 말을 귀담아들으려 하지 않았다. 밥은 큰 파도의 물마루에 도달했다고 굳게 믿으며 정신적인 '노아의 방주' 속으로 숨어버린 지 오래였다. 밥은 그렇게 파도에서 멀찌감치 떨어진 게인즈빌 해변에 앉아 '노아의 홍수'가 시작되기를 기다리고 있었다. 나는 아직도 밥의 지성을 높이 사고 있으나, 그 이후로는 연락이 뜸해졌다. 나는 세상의 종말이 다가오는 것을 그냥 넋 놓고 앉아 기다리기는 싫었다.

1995년에 밥은 새 책《파도의 물마루에서At the Crest of the Tidal Wave》의 자필 서명본을 내게 보내줬다. 내가 밥에게 좀 더 낙관적이 되라고 조언했던 1989년 이후, 다우지수는 2,000포인트 이상 상승했으나 밥은 여전히 비관적이었다. 이 책은 비관적이고 어두운 전망으로 가득차 있으나 독자를 잡아끄는 무언가가 있었다. 밥은 확실히 천재이며 설득력이 뛰어난 저자인 것만은 분명하다. 한 친구는 이 책을 읽고 나서 너무도 걱정스러워 1주일 동안 화장실도 못 갔다고 했다. 그러나 시장 상승세는 여전히 계속되고 있었다.

이 책을 읽으면서 나는 계속해서 '밥, 잘 봐. 이건 다 엉터리야.'라는 생각을 했다. 당신은 옳다고 확신하고 있으나 시장이야말로 절대 틀리는 법이 없다. 때가 되면 강둑에 모래주머니를 쌓아 막으면 되고 미리부터 걱정할 필요가 없다. 월가는 벌거벗은 임금님을 보고 싶어 하지 않는다. 그 임금님은 늙고 뚱뚱하고 또 허약할지 모르지만, 사람들은 그러한 사실을 알기 원하지 않는다. 그들이 원하는 것은 당당하고 품위 있고 위엄 있는 모습이다. 월가가 임금님을 위풍당당한 존재로 보는 한 계속해서 매수 포지션을 취할 것이기 때문에, 그 임금님은 진짜로 위풍당당한 존재가 되는 것이다. 큰 공은 계속해서 굴러가기 마련이다.

밥은 자신이 옳고 시장이 틀렸다고 확신하는 전형적인 인물이다. 밥의 이론은 훌륭하고, 그는 노벨 경제학상을 받아도 될 만큼 뛰어난 사람이며, 언젠가 밥도 낙관적 자세를 취하기를 바라지만, 중요한 것은 그가 어떠하건 시장은 전혀 개의치 않는다는 사실이다. 지금은 밥도 오랫동안 잘못 생각했었다는 사실을 인정했으나, 1인자로서의 능력에 대해서는 대중의 신뢰도가 떨어진 것이 사실이다. 파도를 타는 쪽이 훨씬 쉽고 또 이익도 많이 남는다는 사실을 밥 스스로 인정할 때까지, 그는 여전히 호숫가에 앉아 큰 파도가 덮쳐오기를 기다리고 있을 것이다.

Chapter 12

말 한마디로
석유시장을 흔들어 놓다

PIT BULL

시장이 마감되자마자 나는 차트 정리와 수치 계산을 빨리 마무리하기 위해 서둘렀다. 저녁에 코모더티스 코퍼레이션Commodities Corporation 측에서 보내준 리무진을 타고 프린스턴으로 가기로 돼 있었다. 차가 도착하면 현관 안내인이 나에게 알려줄 것이므로 벨 소리가 나기 전까지 서둘러 일을 마쳐야 했다. 아주 늦은 밤에야 집에 돌아올 것이라는 사실을 알기에, 지금 작업을 마무리하지 않으면 내일 매매에 지장을 초래할 것이다.

나는 보통 주중에는 거의 외출을 하지 않았다. 성공적인 매매가 되려면 휴식이 필요하고, 또 적어도 3시간 정도는 심야에 준비 작업을 해야 했다. 그러나 오늘 밤은 예외인 것이 코모디티스에서 주최하는 '트레이더의 밤' 행사가 열리는 날이었다. 이 행사는 업계의 거물급 인사들이 한자리에 모이는 몇 안 되는 기회 중 하나였다. 이러한 행사에는 난생처음 참석하는 것이고, 그런 만큼 최고의 트레이더라는 사람들이 어떻게 그 자리에 오르게 됐는지 그 비결을 알아내고 싶었다. 더불어 나도 그들만큼 아니 그들보다 더 뛰어난 트레이더라는 사실을 증명하고 싶었다.

마침내 인터컴(내부통화장치)이 울렸고, 대형 리무진이 집 앞에 도착했음을 알렸다. 나는 새로 산 아르마니 정장에 새 발리 악어가죽 구두를 신고, 미소니 타이를 맸다. 그리고 내 모습을 거울에 비춰봤다. 홀륭했다. 이제 거물들과 어울릴 준비가 된 것이다.

1시간 30분 후, 우리는 뉴저지주 프린스턴에 도착했다. 대학 도시인 뉴헤이븐에서 자랐는데도 같은 대학 도시인 프린스턴에 가본 것은 이번이 겨우 두 번째였다. 프린스턴은 내가 학창시절을 보냈던 애머스트와 같은, 전형적인 뉴잉글랜드의 도시를 연상시켰다. 뉴저지주에 이렇게 멋진 곳이 있었나 싶은 생각이 새삼 들었다.

상쾌하고 청명한 저녁 공기 속으로 가을빛이 아련히 스러지는 풍광을 뒤로하고 우리를 태운 리무진은 코모디티스의 본사 건물 앞 원형 차도로 미끄러져 들어갔다. 붉고 노랗게 단풍이 든, 잘 손질한 나무들이 초현대식 건물의 강철 전면과 반짝이는 유리에 비치고 있었다. 커다란 유리문을 밀고 안으로 들어서자 위장에 염증이라도 생긴 것처럼 속이 편하지 않았다. 아는 사람도 별로 없는 곳에서 저녁 시간을 보내야 한다고 생각하니 신경이 예민해졌다. 평소에도 잡담하는 것을 별로 좋아하지 않는 성격이라서 사교적인 일들은 대부분 아내에게 맡기는 편이었다. 그러나 코모디티스에서 주최하는 이 행사는 배우자를 동반하지 않는 것이 원칙이기에 오늘 밤 오드리는 이곳에 오지 못했다.

접대 구역에서 칵테일이 제공되고 있었다. 나는 문 앞에서 잠시 걸음을 멈추고 아는 얼굴이 있는지 안을 살펴봤다. 처음으로 눈에 띈 사람은 마이클 마커스Michael Marcus였다. 마커스는 에비앙 생수병을 든 채 어슬렁거리고 있었다. 파이 베타 카파(Phi Beta Kappa: 성적이 우수한 미국 대학생과 졸업생으로 조직된 클럽—옮긴이) 회원인 마커스는 클라크대학을 졸업하고 존스 홉킨스대학에서 심리학 박사학위를 받았다. 그는 코모디티스에서 트레이더로 영입한 첫 번째 고학력자, 말하자면 '먹물'이었던 셈이다. 마커스가 코모디티스의 트레이더가 된 것은 1970년대 초반 무렵으로, 이 회사가 설립된 지 얼마 안 돼서였다. 입사 이후 근 18년 동안 마커스는 3만 달러의 밑천을 8000만 달러로 불려 놓았다. 그러나 그동안 그는 압박감에 시달려야 했다. 마커스는 사유 해변이 내려다보이는 남부 캘리포니아의 한 집에서 조용히 살고 있었다. 전용 에비앙 생수병을 항상 들고 다니면서 말이다. 마커스가 이렇게 생수를 끼고 사는 것은 아마도 마하리시 마헤시 요기(Maharishi Mahesh Yogi: 인도의 종교 지도자로서 서양에 초월 명상법을 소개함—옮긴이)가 미 동부 지역 상수도의 수질이 오염됐다고 했던 말에 영향을 받은 탓이리라. 몇 개월 전, 마커스와 저녁을 같이한 적이 있는데, 그때 사실 나도 그가 정신이 어떻게 된 것이 아닌지 살짝 의심을 하기도 했다. 그러나 직업이 트레이더라면 이야기는 달라진다. 트레이더로 살아가는 우리 같은 사람들은 다른 사람들 눈에 좀 이상하게 보이는 것쯤은 대수롭지 않게 여긴다.

코모디티스의 사장 밥 이스턴Bob Easton이 다가와서 나를 반겨줬다. 전에 미국변호사협회American Bar Association에서 일한 적이 있는 이스턴은 컬럼비아대학을 졸업하고 프린스턴대학에서 경영학 석사학위를 받았으며, 조지타운대학에서 법학 박사학위를 받았다. 이스턴은 트레이더는 아니었으나, 어떤 사교 모임에서라도 편하게 지낼 수 있는 그런 유형의 인물이었다. 이스턴은 초현대식 건물 코모디티스의 반짝이는 유리와 강철처럼, 세련과 품위를 갖춘 상냥한 사람이었다. 이스턴은 시장에서 가장 빛나는 스타 중 한 명인 브루스 코브너Bruce Kovner를 내게 붙여준 다음, 이런 행사가 처음이라 안절부절못하고 있는 또 다른 트레이더쪽으로 다가갔다. 마음 편히 즐기라는 배려의 차원이었다.

마커스와 마찬가지로 코브너 역시 코모디티스에서 영입한 고학력 트레이더였다. 하버드대학과 펜실베이니아대학에서 정치학을 가르쳤던 코브너는, 1970년대 중반쯤에 순수 학문에서 금융시장으로 눈을 돌렸다. 그는 자신의 경제학, 정치학 지식이 선물시장을 분석하는 데 큰 도움이 될 것으로 판단했고, 이러한 생각은 실제로 옳았다. 코브너는 1987년 한해에만 자기 자신과 코모디티스를 위해 3억 달러 이상을 벌어들였다. 그러나 트레이더로서 이처럼 눈부신 성공을 거뒀음에도 그의 본모습은 여전히 학자였다. 그는 반백 염소수염을 계속해서 쓰다듬는 한편, 주름진 양복 속의 살찐 몸을 이리저리 움직여 자세를 바꾸면서 난해한 정치, 경제 이론을 사람들에게 열심히 설명하고 있었다.

코브너가 수익률 곡선과 사랑에 빠지게 된 경위라던가, 처음으로 금리선물을 매매하면서부터 시장 연구에 몰두하게 됐다는 등의 이야기를 장황하게 늘어놓는 동안, 나는 지난봄의 일을 떠올렸다. 그때 처음으로 시어슨의 브로커였던 해리 데니Harry Denny가 코모디티스와 이야기를 나눠보라고 나를 설득했다. 코모디티스는 자신들을 위해 일해 줄 트레이더를 찾아내 준 대가로 브로커들에게 두둑한 수수료를 챙겨 줬다. 그런데 나는 놈 자데의 전미매매챔피언십에서 줄곧 좋은 성과를 올렸고, 또 1988년 2월 15일자 〈배런스〉 기사 또한 나를 '최고의 트레이더'로 소개해준 덕분에 이미 월가에서 명성이 자자한 상황이었다.

나 역시 OPM(other people's money: 투자용으로 모은 남의 돈)을 관리하는 것에 대해 고민하던 시기였다. 처음 전업 트레이더로 나선 이후로 나름대로 성공은 했으나 뭔가 아직도 미진한 기분이 들었다. 거액을 테이블 위에 그냥 두고 나온 것 같은 그런 기분 말이다. 그래서 OPM 관리가 내게 도움이 되지 않을까 하는 생각이 들었다. 시장 선정 능력에는 문제가 없었으나 내 돈을 가지고 하는 매매라서 그런지 손실에 대한 두려움과 이익에 대한 압박감 때문에 최고의 매매 성과를 올리지 못하고 있었다. 그런데 다른 사람의 돈을 가지고 매매를 한다면 좀 더 공격적일 수 있고, 또 연승의 기간을 보다 길게 가져갈 수 있으리라는 확신이 들었다. 그러고 보면 해리 데니가 아주 절묘한 시점에 그러한 제안을 했던 것이다. 데니는 코모디티스가 내게 관심이 있으며, 만약 내게 그럴 생각이 있다면 만남을 주선해주겠다고 말했다.

격동의 80년대를 지내는 동안 대형 관리운용펀드들이 큰 성공을 거뒀다. 뮤추얼펀드도 폭발적으로 증가했는데, 401(k)와 IRA(개인퇴직계좌) 같은 '확정 기여형' 퇴직자 연금제도가 시행되면서 수백만에 달하는 신규 투자자들이 시장으로 몰려들었다. 1980년대 초반 동안 인플레이션이 고공 행진을 펼쳤기 때문에 거대 자금 운용사들은 고수익을 절실하게 갈망했다. 새로운 금융상품이 계속 등장했고, 시장의 거물들은 늘 자신의 자금을 불려줄 나와 같은 프로 트레이더들을 찾아내려고 애를 썼다.

코모더티스 코퍼레이션은 헬무트 웨이마Helmut Weymar의 작품이었다. MIT 출신이자 컴퓨터광이었던 헬무트는 30세이던 1969년에 나비스코 상품 경제학부의 매니저가 됐다. 그는 컴퓨터가 산출한 정보를 이용하는 분석 작업이 상품매매 분야에 꽤 유용하다는 사실을 처음으로 인지한 사람이었다. 그때까지만 해도 상품매매는 대부분 런던 금속거래소London Metal Exchange(귀금속), 시카고상품거래소(곡물), 시카고상업거래소(육류와 생축) 등을 관리하는 구식 네트워크를 통해 이루어졌다. 대부분의 상품 트레이더들이 트레이더들은 이론이 아닌 본능에 의지한 매매를 했다. 이들은 날씨, 정치, 경제 상황 등을 대충 살펴보고서는 거의 충동적으로 행동했다. 상품가격에 영향을 미치는 수많은 요소를 전혀 분석하지 않았다. 상품시장의 변동성이 크고 예측이 어려운 이유가 바로 여기에 있다.

헬무트 웨이마는 컴퓨터 모형화기법을 사용하면 트레이더들에게 큰 도움이 되리라 생각했다. 그의 계획은 천재적인 트레이더들을 모집하여 최첨단의 기술적 지원을 제공할 수 있는 환경을 조성한 다음, 이들에게 투자 밑천을 대 주고 자유롭게 투자할 수 있는 분위기를 만드는 것이었다. 구식 네트워크에 의존하는 트레이더가 아니라 완전히 새로운 유형의 신종 트레이더를 원했던 것이다. 첨단 기술을 매매에 활용하는 그런 사람 말이다. 이러한 계획은 먹혀들었고, 1988년이 되자 코모디티스는 세계 최대 상품 트레이더 집단 가운데 하나가 됐다.

1988년 4월 26일, 나는 밥 이스턴과 코모디티스의 트레이더 관리 담당자 일레인 크로커Elaine Crocker, 그리고 세련된 매너에 잘 차려입은 코모디티스의 다른 간부들 몇 명과 함께하는 점심 자리에 내 변호사 댄 콘스타인을 대동하고 참석했다. 사람들을 보자마자 이들이 매매 실무자가 아니라는 것을 한눈에 알아챘다. 실무자라기에는 너무 부드러워 보였다고나 할까? 그들은 나와 같은 트레이더를 코모디티스로 끌어들이려는 전형적인 세일즈맨이었다.

이들은 나와 댄을 호화로운 개인 식당으로 안내했다. 그곳에서 냉오이 수프, 바닷가재 샐러드, 라즈베리 토르테, 초콜릿 트뤼플 등 온갖 진수성찬을 맛봤다. 이 요리는 전부 코모디티스 소속 사내 요리사가 마련한 것이었다. 코모디티스의 점심 메뉴는 콘비프 샌드위치가 고작인 아멕스의 점심과는 차원이 달랐다.

댄과 내가 식사를 하는 동안 이스턴을 비롯한 코모디티스 사람들은 코모디티스가 얼마나 멋진 곳이고 또 트레이더에 대한 대우가 얼마나 좋은지 등에 관한 이야기로 슬쩍 화제를 돌렸다. 그러나 내가 알고 싶은 것은 투자 자금을 얼마나 대 줄 것이며, 내 몫은 얼마나 되는가 하는 것뿐이었다. 그래서 트뤼플을 세 개째 먹은 후에 단도직입적으로 물었다. "좋습니다. 계약 조건이 어떻게 됩니까?"

"새로 들어온 트레이더니까……." 이스턴이 말문을 열었다. "신용거래 계좌로 25만 달러를 넣어 드리겠습니다. 그리고 이익금의 30퍼센트를 가져가시면 됩니다."

그 말을 듣고 나는 큰 소리로 웃었다. "25만 달러라……." 나는 이렇게 입을 열었다. "말도 안 되는 소리 그만두세요. 나는 지금도 내 계좌로 매매해서 1년에 500~600만 달러를 버는 사람입니다. 반대로 제가 25만 달러를 드릴 테니 저를 위해 매매해 주시겠어요?"

"마틴, 마틴, 제발 좀 진정하시고." 이스턴이 브룩스브라더스 타이를 꼭 조이며 말했다. "마이클 마커스, 브루스 코브너 심지어 폴 튜더 존스까지도 처음에는 다 그렇게 소액으로 시작했어요. 이것이 우리의 영업 방식입니다."

"그건 그 사람들 얘기고요." 나는 이렇게 말하며 그 자리에서 일어섰다. 그러고 나서 자켓을 벗어 의자 뒤에 걸쳐 두며 말했다. "화장실에 좀 다녀오겠습니다. 그동안 잘 의논하셔서 좀 더 나은 조건을 제시해주셨으면 합니다."

밖으로 나가는데 댄이 하고 싶은 말이 있다는 듯 내 얼굴을 쳐다봤다. 아마도 이런 말이 하고 싶었을 것이다. "마틴, 대체 무슨 말을 하는 거야? 이 계약을 날려버리고 싶어?" 그러나 나는 트레이더였고, 내가 옳다고 생각했다. 나 역시 이들이 필요했지만, 나 같은 트레이더를 원했던 이들의 절실함에는 비할 바가 못 됐다. 실제로 이들은 판돈을 올려놓고 나를 기다리고 있었다. 결국, 신용거래 한도에 맞춰 1,000만 달러를 운용하기로 했고, 처음 조건대로 이익의 30퍼센트를 내가 갖는 것으로 했다.

그 자리를 떠나기 전에 코모디티스의 창업자이자 회장인 헬무트 웨이마를 만나고 싶었다. 헬무트와 나는 만나자마자 의기투합했다. 헬무트는 트레이더였다. 나는 내 매매 방법론과 더불어 차트와 이동평균을 활용하는 방법, 수치를 분석하는 방법 등을 보여주고 사람들의 반응을 살폈다. 헬무트는 그것을 마음에 들어 하는 눈치였다. "컴퓨터는 아주 훌륭한 도구죠." 헬무트가 말했다. "그런데 당신은 여전히 수작업을 하고 있군요."

세부적인 계약 조항을 조율하느라 2개월 정도가 소요됐다. 마침내 6월 중순부터 코모디티스의 자금으로 매매를 개시했으나, 시작할 때부터 감이 좋지 않았다. 큰 금액을 운용하다 보니 그간의 내 매매스타일이나 포지션 보유 일정 등에 변화가 생겼다. 내 자본으로 매매할 때는 문제가 생겼다 싶으면 바로 손실을 감수하고 손을 털면 됐지만, 수백 계약 규모의 포지션일 때는 자연히 좀 더 기다리는 경향이 생겼고, 따라서 이전보다 포지션의 보유 기간이 더 길어졌다. 만약 일이 잘못됐을 때는 손실 규모가 수십만 혹은 수백만 달러나 됐다. 이렇게 큰 손실이 발생한 후에는 다시 매매를 시작하여 최소한 손익 균형이 맞춰지는 수준까지 이익을 내야 했다. 게다가 나는 다른 사람이 보내는 감시의 눈길이 너무 싫었다. 내 돈으로 할 때는 손실이 나더라도 그냥 그것을 감수하고 계속 매매에 나서면 그만이었다. 그런데 코모디티스의 돈을 잃을 때는 온 세상 사람들이 다 나를 지켜보는 것만 같았다.

나는 내 매매스타일에 맞게 소액매매에 치중했으나, 7월 무렵에는 코모디티스 계좌를 이용한 매매는 거의 중단한 상태였다. 그러던 어느 날 오후, 헬무트가 덴버 공항에서 내게 전화를 했다. 헬무트는 머리도 좀 식힐 겸 재충전을 위해 아스펜연구소Aspen Institute로 가는 길이었고, 아마도 가기 전에 점검해야 할 목록 중 맨 마지막이 나였던 모양이었다. "마틴!" 헬무트가 입을 열었다. "어째서 우리 돈으로 매매하지 않는 겁니까?"

"당신들의 돈으로 매매하려고 시도는 했습니다만, 이전과는 다른 매매스타일로 임해야 하고 포지션 유지 시간도 더 길어지다 보니 그 방식이 영 마음에 들지 않는군요. 나는 원래 초단기매매 전문이라서요."

"이런! 그렇다면 당신 방식대로 해주세요." 헬무트가 안타깝다는 듯이 입을 열었다. "그게 바로 우리가 당신을 고용한 이유거든요." 헬무트는 그들이 나를 절실하게 원하고 있고 나를 최고의 트레이더로 인정하고 있으며, 함께 협력하면 많은 돈을 벌 수 있을 것이라는 말로 내 사기를 올려주었다.

"알았어요." 나는 이렇게 대답했다. "정 그러시다면 다시 한 번 해보지요."

헬무트가 말한 것이야말로 바로 내가 원하는 것이었다. 이후 2개월 동안 나는 코모디티스 자본으로 70만 달러를 벌어들였다. 이것으로 나는 코모디티스의 떠오르는 스타가 됐고, 코모디티스가 주최하는 '트레이더의 밤' 행사에 참석할 무렵에는 마치 거물급 인사가 된 것 같은 기분마저 들었다.

코브너가 금리 이론에 의하면 경기순환이 우세한 국면에서는 최근 계약이 그 다음 계약보다 더 높은 가격에 매매된다는 이야기를 하다가 갑자기 말을 멈추고 이렇게 말했다. "저게 뭐야?"

안에 있던 사람들은 초현대식 건물의 유리창 쪽으로 우르르 몰려갔다. 헬리콥터 한 대가 잔디 위에 착륙했고, 어스름 달빛 속에 불빛이 번쩍거렸다. "존스다." 누군가 경외심 가득한 목소리로 이렇게 외쳤다. 나는 폴 튜더 존스가 일류 트레이더라는 사실을 인정해야만 했다. 튜더 존스는 최고의 트레이더일뿐 아니라 쇼맨십까지 탁월한 인물이었다. 준수한 외모에다 세련되고 호방한 성격에 다른 무리보다 늘 세 발짝 정도는 앞서서 걸어가는 전형적인 남부 사람이었다. 튜더 존스는 1980년에 면화매매를 시작해서 수백만 달러를 벌었다. 그러나 '트레이더의 밤' 행사가 열릴 무렵에는 1987년의 시장 붕괴 상황에서도 두 배의 이익을 낸 것으로 더 유명했다. 튜더는 스스로 아날로그라고 칭하는 수학적 모형을 활용하는 것을 좋아하는데, 1987년 10월의 차트 패턴은 1929년의 시장 붕괴가 재현되는 것처럼 보였다. 그래서 그는 매도 포지션을 취했는데, 때마침 시장이 붕괴했고 매도 포지션 규모를 늘렸을 때 시장은 더 크게 무너졌다. 결과적으로 그의 차트가 예상했던 것과 달리 시장은 공황 상태를 피한 채 다시 회복됐기 때문에 나는 튜더 존스의 모형을 신뢰하지 않았다. 그러나 존스 개인은 이 모형으로 큰돈을 벌었기에 그러한 명성을 얻게 된 것이다.

튜더 존스가 안으로 들어서자 마치 영화배우 로버트 레드포드가 들어선 것과 같은 장면이 연출됐다. 사람들 모두가 일제히 튜더 존스 곁으로 몰려들었다. 튜더 존스는 밥 이스턴만큼이나 품위가 있었고, 헬무트처럼 매력적이었다. 물론 튜더 존스는 만찬 자리에 참석하지는 않았다. 그는 체서피크만Chesapeake Bay의 약 370만 평 부지에 있는 그의 은신처로 가는 길에 안부 인사차 잠깐 들른 것뿐이었다. 튜더 존스쯤 되면 다른 사람의 근황을 살필 필요가 전혀 없었다. 다른 사람들이 그의 근황을 궁금해 하는 그런 존재가 돼버렸기 때문이다.

정확히 7시 30분에 튜더 존스를 태운 헬리콥터가 굉음을 내며 어두운 밤하늘로 사라지자 이스턴이 손님들을 코모디티스의 만찬회장으로 안내했다. 보기 싫은 몇몇 사람들을 피해 루이스 베이컨Louise Bacon 옆에 자리를 잡았다. 루이스는 시어슨에서 해리 데니와 사무실을 같이 쓰고 있었는데, 그때 당시에는 일류 트레이더 축에 끼지 못했다. 그러나 그때 내가 조금만 더 현명했더라면 그때 바로 루이스를 채용하여 내 돈을 관리하게 했을 것이다. 루이스도 폴 튜더 존스처럼 남부 출신이었고, 나는 사실 남부 사람들에 대해 잘 알지 못했다. 튜더 존스가 큰 성공을 거두었음에도 본래 남부 사람들은 말을 천천히 하니까 생각하는 것도 느린 것으로 알고 있었다. 이후 5년 동안 무려 아홉 차례나 내가 루이스의 빛에 가려지는 신세가 될 줄은 정말 몰랐다. 그때 내가 루이스를 고용했더라면 아마도 나한테 수백만 달러는 벌어 줬을 것이다.

이스턴은 잔을 들어 가볍게 부딪치며 환영 인사를 했다. "코모디티스 코퍼레이션의 트레이더 밤 행사에 오신 것을 환영합니다. 여러분 모두의 노고 덕분에 올해도 정말 대단한 성과를 냈습니다." 이스턴은 우리가 얼마나 훌륭한 팀인지, 그리고 그동안 어떻게 시장을 지배했는지를 설명하면서 컴퓨터를 활용한 기술적 매매 시스템을 이용하여 시장 추세를 예측하는 것에는 명실상부 세계 최고라는 자부심을 피력했다. 그런 다음 이렇게 끝을 맺었다. "여러분은 세계에서 가장 훌륭하고 가장 뛰어난 트레이더들입니다. 내가 계산한 바로는 미국 상품 시장 자금의 50퍼센트를 여기 있는 여러분이 관리하고 있습니다." 상당히 인상적인 발언이었다. 세상의 그 어떤 회사가 시장 전체 자금의 50퍼센트를 주무르는 일류 트레이더들을 한자리에 모이게 할 수 있겠는가!

이스턴은 인사말을 마친 후 자리에 앉았고, 참석자들 모두가 만찬을 즐겼다. 캐비어를 곁들인 스터프드 에그, 마늘 버터를 바른 굴, 사슴고기 스테이크, 허브 포테이토, 버터 호두 호박 탱발, 초콜릿 타라곤 등이 준비됐다. 턱시도 차림의 시중드는 사람들이 손님들의 잔에 프랑스산 포도주를 계속 따라줬다. 초콜릿 타라곤이 나오자 이스턴이 자리에서 일어나 건배를 청하며 한마디 했다. "이 만찬에서 행하는 코모디티스의 전통이 하나 있습니다. 각자 자유롭게 특정 시장의 전망에 대해 자신의 의견을 말하는 겁니다." 말을 마친 이스턴은 테이블에 있는 사람들에게 차례로 통화, 곡물, 코코아, 설탕, 돈육, 축우, 금, 은, 구리, 유로달러, 미 재무부채권, 주가지수선물 등 각 상품시장의 전망을 물었다. 질문과 답변은 끊임없이 이어지고 있었다. 코모디티스에서는 총 135개 상품을 매매하는데 그 품목에 관한 이야기가 전부 나오는 것 같았다.

마침내 석유선물 차례가 됐다. 원유가격이 급락한 상황이라 이 부분에 큰 흥미가 갔다. 석유는 배럴당 12.50달러에 매매됐는데, 이는 OPEC(석유수출기구)이 결성된 이래 최저가였다. 그런데 유가 하락의 이유를 아무도 모르는 것 같았다. CIA가 미국의 무역수지 균형을 맞추기 위해서, 혹은 러시아나 이란, 이라크 등을 자극하려고 시장에 석유 공급을 늘리도록 사우디에 압력을 가했다는 추측이 나돌았으나 그 내막을 누가 어찌 알겠는가?

이스턴은 텍사스 출신의 뚱뚱한 카우보이를 지목하여 그에게 유가 전망을 물었다. 보아하니 이 사나이가 빌리 텍스 벙홀Billy Tex Bunghole인 것 같았다. 이 사나이는 부츠를 신고 번쩍거리는 실크 셔츠를 반쯤

풀어헤치고 있었다. 그리고 커다란 금목걸이를 걸고 있었는데, 목걸이 끝에 달린 메달이 털이 많은 가슴팍에서 대롱대고 있었다. 그는 불그레하고 살집 많은 얼굴 위로 땀을 흘리며 특유의 느린 말투로 말했다. "제가 보기에는 향후 6개월 동안 서부 텍사스산 원유의 가격이 배럴당 6달러가 더 하락할 것 같습니다."

"텍스, 좋은 의견 감사합니다." 이스턴이 말했다. "자, 이제 유럽시장 전망에 대해 들어봅시다." 그러면서 말쑥하게 차려입은 자그마한 프랑스인에게 답변을 부탁했다. 이 사내는 마르고 좀 연약해 보였다. 맞춤 셔츠에 푸른색 서지 양복을 걸쳤는데, 이 또한 맞춤옷이었으며 에르메스 넥타이를 매고 있었다. 피에르 르 플리트Pierre Le Flit라는 이름의 사내가 입을 열었다. "유럽시장에서는 앞으로 6년 동안 석유의 공급이 수요를 앞지르게 될 것으로 보입니다."

피에르가 말을 마치자 헬무트가 갑자기 나를 지목했다. "오늘 밤 이 자리에 마틴 슈워츠 씨를 모실 수 있어서 매우 기쁩니다. 슈워츠 씨는 새로 코모디티스에 합류하게 된 트레이더로서 지금까지 아주 잘 해주고 계십니다. 지금까지 여러분이 하신 말씀에 대해 어떻게 생각하는지요?"

나는 가슴을 약간 펴면서 숨을 들이쉬었다. 그동안 원유 매매는 거의 하지 않았으나 이번에야말로 내 존재를 알릴 수 있는 절호의 기회라는 판단이 섰다. 어차피 나는 코모디티스에 새로 등장한 신참 트레이더였고, 이제 목소리를 낼 시점이 됐다. "오늘 밤 이 자리에 불러 주셔서 정말 감사합니다. 원하시는 대답이 아닐 것 같아 좀 송구스럽습니다만, 사실 저는 앞으로 6년 동안 유럽시장에서 석유의 수요와 공급이 어찌될지는 잘 모릅니다. 그리고 6개월 동안 서부 텍사스산 원유가격이 어떻게 변할지도 잘 모릅니다. 솔직히 말해서 사실 이런 부분에는 관심이 없습니다. 저는 이른바 초단타 트레이더입니다. 제가 알고 싶은 것은 그렇게 먼 훗날이 아닌 바로 내일의 가격입니다. 오늘 사무실에서 나오기 직전에 차트와 스토캐스틱을 검토하고 수치 계산을 했는데, 그 결과를 기준으로 지금 여러분에게 드릴 수 있는 말은 유가가 내 이동평균선을 넘어섰다는 사실입니다. 그래서 제 생각으로는 유가가 상승 상태에 놓여 있다고 보입니다."

코모디티스 트레이더의 밤 행사는 밤 11시가 넘어서 끝이 났고, 집으로 돌아왔을 때는 파김치가 된 상태라 차트를 훑어볼 기력도 없었다. 그런데 다음 날 그 대가를 톡톡히 치렀다. 아침에 시어슨의 해리 데비한테서 전화가 왔다. "마틴, 오늘 석유 가격 살펴봤어? 급상승하고 있어." 나는 스크린으로 달려가 급히 유가를 확인했다. 12월물이 배럴당 13달러였으며, 가격은 계속해서 오르고 있었다. 13.10달러, 13.15달러.

"이럴 수가, 믿을 수가 없군." 기가 막혔다. "어젯밤에 트레이더의 밤 행사에서 석유가격에 관한 이야기를 했어. 그때 나는 유가가 상승할 거라고 했지. 그러나 그건 그냥 거기 있는 사람들은 좀 놀려주겠다는 심산으로 그런 말을 한 건데……."

나는 석유에 관해서는 잊어버리고 내가 하던 매매 작업인 S&P선물에 집중했다. 다음 날 해리가 다시 전화를 했다. "마틴, 지금 석유가격 지켜보고 있지? 아무래도 세이크 야마니(Sheik Yamani: 사우디아라비아의 석유 장관)가 송유관을 잠갔거나 무슨 짓을 한 것이 틀림없어. 유가가 계속 치솟고 있다고." 그래서 스크린으로 다시 유가를 확인했다. 14.30달러, 14.35달러.

다음 날 유가가 15달러까지 올라가자 그제야 상황 파악이 되기 시작했다. 단 3일 만에 유가를 20퍼센트나 끌어올린 것은 세이크 야마니가 아니었다. 그 장본인은 다름 아닌 뉴헤이븐 출신의 세이크 슈워츠, 즉 나였던 것이다. 나는 미국 상품 시장 자금의 50퍼센트를 주무르는 대단한 트레이더들이 같은 시간에 같은 장소에 모여 있었다는 사실을 까맣게 잊고 있었던 것이다. 이 자금 대부분이 석유에 몰려 있었고, 또 대다수가 매도 포지션을 취하고 있었다. 그런 자리에서 세이크 슈워츠가 석유가격이 상승할 것이라고 말하는 것은, 사람들이 꽉 들어찬 실내에서 '불이야!'라고 외치는 것과 다름없었다. 내 말을 들은 사람들은 서둘러 자신의 포지션을 커버하기 시작했다. 상황이 파악되자 자책감이 들었다. 언변이 뛰어난 폴 튜더 존스, 정치적인 사안에 좀 민감한 브루스 코브너, 에비앙을 늘 끌어안고 다니는 마이클 마커스 등은 이 정보에 어떻게 반응했을까? 사태의 내막을 알아내는데 아마 3일도 걸리지 않았을 것이 분명하다. 사태를 파악한 이들은 아마도 매수 포지션을 취했을 것이고, 그것으로 수백만 달러는 족히 벌었을 것이다. 이것이 바로 일류 트레이더의 매매 방식이다. 그리고 그것은 내가 했어야 하는 일이기도 하다.

개장 10분 전,
시장 추세를 예측하라

1889년에 다우존스앤컴퍼니Dow Jones & Company가 발행한 〈월스트리트저널〉은 금융관련 간행물의 선두주자라 할 수 있다. 시장 참여자라면 누구나 이 신문을 매일 읽어야 한다.

엄밀히 말해 나는 리더reader가 아니라 스캐너scanner다. 즉, 정독하는 것이 아니라 휙휙 넘겨보는 스타일이다. 내가 어렸을 때 일요일 아침에 눈을 뜨면 형보다 앞서서 〈뉴욕타임스〉 스포츠 면을 봤다. 한 20분 동안 훑어본 다음에 신문을 형에게 넘겨줬다. 그러면 형이 내게 점수라든가 타율, 예상 선발투수 등에 대해 물어봤다. 그런데 형의 질문에 대답하지 못한 적이 별로 없었다. 성공적인 트레이더가 되려면 〈월스트리트저널〉을 이런 식으로 읽어야 한다. 신문에는 너무나 많은 정보가 들어 있으므로 일일이 다 읽기보다는 빠르게 훑어보는 것이 요령이다.

보통, 나는 아침에 수지 결산을 맞춘 직후 채권매매가 시작되는 오전 8시 20분 이전에 신문을 본다. 제일 먼저 보는 것은 1면 두 번째에 실려 있는 최신 뉴스다. 신문을 볼 때는 펜과 속기 노트를 옆에 두었다가 흥미 있는 기사나 정보가 나오면 바로바로 기록했다.

중요한 사항은 빠짐없이 적은 다음, 이를 모아 두었다가 나중에 다시 읽어본다. 해병대에서는 책임감 있고 훌륭한 장교라면 모든 것을 다 기록으로 남겨둔다.

최신 뉴스를 다 읽은 다음에는 맨 오른편에 있는 헤드라인을 쭉 훑어본다. 고등학교와 대학교 때는 학교 신문의 스포츠면 편집자였기 때문에, 본능적으로 헤드라인은 모두 보지만 사설은 거의 읽지 않는 다. 사설까지 꼼꼼히 챙겨볼 시간이 없다. 신문 1면에서는 시장의 일 반적 분위기를 파악하면 되는 것이다.

그다음에는 C면으로 가서 '자금과 투자' 부분을 살펴본다. 수치 자 료는 이곳에서 확인할 수 있다. 전날 주식시장에서 있었던 사건이나 상황을 브로커, 분석가, 자금 관리자, 기타 월가 전문가 등 다양한 시 장 참여자의 시각에서 정리해놓은 '시장 소식'을 살펴본다. 언급된 주 식 종목 중에서 내 포지션에 포함된 70여 개 종목이 있는지 살펴본다. 만약에 내 종목이 언급돼 있으면 다른 사람들은 그 종목에 대해 어떻 게 생각하는지 알아본다. 그 다음에는 '월가의 소식'으로 넘어간다. 업 계, 기업, 개인의 동정이 나와 있고, 토막뉴스 몇 가지가 실릴 때도 있 다. 2~3일 전에 내 주요 정보원인 인사이드 스키니한테 이미 들은 내 용을 여기서 확인할 때도 있다.

스키니가 여전히 월가의 소식통이라는 점을 확인하고 흐뭇한 미소 를 짓고 나서 주가지수를 살펴본 다음, '옵션 시세' 부분으로 넘겨 풋 콜 비율(putcall ratio: 콜옵션 거래량 대비 풋옵션 거래량의 비율—옮긴이)에 대한 감을 잡는다. 또 전일 풋콜 비율이 어땠는지를 확인하여 이를 매 매 지표로 삼는다. 이 비율이 50퍼센트 미만이면 낙관주의가 과도한 것이므로 매도를 고려하기 시작한다. 그리고 속기노트에 내 풋콜 비 율을 적어둔다. 이뿐만 아니라 모든 것을 다 여기에 적는다.

C면에서 보려고 하는 또 한 가지 지표가 바로 '뉴욕증권거래소의 고가와 저가'다. 이 표에는 12개월 기준으로 전일 신고가와 신저가를

친 종목이 모두 표시된다. 1974년, 에드워즈앤드헨리에서 근무할 때 기술적 분석가였던 존 브룩스John Brooks는 매우 단순하지만, 또 한편으로 상당히 흥미로운 지표 하나를 내게 가르쳐줬다. 이것이 바로 신고가와 신저가다. 신고가와 신저가 종목은 항상 알파벳순으로 표시되는데 글자 크기는 모두 같다.

존은 내게 이렇게 말했다. "마틴, 신고가 혹은 신저가 종목이 나열된 부분에다 자를 대고 측정했을 때 그 길이가 12인치를 넘어가면 역행투자자가 되어 투자 대중과 반대 방향으로 나아갈 준비를 해야 하네." 1974년에 며칠 동안 신저가 종목의 길이가 12인치를 넘어섰을 때 이때가 바로 20세기 최대의 매수 기회 가운데 하나였다. 1987년 10월, 그러니까 검은 금요일이 발생하기 직전에 신고가 종목의 길이가 수차례나 12인치를 넘어섰었다. 바로 최적의 매도 시점이었던 것이다. 이러한 기법은 그 어떤 곳에서도 들어보거나 읽어본 적이 없었다. 그리고 이러한 일이 그리 흔하게 나타나는 것은 아니지만, 만약 이와 비슷한 현상이 나타났다 싶으면 그때는 바로 자를 꺼내 들고 그 길이를 확인해보라고 권하고 싶다.

'뉴욕증권거래소의 고가와 저가' 부분을 살펴본 다음에는 채권 부분으로 가서 누가 어떤 예상을 했는지 훑어본다. C면을 다 본 다음에 이 부분을 내 왼쪽에 던져 놓고 다시 A면으로 돌아가 최신 경제 뉴스와 개별 기업의 동정을 살펴본 다음에 이 부분은 오른쪽에 던져 놓는다.

가끔은 급히 B면에 있는 '시장'을 펼쳐 내가 관심을 가질만한 기업에 관한 기사를 살펴보기도 한다. 그러나 대체로 볼 때 B면에는 트레이더들이 흥미를 보일만한 내용은 별로 없다.

보통은 이 신문을 읽는 데 걸리는 시간이 10분을 넘지 않는다. 그러나 아침마다 이것을 읽느라 투자한 10분이 시장 추세를 예측하는 데 또 활용할 수 있는 시장 지표들을 찾아내는 데 큰 도움이 된다. 내가 접하는 다른 정보에 대해서는 〈월스트리트저널〉에 투자하는 만큼의 시간을 들일 수 없으나, 훌륭한 트레이더가 되려면 정보를 모으는 시간을 아끼지 않아야 한다.

Chapter 13

사브리나의
파트너들

PIT BULL

코모디티스 트레이더의 밤 행사가 있기 몇 개월 전부터 선물매매 중개회사인 엘더스퓨처스Elders Futures Inc. 측에서 계속해서 나를 끌어들이려고 했다. 엘더스는 자사의 자금 2,000만 달러를 관리해주면 수익금의 20퍼센트를 성과급으로 지급하는 외에도 6퍼센트의 관리 보증금을 지급하겠다고 제의했다. 매달 10만 달러의 관리 보증금과 무위험 성과급을 수령할 수 있게 된다는 의미였다. 이것이 코모디티스의 조건보다 훨씬 좋았기 때문에 1988년 4사분기에 코모디티스 자금의 매매를 중단하고 엘더스의 자금을 관리하기 시작했다. 그러나 내 자금이 아닌 다른 사람의 자금으로 매매하는 한 코모디티스나 엘더스나 마음이 편치 않은 것은 마찬가지였다.

코모디티스의 자금을 관리할 때 느꼈던 문제가 엘더스와의 거래에서도 똑같이 발생했다. 포지션의 크기가 늘어나면서 내 시계(투자의 시간 범위)에 변화가 생겼다. 구체적으로 말해 시장 추세가 내게 유리한 방향으로 바뀌기를 기대하며 손실 포지션을 더 오래 가져가는 경향이 생겼다. 그래서 이 부분에 관해서 오드리와 논의를 했다.

"오드리, 다른 사람들의 자금으로 매매하는 것이 정말 싫어. 두 시간마다 포지션 점검을 하다 보니 제대로 능력 발휘를 할 수가 없어. 조건은 정말 좋은데 나는 자유롭고 싶어."

내게 어떻게 하라고 말할 수 있는 사람은 아무도 없으나 오드리만은 할 수 있다. 지금까지 나는 내가 원했던 매매를 해왔고 자유로웠다. 대체 무엇이 문제란 말인가?

"계속해서 내가 뭘 하고 있는지 감시하는 사람들이 있다는 게 너무 싫다고. 엘더스에는 매달 상당히 많은 외국 자금이 들어왔다가 빠져나가는데, 그 자리를 다른 자금이 채우는 일이 생기면 괜히 내가 퇴짜를 맞은 듯한 기분이 들거든. 내가 일을 잘못한 것 같다는 생각이 드니 말이야."

오드리는 모든 것을 너무 내 관점으로만 판단하지 말라며 나를 다독였다. 게임에 감정을 개입시키지 않는 것도 내 매매 원칙 가운데 하나라는 사실을 상기시켜 주었다. 그렇다. 매매할 때는 감정을 배제해야만 한다.

"그런데 이 사람들이 얼마나 전화를 자주 해대는지 알아? 애초에 1년 약정을 했으면 그 기간 동안 느긋하니 좀 맡겨뒀으면 좋겠는데, 이건 뭐 매일 주기적으로 상황을 점검해야 한다니까. 어떤 결과를 두고 나에 대해 이러쿵저러쿵 비평하는 사람이 정말 싫어. 나 스스로 주인이 되어 매매할 자유가 있다고. 처음에 내가 전업 트레이더로 나선 이유가 다 그 때문이잖아."

그러자 오드리는 내가 전업 트레이더라는 사실에는 여전히 변화가 없지 않으냐고 했다. 내가 내 계좌로 매매하는 것을 막을 사람은 아무도 없고, 그 누구에게도(국세청은 제외) 매매 내용을 보고할 필요도 없다고 말이다.

"그게 편치가 않아. 정신적으로 갈등하게 되거든. 매매할 때마다 나를 위한 매매인지 아니면 남의 자금을 위한 매매인지를 결정해야 하니까. 다른 펀드매니저라면 가능할지 모르지만 나는 그게 안 돼. 내 계좌로 매매할 때는 단기 포지션이 주를 이루는데, 남의 계좌로 할 때는 포지션을 더 길게 가져가고 있거든. 그래서 내 계좌가 이익을 내고 있을 때 남의 계좌 매매에서는 손실이 발생하는 상황이 나타나는 거야. 그러니 내 마음이 편할 수가 있겠어?"

그러면 펀드(투자 기금)가 왜 필요하냐고 오드리가 물었다. 내가 이미 개인매매로 수백만 달러를 벌었으니 펀드는 그만 잊으라고 했다.

"수백만이 아니라 수천만 달러를 벌고 싶으니까 그렇지. 나는 최대이익을 낸 최고의 트레이더가 되고 싶다고. 그런데 그러려면 OPM이 필요해. 다른 사람의 돈이 필요하다고."

그러자 오드리는 이렇게 대꾸했다. "당신이 직접 펀드를 꾸려서 그 펀드의 운용 원칙을 세운 다음에 거기에 당신 돈을 투자하면 되잖아. 그리고 기간을 정해 펀드를 관리하고 한 달에 한 번씩 보고를 해. 이게 펀드 운용자들이 지켜야 할 최소한의 의무니까 말이야. 더는 갈등하지 마. 수시로 점검하는 것도 그만두고. 그러면 아무 문제 없잖아."

그래서 1989년 초, 나는 엘더스의 자금으로 하는 매매를 중단했다.

나는 수워드앤드키셀Seward & Kissel 법률사무소에서 헤지펀드 창업분야를 담당하는 존 태브스John Tavss 변호사에게 펀드사 창업에 필요한 서류를 작성하도록 했다. 6월이 되자 변호사가 서류 작업을 마무리 지었으나, 나는 그때도 확신이 서지 않았다. 그래서 지난 일들을 돌이켜 보기로 했다. 1979년에 아멕스에서 자기매매를 시작한 이후로 손실을 냈던 해가 없었다. 5개월 연속으로 일체의 손실을 발생시키지 않은 채 매매에 임했던 적도 있었다. 그리고 내 집에 마련된 사무 공간에서 어떻게 일을 했는지도 떠올려봤다. 내가 항상 꿈꿔왔던 단 한 가지는 바로 '자유'였다는 것이 문득 생각났다. 다른 사람의 자금을 관리하는 일이 왜 필요했던가? 마이클 마커스나 브루스 코브너 같은 거물들과 어깨를 나란히 하면서 코모디티스 트레이더의 밤 행사장을 누볐을 때, 폴 튜더 존스가 자가용 헬리콥터를 몰고 동부 해안에 있는 자신의 집으로 돌아가는 모습을 지켜봤을 때, 내가 어떤 기분이었는지 떠올렸다. 나도 이런 거물 트레이더와 같은 등급이 되고 싶었다. 그러려면 OPM, 즉 다른 사람의 투자 자금이 반드시 필요했다.

6월에 아이들이 방학을 하자 가족끼리 아스펜으로 휴가를 떠났다. 아스펜에는 한 번도 가본 적이 없었으나 헬무트 웨이마를 비롯하여 수많은 거물급 인사들이 머리를 식히러 가는 고급 휴양지였다. 뉴욕과 시장에서 2,000마일(약 3,200킬로미터)은 족히 떨어져 있는 곳에서 들이마시는 상쾌하고 청명한 산 공기는 재충전이 필요한 사람들의 머리를 식혀주기에는 그만이었다. 증권분석가로 9년 6개월을 보냈고, 이후 9년여 동안 성공적인 트레이더로 일 해왔다. 이제 목표를 한 단계 올려 잡을지 말지를 결정해야 할 때가 왔다.

아스펜에 있는 동안 우리 가족은 스노우매스 바로 밑에 위치한 침실 세 개짜리 콘도에 묵었다. 아침이면 콘도에서 나와 랭글러 지프에 올라타 덮개를 덮은 다음, 시원한 산 공기를 들이쉬고 나서 카우보이처럼 차를 몰고 〈월스트리트저널〉을 사러 아스펜으로 나갔다. 지프를 몰고 공항 부근을 지나치면서 유명 영화배우, 제트족(제트기로 유람 다니는 부유층—옮긴이), 대기업 경영진 등이 소유한 세스너, 리어, 걸프스트림 같은 경비행기들을 구경했다. 그러면서 나도 그런 비행기를 갖고 싶은 마음이 들었다. 그러려면 OPM이 필요했다.

뉴욕으로 돌아와 가장 먼저 한 일은 호화로운 대형 사무실을 구하는 것이었다. 이렇게 해서 렉싱턴가 750번지에 있는 신축 건물 꼭대기에 사무실을 냈다. 센트럴파크가 한눈에 내려다보이는, 전망이 아주 좋은 곳이었다. 가격이 만만치 않았으나 그것이 대수인가? 3,000스퀘어피트(약 900평)짜리 사무실을 한 달에 1만 2,500달러를 내기로 하고 3년 계약으로 임대했다. 내가 벌어들이는 수입에 비하면 이 정도는 아무것도 아니었다. 가구라든가 실내 장식 부분은 오드리에게 맡겼다. 실내 장식의 모티브는 후기 인상주의였고, 여기에 입체파와 아르누보—바로크 분위기를 가미하기로 콘셉트를 잡은 모양이었다. 여기에 또 거금 7만 5,000달러가 들어갔다. 그러나 우리는 최대한 품위 있고 고급스러운 분위기를 연출해야 했다. 아주 오래전부터 고풍스러운 골동품 책상이 놓인 화려하고 넓은 사무실에 앉아 있는 내 모습을 꿈꿔왔기 때문이다.

어퍼 이스트 사이드에 프레스코—팔레트 갤러리를 갖고 있는 내 친구 알과 클리프가 현대 미술 작품을 여러 점 빌려줬다. 새로 꾸민 내 사무실로 들어서면 구겐하임 미술관에 들어선 것 같은 기분이 들었다. 또 3만 달러를 들여 최신 컴퓨터와 통신 장비를 갖췄다. 이 또한 신경 쓸 바가 아니었다. 나는 내 사무실이 우아하고 세련된 미술관의 분위기를 풍기기를 바랐다. 그리고 직원도 두 명 고용했고, 이들에게 매달 2만 달러를 지급했다. 적은 돈은 아니었다. 나와 함께 일하게 된 이상 이들 역시 머지않아 매매업계의 스타가 될 것이 틀림없었다. 여름이 끝나갈 무렵, 나는 마치 거물급 인사가 된 것 같은 기분이 들었다. 이제 우리 펀드에 투자할만한 거물 투자자를 물색하는 일만 남았다.

실질적으로 내게는 두 부류의 투자자가 필요했다. 역내펀드 투자자와 역외펀드 투자자가 그것이었다. 거물급 트레이더들은 대개가 이 두 가지 유형의 펀드를 운용하고 있었고, 나 또한 그러한 트레이더가 되고 싶었다. 이 말은 조달해야 할 자금이 두 배로 늘어난다는 의미였다.

내가 경영대학원 학생이었던 1960년대에는 헤지펀드가 합자회사(Limited Partnership: 무한책임사원과 유한책임사원으로 구성되는 이원적 조직의 회사─옮긴이) 형태로 운영됐다. 여기서 펀드매니저가 무한책임사원이 되고, 최소 100만 달러(순자산)를 투자한 이른바 전문 투자자들이 유한책임사원이 된다. 미국 법률상 최소 투자금이 50만 달러인 유한책임사원은 99명까지 둘 수 있었고, 펀드는 주로 미국 주식에 투자됐다.

그런데 1980년대 말이 되자 여기에 많은 변화가 생겼다. 1960년대의 헤지펀드를 1990년대의 헤지펀드와 비교하는 것은 존 우든(John Wooden: 1960년대의 전설적인 미국 농구 감독─옮긴이)과 마이클 조던을 비교하는 것과 같다. 조지 소로스, 줄리언 로버트슨Julian Robertson, 마이클 스타인하트Michael Steinhardt 같은 펀드매니저들은 수십억에 달하는 막대한 규모의 투자금을 운용했기 때문에 이 자금을 투자할만한 마땅한 주식을 찾기가 어려웠다. 그래서 이들은 좀 더 판을 크게 벌릴 수 있고 레버리지 효과도 더 크게 볼 수 있는 역외시장으로 눈을 돌렸다. 이들은 SEC의 규제를 받지 않는 역외펀드를 설립하고 세계시장을 무대로 통화와 금리상품에 투자하기 시작했다. 달러화와 엔화 그리고 미국 재무부채권과 독일연방은행채권 사이에서 차익을 노리는 매매를 했다.

세계 부호들의
투자금을 끌어모으는 방법

나는 진정한 큰손들을 거느린 이러한 거대 투자사와 경쟁하기 위해 역내펀드인 사브리나Sabrina Partners L.P.와 역외펀드인 사브리나오프쇼어펀드Sabrina Offshore Fund Ltd. 등 두 개 펀드를 설립했다. 각 펀드의 최소 투자금은 100만 달러로 정했고, 1년 동안은 자금을 회수할 수 없다는 조항을 넣었다. 그러면 적어도 약정된 시한 동안은 투자자의 눈치를 살피지 않고 자유롭게 매매할 수 있을 것으로 생각했다.

나는 챔피언 트레이더였기 때문에 4퍼센트의 고정 관리 수수료와 이익금의 20퍼센트를 합쳐서 청구하기로 했다. 투자자들은 나한테 투자하는 것이므로 내 매매스타일과 방법을 그들에게 납득시키는 일이 무엇보다 중요했다. 그래서 대다수 자금 관리자와 달리 내 투자설명서에서는 내가 세 분야에서 고루 뛰어난 능력을 보여준 트레이더라는 점을 강조했다. 그러니까 주식, 옵션, 선물 등 세 가지 분야에서 매매를 했으며, 모든 분야에서 꾸준히 좋은 성과를 냈다는 것이다. 어느 시점만을 기준으로 한다면, 특정 시장에서 매매하는 특정 트레이더만큼의 성과를 내지 못할 수는 있다. 그러나 그런 제한에서 벗어나 어느 정도의 시간이 흐른다면 나는 그들을 분명히 따라잡을 수 있다. 나는 누가 뭐래도 챔피언 트레이더였다. 존 리스치오는 〈배런스〉에서, 잭 슈웨거는《시장의 마법사들》에서 그렇게 말했었다.

역내펀드 사브리나에 필요한 투자금을 모으는 일은 나 혼자서도 능히 할 수 있었다. 애머스트대학에서 졸업 논문을 쓸 때 참고자료 목록을 만들었던 것처럼, 이번에도 그렇게 하면 됐다. 물론 그때는 존 메이너드 케인스John Maynard Keynes나 애덤 스미스Adam Smith의 이론을 적었으나, 지금은 내가 아는 모든 백만장자의 이름과 전화번호를 적었다. 그리고 이들 모두에게 전화를 걸었다. 편지도 썼고, 술자리를 만들어 직접 만나기도 했다. 이들에게 투자설명서를 보냈으며, 나를 '월가의 챔피언'이라든가 '챔피언 트레이더'라고 표현한 기사 부분을 오려서 보내기도 했다. 〈배런스〉의 리스치오가 쓴 기사 사본과 잭 슈웨거가 쓴《시장의 마법사들》의 사본도 보냈다. 그리고 그들에게 다시 전화를 걸고, 편지를 썼다. 심지어 그 사람들이 후원하는 자선단체에 기부도 했으며, 또 다른 투자설명서도 발송했다. 나에 대한 기사 내용을 더 모아서 보내기도 했다. 그들에게 새로 마련한 내 사무실에 들러 나를 만나달라고 요청했다. 렉싱턴가 750번지에 자리 잡은, 센트럴 파크가 훤히 내려다보이는 신축 건물 꼭대기에 있는 내 사무실 말이다. 드디어 그들이 사무실에 찾아 왔을 때, 나는 후기 인상주의를 기조로

하여 입체파와 아르누보—바로크 분위기가 가미된 고상한 실내로 안내한 다음, 알 프레스코와 클리프 팔레트가 빌려준 현대미술 작품에 관해 열심히 설명을 했다. 그렇게 해서 10월까지 모은 사브리나의 투자금은 총 2200만 달러가 됐다(내 투자액은 500만 달러).

　사브리나오프쇼어펀드의 투자금을 모으는 일은 혼자 힘으로는 불가능했다. 유럽에 몇 차례 가본 적은 있으나 그쪽의 부호들과는 인맥이 없었다. 미국의 자금 관리자들이 외국의 투자자를 모으는 가장 전형적인 방법은 국제적인 인맥이 있는 브로커를 통해 이들과 인연을 맺는 것이었다. 다만 이러한 방법을 사용할 때는 엄청난 비용이 소모되었다. 그러나 어쨌든 시도해보기로 했고, 내가 맨 처음 접촉한 사람은 딘 위터Dean Witter였다. 딘은 외국의 부호 몇몇을 알고 있다고 주장했으나, 문제는 자신이 소개한 투자자를 통해 내가 얻은 이익의 25퍼센트를 자신에게 달라고 했다는 점이었다. 나는 딘은 물론이고 그 어떤 브로커에게도 내 이익의 25퍼센트를 떼 줄 생각은 없었다. 그래서 그것은 어렵겠지만, 대신 내게 투자자를 보내주면 소정의 수수료를 주겠다고 말했다.

　두 명의 브로커가 이 제의를 수락했는데, 투자은행인 키더 피보디에서 자금 조달을 담당하는 폴 샌더스Paul Sanders와 케빈 브란트Kevin Brant였다. 이들에게는 라케시 바르가바Rakesh Bhargava라고 하는 인도인 동료가 있었는데, 라케시는 인도와 파키스탄의 부호들을 많이 알고 있다고 했다. 나는 항상 인도나 파키스탄은 아주 껄끄러운 적국이라고 생각했었다. 그러나 돈을 버는 데 있어 그런 것들이 무슨 대수인가? 케빈과 폴은 라케시한테 10월 중순쯤 런던에서 투자자들과의 만

남을 주선하라고 말하겠다고 했다. 내가 좋다고 말하자 케빈과 폴은 런던에서의 미팅 약속을 잡아냈다.

나는 런던으로 갈 날을 손꼽아 기다렸다. 나는 런던을 좋아했으며, 1967년 여름에 유럽여행을 갔을 때 런던에 들렀던 기억을 떠올렸다. 그리고 런던경영대학원에서 경제학 석사학위를 받는 꿈을 꾸기도 했었다. 내가 묵었던 올드 크롬웰 로드Old Cromwell Road 옆 아파트에서부터 나이츠브리지Knightsbridge까지 지하철을 타고 갔던 기억이 났다. '언젠가 나도 큰돈을 만져볼 수 있지 않을까'라는 생각을 하며 마권 매장까지 걸어간 적도 많았다. 기차를 타고 엡섬Epsom에 가서 경마 구경을 하기도 했다. 내가 찍은 경주마가 기대에 못 미치는 기록을 내더라도 나는 경마가 좋았다.

이층버스를 타고 해러즈(Harrod's: 영국 제일의 백화점)에 가서 내가 나중에 이곳에 다시 와서 마음껏 쇼핑을 즐길 수 있는 날이 올까를 생각해보기도 했다. 또 리츠 칼튼, 코넛, 버클리호텔에도 가봤다. 미래의 어느 날엔가 이곳에 묵을 날을 꿈꾸며 영국에서 가장 호화로운 특급 호텔인 클라리지Claridge's호텔에도 가봤다. 롤스로이스를 타고 호텔에 도착하면 번쩍이는 금색 단추가 달린 빨간색 상의를 입고 검은 모자를 쓴 현관 안내인이 쪼르르 달려나와 흰 장갑을 낀 손으로 자동차 문을 열어주는 장면을 상상해봤다. 이번에 런던에 가면 꼭 클라리지호텔에 묵고 싶었다. 그래서 알과 클리프에게 연락을 했다. 이 친구들은 외국의 미술계 인사들과도 친분이 있기 때문에 클라리지를 비롯하여 영국에 있는 어느 최고급 호텔에서든 환영받는 고객이었다. 이 친구들이 클라리지에 예약을 해줬다.

10월 13일 금요일에 내 포지션을 전부 청산하고 스크린을 지켜보며 운전기사가 오기를 기다리고 있었다. 나를 공항까지 데려다 주기로 한 것이다. 그런데 시장이 하락세를 타는 것이 보였다. 유나이티드 항공United Airlines이 주당 300달러라는 높은 가격으로 차입매수를 할 계획이었으나, 자금 조달에 실패하면서 이 거래는 무산되고 말았다. 이른바 정크본드의 전성시대를 열었던 드렉셀 번햄 램버트DBL: Drexel Burnham Lambert Inc. 앞에 드리운 종말의 서곡이었고, 이것으로 모든 것은 분명해졌다. 시장은 내게 1980년대의 과도한 차입매수 붐에 대한 대가를 치를 때가 왔다고 말하고 있었다. 유나이티드의 차입매수 무산이 그 신호였다. 그리고 트레이더에게 이는 10년에 서너 번쯤 있을까 말까 한 대박의 기회였다. 나는 마침 그 신호를 포착했고 무엇을, 어떻게 해야 할지도 명확했다. 기존 포지션을 모두 청산했기에 현재 내 수중에는 언제든 쏟아 부을 수 있는 현금이 잔뜩 있었다. 나는 바로 폴과 케빈에게 전화를 걸었다. "약속을 취소해줘요. 지금과 같은 장세에서는 자리를 뜰 수가 없어요."

그들은 이러한 상황을 충분히 이해해줬다. 트레이더에게 사망, 결혼, 질병 따위는 약속을 취소할 수 있는 핑곗거리가 결코 될 수 없으나, 이익이 나는 기회만은 약속을 취소할 수 있는 충분한 사유로 받아들여졌다. 두 사람은 라케시에게 전화를 걸어 그다음 주에 다시 약속을 잡아달라고 부탁했다. 라케시는 흔쾌히 그러겠노라고 말했다. 사실, 수익을 올릴 매매 기회로 약속을 취소했다는 사실 자체가 오히려 트레이더로서의 내 명성을 높여주는 역할을 했다. 나는 미다스의 손을 가진 사람이고 월가의 챔피언이자 챔피언 트레이더라는 부분이 더 확실하게 부각되는 것이다.

온종일 시장이 곤두박질치는 것을 지켜봤고, 오후 늦게는 다우지수가 190포인트나 하락했다. 모든 사람의 머릿속에는 또 이런 상황이 반복되는 구나, 라는 한 가지 생각밖에 떠오르지 않았다. 나는 무엇을, 어떻게 해야 할지 정확히 알고 있었다. 1987년 시장 붕괴 당시, 투자자들은 시장 거품이 꺼지고 나서 사람들이 주식에 투자했던 돈을 모조리 회수하여 고정금리부채권에 쏟아 부었다는 것을 알고 채권선물의 가격을 한껏 높여 놓았었다. 채권선물시장은 3시에 마감되기 때문에 나는 2시 58분에 선물 매수에 들어갔다. 주식시장은 4시까지 열려 있었고 주가는 계속 하락했으며 채권선물은 고공 행진을 펼쳤다. 나는 4시 15분까지 열려 있는 채권선물 유통시장에서 내 선물 포지션을 모두 털었다. 이렇게 해서 단숨에 7만 달러의 이익을 냈다. 나쁘지 않은 성과였으나 진짜 기회는 아직 오지 않았다는 확신이 들었다. 이 시장은 1987년의 시장과는 다르다고 봤는데, 그때와는 달리 금리 수준과 주가수익률이 모두 매우 낮았기 때문이다. 그래서 추가 매수에 나서야 한다고 생각했다.

장이 마감된 직후 존 리스치오한테서 전화 한 통을 받았다. 존은 시시때때로 내게 전화를 걸어 시장에 대한 내 의견을 물었다. 나는 존에게 시장을 낙관적으로 보고 있으며 그래서 매수 포지션을 취할 것이라고 말해줬다. 16일 월요일에 〈배런스〉에는 다음과 같은 내용의 짧막한 기사가 실렸다.

금요일에 장이 마감된 후 전설적인 트레이더 마틴 슈워츠의 의견을 물었을 때, 슈워츠는 주가지수가 190포인트나 하락한 것에 대해 이것이 어떤 의미가 있는 현상인지 잘 모르겠다고 답변했다. "정말 염려스러운 것은 모든 사람이 다 이익을 냈을 때라고 봅니다. 1년에 시장이 30퍼센트 이상 상승하는 것이야말로 정말 위험한 징후입니다." 그러나 우리가 아는 한 가장 부유하고 또 가장 솔직한 트레이더 가운데 한 사람인 슈워츠는 전날 자신이 보유한 포지션을 전부 청산했을 정도로 매매에서만큼은 한 치의 빈틈도 없는 사람이었다. "이번 장세가 최악의 상황은 아니라고 봅니다." 슈워츠는 이렇게 강조했다. "1987년과 비교하면 금리가 훨씬 낮고 주가수익률도 상당히 낮은 편입니다. 선물지수가 가리키는 바와 같이 월요일에 시장은 하락 출발하겠으나, 그 수준이 60포인트 혹은 70포인트 이상은 되지 않을 것으로 보입니다. 이 시점에서 저라면 차트를 확인한 다음 매수 포지션을 고려할 겁니다."

존 리스치오 같은 사람과 친분을 유지하는 것은 기자를 내 홍보 담당자로 둔 것과 마찬가지 효과가 있으나, 또 한편으로는 세간의 주목을 받는 유명인사가 될수록 좀 더 정확한 의견을 내야만 했다. 운 좋게도 이번이 바로 그런 경우였다. 월요일 아침에 일어나자마자 가장 먼저 한 일은 필립모리스Philip Morris, 패니메Fannie Mae, 프레디맥Freddie Mac 같은 종목의 상황을 확인하는 일이었다. 이들 종목은 금요일의 하락장에서도 잘 버티었고 그래서 나는 장세가 바뀌었을 때 여기서 상승 징후가 나타나기를 내심 바랐던 것이다.

1987년의 시장 붕괴 상황을 돌이켜보건대 시장이 하락 출발할 것으로 기대했으나, 장세가 전환되어 88포인트 상승하는 것으로 장이 마감됐다. 그래서 나는 부랴부랴 말을 바꿔 탔는데, 화요일 정오까지는 포지션을 유지하다가 S&P선물에 대해 매도 포지션을 취했다. 모든 사람이 매수 포지션을 취할 때가 바로 매도 시점이었고, 이번에도 내 판단은 옳았다. 나는 수요일에 내 포지션을 커버했다. 런던에서의 약속을 1주일 연기한 덕분에 나는 50만 달러를 벌었다.

공항으로 가려고 막 집을 나서려는데 존 리스치오가 다시 전화를 걸었다. 존은 내 근황과 앞으로의 계획에 대해 알고 싶어했다. 나는 존에게 채권, 주식, S&P선물 등 세 가지 종목에서 3연타를 쳤으나, 역외 헤지펀드 설립에 필요한 자금 마련을 위해 유럽으로 가야 하기 때문에 매매를 잠시 중단한다고 말했다. 나는 가죽 시트에 몸을 맡긴 채 콩코드기가 런던을 향해 이륙할 때의 짜릿함을 온몸으로 느끼며 외국인 투자자들을 어떻게 설득해야 할지 곰곰이 생각했다.

클라리지호텔에서의 조찬 모임은 더할 나위 없이 만족스러웠다. 이 자리에는 나와 라케시 바르가바, 폴 샌더스, 케빈 브랜트 외에도 부동산 개발업자이자 국제 사업가이며, 인도인지 파키스탄인지 정확히는 모르겠으나 부친이 그런 나라의 어느 도시의 시장이었다고 하는 세이크, 그리고 지금까지도 도무지 그 정체를 알 수 없는 러그 맨Rug Man, 주요 중동 은행의 런던 지점장 오마르 하이얌Omar Khayyam, 적대적 기업 인수로 잘 알려진 영국의 한 지주회사의 전 회장 스털링 식스펜스Stirling Sixpence 등도 함께했다. 여기 모인 사람들이 각자 어떤 인맥으로 묶여 있는지는 관심 없었지만, 돈을 더 많이 벌 기회라고 판단되면 죽기 살기로 덤벼들 사람들이라는 것은 알 수 있었다. 본래 국제 사업이라는 것이 그런 식으로 돌아가는 것이다.

식스펜스를 보는 순간 나는 그가 마음에 들었다. 다른 사람들은 집안이 원래 부유한 축이었으나, 식스펜스는 나처럼 자수성가한 사람이라는 느낌이 확 들었다. 게다가 스털링의 수많은 인수 기업 중에 프로축구팀이 있었다. 1967년 여름에 나는 그 팀이 경기하는 것을 싸구려 관람석에서 감자칩을 먹으며 관전했었다. 그로부터 22년이 지난 지금 나는 클라리지호텔에서 그때 그 축구팀의 소유주와 함께 앉아 셔드에 그와 훈제연어 요리를 즐기고 있는 것이다.

라케시 바르가바는 자신의 고객을 차례로 소개했고 폴 샌더스는 나를 그 사람들에게 소개했다. 폴은 손에 책 한 권을 들고 말했다. "여러분 중에 《시장의 마법사들》을 읽은 사람이 있다면 마틴 슈워츠에 대해 잘 알고 있을 겁니다. 이 책을 미처 읽지 못한 사람이라면 여기 〈배런스〉에 실린 이 기사를 보면 아주 흥미로운 사실을 알 수 있을 겁니다."

그러면서 책상 밑으로 손을 넣어 10월 23일자 〈배런스〉 기사 사본 여섯 부를 꺼내 들었다. 기사의 제목은 '상승장의 징후인가, 하락장에 대한 경계경보인가'였다. 이 제목 밑에는 굵은 글씨로 시장 변동성에 관해 인터뷰를 나눈 5대 트레이더의 이름이 적혀 있었다. 맨 위에 폴 튜더 존스의 이름이 있었고, 내 이름은 다섯 번째에 있었다. 그 자리에 있는 사람들 모두가 기사 내용을 읽기 시작했다. 내 사진은 15쪽의 '두 명은 업, 한 명은 다운: 스타급 트레이더 세 명은 13일 금요일 시장에서 어떤 모습을 보였나'라는 제목 바로 옆에 나와 있었다. 기사는 그 주에 내가 어떻게 50만 달러의 이익을 냈는지를 설명하면서, 새로 설립한 역외 헤지펀드의 자금 마련을 위해 유럽에 가느라 어쩔 수 없이 매매를 잠시 중단했음을 알려주었다. 기사는 내 말을 인용하면서 끝맺었다. "지금은 유럽으로 가야 하지만, 그래도 시장에서 이익을 냈으니까 지금으로서는 족하다고 봅니다." 그리고 폴이 이렇게 말했다. "자, 여기 계신 이분이 바로 마틴 슈워츠 씨입니다."

이보다 더 확실한 홍보 자료가 또 있을까! 월가의 챔피언이자 챔피언 트레이더이고, 가장 먹힐만한 상품인 나, 마틴 슈워츠를 팔아서 투자 자금을 모으려고 이 자리에 온 것이었다. 그런 내게 〈배런스〉의 기사는 내가 최고의 트레이더라는 사실을 확실히 입증해준 셈이었다. 이때만큼은 마치 도널드 트럼프(Donald Trump: 미국의 45대 대통령이자 세계적인 부동산업자)가 된 기분이었다. 도널드 트럼프가 말하는 것을 들은 사람은 누구나 알겠지만, 그 목소리에는 항상 자신감이 넘친다. 트럼프는 아마도 자신감으로 똘똘 뭉친 사람인지도 모르겠다. 그렇다 하더라도 그 역시 최고 상품인 자기 자신의 가치를 타인들에게 납득시키려 하기는 마찬가지였다. 곁에서 그를 지켜본 심리치료사만이 진실을 알 수 있겠으나, 도널드 트럼프는 지구 위의 그 어떤 것보다 자기 자신을 더 많이 믿는 사람처럼 느껴졌다.

내가 세우고자 하는 금융 제국의 모습을 사람들에게 설명할 때 딱 그런 기분이 들었다. 내가 설립한 펀드는 이 지구에서 가장 크고 또 가장 훌륭한 펀드가 될 것이고, 이 자리에 있는 사람들 모두가 그러한 사실을 믿어 의심치 않을 것만 같았다. 〈배런스〉에 실린 기사 덕분에 나는 도널드 트럼프와 같은 유명인사가 됐다. 세이크, 러그 맨, 하이얌,

식스펜스 등 이 자리에 나온 사람들의 유일한 공통분모는 '돈을 버는 것'이고, 이들은 나라는 사람과 엮임으로써 그 목적에 한층 다가갈 수 있다고 기대한 것이다.

모임이 끝나자 라케시 바르가바가 슬며시 나를 잡아끌면서 이렇게 물었다. "마틴, 오늘 저녁에 특별히 하실 일이 있나요?" 사실 특별한 계획은 없었다. 폴 샌더스와 케빈 브랜트는 유럽으로 떠날 예정이었고, 이 두 사람은 다음 주에 제네바에서 보기로 돼 있었다. 그래서 그때까지는 그냥 여기저기 편하게 돌아다니며 구경할 생각이었다. 1970년대에 증권분석가로 일할 때 그랬던 것처럼 말이다. 그러자 라케시가 다시 말을 이었다. "별다른 계획이 없으시면 파티에 초대하고 싶어서요. 오마르 하이얌의 딸과 세이크의 아들이 결혼식을 올리거든요. 전통에 따라 신랑의 아버지가 결혼식에 앞서 파티를 연답니다. 세이크에게 물어봤더니 슈워츠 씨가 참석해 주시면 정말 영광스러울 것 같다고 그러더군요."

"그러죠." 나는 이렇게 말했다. 억지로 하는 말이 아니라 진심으로 그 자리에 참석하고 싶었다. 이 파티가 아마도 지금까지와는 전혀 다른 신세계로 들어가는 출입문이 될 것 같았다. 그것도 전에 내가 경험했던 부유층, 심지어 아스펜의 상류층 무리보다 한 단계 높은 수준을 경험할 기회였다.

라케시는 내 대답에 반색하며 말했다. "오마르 하이얌의 아들이자 신부의 오빠인 캄란 하이얌이 7시에 당신을 모시러 갈 겁니다. 파티에 가면 아마도 아주 재미있는 사람들을 많이 만나실 겁니다. 틀림없이 만족하실 거예요."

세이크의 전원주택 안으로 들어가는 동안 마치 동화 속의 한 장면으로 들어가는 듯한 기분이었다. 이 집은 런던에서 20마일(약 32킬로미터)가량 떨어진 낮은 구릉 지대에 자리 잡고 있었다. 차를 타고 가면서 캄란이 부친 소유 은행의 한 지점을 맡고 있다는 사실을 알게 됐다. 안마당으로 진입하니 스털링 식스펜스가 자신의 자동차인 노란색 벤틀리 옆에 서 있는 모습이 보였다. 정말 멋진 차였고 차값이 족히 20만 달러는 돼 보였다. 그런데 그 차뿐 아니라 세이크의 안마당에 주차된 자동차 모두가 수십만 달러짜리 최고급 승용차였다. 세이크는 정문 앞에서 손님들을 맞이하고 있었다. 아주 친절한 호스트였다. 세이크는 친히 내 쪽으로 걸어와서 자신의 가족과 친구들에게 나를 소개했다. "마틴, 이 사람은 내 형입니다. 브리지 세계 챔피언이지요.""이 사람은 치프입니다. 나이지리아의 석유는 이 사람이 거의 다 주무른답니다." 아닌 게 아니라 치프의 피부는 석탄처럼 새까맣고 온 얼굴은 특정 부족의 문양으로 뒤덮여 있었다.

　　세이크는 계속해서 집안 이곳저곳을 구경시켜줬다. 찰스 1세가 정부情婦들과 은밀하게 만나는 장소가 필요해서 지었고, 350년도 더 된 집이라고 했다. 뉴헤이븐의 주 거리 이름은 17세기에 쿠데타에 실패한 다음 미국으로 도망온 세 명의 판사 이름을 따서 지었다. 이 판사들은 쿠데타 도중 찰스 2세를 교수형에 처한다는 판결을 내렸었다. 이러한 배경 지식을 갖고 있던 내가 세이코의 집에 대한 이야기를 들으니 좀 아이러니하다는 생각이 들었다. 이 세 사람의 이름은 딕스웰, 웰리, 고프였고, 세 명 모두 분명히 이 집에 있었을 것이다.

　　세이코는 나를 식당으로 안내했다. 그 안에는 거대한 마호가니 탁자와 탁자를 빙 둘러 은으로 만든 묵직한 의자가 놓여 있었다. 의자에는 조지 3세풍의 조각이 새겨져 있었다. "이리 와서 의자를 한번 끌어내 보세요." 세이크가 말했다. 그래서 의자를 잡아당겨 보았으나 꿈쩍도 하지 않았다. "순은으로 만든 의자랍니다. 의자 하나의 무게가 80 파운드(약 36킬로그램)나 됩니다."

그다음에는 응접실로 갔다. "마틴!" 세이크가 눈에 확 뜨일 정도로 아름다운 여성의 팔을 잡고 말했다. "베나지르 부토(Benazir Bhutto: 파키스탄의 여성 정치가—옮긴이) 여사를 소개합니다. 이분은 우리 가족의 오랜 친구죠." TV에서 보던 모습과는 영 달랐다. 텐트 모양의 흑갈색 옷이 온몸을 가리고 있었고 금욕 생활을 하는 수도자처럼 깡마른 얼굴에는 화장기도 전혀 없었으며, 검은 스카프 밑으로 역시 검은 머리카락이 늘어져 있었다. 그리고 금빛과 은빛이 도는 실크 가운이 그녀의 호리호리한 몸매를 감싸고 있었다. 금 체인이 매끈한 한쪽 어깨 위에 걸쳐 있었고, 그 끝에는 샤넬 지갑이 달려 있었다. 목걸이, 구두, 향수까지 부토는 온통 샤넬 제품으로 몸을 도배하다시피 했다. 코코 샤넬이 한창 잘나가던 시절에도 부토처럼 이렇게 화려하게 치장하고 다니지는 않았었다. 한 마디로 이 여인의 몸 전체에서 돈 냄새가 팍팍 풍겼다.

"마틴는 〈배런스〉의 첫 페이지를 장식한 사람입니다." 세이코는 아주 자랑스럽다는 듯이 말했고, 부토는 고개를 끄덕였다. 나는 이러한 상황이 도저히 믿기지 않았다. 뉴헤이븐 출신 촌놈이 유명인사의 집에 유명인으로서 초대받아 와 있는 이 상황이 말이다.

나는 잔디로 뒤덮인 정원으로 나갔다. 그곳에는 거대한 텐트 두 개가 설치돼 있었다. 한 곳에서는 칵테일이, 또 한 곳에서는 저녁 만찬이 준비돼 있었다. 만찬 식탁을 보니 온 세상의 산해진미가 다 모여 있는 듯했다. 벨루가캐비아, 푸아그라, 굴, 참새우, 새끼돼지구이, 새끼양고기 그리고 가짓수를 셀 수 없을 만큼 다양한 케밥과 치즈 등 없는 요리가 없을 정도였다. 나는 군침이 돌아 더는 참을 수 없어 이것저것을 맛보았다. 식사를 하는 동안 곡예사들이 저글링 묘기를 보여줬고, 벨리댄서들은 몸을 가볍게 흔드는 춤사위를 보여줬으며, 칼 삼키는 묘기와 불을 뿜는 묘기까지 등장했다. 재미와 음식 뭐 하나 뛰어나지 않은 것이 없는 파티였다. 이러한 화려한 광경은 그때까지 본 적이 없었다.

캄란 하이얌이 클라리지호텔에 나를 내려 주었을 때는 새벽 2시였다. 충분히 늦은 시간이었는데도 도저히 잠을 이룰 수가 없었다. 아니, 잠을 잘 필요가 없었다. 내 꿈을 이미 이루었기 때문이다. 처음에는 역외펀드 자금을 모으는 일이 걱정이었으나, 이제 나는 스타였다. 미다스의 손을 가진 사람이고, 〈배런스〉의 첫 페이지를 장식한 인물이며, 유명인사 중에서도 손꼽히는 유명인사였다. 사브리나오프쇼어펀드의 운용 자금을 마련하느라 동분서주할 일도 없을 것이다. 파티가 열리는 내내 사람들은 앞다투어 내게 명함을 건넸다. 이 사람들은 내가 자신들을 이전보다 더 큰 부자로 만들어 줄 수 있다고 생각했다.

그 이후의 유럽 일정도 아주 만족스러웠다. 제네바, 취리히, 파리 등 어디를 가든 〈배런스〉의 첫 페이지는 내가 장식했다. 콩코드기가 JFK 공항에 착륙하자마자 나는 곧장 내 사무실로 갔다. 그리고 불룩하게 솟아오른 주머니에서 명함을 꺼내 정리해 놓았다.

2주일이 지난 후부터 전신 송금이 슬슬 시작됐다. 그런데 송금자의 이름은 없고 그냥 번호만 부여됐다. 새로 알게 된 국제적 부호들한테 받은 명함을 기준으로 작성한 투자자 명단과 송금자 명단을 어떻게 대조해볼 방도가 없었다. 전신송금을 한 곳은 버뮤다, 바하마, 건지 섬, 맨 섬, 케이맨 제도 등에 소재한 은행들이었다. 하루에 50만 달러, 100만 달러, 혹은 200만 달러씩 돈이 들어왔으나 누가 얼마를 보낸 것인지 알 수가 없었다. 그래서 버뮤다, 바하마, 건지 섬, 맨 섬, 케이맨 제도 등에 소재한 은행들에 전화 연락을 해보았으나 어느 곳에서도 송금자의 이름은 가르쳐주지 않았다. 이름은 모르고 다만 각 송금자에 고유 번호만 할당했다는 대답뿐이었다.

결국 사브리나오프쇼어펀드는 총 자금 2,000만 달러로 펀드를 운용하게 됐고, 투자자는 이름이 아니라 고유 번호로 표시됐다. 어쩌면 투자자 가운데 노리에가(파나마의 군부 지도자), 카다피(리비아의 군 출신 정치가), 이디 아민(우간다의 군 출신 정치가) 혹은 이보다 훨씬 악랄한 사람들이 끼어 있을지도 모를 일이다. 그러나 주위 사람들은 걱정할 필요가 없다고 말했다. 투자자가 누구인지 굳이 알아서 무엇 하겠느냐는 것이다. 내가 해야 할 일은 이익을 더 많이 내는 것이다. 그러면 만사형통이고 모든 투자자가 다 행복해지는 것이다.

Chapter 14

새롭게 수정한
사브리나 운용계획

PIT BULL

나는 오후 7시에 알람을 맞춰놓고 침대에 누워 잠을 청했다. 때는 1990년 10월 29일 월요일 저녁 6시 30분이었고, 렉싱턴가 750번지에 있는 내 사무실에서 막 집으로 돌아온 터였다. 10월 한 달간은 그야말로 일 때문에 온몸이 녹초가 돼버렸다. 이따 저녁에 뉴욕에서 가장 고급스러운 식당 중의 하나인 루테스Lutece에서 고객을 만나기로 했는데, 그전에 잠깐이라도 눈을 좀 붙여보려 했다.

이제 11월에는 사브리나와 사브리나오프쇼어펀드의 투자자들에게 다음 1년 동안에도 우리 펀드에 계속 투자금을 맡길 것인지를 확인해야 한다. 그래서 10월 한 달 동안은 일상적인 업무 외에도 고객들을 만나 1년 동안의 내 매매 성과를 선전하느라 눈코 뜰 새 없이 바빴던 것이다. 펀드를 운용하는 사람들에게 투자자를 잃는 것만큼 치명적인 것은 없다. 투자자가 적은 소형펀드인데, 여기서 한 사람이라도 빠져

나간다면 나머지 투자자들은 소형 보트 위의 선원들처럼 크게 휘청거리게 마련이다.

나는 주식시장에서 18퍼센트의 수익률을 기록하는 등 평균 이상의 성과를 냈으나, 고객들을 만나는 과정에서 계속 펀드를 운용하는 데 세 가지 걸림돌이 있다는 사실을 알게 됐다. 첫 번째는 수수료 부분이었다. 나는 최고 트레이더들을 소개한 잭 슈웨거의 《시장의 마법사들》에도 나왔던 사람이다. 그런 만큼 내가 만약 다른 사람의 투자금을 가지고 펀드를 운용하게 된다면 그에 상응하는 대우를 받아야 한다고 생각했다. 그래서 폴 튜더 존스나 브루스 코브너, 루이스 베이컨 등이 청구하는 만큼의 수수료를 청구할 생각이었다. 문제는 튜더 존스, 코브너, 베이컨은 순수한 선물 트레이더이나 나는 그렇지 않다는 데 있었다.

사브리나와 사브리나오프쇼어는 선물 25퍼센트, 주식 75퍼센트의 비율로 매매한다는 취지로 설립됐다. 따라서 사브리나는 선물펀드라기보다는 주식펀드에 더 가까웠다. 주식펀드매니저는 대부분 '1+20'의 수수료를 청구한다. 즉, 투자자본의 1퍼센트에 해당하는 연 관리 수수료와 이익금의 20퍼센트를 성과 수수료로 청구하는 것이다. 순수 선물펀드를 운용하는 초일류급 트레이더라야 '4+20'을 수수료로 청구할 수 있는 배짱이 생기는 것이다. 그런데 순수 펀드매니저도 아닌 내가 감히 18퍼센트의 수익률에서 3분의 1이 넘는 수준인 6.8퍼센트를 수수료로 청구한다는 것이다. 초일류급 트레이더에 해당하는 관리 수수료 4퍼센트에다 성과 수수료 2.8퍼센트(18퍼센트에서 4퍼센트를 뺀 나머지 14퍼센트의 20퍼센트)를 합해 총 6.8퍼센트가 되는 것이다. 그런데 투자자들 가운데 수수료가 너무 높게 책정됐다고 생각하는 사람들이 많아졌다.

두 번째 문제는 시장에 있었다. 1년 내내 시장이 극히 불규칙적으로 움직였고, 따라서 시장 추세를 파악하기가 너무 어려웠다. 1989년 11월에 처음 펀드를 운용하기 시작했을 때 시장은 내가 만든 이동평균선의 위아래로 작은 등락을 보이는 이른바 웝소(whipsaw: 톱니처럼 촘촘하게 매수 및 매도 신호가 연이어 발생하는 현상. 이익 매매 신호가 아닌 비용만 초래하는 쓸데없는 매매 신호를 말함—옮긴이)가 발생했다. 그래서 나는 기업 인수에 관한 소문이나 예상이 나올 때 이를 기준으로 몇 가지 포지션을 취한 다음 S&P선물매매를 뒷받침해줄 수 있는 수익률이 꾸준히 나오기를 기대했다. 나는 린브로드캐스팅Lin Broadcasting과 조지아걸프Georgia Gulf를 매수했다.

그러나 무성한 소문과 함께 호가 차이가 벌어졌고, 자금 조달의 어려움으로 말미암아 단기 수익성이 크게 악화됐다. 선물시장 감독기관이 부여한 의무 조항에 따라 상품펀드 운용사는 매달 투자자에게 매매 상황을 보고해야 하는데, 펀드매니저에게는 이 또한 단기적 압박으로 작용했다. 비추세 시장에서는 이러한 차익거래 포지션이 이익을 내는데 더 유리하리라 생각했다. 그러나 내 생각이 틀렸다. 장세는 내 예상대로 흘러가지 않았고, 겨우 5주일 만에 그동안 조달한 총 투자금 4000만 달러의 6퍼센트, 즉 240만 달러를 잃었다.

이전까지 이렇게 큰 손실을 내본 적이 없었기 때문에 돈과 함께 자신감도 잃어버렸다. 이렇게 되자 자본금을 보존하고 최대한 이익을 내려는 목적으로 포지션 크기를 축소하기 시작했다. 과연 이러한 조치는 먹혀들었다. 3월 말이 되자 내가 사용하는 시장 척도인 뉴욕증권 거래소 종합주가지수는 4.2퍼센트 하락했는데도 내 펀드의 수익률은 7.6퍼센트 상승했다. 3개월 만에 주가지수를 11.8퍼센트 포인트 상회하는 수익률을 기록한 것은 대다수 투자자가 대단하다는 반응을 나타내기에 충분할 만큼 고무적인 일이었다. 역시 투자자들의 반응은 예상대로였다. 이제 마지막 세 번째 문제가 남았다.

펀드 운용을 시작하면서 가장 걱정되는 부분 가운데 하나가 남의 돈 4000만 달러를 과연 내 돈 1000만 달러를 굴릴 때만큼 효율적으로 운용할 수 있을까 하는 것이었다. 이전에 겪은 두 번의 경험에서 포지션 크기가 커지면 내가 애초에 정한 시계時界에 변화가 생긴다는 사실을 알았다. 즉, 포지션을 좀 더 길게 가져가는 경향이 생겼고, 이렇게 되면 속전속결로 이익을 내는 내 매매스타일이 훼손된다. 그러나 1990년도 1사분기의 매매 실적을 보고 더 큰 규모의 투자금도 얼마든지 관리할 수 있다는 자신감이 들었다. 그래서 그해 4월에 투자금 유치 목표를 한 단계 올려 잡았다. 신규 투자금을 더 받았고 결과적으로 3000만 달러가 더 들어왔다.

거금 7000만 달러를 운용하는 펀드매니저라면 대부분이 분산투자 전략을 구사한다. 틈새 투자상품을 찾아 위험을 분산시킨다. 그리고 나서 자신은 큰 매매 계획과 전반적인 전략을 수립하고 나머지 궂은 일은 죄다 아랫사람들에게 맡겨놓는다. 그러나 이것은 내 매매스타일과는 맞지 않았다. 나는 늘 모든 부분을 꼼꼼히 점검했고, 애송이 조수를 두지도 않았다. 전에 고용했던 두 명의 조수도 모두 내보내고 모든 매매 작업을 나 혼자서 했다. 나는 방어적 매매를 고수했고, 4월에 1.5

퍼센트의 이익을 추가로 올렸으나 5월과 6월에는 장세가 불리한 방향으로 흘러갔다. 주요 반등 장세를 완벽하게 놓쳤고 곧바로 엄청난 압박감이 나를 짓누르기 시작했다. 반등 장세를 노렸던 투자자들은 계속해서 전화를 걸어 '내 돈은 지금 어떻게 되고 있나요?'라고 물어댔다.

투자자들이 하루에도 열두 번씩 내 돈은 어떻게 됐느냐고 물어올 때는 아마도 이러한 대답을 듣기 원해서였을 것이다. "걱정하지 마세요. 대박입니다!" 그러나 나는 도저히 이렇게는 말할 수 없었다. 매달 초마다 투자자에게 편지를 보내 펀드 운용 상황을 보고했다. 6월에 투자자에게 보고한 내용은 아래와 같았다.

펀드의 최대 투자자로서 개인적으로는 홈런을 치려고 무모한 위험을 감수하기보다 매달 꾸준히 이익을 낼 수 있었다는 것에 자부심과 안정감을 느낍니다. 제 투자 실적은 꾸준한 수익성에 바탕을 두고 있습니다. 이를 통해 연평균 성장률의 힘 또는 복리효과를 최대한 볼 수 있도록 말입니다.

이러한 보고서에 안심할 투자자는 아무도 없었다. 이들은 계속해서 전화하고, 팩스를 보내고, 편지를 쓰고, 수익률이 저조하다고 투덜댔다. 게다가 나보다 훨씬 나은 성과를 낸 다른 펀드매니저와 나를 비교하기까지 했다. 외국인 투자자를 내게 연결해준 중개인들은 한 술 더 떴다. 내가 한참 매매하는 도중인데도 하루에 서너 번씩 전화를 걸어 이렇게 물었다. "마틴, 마틴, 내 돈은 어떻게 됐나요?" 이 사람들의 조급증을 도무지 이해할 수가 없었다. 어차피 1년 약정으로 자금을 맡긴 것인데, 이렇게 매일 전화를 걸어 상황을 물어본다고 달라질 것이 뭐가 있겠는가? 내가 주식, 옵션, 선물 등 어떤 시장에서든 지난 10년 동안 꾸준히 두 자리 이상의 수익률을 기록했고, 더구나 챔피언 트레이더라는 사실을 잊어버리기라도 한 것일까?

그래서 7월에 다시 몇 가지 내용을 보충하여 투자자들에게 보고서를 보냈다. 즉, 투자금 예치 약정 기간이 1년이라는 사실을 상기시키면서, 리처드 러셀의 〈다우 이론 뉴스레터〉에서 인용한 내용을 첨부했다. 이 인용문의 취지는 부를 축적하는 데 복리효과를 노리는 것만큼 효율적인 방법이 없으며, 정말로 현명한 투자자라면 꾸준함과 느림으로 승부를 걸어야 한다는 것이었다. 투자자에게 보내는 7월 편지는 아래와 같이 끝을 맺었다.

이 펀드를 조성할 때부터 다른 사람보다 더 나은 성과를 낼 때도 있고, 더 저조한 실적을 낼 때도 있으리라는 것을 익히 알고 있었습니다. 그래서 이를 염두에 두고 최소 투자 약정 기간을 1년으로 정한 것입니다. 그러니 내 매매 성과에 대해서도 1년 후에 평가하는 것이 합당하다고 봅니다. 요컨대 투자자들께서는 투자 약정 기간이 끝나갈 무렵에 투자금을 회수할 것인지, 아니면 계속 맡겨둘 것인지(혹은 투자금을 더 늘릴 것인지)를 결정하시면 됩니다.

여러분께 드리고 싶은 부탁의 말씀은 이것입니다. 약정 기간이 만료되는 연말에 가서 절대적 기준 및 상대적 기준에 따라 다른 펀드매니저의 실적과 이용 가능했던 기회 등을 비교하시라는 겁니다.

그러나 투자자들에게 공격적인 매매 방식을 취할 준비가 됐다는 말은 하지 않았다. 나도 이제 홈런을 노려볼 생각이었다.

오드리는 여름에 파크가에 있는 아파트를 개보수하기로 했다. 아이들이 방학하자 우리는 짐을 싸서 햄튼에 있는 여름 별장으로 갔다. 나는 그곳에서 또 다른 헤지펀드 운용자 한 사람과 테니스를 했는데, 어느 날 이 사람이 이런 말을 했다. "그런데 말이에요, 마틴. 혹시 업존 Upjohn 얘기 들었어요?"

"업존이요?" 나는 뭔가 알고 있다는 투로 말했다. "왜요? 업존에 관해 뭐 들은 얘기라도 있어요?"

"스위스 기업이 업존을 인수하려 한다는 얘기가 들리던데요? 그래서 나도 업존 주식을 사고 있거든요."

나는 바로 인사이드 스키니에게 전화를 걸었다. 스키니는 월가의 정통한 소식통이었다. 미시건주에 소재한 거대 제약회사 업존의 일을 다른 누군가가 알 정도면 스키니가 그 내용을 모를 리가 없었다.

"마틴," 스키니가 쉰 목소리로 말했다. "그렇지 않아도 전화하려던 참이었어. 스위스에 있는 친구가 하는 말이 거래가 거의 성사됐다더라고. 유럽에서는 주식을 매수하느라 난리가 났대. 이거 좀 냄새가 나는 걸? 인수 붐이 있었던 그 시절로 돌아갈 것 같은데 말이야." 스키니의 말투는 항상 이런 식이었으나, 어쨌거나 그가 한 말은 내가 듣고 싶었던 것임에는 분명했다. 홈런을 노려보리라 결심한 내게 업존이 마침 먹잇감이 되어 내 앞에 등장한 것이다. 나는 바로 업존의 주식매수에 들어갔다. 전에도 말한 바와 같이 나는 기계 광이자 얼리 어답터였다. 그래서 결국 사려고 벼르던 휴대전화를 하나 장만했다. 딱 자동차 배터리처럼 생긴데다가 다루기 불편해 보이는 커다란 장치였다. 나는 테니스 코트에 앉아 오드리가 경기하는 모습을 지켜보면서 그 휴대전화로 계속 통화를 했다. "1만 주 더. 아, 1만 주 더 사야겠어." 7월 내내 업존의 주가는 야금야금 올랐고, 나는 계속해서 매수 포지션을 취했다. 금요일 오후에 해변에 앉아 아이들이 모래성을 쌓는 모습을 바라보면서 그 자동차 배터리에 대고 소리를 질렀다. "개장하자마자 3만 주 더 사, 어서!" 내 포지션 유지 기간은 점점 더 길어졌다. 그야말로 업존에 완전히 내 목숨을 걸었던 셈이다. 나는 너무 멀리 와버렸고, 그런 줄 알면서도 멈추지 못하고 계속 전진하고 있었다. 이른바 대박 주식에 우리 펀드의 총 자본금인 7000만 달러의 절반 이상에 해당하는 4000만 달러를 쏟아 부었다.

8월 2일에 사담 후세인Saddam Hussein이 쿠웨이트를 침공하자 시장은 곤두박질쳤고, 석유선물은 급등했다. 주식시장이 10퍼센트나 하락하면서 업존에 대한 투자 실익은 거의 사라졌다. 나는 S&P선물의 공매도를 통해 포지션의 위험을 피하기 시작했으나, 여전히 낭패에 빠진 상태로 한 주를 더 보낸 다음에야 미처 몰랐던 또 다른 장점이 업존에 있다는 사실을 깨달았다. 개별 주식의 움직임과 시장 전반의 흐름 간의 상관성을 찾아낸 것이다. 즉, 시장가격이 1퍼센트 변동할 때마다 업존의 가격은 2퍼센트 변동했다. 이는 전에 S&P와 현물채권의 상관관계를 찾아낸 것에 버금가는 발견이었다. 나는 선물로 4,000만 달러를 공매도했으나, 이와 같은 상관성을 고려한다면 이 정도로는 충분치 않았다. 공매도 규모는 8000만 달러여야 했다.

8월 중순의 어느 월요일 아침, 나는 S&P선물 400계약을 공매도했고 시장은 하락 출발했다. 나는 단 5분 만에 180만 달러를 벌었다. 그러나 엎존은 17/8이 더 하락했고 선물은 손익균형을 맞추면서 장을 마감했다. 한편, 사담 후세인 덕분에 원유와 기타 수많은 상품의 가격은 급등했고, 튜더 존스, 코브너, 베이컨 등 엎존이라는 대박주에 목매지 않았던 순수 선물 트레이더들은 상품선물에 대한 매수 포지션을 취하는 것으로 이익을 내고 있었다. 《시장의 마법사들》때문에 선물 트레이더로서 명성을 얻었으나, 사실 나는 순수 상품매매는 그렇게 많이 하지 않았다. 내 본래의 전문 분야는 S&P선물이었다. 그런데 S&P선물은 본질적으로 주식시장과 밀접한 관련이 있었고, 주식시장의 하락세와 함께 나 역시 곤경에 처하게 됐다. 다른 일류급 트레이더들이 잠재적 인플레이션 거품을 기초로 한 상품선물 공매도를 통해 수백만 달러를 벌고 있을 때, 나는 S&P선물 공매도를 통해 겨우 손익균형을 맞췄을 뿐이었다.

9월 중순에 주요 투자자가 마련한 연례 투자평가회에 처음으로 참석하게 됐다. 나는 사브리나와 사브리나오프쇼어 외에도 네덜란드령 앤틸리스Antilles에 등록된 하우스만Housmann Overseas N.V.의 자금 500만 달러도 함께 관리하고 있었다. 하우스만은 자사 자금이 내 펀드에 섞여 운용되는 것을 원치 않았기 때문에 하우스만 명의의 별도 계좌를 따로 개설해 관리했다. 하우스만 측은 원래 누버거앤버먼Neuberger & Berman을 통해 매매하기를 원했다. 누버거뿐 아니라 펀드 운용사라면 누구라도 탐을 냈을 것이다. 하우스만은 누버거앤버만이든 더치마스터즈Dutch Masters든 어디라도 지명할 수 있었으나 상관 없었다. 나는 그저 내가 맡은 500만 달러만 잘 굴리면 그뿐이었다.

하우스만의 이사 12명이 65번가와 파크가 남서쪽에 있는 메이페어리젠트호텔의 스위트룸에서 대기하고 있었다. 자사 자금 관리자들을 모두 소환하여 투자 성과를 놓고 한바탕 볶아댈 모양이었다. 내가 사는 아파트가 이 거리에 바로 있었기 때문에 걸어서 몇 분이면 도착할 수 있었다. 나는 호텔에 도착하여 잠시 숨을 고른 다음 스위트룸으로 들어갔다. "여러분, 제 매매 성과는 나쁘지 않았습니다. 업존에서 8퍼센트 포인트 손실이 났으나, 연평균으로는 12퍼센트의 이익을 낸 셈입니다. 생각대로만 됐다면 연평균 30~40퍼센트의 수익률을 기록할 수 있었을 겁니다. 그런데 기대했던 일이 일어나지 않았을 뿐입니다."

하우스만의 이사들은 업존에 관해서는 듣고자 하지 않았다. 이들은 곧바로 튜더 존스, 코브너, 베이컨, 기타 일류 선물 트레이더들의 매매 성과를 내 성과와 비교하기 시작했다. 그래서 나는 그 사람들을 향해 말했다. "보시다시피 우리 펀드는 선물펀드가 아닙니다. 애초에 말씀드렸다시피 저는 자본의 보존을 최우선으로 합니다. 하우스만의 자금 중 25퍼센트만을 선물에 투자한 겁니다. 당신네가 맡긴 돈을 전부 선물에 투자했더라면 15배의 레버리지 효과를 보면서 100퍼센트의 수익률을 기록하거나 아니면 그 돈을 다 날렸든가 둘 중 하나가 됐겠지요." 그러나 이런 말은 씨도 안 먹혔다. 이들은 계속해서 내 펀드를 선물펀드와 비교했는데, 내가 선물펀드에 적용되는 수수료를 부과했다는 것이 그 이유였다. 10월 역시 이런 식으로 투자자들에게 달달 볶여가며 힘들게 보냈다. 장이 마감되고 나서 렉싱턴가 750번지에 있는 사무실 소파에 누워 외국인 투자자들이 도착하기를 기다렸다. 우리는 카라라(Carrara: 이탈리아 중북부 도시. 세계 최고 품질의 대리석 산지로 유명함—옮긴이) 대리석 탁자를 사이에 두고 아멜리오 웅가스Amelio Ungas가 디자인한 가죽 의자에 둘러앉았다. 이 사람들에게 그동안 좋은 성과를 냈노라고 말하면, 이들은 곧바로 존스나 코브너, 베이컨보다 얼마나 더 벌었느냐고 물었다. 정말 맥빠지는 반응이 아닐 수 없었다.

침대 옆 탁자에 놓아둔 자명종이 울렸다. 자기 전에 맞춰뒀던 대로 7시였다. 벌떡 일어나 세수를 하고 아르마니 양복을 꺼내 솔질을 했다. 그리고 발리 악어가죽 구두를 윤나게 닦고 미소니 넥타이를 맨 다음 약속 장소인 루테스로 향했다.

엘리베이터 앞에서 오드리를 만나 함께 내려간 다음 택시를 잡으러 갔다. "버지, 어제 어머님이 전화하셨어. 이번 추수감사절에 집에 올 거냐고 물으시던데?"

"무슨 소리를 하는 거야? 추수감사절을 지내러 플로리다에 가자고? 당연히 못 가지. 지금 어떤 상황인지 당신도 잘 알잖아. 눈코 뜰새 없이 바쁘구먼."

"그러면 크리스마스 때는 어때? 그때 스키 타러 가지 말고 플로리다에 가는 것도 괜찮을 것 같은데."

"스키? 스키는 또 뭐야? 누가 스키를 타러 가?"

"버지, 왜 이래. 크리스마스에는 늘 스키장에 갔었잖아."

"올해는 안 돼! 이번에는 크리스마스고 뭐고 없어. 플로리다에도 못 간다고. 이번 일을 잘 해내지 못하면 나는 또다시 실패자 신세가 되고 만다니까."

루테스에서의 저녁 식사 자리는 윌리 더 웹Willie the Web이 마련한 것이었다. 윌리는 스위스 중개인으로 유럽의 부유층 투자자들을 한참 잘나가는 자금 관리자들과 연결해줬다. 윌리는 내게 중요한 고객 몇몇을 소개해주면서 사브리나오프쇼어의 이사직을 달라고 요구했다. 이사라고 해봐야 수수료 수금과 비용지출 관리 외에 달리 무슨 할 일이 있나 싶었으나, 윌리가 외국의 투자자본 조달을 거의 책임지다시피 하는 터라 별로 내키지는 않지만 그 요청을 수락했다. 윌리는 내 친구 닐 와이즈만을 통해 알게 됐으나, 닐은 올해에는 이 자리에 초대받지 못했다. 닐이 운용하는 펀드는 100퍼센트 주식펀드였는데 펀드 운영 개시 후 첫 3년 동안은 연 75퍼센트 이상의 수익률을 기록했으나 요즘은 그렇게 잘 나가지 못했다. 윌리는 잘 나가는 자금 관리자들을 좋아했는데, 내가 그 잘 나가는 관리자 축에 든다고 생각했던 모양이다. 이런 이유 때문에 내가 오늘의 만남을 고대했던 것이다. 투자자들과 실랑이를 하며 한 달여를 시달리고 나니 이제 이런 사람들을 하룻밤 정도 더 상대하는 것은 일도 아니다 싶었다.

윌리는 루테스 2층에 마련된 별실 하나를 예약했다. 별실로 들어가 보니 요즘 월가에서 한참 잘 나간다는 신흥 스타의 얼굴 몇몇이 보였다. 줄리언 로버트슨Julian Robertson이 스탠리 드러켄밀러Stanley Druckenmiller와 이야기를 나누고 있었다. 줄리언은 남부 출신의 조용하고 겸손한 사람으로, 47세가 되던 해인 1981년에 키더 피보디에서 나와 단돈 800만 달러를 자본금으로 하여 펀드를 운용했었다. 물론 지금은 수십억 달러를 관리하고 있다. 그리고 스탠리는 조지 소로스의 오른팔이었다. 두 사람은 오디세이Oddysey Partners의 대표 레온 레비 Leon Levy를 통해 연결됐다.

윌리는 나를 반갑게 맞이했다. "마틴, 만나서 정말 반가워요. 이리로 와서 제 고객들과 인사 나누세요." 고객의 이름은 사실 아무래도 상관없었다. 사브리나오프쇼어에 투자한 내 고객들도 버뮤다, 바하마, 건지 섬, 맨 섬, 스위스, 케이맨 제도, 기타 조세 피난처로 알려진 모든 지역에 소재한 은행 계좌에 이름 없이 고유번호로만 존재하지 않았던가! 반대편에 있는 고객 쪽으로 걸어가면서 윌리는 그 고객이 매우 혁신적인 사업을 시작했고 그것으로 떼돈을 벌고 있다고 내게 설명해줬다. "마틴, 펀드가 아주 잘 운용되고 있다고 말하세요. 굉장히 잘 되고 있다고요."

모두 자리에 앉기 시작하자 나는 피오나 빅스 드러켄밀러Fiona Biggs Druckenmiller 옆에 자리를 잡았다. 이 자리에 처음 참석한지라 누가 누군지 잘 몰랐으나 식사를 하면서 피오나가 스탠리 드러켄밀러와 결혼했다는 사실 외에 모건 스탠리Morgan Stanley의 최고 전략가 바튼 빅스 Barton Biggs의 조카라는 사실을 새로 알게 됐다. 스탠리와 피오나는 루이스 드레퓌스Louis Dreyfus에서 근무하던 시절에 만났다. 대화를 나누는 과정에서 피오나가 거물들과 일하는 방법을 알고 있다는 사실이 분명해졌다.

루테스에서의 만찬 모임은 코모디티스의 트레이더의 밤 행사보다 더 좋았다. 심지어 세이크가 주최한 찰스 1세 고택에서의 파티보다도 더 만족스러웠다. 그곳에서 나는 많은 사람 중의 한 명이었으나, 여기서는 몇 안 되는 사람 중의 한 명이었다. 만찬이 진행되는 내내 나는 자신에게 이렇게 속삭였다. '그래, 바로 여기야. 이곳이 내가 있을 곳이고 내가 원하던 바로 그런 자리지. 내가 남의 돈을 관리하는 이유가 바로 이것 때문 아니던가.' 한참 흐뭇한 기분에 도취되어 있는데, 옆에서 윌리가 초를 쳤다. "마틴, 내년에도 끝내주게 좋은 실적을 올려야 할 거요. 그렇지 못하면 아마 내년 이맘때쯤에는 닐과 함께 맥도널드에 앉아 햄버거나 먹는 신세가 될지도 모른다오." 잘 나가다 염장을 지르는 소리라니.

나는 자정이 훨씬 지나고 나서야 집에 돌아올 수 있었다. 몸은 완전히 피로에 지쳤지만 쉽게 잠이 오지 않았다. 마음이 붕 뜨고 흥분된 상태였다. 거물급들과 계속해서 관계를 유지해나가려면 어떤 돌파구가 필요하겠다는 생각이 들었다. 줄리언 로버트슨, 스탠리 드러켄밀러, 레온 레비, 튜더 존스, 코브나, 베이컨, 소로스! 이런 사람들이 진짜 거물들이다. 나도 이런 사람들 전부 혹은 일부와 매매할 수 있고, 내 펀드의 규모도 이 사람의 것만큼 혹은 그보다 더 커질 수 있다. 그러려면 다른 사람을 능가하는 실적이 필요했다.

다음 날 아침, 내 매매 조수 앨리슨 브라운Allison Brown에게 이렇게 일렀다. "지금부터 업존 주식을 매일 2만 5,000주씩 팔아. 업존 주식을 다 팔아치울 때까지 매일 말이야. 연말까지는 그 포지션을 완전히 청산하려고 해." 4000만 달러라는 거대한 짐을 등에 진 상태로는 도저히 투자자들이 기대했던 만큼의 이익을 낼 수가 없었다. 인사이드 스키니는 계속해서 같은 말을 했다. "곧 성사될 거라니까. 이봐, 마틴. 좀 더 버텨봐. 이런 일에는 원래 시간이 좀 걸린다는 걸 자네도 잘 알잖아."

그런 다음 자리에 앉아 투자자에게 보낼 11월 1일자 보고서 초안을 작성했다. 투자자들이 선물펀드를 원한다면 원하는 대로 해줄 생각이었다. 편지에는 대충 다음과 같은 내용이 들어 있었다.

1991년도 펀드 운용계획을 수립하면서 사브리나에 여러 가지 변화를 주기로 마음먹었다. 첫 번째이자 가장 중요한 변화는 투자 배정 비율에 대한 것이다. 1990년에는 선물 대 주식의 비율을 25 대 75로 하였으나 이를 50 대 50으로 바꾸기로 했다. 여기에는 몇 가지 이유가 있다. 이번 연도에 나는 거의 선물에서 이익을 냈다. 총 1650만 달러의 투자금으로 1020만 달러의 이익을 냈으니 수익률이 61.8퍼센트인 셈이다. 또 다른 이유는 투자자들의 피드백 때문이다. 투자의 안정성보다는 변동성을 원했고, 이에 따른 위험은 기꺼이 감수하겠다는 투자자들이 많았다.

두 번째 중요한 변화는 투자 약정기간에 관한 것이었다. 급속히 변하는 경제 환경을 고려하여 투자자들이 1퍼센트의 회계 비용을 내고 투자금을 중도 회수하는 것을 허용하기로 했다.

세 번째 변화는 '녹아웃' 원칙을 도입하는 것이었다. 이에 따라 손실 규모가 연초 자본금의 35퍼센트가 되면 펀드 운용이 자동 중지된다.

업존 주식에 대한 포지션 청산과 펀드의 투자비율 조정 계획을 수립하고 나니 남은 2개월 동안 매매에 전념할 수 있는 준비가 다 된 거 같아 뿌듯했다.

인정사정없는 것이
게임의 법칙이다

닐 와이즈만은 내 절친한 친구 중의 한 명이다. 내가 대 피라미드에서 일할 때인 1972년 봄에 닐을 만났다. 닐은 피라미드의 브로커였는데 이런저런 정보를 수집하는 것을 좋아했다. 닐은 항상 정보차단벽을 뚫고 안을 들여다보려 애를 썼고, 내가 언론매체에 자주 등장하자 나와 친하게 지내야겠다고 생각했던 모양이다.

그나마 피라미드에서 있었던 일 가운데 가장 좋았던 것이 닐을 알게 된 것이었다. 내가 실업자 신세가 됐을 때 월가에 일자리를 마련해준 사람은 단 한 명도 없었다. 그런데 닐은 피라미드에서 분석가로 일하다 에드워즈앤드핸리의 리서치 팀장으로 자리를 옮긴 게리 파버 Gerry Farber에게 연락을 취했다. 그리고 내가 피라미드에서 엉뚱하게 뒤통수를 맞고 쫓겨났으니 그쪽에서 나를 고용해달라고 부탁했다. 닐 덕분에 게리는 나를 고용했고, 이렇게 해서 밥 조엘너도 만나게 됐다. 깊은 절망의 수렁에서 나를 건져내 다시 게임판으로 인도한 은인이 바로 닐이었다.

1986년 가을 어느 날, 닐이 베풀어준 호의에 드디어 보답할 기회가 생겼다. 닐은 훌륭한 트레이더였고 항상 자신의 펀드를 운용해보고 싶어했으나 문제는 자본이었다. 그래서 닐에게 이렇게 말했다. "이봐, 닐. 이거 내 연금 기금 전부하고 오드리의 연금 일부야. 이 돈을 한번 관리해봐."

전부 75만 달러였다. 이 돈을 밑천으로 닐은 추가로 1,200만 달러를 모을 수 있었고, 이 정도면 펀드를 운용하는 데 충분했다. 일이 이렇게 진행되자 마음이 놓인 닐은 1987년 새해 첫 주를 그냥 쉬기로 마음먹었다. 그래서 저 멀리 카리브 해에 있는 작은 섬으로 휴가를 떠났고, 연초 시장이 개장된 후 닷새 동안 완전히 연락이 두절됐다. 그동안 시장은 요동쳤고, 닐은 자리를 비운 탓에 이 기회를 날리고 말았다. 2월 중순에 닐과 저녁을 먹을 기회가 있었다. 당시 시장 지수는 20퍼센트나 상승했는데 닐의 펀드는 9퍼센트의 수익률밖에 올리지 못했다. 그래서 내가 한마디 했다. "대체 연초부터 휴가는 왜 떠난 거야? 그 때문에 반등 장세를 완전히 놓치고 말았잖아. 어휴, 내가 미쳤지. 내 돈을 왜 맡겼는지 모르겠네, 정말. 할 수만 있다면 당장 회수하고 싶군." 이것이 나를 절망의 수렁에서 건져냈고 이제 막 자신의 펀드를 운용하기 시작한 내 절친한 친구에게 했던 말이었다. 배은망덕이 따로 없었다.

"야, 치사하다, 치사해. 이 돈 필요 없으니까 당장 가지고 어서 꺼져!" 닐이 이렇게 말해도 할 말은 없었다. 그러나 닐은 그러지 않았다. 이 바닥의 규칙을 닐도 잘 알고 있었기 때문이다. 트레이더든 기업인이든 간에 사업에 성공하려면 친구나 가족이라는 관계가 돈에 관한 결정에 영향을 미쳐서는 안 된다. 닐은 이렇게 말했다. "마틴, 아무리 자극을 주려 해봤자 안 될걸. 나만큼 나 자신에게 혹독할 수 있는 사람이 어디 있다고?" 닐은 그렇게 말하면서 그 자리를 떴고, 그해 75퍼센트라는 경이적인 수익률을 올렸다. 이후 3년 동안 내 돈을 4배로 불렸고, 1994년에는 펀드 규모가 자그마치 5억 달러로 불어났다. 내 돈을 아직 닐에게 맡겨뒀으나 내 돈을 더 잘 굴려줄 사람이 있으면 당장에

라도 그 사람에게 내 돈을 맡길 것이라는 사실을 우리 두 사람 모두 잘
알고 있다. 개인적인 감정은 없다. 단지 그것이 게임의 법칙일 뿐!

Chapter 15

죽음의 문턱에서 비로소
나 자신을 깨닫다

PIT BULL

11월에 훌륭한 실적을 기록한다면 투자자들의 이탈을 상당 부분 막을 수 있으리라 생각했다. 11월 2일 금요일 오후 3시 30분이었다. 그런데 이상하게 똑바로 서 있기조차 힘들었다. 그 주에 나는 앨버트 백워드Albert Backward, 버나드 르 버푼Bernard Le Buffoon, 헬무트 샤이스코프Helmut Scheisskopf, 피에르 테트 두 메르드Pirre Tete du Merde 등을 만났다. 일부는 투자금을 두둑하게 맡긴 내 든든한 지원군이었고, 또 일부는 불평불만이 많은 잔소리꾼이었다. 나는 완전히 지쳐버렸다. 내 자본으로 매매할 때는 주중에 외출하는 일이 아주 드물었다. 그런데 이제는 달라졌다. 월요일 저녁에 있었던 루테스의 만찬 모임에다가 10월 한 달 내내 투자자들과 만나다 보니 그야말로 기진맥진한 상태가 돼버렸다. 온종일 S&P선물매매를 했고 1주일 동안 10만 달러 이상을 벌었으나, 내내 엄청난 압박감에 시달린 것을 생각하면 그 정도로는 어림도 없었다. 그날 아침에 제네바에 있는 조지 그르누유Georges Grenouilles가 팩스를 보내왔다. 내용은 아주 짧막했다.

사브리나오프쇼어펀드에 투자한 지분 전액을 회수함을 알려 드립니다. 감사합니다.

10월에 투자자 두 명이 투자금을 회수하겠다고 말했다. 그들은 돈이 필요해서 그렇게 한다고 했다. 그러나 이번은 달랐다. 조지는 내 매매 성과에 불만을 느껴서 투자금을 회수하겠다는 것이었고, 이러한 이유로 회수를 통지한 사례는 이번이 처음이었다.

나는 소파에 벌렁 드러누웠다. 장이 마감되는 상황을 지켜봐야 하는데 도저히 일어날 수가 없었다. 내 머릿속에는 온통 잠을 자고 싶다는 생각밖에 없었는데, 그때 내 오랜 친구 마이크 슈마이스Mike Schmeiss가 들어왔다. 마이크도 펀드사를 차려 독립해볼까 고려 중이었기 때문에 내게 조언을 구하러 온 것이었다. 마이크가 도착한 시각은 5시 30분이었다. 나는 이 친구에게 투자금을 조달한 방법을 알려줬고 그간의 성과 기록을 보여줬다. 이야기가 끝나고 마이크가 일어설 준비를 할 때 이런 말을 해줬다. "큰돈을 벌고 싶으면 OPM이 반드시 필요하지. 그런데 여기에는 대가가 필요해. 마냥 좋기만 한 것은 아니라고. 늘 내 모든 행동을 다 감시하면서 이러쿵저러쿵 간섭이 이만저만이 아니야. 그러면서도 내 매매 성과에 만족해하는 사람은 또 하나도 없어요. 시도 때도 없이 전화해서 '내 돈 어떻게 됐어요? 지금 상황이 어때요?'라고 질문을 해댄다고. 대체 그런 질문에 일일이 대답을 해주든 안 해주든 그게 무슨 차이가 있다고 그러는지. 투자자들이 원하는 것에는 끝이 없어."

토요일에는 오전 11시가 되도록 침대에서 일어날 수가 없었다. 오드리는 아이들을 데리고 호러스맨 유아원의 연례 도서전에 갔고, 12시에 그곳에서 아내와 아이들을 만나기로 했는데 정말 기운이 하나도 없었다. 아무래도 감기에 걸린 것 같았다. 그런데도 마음 놓고 아플 수도 없는 처지라는 것을 잘 알고 있었기 때문에 어떻게든 버텨내야 했다. 내게는 할 일이 너무 많았다. 차트도 작성해야 하고 각종 비율과 수치도 계산해야 하고 또 월요일 일정도 짜 놓아야 한다.

도서 전시회장에 도착했을 때 기온은 약 24도 정도로 온화했는데, 내 몸은 온통 땀으로 뒤범벅이 됐다. 유아원 안으로 걸어 들어가는데 현기증이 느껴지고 머리도 아파서 더는 한 발짝도 뗄 수가 없었다. 에어컨 시설도 돼 있지 않은 전시회장 안은 인솔 교사들과 가족 단위 관람객으로 꽉 차 있었고, 소리를 지르며 뛰어다니거나 밀치고 아우성치는 아이들로 북새통을 이뤘다. 이래서야 어떻게 2층까지 올라갈 수 있겠는가! 지난 몇 년 동안 내 체중은 208파운드(약 94킬로그램)까지 불어났다. 한참 말랐을 때인 해병대 시절의 체중에서 23파운드(약 10킬로그램)가 늘어난 것이다. 이제는 심장까지 마구 두근거렸다.

오드리와 나는 그날 오후 내내 아이들을 위한 온갖 심부름을 하며 보냈고, 밤에는 영화 〈행운의 반전Reversal of Fortune〉을 보러 68번가 극장으로 갔다. 극장 안은 숨 막힐 듯 답답했고, 로비에는 에어컨을 틀 수 없어 죄송하다는 내용의 안내 문구가 표시돼 있었다. 영화가 시작되기를 기다리는 동안 내 몸은 땀에 흠뻑 젖었다. 영화 제목이 나오는 것을 본 것도 같은데 몸이 너무 아파서 아무것도 눈에 들어오지를 않았다. 그런 나를 보고 오드리가 집에 돌아가는 것이 어떻겠냐고 물었으나 나는 손사래를 쳤다. "아냐, 괜찮아. 이미 표 값도 냈잖아. 버틸 수 있어. 나는 강한 사람이야. 나 해병대 출신이라는 것 잊었어?"

일요일이었다. 나는 소파에 누워 차트를 살펴보며 월요일 장을 준비하고 있었다. 몸 상태는 완전히 엉망이었다. 10월 이후 휴가를 갔어야 하는데 그러지를 못했다. 투자자들의 이탈을 막는 것도 급했으나 그보다는 휴가를 갈 시간 자체가 없었다. 그래도 이렇게 소파에서 뒹굴며 좀 쉬면 몸이 금방 괜찮아질 것으로 생각했다. 그러나 몸이 나아질 기미는 전혀 보이지 않았다.

11월 5일 월요일 아침에 눈을 떴을 때, 목이 따끔거리고 온몸이 욱신거렸다. "나 죽을 거 같아." 오드리에게 말했다. "호크만 박사에게 전화 좀 걸어줘. 아무래도 병원에 가봐야겠어." 11시에 가족 주치의 레이먼드 호크만 박사를 찾아가기로 했다. 호크만 박사는 나에게 연쇄상구균에 감염됐다고 하면서 항생제 처방을 내려주며 좀 쉬는 것이 좋겠다고 말했다. 항생제는 먹었으나 도저히 편히 쉴 수는 없었다. 사브리나펀드를 운용해야 했고 눈이 튀어나올 만큼 좋은 성과도 내야 했다. 너무 피곤해서 매매에 나설 수 없을 지경이었으나, 그 와중에도 침대에 누워 파이낸셜뉴스네트워크FNN: Financial News Network 채널을 시청했다.

6일인 화요일에도 역시 침대에 누워 FNN을 시청했다. 서너 차례 매매를 했으나 결과가 좋지 않아 3만 달러의 손실을 냈다. 오후 5시 30분이 됐을 때 등과 가슴에서 참을 수 없을 만큼의 심한 통증이 느껴졌다. 태어나서 처음으로 죽음의 공포감에 휩싸였다. 죽는 것이 아닌가 하는 생각이 퍼뜩 들었던 것이다. 오드리가 급히 호크만 박사에게 전화를 걸었다. 이미 오후 5시가 넘은 시각이었고 당연히 박사도 퇴근한 상태였다. 대신에 내과의 싱 박사Dr. Singh의 진료를 받을 수 있도록 6시 30분에 약속을 잡아줬다. 나는 억지로 침대에서 일어나 옷을 입고 비틀거리며 나가서 택시를 탔다.

싱 박사는 7시 15분이 돼서야 겨우 모습을 나타냈다. 싱 박사한테 진료를 받을 당시 체온은 38.8도였고, 심전도 모니터 상으로 심박이 불규칙하다는 것이 나타났다. 박사는 입원하는 것이 좋겠다고 말했다. 참으로 아이러니하게도 18년 전에 스핑크스와 내가 예측했던 것처럼 메디케어와 메디케이드 덕분에 누구든 작은 부스럼 같은 아주 사소한 문제만 있어도 득달같이 응급실을 드나들게 됐다. 덕분에 수백만 달러를 세금으로 갖다 바쳤다. 병원은 집에서 여덟 블록밖에 떨어지지 않은 아주 가까운 곳임에도 여기 뉴욕병원에는 내가 입원할 병실이 없었다. 그렇게 나는 응급실에 그대로 방치돼 있었고 원기를 회복할 수 없는 상황이었다. 응급실은 환자들로 만원이었으며, 이곳의 의사와 간호사들은 총상이나 자상 환자 혹은 마약복용자나 정신질환자가 아니면 전혀 신경쓰지 않았다.

싱 박사가 바로 올 줄 알았는데 이번에도 역시 나타나지 않았다. 밤 9시 15분에 오드리가 싱 박사 진료실로 전화를 걸었더니 아무도 없는지 자동응답기만 돌아갔다. 좀 늦어지기는 했으나 지금 가는 중이니 너무 걱정하지 말라는 내용이었다. 그러나 아무리 기다려도 싱 박사는 나타나지 않았다. 밤 10시가 됐다. 나는 너무 지친 데다가 화까지 치밀어서 공포감마저 사라질 지경이었다. "젠장, 당장 여기서 나가자고." 오드리에게 말했다. "이 매정한 도시가 정말 너무 싫다." 밤은 깊어가는데 좀처럼 잠이 오지 않았던 나는 팔 밑에 베개 4개를 끼운 채 밤을 홀딱 새웠다. 그 모양새가 꼭 기도하는 사마귀 같았으나 폐에 압력을 주지 않으려면 어쩔 수가 없었다.

수요일이 됐다. 그러나 병세는 좀처럼 나아지지 않았고 내 앞으로 온 팩스 두 통을 읽고 나니 상태가 더 나빠졌다. 한 통은 런던의 앨버트 백워드한테서 온 것이고, 또 한 통은 파리의 피에르 테트 두 메르드한테서 온 것이었다. 어투가 좀 퉁명스러웠던 첫 번째 팩스의 내용은 이랬다.

1991년 1월 1일자로 사브리나오프쇼어펀드에 투자한 지분을 회수합니다. 투자금 회수에 관한 통지를 본 팩스로 갈음합니다.

두 번째 팩스 내용은 이보다는 좀 공손하게 시작됐다.

안녕하세요. 우리는 사브리나오프쇼어펀드의 지분 1,029.855주를 매각하고 싶습니다. 팩스 혹은 텔렉스로 그 절차를 알려주시기 바랍니다. 안녕히 계십시오.

쥐들이 침몰하는 내 선박에서 탈출하고 있었다. "네, 그렇게 하세요. 당신의 지분 몽땅 다 빼다가 지지고 볶고 잘해 보시오." 기분 같아서는 이렇게 쏘아주고 싶었으나 기운이 너무 없었다.

아침나절에 호크만 박사를 다시 찾아갔다. 나쁜 소식과 좋은 소식이 한꺼번에 기다리고 있었다. 나쁜 소식은 연쇄상구균 감염이 폐렴으로 진전됐고 양쪽 폐에 체액이 차 있다는 것이었다. 좋은 소식은 호크만 박사가 자신의 연줄을 좀 이용하여 1인실을 하나 빼냈다는 것이었다. 도착한 건 오후 1시였는데 여기서 3시간이나 더 기다린 끝에 입원 수속을 마칠 수 있었다. 블루 크로스[15], 메디케어, 메디케이드 덕분에 병원들은 자체적으로 입원에 필요한 검사를 하고 그 비용을 청구할 수가 있었다. 이 때문에 나는 심전도 검사부터 시작해서 혈액 검사, X—선 검사 등 모든 검사를 다시 받아야 했다. 이 무렵 내 체온은 39.6도까지 올랐다. 몸이 정말 말이 아니게 아팠으나 코 성형, 복부 성형, 엉덩이 성형환자 등이 몰려 있는 검사실 의자에 축 처진 채 앉아서 내 차례를 기다릴 수밖에 없었다. 이 무슨 터무니없는 상황이란 말인가!

드디어 1인 병실에 들어갈 수 있었고, 오드리는 개인 간호사들을 고용하여 24시간 계속 나를 돌볼 수 있게 했다. 개인 간호사에게 들어가는 비용이 하루에 780달러나 됐으나 나로서는 돈이 문제가 아니었다. 나한테는 내 편에서 서서 오직 나만을 위해 싸워줄 그 누군가가 필요했다. 그 일은 아내 오드리의 몫이었으나, 오드리가 온종일 내 곁에만 붙어 있을 수는 없는 노릇이었다. 집에서 아이들을 돌봐야 했기 때문이다.

이제 나는 입원을 했고, 병원 원무과에서도 내가 블루 크로스 가입자라는 사실을 알았을 것이다. 그래서인지 의사와 간호사들이 내 병

15. 블루 크로스Blue Cross: 입원 시 발생하는 입원실 비용이나 기타 시설물 사용 등에 소요되는 비용을 보험자가 미리 선정된 의료기관이나 의사들에 지급하는 입원보호제도.

실로 우르르 몰려오기 시작했다. 이들은 하나같이 주사기를 들고 왔다. 그러고는 채혈을 시작했다. 혈액을 뽑고 또 뽑고 계속 뽑아댔다. 그리고 링거대를 설치했다. 나는 의사들에게 내 상태에 대해 계속 물었으나 이들은 모르쇠로 일관했다. 이 사람들은 내가 챔피언 트레이더이든 아니든 전혀 개의치 않았다. 여기서 나는 그저 한 사람의 환자 그 이상도 이하도 아니었다. 그 와중에 개인 수간호사 에스더 프레드릭센Esther Frederiksen은 하느님이 내게 보내주신 선물이었다. 에스더는 의사들이 내 말을 무시하고 넘어가는 꼴을 그냥 두고 보지 않았다. 무슨 치료를 어떻게 시행하고 있는지 충분히 설명을 들은 연후에야 비로소 의사들이 내 몸에 손대는 것을 허락할 정도였다. 에스더는 계속해서 내 차트를 들여다보고, 모니터를 확인하고, 의사들에게 궁금한 사항을 질문하고, 뭔가 일을 잘못한 간호사들은 호되게 꾸짖었다. 그리고 상태가 어떤지 또 기분은 좀 나아졌는지 계속해서 물었다.

의사와 간호사들은 병실을 들락거리며 채혈과 검사를 반복했다. 에스더는 저 사람들이 혈액을 그렇게 많이 채취하는 이유는 감염의 원인이 박테리아인지 바이러스인지 알아보기 위해서라고 설명해줬다. 뉴욕병원의 감염성 질환 담당 전문의는 개인적으로 내 질병 사례를 모니터하고 있었다. 에스더는 지난달 이 병원에 이와 유사한 사례가 네 건 있었는데, 전부가 바이러스성 감염으로 판명됐기 때문에 의사가 이 부분을 좀 걱정하고 있다고 말해줬다. 그리고 나서 이렇게 설명해줬다. "슈워츠 씨, 만약에 박테리아성 감염이면 병원균을 찾아낼수 있고 또 항생제로 치료가 가능합니다. 그러나 바이러스성 감염일 때는 병원균을 찾아내기 어렵기 때문에 이런 때에는 그저 자연치유가 되기를 기다리는 수밖에 없답니다."

"그래서 이제 그 사람들은 어떻게 되는 건가요?" 내가 물었다.

"기도 감염 치료에 사용되는 항생제 에리스로마이신액과 기관지염 및 인후염 치료에 사용되는 세푸록심 등등의 정맥주사를 시작할 겁니다." 에스더가 채 말을 다 끝내기도 전에 내 팔에 주사액을 몇 개 더 꽂았다.

약효가 나타났다. 그날 밤 그리고 이튿날 아침이 되자 염증이 잡히기 시작했다. 9일 금요일 오후가 되자 기분이 한결 나아졌다. 오후 2시 45분이었다. 에스더가 X—선 검사실로 나를 데려가기 전에 시카고에 있는 내 채권 브로커 에비 골드페더Avi Goldfedder에게 전화를 걸었다. 나는 금리 수준이 낮다는 것을 매우 낙관적으로 보고 있었고 병원에 들어올 때 메트리플렉스Metriplex도 가져왔다. 무선호출기 크기만 한 이 장치는 24시간 동안의 선물시세를 알려주기 때문에 장세가 어떻게 돌아가는지 금방 알 수 있었다. 나는 평소 때와 같은 목소리를 내려고 노력하면서 에비에게 말했다. "에비, 12월물 400계약을 시가로 매수해줘." 이렇게 30년 만기 미 재무부채권선물 400계약을 매수했다. 메트리플렉스를 보니 시세가 9224였다. 이는 9224/32 혹은 액면가 기준 10만 달러 계약당 9만 2,750달러라는 의미다.

"마틴, 정말 당신이에요?" 에비가 물었다. "쉬어야 하는 거 아니에요?"

"그래, 나 맞아. 600계약을 채워야겠어."

"마틴, 말도 안 돼! 지금 병원에 있는 거 아니에요? 절대로 무리하면 안 되는 거 몰라요?" 평소대로라면 쓸데없는 소리 하지 말고 어서 내 말대로 하라고 면박을 줬으련만 지금은 실랑이할 기운도 없었다.

"나는 괜찮아. 알았으니까 400계약이라도 주문을 체결해줘, 지금 당장!"

주말을 보내고 나니 상태가 점점 좋아지면서 체온이 37.6도로 떨어졌는데, 채권가격은 9301(931/32)로 올라갔다. 12일 월요일에 시장이 열리자마자 400계약을 매도하여 총 11만 2,500달러의 이익을 냈다. 일이 잘되니 내 얼굴에도 화색이 돌아왔고, 그래서 호크만 박사에게 퇴원하고 싶다고 말했다. 사브리나의 투자자 두 명이 다시 투자금 회수를 통지해왔다. 새로운 자산 배정(선물 50퍼센트, 주식 50퍼센트)으로 말미암아 변동성이 커졌는데 자신들로서는 이를 받아들이기 곤란하다는 것이 그 이유였다. 내가 이익을 더 많이 내는 수밖에 도리가 없었다.

호크만 박사도 퇴원에 동의했고, 13일 화요일에 오드리가 나를 퇴원시키러 병원으로 왔다. 퇴원하자마자 오후 내내 그것도 모자라 밤늦게까지 차트를 업데이트하고 비율을 계산하는 등 그동안 못했던 일을 다 했다. 그리고 밤 10시에 잠자리에 들자마자 곧바로 잠에 곯아떨어졌다. 그런데 새벽 1시 30분쯤 가슴에 참을 수 없는 통증이 느껴져 잠을 깼다. 전에는 한 번도 이렇게 심한 통증을 느껴본 적이 없었다. 수직 백열선(白熱線: 백열전구 속에 불이 켜지는 선—옮긴이)으로 가슴을 가르는 것 같은 끔찍한 통증이었다. 심장발작이라는 생각까지는 못했으나 숨을 쉴 때마다 척추에 벼락이 꽂히는 듯한 통증이 느껴졌다. 오드리는 내 가슴을 마사지하면서 가슴에 가해지는 압력을 줄이려고 애썼으나 아무 소용이 없었다. 우리는 호크만 박사에게 연락을 취했다. 마침내 새벽 4시경에 박사가 전화를 걸어왔고 오드리는 박사에게 내 상태를 열심히 설명했다. "일단 통증을 가라앉혀야 하니까 타이레놀 두 알을 먹이세요. 그리고 베나드릴도 두 알 먹이세요. 잠을 자는 데 도움이 될 겁니다. 가슴에 온찜질을 해주세요. 아침에 일어나자마자 내가 다시 전화할게요." 나는 드디어 잠이 들었고, 아침 7시 30분에 온몸이 땀으로 흥건하게 젖은 채로 눈을 떴다.

아침 9시에 호크만 박사한테서 전화가 왔다. "마틴, 아무래도 걷는 것은 무리일 것 같아서 10시 45분에 크리스토돌로우Christodoulou 박사한테 심장초음파 검사를 받도록 약속을 잡아놨어요. 크리스토돌로우 박사의 진료실은 당신이 사는 아파트 건물에 있거든요. 우리가 모니터했던 바이러스성 감염 환자 네 명이 전부 심장막염으로 판명됐어요."

심장초음파 검사 결과 우려했던 바가 그대로 나타났다. 나 역시 심장막염으로 확인됐다. 심장을 둘러싼 막 형태의 주머니인 심장막에 체액이 가득 차서 끔찍한 통증을 유발하는 것이었다. 나는 결국 다시 입원해야 했다.

이번에도 역시 호크만 박사가 자신의 연줄을 동원해서 1인실을 차지할 수 있었다. 이번에는 화학요법 병동이었다. 오드리는 다시 에스더를 개인 간호사로 고용했고, 전과 마찬가지로 의사와 간호사들이 떼를 지어 몰려와서 계속해서 피를 뽑아갔다. 전에 입원했을 때는 막연히 두려운 정도였는데 이번에는 정말로 무서움이 밀려왔다. 전에는 폐가 문제였는데 이번에는 심장이 문제가 아니던가!

온종일 체온은 계속 상승했다. 37.9도, 38.3도, 38.7도. 전신에 온갖

관이 주렁주렁 매달렸다. 흉부외과 의사인 골드 박사가 현재 상황을 설명하고 내 의견을 물으러 병실로 찾아왔다. "슈워츠 씨, 지금 우리는 항생제로 염증을 잡으려고 하고 있으나 그래도 체액이 심장막에 계속 들어차면 어쩔 수 없이 수술을 해야 합니다." 수술하는 상황까지는 정말 가지 않기를 바랐다.

저녁 7시에 오드리가 왔다. 아이들 이야기를 들려준 다음에 진 클라우드Jean Claude가 하루 종일 전화했다고 말해줬다. 진 클라우드는 유럽의 부호들을 스타급 자금 관리자에게 연결해주는 중개인인데, 심하게 말하면 기생충 같은 인물이었다. 취리히에서 일하는 윌리 더 웹과는 달리 진 클라우드는 세계무역센터가 그의 본거지였다. 그래서 그는 자금 관리자 집단을 꽉 잡고 있었고, 스위스 은행가인 자신의 형 진 피에르는 유럽 쪽 고객들을 담당하고 있었다. 지난 10개월 동안 진 클라우드가 내게 한 일이라고는 징징대는 것뿐이었다. 매매 중인 내게 매일 전화해서 달달 볶으며 이익이 더 나야 하지 않느냐고 투덜댔다. "마틴, 마틴, 요즘 왜 이래? 평균 이익을 밑돌고 있잖아. 더 분발해야 하는 거 아니야?"

진 클라우드는 오드리에게 당장 나와 통화해야 한다고 막무가내로 우겼다는 것이다. 내가 다시 병원에 입원했다고 말하자 병원이 어디냐고 물었다고 했다. 진 클라우드는 병문안을 오겠다고 말했다지만 속셈은 뻔했다. 내 건강이 걱정돼서가 아니라 자기 돈이 걱정됐던 것이다. 오드리가 병원을 알려주지 않자 진 클라우드는 마구 화를 냈다고 한다. "이번 주말까지 마틴한테서 연락이 없으면 투자금을 모두 회수해서 다른 사람한테 맡길 테니 그리 아시오."

나는 오드리에게 집에 돌아가라고 말했다. 그리고 진 클라우드의 말은 신경 쓰지 말라고 했다. 약에 취해서 더는 아내와 이야기를 할 수도 없었고, 너무 아파서 그 족제비 같은 스위스인의 말에 신경을 쓸 여력도 없었다. 오드리가 집으로 돌아가고 나서 나도 잠을 청하려 했다. 그런데 밤 9시쯤 됐는데 병실이 빙글빙글 도는 것처럼 느껴졌다. "에스더, 좀 도와줘요." 나는 소리를 질렀다. "기절할 것 같아요." 병실로 크래시 카트(긴급 조처용 약품, 기기 등을 실은 손수레—옮긴이)가 들어온 것까지는 기억이 난다. 에스더가 버튼을 눌렀다. 그러나 약이 듣지를 않았다. 심장막에 들어찬 체액이 심장을 압박했다. 나는 코드 블루(응급 상황)를 맞았고, 심장눌림증으로 말미암아 혈압은 50/40으로 떨어졌다. 몇 분 안에 응급팀이 병실로 들이닥쳤다. 내 머리맡에는 마취의가 서 있었고, 흉부외과의는 상체를 구부려 내 가슴 쪽을 내려다보고 있었다. 심장의는 내 발치에 서서 차트를 읽고 있었고, 레지던트는 전기 패들을 쥐고 있었다. 사람들이 죄다 몰려와서 숫자를 부르고 지시를 내리느라 어수선했다. "혈압 80/60, 계속 떨어지고 있어." "5cc 주사." "70/55." "맥박 160, 너무 빠르고 약해." "50/40, 가망 없겠는데?" 맙소사, 가망이 없다고? "안 돼, 제발 살려 주세요. 나를 살려 내라고요. 죽게 내버려두지 마세요, 제발." 나는 이렇게 중얼거렸다. 그 순간 내 아이들의 얼굴이 눈앞에 아른거렸다. "제발, 제발요. 살려 주세요." 의사들이 혈압을 안정시키기 시작했으나 차가운 수액이 몸속으로 들어오자 다리에 심한 경련이 일기 시작했다. 그러고는 다시 의식을 잃었다.

나는 전신에 관을 꽂은 채 심장 병동으로 달려가는 침대 위에서 정신이 들었다. 목에는 관이 매달려 있었다. 다행스럽게도 골드 박사는 일 중독자였다. 한밤중까지 심장 절개수술을 하고는 병원에서 잠을 청했다. 박사는 나를 보자마자 이 한 마디만 툭 내뱉었다. "자, 수술 들어갑시다."

골드 박사는 오드리에게 전화를 걸어 곧 수술에 들어갈 것이라고 말했으나 오드리는 아이들 때문에 집을 비울 수가 없었다. 그래서 오드리는 자고 있던 언니 린다에게 전화를 걸어 자초지종을 설명했고, 린다가 병실에 도착할 때까지 나는 초조하게 기다렸다. 린다가 도착했을 무렵 막 수술실에 들어갈 참이었다. 그런데 다시는 오드리를 보지 못할지도 모른다는 생각이 문득 들었다. 수술실로 들어가기 직전에 간호사가 내게 말했다. "슈워츠 씨, 미안한데요. 반지는 빼셔야 합니다. 반지를 끼고는 수술실로 들어가실 수 없어요."

나는 의외로 고지식한 면이 있는 사내라서 지금껏 결혼반지를 끼고 다녔다. 아주 드물게 반지를 빼놓을 때가 있었으나, 결혼식 이후 줄곧 반지를 끼고 있었기 때문에 손가락에 깊이 자국이 남아서 반지를 빼도 꼭 반지를 낀 것처럼 보였다. 간호사의 말을 듣고 반지를 빼려고 했으나 잘 빠지지 않았다. 체액이 가득 차서 그런지 팔이며 손가락이 퉁퉁 부어 있었기 때문이다. 그래서 간호사가 비눗물을 적셔 간신히 반지를 빼냈다. 나는 눈물이 나오려는 것을 가까스로 참으며 간호사에게 말했다. "부디 이 반지를 제 아내에게 전해주시고, 다시 이 반지를 낄 기회가 주어지면 좋겠다고 했다고 말해주세요."

새벽 4시 30분에 수술실로 들어갔다. 눈부신 전등 밑에 누워 있으니 내가 다시 태양을 볼 수 있으려나 싶은 생각이 들었다. 사람들이 나를 바퀴 침대에서 작은 강철 수술대로 옮겨 뉘었다. 체중이 좀 나가는 터라 수술대에 꽉 낀 듯한 기분이었다. 오른쪽 손등에 있는 정맥에 링거관이 또 하나 꽂혔다. 마취의가 귀에다 대고 차분하고 안정된 목소리로 말했다. "마틴, 이제 두 팔을 고정할 겁니다." 그 말대로 내 오른쪽 팔을 감싸 시트에 고정했고 왼쪽 팔도 감싸 옆구리에 딱 붙였다. "자, 이제 골드 박사가 절개 중심선을 맞출 수 있도록 허리춤에 쐐기를 밀어 넣을 겁니다." 쐐기는 딱딱하고 차가웠다. "이제 머리에 보호용 천을 두를 겁니다. 마취가 시작되면 2, 3초 안에 잠이 들 것입니다. 이제 100부터 거꾸로 세어보세요. 좋습니다. 그럼 시작할게요. 99, 98, 97……." 96을 셌을 때 전신의 신경에 어떤 강력한 감각이 느껴졌다. 얼굴 위로 하얀 타일이 빠르게 날아다니는 것이 보였다. 점점 더 빠르게…… 마치 롤러코스터를 타는 기분이었다.

심한 갈증 때문에 눈이 떠졌다. 내 입안은 모하비 사막보다 더 건조했고 오로지 물을 마시고 싶다는 생각밖에 들지 않았다. 온몸에 주렁주렁 달린 관 따위에는 전혀 신경쓰이지 않았다. 이런 관들과 온몸을 짓누르는 통증이 바로 내가 아직 살아있다는 증거였다. 간호사가 나를 내려다보고 있었다. "좋은 아침이에요, 슈워츠 씨. 다시 뵐 수 있어서 다행이에요. 기분은 좀 어떠세요?"

"물 좀……." 나는 쉰 목소리로 이렇게 말했다.

"어머, 아직은 안 돼요. 의사 선생님께서 상태를 살펴보신 다음에 CCU(심장동맥 집중치료실)로 옮길 거예요."

"아, 아파요. 통증이 심해."

"괜찮아요. 회복되는 중이라 그런 거예요. CCU에 도착하면 바로 모르핀을 놔드릴게요."

나는 또 다시 잠이 들었다. 그런데 내 주변에서 온통 핑, 링, 딩, 하는 소리가 들려왔다. 마치 핀볼 게임장에 와 있는 것 같았다. 문득 내가 CCU에 누워 있다는 사실을 깨달았다. 그 이상한 소리는 내 연약한 심장 상태를 모니터하는 장치의 기계음이었다. 벽에 걸린 커다란 시계는 11시 30분을 가리키고 있었다. 지금은 기분이 한결 좋아졌다. 아마도 모르핀 덕분인 것 같았다.

나는 주변에 있는 장치들을 살펴보면서 그 장치에 나타난 숫자가 어떤 의미인지 알아내려고 했다. 도뇨관이 꽂힌 그런 한심스러운 상황임에도 내 생명 그리고 내 몸에 대한 통제력이 내게 아주 조금이라도 남아 있음을 확인하고 싶었다. 침대 옆에 있는 커다란 TV 모니터가 눈에 들어왔다. 머리맡에 있는 EKG는 계속해서 파상 정보를 그려내고 있었다. 그 아래에는 초록색 디지털 화면이 달린 작은 상자가 있었는데 여기에 내 혈압(134/82)과 맥박수(98), 혈중산소치(97), 심압(80/10) 등이 표시되고 있었다. 이 기계 장치들은 쿼트론과 메트리플렉스를 연상시켰다. 나는 내 혈압을 조절할 수 있는지 알아보려고 연습 삼아 호흡을 해보기 시작했다. 들이쉬고 내쉬고 또 숨을 참으면서 수치를 확인했다. 130/70, 138/86.

"버지, 그만둬!" 모니터에 집중하는 바람에 오드리가 병실 안으로 들어온 것도 몰랐다. 오드리는 자신을 뒤따라 들어선 간호사 쪽으로 몸을 돌렸다. "당신 뭐 하는 사람이에요? 모니터를 보는 게 저 사람이 할 일 인가요? 저 사람의 혈압이 안정되기를 바란다면 저 사람이 못보게 어서 모니터를 돌려놓으세요." 간호사는 아내 말대로 조치했다.

가만히 누워서 시계만 바라보고 있으려니 시간이 참 더디게 가는 것 같았다. 더 한심한 것은 앞으로 5일을 더 이렇게 지내야 한다는 사실이었다. 트레이더로 일할 때는 늘 시간이 부족해서 시계가 멈추면 얼마나 좋을까 생각했었다. 그런데 이제는 계속 움직이고 싶어 안달이 났다. 더 많이 움직일수록 건강이 더 좋아졌다는 의미라는 것을 알기 때문이다. 소원이 있다면 하루빨리 열이 내려서 추수감사절을 집에서 보내는 것이었다. 그런데 그 소원이 이루어졌다. 22일 목요일 추수감사절에 나는 오드리와 함께 집으로 돌아왔다. 식탁에 앉아 밥을 먹을 수 있을 정도로 기력이 회복된 것은 아니었고 여전히 약에 취해 해롱대는 처지였으나, 그래도 병원에서 나와 집에서 이렇게 가족과 함께 지낼 수 있다는 것이 좋았다. 정말 근사한 매매 성과가 아니겠는가!

주말 동안 지난주에 온 메일을 살펴봤다. '취리히: 요청했던 대로 사브리나에 투자했던 자금 전액을 회수합니다……' '라케시 바르가바, c/o 키더 피보디, 뉴욕: 우리 계좌를 매도함을 알려 드립니다…….' '케이맨 제도: 11월 13일자 전화 내용을 검토하시고 지분 매각 사실을 확인해주십시오……' '그랜드 바하마: 이 편지로 전체 지분의 회수 통지를 대신합니다……''채널 제도: 늦어도 1990년 12월 31일까지 전체 지분의 회수가 완료되기를 바랍니다……' '인도 라슐가르: 개인적으로 위험 수위가 점점 증가하는 것이 불안하여 연말을 기점으로 투자금을 회수하려 합니다……' 마지막으로, 쿠라사오 섬에서 온 메일이 있었다. '쿠라사오: 하우스만은 투자금 전액을 회수하기로 했으며, 이 편지를 회수 통지문에 갈음합니다……' 이 사태를 혼자서 어떻게 해결해야 할지 난감했다. 하우스만을 포함하여 투자자 일곱 명이 내

펀드에서 손을 뗐다. 여러분 중에는 메일을 보낸 이 가운데 적어도 한 사람쯤은 이런 내용의 추신을 쓰지 않았을까 생각할지 모른다. "빨리 쾌차하시기 바랍니다." 그러나 그 사람들의 머릿속에는 온통 자신의 돈에 대한 걱정뿐이었다.

이것으로 투자자의 이탈이 끝나기를 바랐다. 그러나 이것은 그저 내 헛된 바람일 뿐이었다. 26일 월요일 아침에 렉싱턴가 750번지 내 사무실로 팩스와 편지 그리고 택배가 줄을 이었다. 전부 하나같이 나쁜 소식이었다. 파키스탄의 고객들이 펀드에서 손을 뗐고, 파나마의 투자자들은 '아스타 루에고hasta luego'라며 작별을 고했고, 채널 섬의 투자자들은 '타타ta ta', 룩셈부르크의 투자자들은 '오우 러브와au revoir', 취리히의 투자자들은 '아우프 비더젠auf Wiedersehen' 등등의 작별 인사말을 날리며 죄다 떠나갔다. 내 펀드의 투자자 가운데 이탈리아 사람이 있었다면 '아리베데르치arrivederci'라는 인사까지 들었을 판이었다. 한 달 만에 내 투자자본금은 7,000만 달러에서 4,500만 달러로 줄었고, 금년도 아직 한 달이나 남아 있는 상태라 앞으로 더 나빠질지도 모를 상황이었다. 무조건 이익을 많이 내는 수밖에 도리가 없었다.

무엇보다 골드 박사를 만나는 것이 우선이었다. 골드 박사는 월요일에 봉합용 U자못을 제거했다. 병원으로 다시 가는 것은 생각만 해도 두려웠다. 병원으로 들어서는 순간 그 사람들이 나를 붙들고 또 그 고된 검사와 치료 과정을 되풀이할 것 같았다. 그러나 그것은 기우였다. "마틴, 봉합 부위가 잘 아물고 있어요." 골드 박사가 말했다. "아직 위기에서 완전히 벗어난 것은 아니에요. 집으로 돌아가서 푹 쉬세요.

절대 무리하면 안 됩니다."

나는 그 주 내내 매매했으나 금요일에 시장은 하락 출발했고, 육체적으로 기운이 다 소진된 상태였기에 포지션 전부를 다 청산하고 싶은 마음뿐이었다. 그러나 시장이 상승할 때까지 포지션을 계속 보유했고 여기에 모든 것을 걸었다. 그러자 거짓말처럼 채권시장이 상승하기 시작했다. 나는 완전히 기진맥진한 상태라 내 밥그릇조차 제대로 챙기기 어려운 처지였으나, 기차가 서서히 움직이는 것을 지켜보면서도 역에 우두커니 서 있을 수만은 없는 노릇이었다. 골드 박사가 뭐라고 했건 간에 지금은 그 말을 들을 때가 아니었다. 성급하게 내 곁을 떠난 의리 없는 녀석들에게 챔피언 트레이더로서 본때를 보여줘야 했다. 나는 골드페더에게 전화를 걸어 채권선물 600계약을 매수하라고 일렀다.

12월 1일 토요일이었다. 나는 좀처럼 자리에서 일어날 수가 없었다. 월말 결산을 하고 있었는데 체온이 38도까지 올라갔다. 오후쯤 되니 38.4가 됐고 몸에 이상이 생겼다는 사실을 알았다. 오드리는 호크만 박사에게 전화를 걸었고 박사는 당장 응급실로 가라고 일렀다. 응급실에서 체온을 재보니 어느새 39.3도까지 올라 있었다. 다행스럽게도 일 중독자 골드 박사가 마침 그곳에 있었고 나는 그에게 제발 살려달라고 간청했다. 그러면서 원하는 것이 있다면 뭐든 다 갖게 해주겠다고 말했다. 박사는 내가 농담하는 것이거나 아니면 헛소리를 하는 것으로 생각했다. "빨리 말하라니까요." 나는 박사에게 이렇게 소리쳤다. 아닌 게 아니라 정신이 혼미한 중에 헛소리를 지껄이는 게 분명했다.

"음, 정 그러시다면…… 새 입체경이 있었으면 합니다만." 박사는 농담 반 진담 반으로 이렇게 말했다.

"오드리, 골드 박사에게 입체경 하나 사드려!" 나는 오드리에게 소리를 질렀다. "비용은 상관 말고! 어서, 제발 나를 살려달라고!"

골드 박사는 즉각 심장초음파 검사를 시작했다. 심장막으로 다시 체액이 들어가기 시작한 것이 문제의 원인이었다. 박사는 내 상태를 보면서 의논을 했다. "CCU로 옮겨서 관상동맥의 기능을 살펴봐야겠어요. 가급적 재수술은 하고 싶지 않지만 어쩌면 해야 할지도 모르겠습니다. 약물로 치료가 안 되면 심장막 제거도 고려해봐야 합니다. 심장막이 없어도 살아가는 데는 지장이 없습니다."

CBOT에서는 토요일 밤에 채권선물을 매매하는 장이 열린다. 병원으로 가는 길에 나는 에비 골드페더에게 응답기 내용을 확인하는 대로 바로 내게 전화해달라고 메시지를 남겼다. 심장막이 없어도 살 수 있을지는 모르겠으나, 대수술을 또 받고 내가 견뎌낼 수 있을지 자신이 없었다. 그래서 내 채권 포지션을 모두 청산해야 했다. 그래야만 탐욕스러운 투자자들이 전화를 걸어 '내 돈은 어찌 됐나요?' 하고 물을 때 아내가 이렇게 답변할 수 있을 테니 말이다. "남편이 죽는다 해도 당신들 돈은 무사하니 걱정하지 마세요!"

침대에 누워 있으면서도 내 채권이 어찌 됐는지 궁금했다. 그때 마침 간호사가 전화기를 들고 나타났다. "슈워츠 씨, 시카고에 있는 당신의 주치의 골드페더 박사한테서 전화가 왔어요. 당신의 차트를 읽어줬는데도 극구 당신과 직접 통화를 해야 한다고 하시네요." 골드페더 박사라고?

"마틴, 저예요. 간호사가 도무지 얘기가 통하지 않아서요. 그래서 당신의 주치의라고 말하고 다른 의사의 의견이 필요해서 당신이 내게 전화했었다고 말했어요."

"음, 아주 훌륭한 의사 선생이군, 에비." 나는 수화기에 대고 이렇게 속삭였다. "그래, 내 예후는 어떤가요?"

"10틱이 올랐어요. 20만 달러라고요. 이제 어떻게 할까요? 팔아요?"

"아주 좋은 의견이로군요. 감사합니다, 골드페더 박사님."

다음 날 아침에 진짜 의사가 와서 스테로이드 처방을 했는데 이것이 다행히 효과가 있었다. 극적으로 열이 떨어졌고 맥박수도 140에서 90으로 내려갔다. 몸이 많이 좋아져서 12월 14일에 드디어 퇴원했다. 11월 7일부터 장장 26일간을 병원에서 보낸 셈이었다. 투자자들에게는 50만 달러 이상을 벌어줬으나 그동안 들어간 비용도 만만치 않았는데 병원비로만 10만 달러를 썼다. 그러나 그것은 그저 돈이 나간 것에 불과했고, 내가 정말 상처 입은 것은 근 1년 동안 투자자의 주머니를 불려주려고 나름대로 애를 썼건만 정작 내가 아플 때 나를 염려하는 편지 혹은 안부인사 한마디 보내는 사람이 없었다는 사실이었다.

이 악몽이 시작되던 날 밤에 마이크 슈마이스를 만났던 일이 생각났다. 펀드사를 차리겠다고 내게 조언을 구한다면 지금은 뭐라고 이야기할까? 아마도 OPM은 건강 악화를 감수할 만큼의 가치는 없다고 말할 것이다. 그리고 자신의 돈 외에 펀드매니저에게는 일말의 관심도 없는 투자자의 돈은 열심히 불려줄 가치가 없다고도 말할 것이다.

나는 거물들과 어깨를 나란히 하고 싶었고 한동안은 그러한 목표를 달성하기도 했으나, 그 때문에 정말 죽다가 살아났다. 거대 펀드 운영은 튜더 존스나 소로스, 드러켄밀러, 로버트슨, 베이컨, 코브너 같은 사람들에게는 어울릴지 모르나 내게는 맞지 않는 옷이었다. 나는 그저 순수한 트레이더였다는 사실을 깨달았다. 내가 매매하는 모습을 항상 감시하는 사람들이 싫었고, 별로 좋아하지 않는 사람들을 위해 책임을 지기도 싫었다. 내가 바라는 것은 오로지 자유와 건강이었다.

그러면서도 또 한편으로는 이 지긋지긋한 일을 계속하고 싶었다. 나 그리고 내 능력을 인정해주는 투자자를 만나 다시 펀드를 운용할 수 있다고 믿을 만큼 나는 여전히 순진한가보다.

1990년 12월 14일(세 번째 입원 후 퇴원하던 날)
친애하는 투자자 여러분께.
11월 성과 보고가 늦어져서 정말 죄송합니다. 여러분 중에는 아시는 분도 있겠지만, 제가 그동안 몸이 안 좋아서 그렇게 됐습니다. 폐렴으로 시작된 바이러스성 감염이 심장막까지 전이되는 바람에 11월 16일 새벽에 큰 수술까지 받게 됐습니다.
1991년에는 더 좋은 성과가 있으리라 생각합니다. 1991년도에는 투자자본금이 4,500~5,000만 달러 정도로 축소될 것입니다. 그러나 지금까지 남아 있는 투자자분들에게는 더 많은 이익이 돌아갈 것입니다. 여러분들은 이미 제 가족과 다름없는 사람들입니다. 1991년부터 심기일전하여 더 많은 이익을 내도록 노력하겠습니다.

긴장의 순간에서 명심해야 할
두 가지 교훈

I. 압박감이 자신을 죽이기 전에 그 압박감에서 벗어나라.

불펜에 있는 트레이더 중에 레이 그루Ray Guru라는 사람이 있다. 키는 땅딸막하고 백발에다 상고머리를 한 옵션 트레이더였다. 불펜이라는 곳은 생계를 위해 모인 군소 트레이더로 북적이는 장소다. 내가 아멕스 입회장이 아닌 다른 곳에서 좀 더 많은 시간을 보내기 시작한 직후인 1980년대 초에 레이를 만났다. 내 청산회사인 베어스턴스가 내게 아멕스 근처에 있는 트리니티 플레이스 86번지 건물 9층에 개인 사무실을 하나 내줬는데, 그 사무실 밖이 바로 불펜이었다.

어느 날 S&P선물 포지션 규모를 늘리고 있었는데 말도 못할 정도의 압박감이 밀려오기 시작했다. 시장은 계속 하락하는데, 나는 계속해서 포지션을 늘리고 있었다. 하락세일 때 매수 포지션을 취하는 일은 전에 없는 일이었으나, 내가 보는 지표는 하나같이 시장이 과매도 상태라서 곧 반등이 있을 것임을 나타내고 있었다. 게다가 하필 이날따라 오드리가 출근하지 않아서 매매에 감정을 개입시키지 말라는 내 첫 번째이자 가장 중요한 규칙을 지금 어기고 있다는 사실을 지적해줄 사람조차 없었다.

긴장감 때문에 이마에서 땀이 흐르기 시작했다. 이 압박감을 조금이라도 덜어줄 무언가를 찾다가 책상을 보니 종이가방 하나가 손에 잡혔다. 그래서 그 가방을 머리에 뒤집어쓰고 불펜으로 달려나갔다. 그러고는 냉큼 레이의 책상 위로 뛰어올라가서 불펜의 책상 위를 넘어다니면서 춤을 추기 시작했다. "나는 매수! 나는 매수! 매수라니까!"

손실 포지션에 갇혀 있는데 좀처럼 탈출구가 생각나지 않을 때는 머리를 깨끗하게 비워줄 수 있는 일이면 무엇이든 하라. 프로든 아마추어든 간에 객관성을 잃어버리면 그것으로 끝장이다. 선거 때 방심한 상태에서 공매도했을 때의 상황처럼, 덫에 걸린 채 꼼짝 못하게 될까 두려웠기 때문에 압박감에서 벗어나려고 그런 이상한 짓을 했던 것이다. 그러고 나서야 내 자리로 돌아와 내 전략을 다시 생각해볼 여력이 생겼다. 그런데 아무리 생각해도 결론은 같았다. 매수 포지션이 옳은 방향 같았다. 그러나 이번에도 내 포지션에 손절매 장치를 걸어두었다. 역시 오래지 않아 시장 추세가 바뀌었고, 이날 마감 때 나는 10만 달러를 벌었다. 다음 날 아침, 레이 그루가 야구공 하나를 들고 내 사무실로 들어왔다. 1960년도에 아메리칸리그 정규 시즌에서 우승한 뉴욕 양키스팀 소속 야구 선수의 친필 사인이 들어 있는 귀한 야구공이었다. 레이가 야구공을 내게 건네며 말했다. "자, 이거 받아, 마틴. 자네가 양키스 팬이니까 주는 거야."

나는 그 공을 바라봤다. 미키 맨틀, 로저 매리스, 요기 베라, 엘스턴 하워드, 화이티 포드 등 뉴헤이븐에서 살던 어린 시절부터 내 마음속의 영웅이었던 쟁쟁한 선수들의 사인이 다 들어 있었다. "레이, 이 공은 받을 수 없어요. 이 귀한 걸 왜 제게 주시는 거예요?"

"그야 뭐, 자네가 나와 내 가족들에게 큰돈을 벌어 줬으니까 그렇지." 레이가 이렇게 대답했다. "어제 말이야, 자네가 머리에 종이가방을 뒤집어쓰고 책상 위에서 춤을 추면서 '매수 어쩌고저쩌고'라고 흥얼거렸잖아. 그래서 바로 입회장에 있는 아들과 사위에게 전화를 걸어서 매수에 나서는 것이 좋겠다고 주문을 넣었지. 마틴, 어제는 말이야 정말 오랜만에 굉장한 경험을 한 날이었어. 이 공은 감사의 표시로 주는 선물이니까 받아 둬."

아무리 그렇다 하더라도 레이가 23년 동안 고이 간직했던 기념물을 냉큼 받기가 어려웠으나, 하도 권유하는 바람에 어쩔 수 없이 그 공을 받았다. 자꾸 거절하는 것도 예의가 아닌데다가 그 선물은 내게 큰 감동을 주는 것이었다. 지금 그 야구공은 플라스틱 상자 안에 담겨 아들의 침실에 있는 컴퓨터 옆에 고이 모셔져 있다.

II. 죽음의 문턱에 선 사람은 살아 있을 때 더 열심히 일할 걸 하며 후회하지 않는다. 좀 쉬엄쉬엄 할 걸 그랬다고 후회할지언정!

1992년에 켄 쿠시Ken Kush라는 이름의 시카고채권 브로커가 내게 전화를 걸어 경주마를 사 볼 생각이 없느냐고 물었다. 그 당시 나는 되도록 시장과 거리를 두려고 노력하면서 매매 대신 새로운 소일거리를 찾던 중이었으며, 애퀴덕트 경마장에서의 경험 이후 우승마에 돈을 걸어볼 날이 있었으면 좋겠다고 늘 생각했었다. 그래서 흔쾌히 좋다고 대답했다.

켄이 소개한 경주마는 프리벤드라는 이름의 네 살짜리 암말이었다. 그런데 프리벤드는 온갖 알레르기라는 알레르기는 다 가지고 있었다. 이 말은 출발부터 꼴찌를 면치 못했고, 뒤처진 무리 속에서 씨근대며 시간을 허비하기 일쑤였다. 켄은 프리벤드가 참가하는 대회마다 열심히 쫓아다녔고, 그럴 때마다 내게 전화를 걸어 장황한 설명을 마다하지 않았다. "마틴, 걱정할 거 없어. 프리벤드는 정말 훌륭한 말이라고. 조마사가 그러는데 약물치료를 제대로 못 해서 그렇다네." 또는 "마틴, 프리벤드에게 효과가 있을만한 새 약을 알아냈는데 잘만 되면 우승까지도 바라볼 수 있다나 봐." "마틴, 아깝게 3위를 놓쳤어. 아, 정말 짜릿했는데 말이야. 자네도 여기 와서 그걸 봤어야 하는데, 아쉬워."

나는 켄과 달리 순위에도 못 드는 경기를 보러 경마장을 열심히 따라다니지는 않았다. 그런데 어느날 켄이 전화로 이렇게 말했다. "마틴, 좋은 소식이 있어. 프리벤드가 다음 주 수요일에 열리는 핌리코 대회에 출전할 수 있게 됐어. 프리벤드의 기록이 정말 좋았거든. 조마사가 메릴랜드경마협회가 승인한 신약을 구해 프리벤드에게 먹였는데 이게 효과가 있었나 봐. 우리 프리벤드가 세크리터리엇(Secretariat: 경마 역사상 가장 짜릿한 승부를 펼친 전설적인 경주마―옮긴이)의 여동생처럼 달렸다니까. 연습 기록이 정말 굉장했어. 아무래도 이번에는 자네가 직접 와서 보는 것이 좋을 것 같아."

듣고 보니 말을 소유하고 있어도 가서 경주하는 모습을 보지 않는다면 가지고 있어봐야 무슨 소용이 있나 싶은 생각이 들었다. 게다가 핌리코 경마장은 볼티모어에 있었다. 뉴욕에서 그곳까지 가는 것도 나쁘지는 않을 것 같았다. 그래서 켄에게 말했다. "좋아. 메트로라이너를 타고 가보도록 하지."

10시 30분 기차를 탈 예정이었다. 그런데 시장이 열렸을 때 내가 취한 포지션 두 개에서 눈을 뗄 수 없는 상황이 되어버렸다. 기차 타러 갈 시간이 다 됐는데 도저히 자리를 뜨기가 어려웠다. 프리벤드가 경주하는 모습을 보러 굳이 메릴랜드까지 가야 하나? 그러다 프리벤드가 우승을 못하면 그날 허비한 시간을 어디 가서 보상받나? 그리고 메릴랜드까지 갈 필요도 없지 않은가? 그래서 그냥 인근에 있는 OTB(Offtrack Betting: 장외 경마 도박)로 가서 돈을 걸었다.

결국 나는 경마장에 가지 못했고 내 경주마 프리벤드는 정말로 우승을 해버렸다. 아쉽기가 이를 데 없는데 더 분통 터지는 사실은 OTB에서 2,000달러를 걸었는데 승식勝式을 잘못 선택하는 바람에 겨우 5,500달러밖에 못 건졌다는 사실이었다. 그런데 경마장에서는 프리벤드가 12 대 1로 우승했다. 경마장에 가서 직접 돈을 걸었다면 2만 5,200달러를 챙길 수 있었다는 이야기다. 켄은 경마장에 내가 나타나지 않았다는 사실을 알고 너무나 어이없어 했다. "마틴, 우선순위를 제대로 정했어야지."

프리벤드의 천식이 악화되는 바람에 어쩔 수 없이 거의 헐값에 다른 사람에게 팔아야 했다. 처음이자 마지막 우승 직후에 팔았으면 좀 더 많은 돈을 받았으련만 그도 마음대로 되지 않았다. 그 이후로 다시 경주마를 사지는 않았지만, 언젠가 또 그런 날이 올지도 모를 일이었다. 만약에 그런 날이 온다면 그때는 정말 우선순위를 제대로 정할 생각이다. 시장에 묶여 다른 가능성을 놓치는 사람들이 의외로 많다. 오래 일하는 것이 현명하게 일하는 것보다 반드시 좋은 것은 아니다. 아니, 오히려 그 반대의 경우가 더 많다. 현명하게 일하는 것이 오래 일하는 것보다 훨씬 나을 때가 더 많다.

오랫동안 시장에서 좋은 성과를 내고 난 후에 그 성과에 대한 보상의 의미로 며칠간 휴식을 취하는 것이 가장 중요하다는 사실을 깨달았다. 그런데 계속 이익이 날 때는 그 흐름을 중간에서 끊기가 어렵다.

연승을 할 때는 손실이 날 때까지 부득부득 기다리게 된다. 내 경험상 연승의 흐름이 이어질 때도 중간에 한 번쯤 쉬어 주는 것이 결과적으로 더 큰 보상을 안겨준다.

균형감을 유지하라. 자신이 소유한 경주마가 달리면 직접 가서 그 모습을 지켜보라. 마주馬主 지정석에 우아하게 앉아 돈을 걸고 그 시간을 즐겨라. 그 시간만큼은 시장 따위는 잊어버려라.

Chapter 16

심야 매매에서
1200만 달러의
주식과 채권을 거래하다

PIT BULL

"나는 냉혹한 사람이기 때문에 제군들은 나를 싫어할 것이다. 그러나 제군들이 나를 미워하면 할수록 더 많은 것을 배우게 될 것이다. 나는 냉혹한 사람이지만, 대신 매우 공정한 사람이다. 여기에서는 인종차별 따위는 존재하지 않는다. 흑인이나 유대인, 이탈리아계, 스페인계, 아일랜드계 등등을 이유로 타인을 깔보지 않는다. 여기에 있는 사람들은 너나 할 것 없이 공평하게 '무가치한' 존재들이다. 내가 할 일은 해병대에서 복무할 준비가 안 된 게으름뱅이들을 솎아내는 것이다. 지금부터 제군들은 내가 말하라고 할 때만 대답해야 한다. 그리고 말의 처음과 끝은 항상 '써Sir'여야 한다. 알아듣겠나?"

"써, 예스, 써!"

"이런, 빌어먹을! 하나도 안 들린다. 뭐라고? 큰소리로 다시 말해 봐!"

"써, 예스, 써!"

"아직도 안 들린다!"

"써, 예스, 써!!"

1968년 2월 5일, 해군사관후보생학교Officer's Candidate School에서 훈련을 받을 목적으로 버지니아 주 콴티코 해병대 기지에 도착했다. 나는 컬럼비아대학 경영대학원 1학기를 마치고 미 해병대 예비부대 에 입대했다. 그 당시 국방부에서 대학원생의 징병 유예제도를 폐지 할 것이라는 소문이 나돌았다. 억지로 징집되어 베트남으로 끌려가기 는 싫었기 때문에 자원입대를 택한 것이었다.

여기서 지내는 10주 동안, 나는 행동 하나하나를 다 통제당했다. 이 곳에서의 훈련 목적은 그간 생도들의 머릿속에 있던 것들을 다 비워 내고 새로운 것들로 채워 넣어 완전한 해병으로 거듭나게 하는 것이 었다. 새벽 5시 30분이면 내무반의 콘크리트 바닥 위로 철제 쓰레기 통을 굴려 훈련생들을 깨운 다음, 밤 10시에 소등할 때까지 한시도 가만히 내버려두지 않았다. 그러나 그런 끔찍한 곳에서 나는 살아남 았다.

"축하한다. 슈워츠 소위! 이제 진정한 해병대가 됐다."

1990년 11월 7일, 나는 바이러스성 심장막염과 6주간의 전투를 시 작했고, 좀처럼 호전이 되지 않아 계속 입원해 있다가 12월 14일이 돼서야 겨우 퇴원할 수 있었다. 퇴원한 이후에는 몸을 추스르려고 애 쓰면서 집에서 모든 용무를 봤다. 점심때가 되면 조수 롭 르바인Rob

LeVine이 렉싱턴가에 있는 내 사무실에서 건너와 나와 함께 산책하러 나갔다. 호크만 박사가 바깥 날씨가 영하로 떨어지더라도 나가 걸으면서 신선한 공기를 마시는 것이 좋다고 권했기 때문이다. 1987년에 오드리와 내가 내 친구 알 프레스코와 함께 러시아로 미술관 여행을 떠났을 때 입었던 캐시미어 코트로 온몸을 감싸고 스카프를 목에 두른 다음, 코트의 깃을 바짝 세웠다. 그러고 나서 모스크바의 굼 백화점에서 산 검은 담비털 모자를 눌러 쓰고 롭과 함께 차가운 뉴욕의 겨울 거리로 나섰다.

새해가 오면 새 시장이 열리고 새 경주가 시작된다는 생각에 연초부터 산책길에 나서게 됐다. 비록 죽다 살아났고 병원에 입원해 있는 동안 투자자의 절반 이상이 떨어져 나갔지만, 나는 아직 사브리나를 이끌어야 할 대장 슈워츠였다. 남아 있는 투자자들이 나를 의지하고 있고 나 역시 거액이 펀드에 묶여 있는 이상 내가 속히 업무에 복귀하는 것은 투자자들에 대한 의무인 동시에 내가 살아가야 할 길이기도 했다. 눈부신 성과를 내도록 최대한 노력해야만 했다.

조국을 위해 일하는 게 좋다네
조국을 위해 일한 게 좋다네
내가 누구인가
내가 누구인가
하나, 둘, 셋, 넷, 미국 해병대
하나, 둘, 셋, 넷, 미국 해병대
하나, 둘, 셋, 넷, 해병대가 좋아

하나, 둘, 셋, 넷, 해병대가 좋아
나의 해병대, 너의 해병대, 우리의 해병대, 해병대가 좋아
나의 해병대, 너의 해병대, 우리의 해병대, 해병대가 좋아

1월 2일 당시에는 한 블록을 걷는 것도 힘에 부쳤다. 기력도 달리고 체력도 바닥났으며 가슴 절개선에서 느껴지는 통증이 늑골에까지 퍼졌다. 나는 아직도 부신피질 호르몬의 일종인 소염제 프레드니손에 의존하고 있었다. 프레드니손은 정신적 교란을 일으키는 부작용이 있기 때문에 트레이더가 사용하기에는 부적합한 약품이었다. 의학 백과사전에 보면 이 약물은 병적 도취감에서부터 기분의 현저한 변화, 성격 변화, 중증 우울증에 이르기까지 다양한 부작용이 나타나는 것으로 돼 있었다. 그리고 기존의 정서 불안을 더 악화시키는 것으로도 알려졌다. 호크만 박사는 가능하면 약을 끊는 것이 좋다고 했고 그러려면 체력부터 길러야 했다.

롭과 함께 산책에서 돌아오면 온몸이 땀으로 젖고 완전히 녹초가 되었으나 매일 조금씩 거리를 늘려갈 수 있었다. 네 블록, 여덟 블록, 열두 블록…… 산책 거리가 길어지면서 약물 복용량도 30밀리그램에서 25밀리그램으로, 다시 20밀리그램으로 줄어들었다.

사담 후세인이 쿠웨이트를 침공했던 1990년 8월 2일 이후에도 시장은 거칠게 소용돌이쳤다. 전반적으로 주가는 하락세를 나타낸 반면, 상품, 특히 석유가격은 급등했다. 그러나 이라크가 이스라엘을 향해 스커드 미사일을 쏘아 올릴 때마다 뉴욕의 프로그램 트레이더들은 매수 및 매도 버튼을 눌러댔고, 시장에는 일대 대혼란이 일어났다.

1991년 1월 9일, 베이커 미 국방장관이 제네바에서 이라크 관계자와 만나 정치적인 합의를 시도했다. 시장은 이 회담에서 긍정적인 합의가 도출될 것으로 기대했으나 베이커 장관이 회담장에서 나와 던진 한마디는 바로 '유감스럽게도'였다. 장관의 말이 채 끝나기도 전에 S&P는 10포인트나 하락했고, 대량 매도 사태로 말미암아 시장은 극심한 혼란에 빠졌다. 나는 내 벙커로 차를 달려 일제 사격을 개시했다. 즉, S&P선물을 공매도한 것이다. 현재 보유하고 있지 않은 것을 매도하고 나중에 가격이 하락했을 때 다시 매수하여 채워넣을 심산이었다. 커버, 커버!

그다음 수요일에 나는 오드리에게 이렇게 말했다. "이번 잠재적 전쟁 상태의 영향력이 시장에 거의 다 반영됐다는 생각이야. 그래서 이젠 바닥을 친 시점이 아닌가 싶어. 내가 보는 모든 지표가 과매도 상태를 나타내고 있거든. 뭔가 일어날 것 같은 감이 드는데 그전에 주식을 매수해야 할 것 같아." 지금은 오드리의 의견을 듣는 것이 그 어느 때보다 중요했다. 내가 느끼는 이 감이 시장에 대한 진짜 느낌인지 아니면 약기운에 의한 것인지 확신할 수 없는 상태였기 때문이다.

"버지, 당신 생각이 그렇다면 생각대로 해봐."

이 말에 힘입어 주식을 매수하기 시작했다. 암젠, 브리스톨마이어스스큅, 컴팩, 델타 항공, 패니메이, 갭, 질레트, 홈데포, 존슨앤드존슨, 리미티드, 머크, 마이크로소프트, 나이키, 노벨, 필립모리스, 텍사스인스트루먼트, 유나이티드 항공, 월마트, 웨이스트매니지먼트. 나는 미국이 페르시아만 위기를 해결할 특단의 조치를 취할 것이고, 그렇게 되면 시장은 긍정적인 방향으로 추세가 반전될 것이라 확신했다. 월요일과 화요일에 S&P선물을 모두 160계약 매수했고, 시장 상승을 기대하며 매수 포지션을 취하는 데만 1,200만 달러를 투자했다.

1월 16일 수요일 저녁에 나는 내 서재 소파에 누워 톰 브로커Tom Brokaw 앵커가 진행하는 NBC 야간 뉴스를 시청하기로 했다. 퇴원 후 5주일밖에 지나지 않은데다가, 오후에는 집 근처를 산책했기 때문에 이날 나는 녹초가 되어있었다. 리모컨을 누르니 화면에 톰 브로커가 나타났다. 뉴스 진행자라는 사람들이 늘 그렇기는 하지만, 오늘따라 더욱 기세등등한 모습이었다. 조금 전 백악관 대변인의 설명에 의하면 부시 대통령이 이라크에 대해 전면 공격을 선언했다는 것이다. 작전명 '사막의 폭풍Desert Storm'이 개시된 것이다.

한 번 해병은 영원한 해병이다. 나는 결코 전쟁을 원하지 않았고 죽음의 사도師徒도 아니며, 죽음의 문턱까지 갔다가 가까스로 살아온 나약한 인간일 뿐이다. 그러나 1991년 1월 16일에 결국 전쟁의 포성이 시작됐고, 나는 영원한 해병이므로 언제든 전투에 임할 준비가 돼 있었다. 이제 나를 위한 전쟁을 치를 때가 된 것이다. 나는 소파에서 몸을 일으켜 사무실로 갔다. 책상 앞에 앉아 휴대전화 헤드셋을 착용하고 시계를 봤다. 동부 서머타임으로 184, 즉 오후 6시 40분이었다. 매매에 나설 몸 상태는 전혀 아니었으나 나는 강한 해병인데다 투자자 절반이 나를 떠난 마당에 못할 일이 무엇이란 말인가? 나는 책임감 강한 해병 장교로서 내 임무를 완수할 생각이었다.

"슈워츠 후보생. 전쟁에 임하는 얼굴을 보여주게."

"네?"

"전쟁에 임하는 얼굴 말이야. 못 알아들어? 잘 봐. 아아아아아아아악!"

"아아아아아아아악!"

"이런, 집어치워! 그 정도로는 턱도 없어. 다시 해봐."

"아아아아아아아아아아악!"

"자네는 나를 겁주지 못했어. 잘해, 그렇지 않으면 내가 아주 박살을 내 줄 테니까."

"써, 예스, 써!"

미국은 F—15 전투기로 공격을 감행했다. F—15기에는 목표 지점을 정확하게 공격하는 스마트 폭탄과 레이저 유도미사일이 탑재돼 있었다. 미국이 이라크군들을 전멸시키고 이른바 이라크의 최정예부대인 공화국 수비대를 모래 속에 묻어버릴거라 믿어 의심치 않았다. 게다가 이러한 공격은 속전속결로 이루어질 것이므로 나 또한 더 신속하게 움직여야 했다.

"0900(오전 9시)을 기해 제군들은 황홀한 매직쇼를 구경하게 될 것이다. 여기 있는 군목軍牧 찰리가 제군들에게 신의 가호와 정예요원인 해병의 힘으로 자유세계가 어떻게 적을 궤멸시키는지를 말해줄 것이다. 해병은 눈에 보이는 것은 무엇이든 죽이기 때문에 신은 우리 해병을 마음에 들어 하신다. 신은 신의 게임을 하고 우리는 우리의 게임을 한다. 우리는 이렇게 강력한 힘을 우리에게 허락하신 신에게 감사를 표하기 위해 천국을 신선한 영혼들로 가득 채울 것이다. 신은 여기 우리 해병대 앞에 임하여 계신다. 그러니 심장은 신에게 맡기고 그 하찮은 몸뚱이는 우리 해병대에 맡겨라. 알아들었나!"

"써, 예스, 써!"

이제 미국이 참전했고 지난 4개월 동안 석유와 금시장의 급등세를 주도했던 공포와 불확실성이 하루아침에 사라질 것이다. 이제 나는 문이 열린 시장을 찾아야 했다. 석유와 금 선물을 공매도하고 나중에 가격이 하락했을 때 다시 사려고 했다. 정신이 제대로 박힌 사람이라면 원유 주산지인 페르시아만이 폭격당한 마당에 원유선물을 공매도하고, 또 위기 상황인데 오히려 금선물까지 공매도하는 이유가 대체 뭐냐고 물을 것이다. 그 이유는 이라크의 쿠웨이트 침공 이후 원유와 금이 과매수 상태가 됐고, 또 이제 사담 후세인이 더는 페르시아만과 산유국들을 위험에 빠뜨리지 못할 것이라는 사실을 시장이 인지했으므로, 앞으로 유가와 금값은 익은 열매가 나무에서 떨어지듯 추락할 것이기 때문이었다. 나는 즉각 금과 석유선물을 공매도해야 했다. 의자에 비스듬히 기댄 채 키더 피보디의 야간 데스크 번호를 눌렀다.

"마틴 슈워츠인데요, 그곳에 내 계좌가 있습니다. 사브리나파트너스엘피…… 뭐라고요? 뭘 그렇게 꾸물거리나요? 철자는 에스, 에이, 비이, 알, 아이, 엔, 에이, 알아듣겠어요? 사브리나라고요, 사브리나! 금선물과 석유선물을 공매도할 겁니다. 매도할 시장을 찾아봐주세요. 어서 빨리요!"

잠깐의 시간이 흘렀다.

"내 어머니의 미혼 때 이름이요? 슈나이더요. 철자는 에스, 엔, 와이, 디이, 이, 알. 슈나이더, 슈나이더!"

또 잠시의 침묵이 흐르고 나는 시계를 봤다. 1842(오후 6시 42분). 이제 곧 시장 추세가 내게 불리한 방향으로 전개될 것이다. 이러고 있을 시간이 없었다. 그래서 바삐 CBOT 쪽으로 연결했다. CBOT에서는

1820(6시 20분)부터 2105(9시 5분)까지 시간외매매가 허용된다. 두 개의 청산회사, 즉 디스카운트Discount Corp.와 LITLIT Futures와 직통전화가 연결되었다. 쿠시와 골드페더가 전화를 받았다. 디스카운드의 켄 쿠시와 LIT의 에비 골드페더는 내 주요 채권 브로커였다. '사막의 폭풍' 작전이 개시됐다는 소식을 듣자마자 이 역전의 용사들은 바로 택시를 잡아타고 자신들의 원대로 복귀했다. CBOT라는 최전선으로 말이다. 정말 훌륭한 군인들이다. 이제 나는 두 명의 작전 참모들과 무전 교신을 하며 적과의 전투를 시작할 것이다.

최근 3일간 나는 채권에서 녹색불을 감지했다. 나는 매일 작성하는 매매일지에 모든 내용을 기록해 놓고 여백에는 나중에 참고할 사항들을 적어둔다. 그런데 이번 주에 기록한 참고 사항은 거의 이런 내용이었다. '채권매수를 고려할 것, 풋—콜 비율을 주시하다 대량 매수에 나설 것, 재무부채권가격이 바닥을 친 것인가?' 등이었다. 나는 원하는 만큼 채권을 매수할 수 있도록 만반의 준비를 해두었다. 낮 동안 정찰부대를 파견하여 9315에 80, 3월물 채권을 매수하여 매수 포지션을 취하는 것이 과연 옳은 선택인지를 판단하려 했다. (여기서 '9315'는 9315/32 혹은 93.47센트를 의미한다. 채권가격은 1달러의 1/32, 즉 약 0.03센트 단위로 가격이 표시된다.) 이러한 불확실성이 해소된다는 전제하에 금과 석유선물을 공매도한다는 것은 다른 상품과 금리도 하락 추세를 나타낼 가능성이 있다는 의미다. 달리 말하면 채권가격이 급등한다는 의미가 된다. 금리가 하락한다는 것은 채권가격이 상승하는 것이며, 이와 반대 현상 역시 성립된다.

"켄! USH의 시세 좀 알려줘!" USH는 1991년 3월물 30년 만기 재무부채권 선물계약을 나타내는 기호다. CBOT 채권선물 1계약은 만기시 액면가가 10만 달러다.

"9318이요, 마틴."

"9318에 20계약 매수해줘, 켄!" 나는 이렇게 주문했다.

잠시 침묵이 흘렀다. "9318에 20계약 매수 완료됐어요, 마틴." 1991년 3월에 인도할 30년 만기 재무부채권(액면가 200만 달러) 20계약을 매수한 것이다. 9318(1달러당 93.5625센트)이면 총 매수비용이 187만 1,250달러가 된다. 그러나 청산회사에 넣어둔 자금으로 마진콜을 충분히 충족시킬 수 있기 때문에 추가로 현금을 투입할 필요는 없었다.

나는 스크린 상의 시세를 확인했다. "USH, 9320." 가격이 9320/32으로 올랐다. 내 판단이 옳았던 것이다. 채권 가격은 계속해서 상승했다. 이제 전면 공격에 나설 시점이었다.

"여보세요, 슈워츠 씨? 키더 피보디입니다. 기다리게 해서 죄송합니다." 이때 시간이 1844(6시 44분)였다. 트레이더에게 2분이면 영원과 같이 긴 시간이다. "고객님의 계좌 상태를 확인해봤습니다. 그런데 사브리나나 사브리나오프소어로는 미국 이외의 지역에서는 금과 석유의 선물매매를 할 수 없습니다."

"그럼 지금이라도 그것이 가능하도록 조치를 해봐요."

"죄송합니다, 슈워츠 씨. 금과 석유매매가 가능한 시장은 극동지역의 시장뿐입니다. 홍콩, 일본, 싱가포르 등이지요. 그리고 그 시장에서의 계약은 미국시장의 계약으로 대체가 불가능합니다."

아주 가지가지로군! "그럼, 외국 계좌를 개설해줘요. 지금 당장이요!"

"잠깐만요, 그게 가능한지 알아볼게요."

"그리고 하는 김에 대체 가능한 것이 뭐가 있는지도 함께 찾아봐 주세요." 그런 다음 다시 시카고로 연결하여 채권 시세가 혹시 내게 불리한 방향으로 가고 있지 않은가를 확인했다. "골드페더! 내 말 들려?" 이제 LIT와 작전을 벌일 시점이었다. 이 시점에서 꼭 하고 싶은 말이 있는데 가능하다면 최소한 두 곳 정도와 동시 거래를 하는 것이 좋다. 오직 한 곳과의 거래를 고집한다면 그 사람들이 고객을 만만히 볼 수도 있다. 최소한 한 명 이상의 브로커와 일을 해야 더 좋은 조건에서 일 처리를 할 수 있고, 또 브로커들끼리 경쟁을 해야 나한테 이로우니까 말이다.

"예, 마틴, 저예요."

나는 스크린을 확인했다. "USH, 9324." "9324에 3월물 재무부채권 20계약 매수해줘."

잠시 후 답변이 왔다. "네, 9324에 20계약 매수 완료됐어요." 이때 시간이 1848(6시 48분)이었다.

키더 피보디 야간 데스크에서 연락이 왔다.

"좋은 소식이 있습니다, 슈워츠 씨. 싱가포르에 유로달러가 있는데, 유로달러는 미국 통화라 개장 시 전부 국내 계좌로 전환이 가능하네요."

그건 다 아는 얘기고, 내가 모르는 정보를 알려 달라니까! "휴, 그건 시멕스(SIMEX: 싱가포르상품거래소)에서 내가 원하기만 하면 언제든 할 수 있어요. 금과 석유매매를 할 수 있는 계좌를 찾아달라고요."

"이 잔디는 무얼 먹고 자라지?"

"피, 피, 피."

"살려면 어떻게 해야 하지?"

"죽여, 죽여, 죽여."

"망할, 목소리가 작다. 더 크게!"

"죽여! 죽여! 죽여!"

쿠시와 연결이 됐다. "네."

"채권가격이 급등하고 있어요. 벌써 9403이라고요."

"9403에 USH 40계약 더 매수해!"

잠시 후였다. "마틴, 9403에 40계약 매수 완료요." 시각은 1905(7시 5분)였다.

이제 내 채권매수 포지션은 160계약이 됐다. 낮에 9315에 80계약을 매수한 외에 종료 전 마지막 20분 동안 80계약을 더 매수했다. 각 채권선물계약의 만기시 액면가는 10만 달러고 지금까지 액면가 기준으로 1600만 달러어치의 USH를 매수했다(미실현이익은 6만 7,500달러). 시장은 여전히 내게 유리하게 전개됐다. 내 좌측에는 채권선물이 있었고 이 부분은 CBOT 사령부에 있는 쿠시가 꽉 잡고 있었다. 이제 내 우측에 있는 골드페더에게 명령을 하달할 차례였다.

"골드페더 박사! 내 말 들려?"

"네, 마틴." 흥미로운 사실은 골드페더가 이스라엘공군 예비군소속이었다는 점이다. 여름에는 중동에서 실시하는 군사 훈련에 참가하기 때문에 2주일간은 골드페더와 함께 매매할 수 없었다. 그래서 나는 골드페더가 이번 사막의 폭풍 작전에 대해 어떻게 생각하는지 궁금했다. 그러나 거금 1600만 달러가 왔다갔다하는 마당에 그것을 물어볼 만한 시간적 여유는 없었다.

"박사! 3월물 유로달러 100계약 매수해줘. 싱가포르 시멕스에서 매수해." 나는 모든 기지를 다 손대고 싶었다. 단기 금리가 하락할 것으로 보고 유로달러를 매수한 것이고, 장기 금리의 하락을 기대하며 채권을 매수한 것이다.

"9265에 3월물 유로달러 100계약 매수 완료됐어요."

그 당시 시각이 1918(7시 18분)이었다. 이제 다시 좌측으로 방향을 돌렸다. "켄, 9407에 20계약 더 매수!" 채권가격은 계속 상승세를 탔고 이와 함께 내 판단에 대한 확신도 커졌다. 내 전투 계획이 성공하고 있다는 자신감이 들었다. 채권선물 200계약 매수면 결코 적은 물량은 아니지만 이러한 시장 상황에서라면 그렇게 큰 규모도 아니었다. 나는 더욱 공격적으로 나가야 했다. 온몸에서 땀이 나기 시작했다. 오드리가 차를 가지고 들어와서는 내 이마에 흐르는 땀을 보자 휴지로 닦아줬다.

"버지, 밤을 새울 거야?"

"지금 아주 잘 되고 있어, 오드리! 정말 굉장하다고."

"프레드니손 때문에 그런 건 아니고?"

"아니기를 바라야지. 지금 매수하는 데 몰두하고 있단 말이야."

오드리는 내 일지를 살펴봤다. "버지, 괜찮아 보여. 당신 생각대로 해봐."

"박사, 9422에 20계약 더 매수!" "켄, 9425에 20계약 더 매수!" "켄, 에라 모르겠다. 좀 크게 해볼까? 9428에 70계약 확보해줘!" 나는

USH 350계약과 채권 3,500만 달러어치를 매수했고, 시장은 여전히 상승하고 있었다.

"켄, 9506에 50계약 더 매수해줘!"

잠시 후였다. "조금 늦었어요, 마틴. 이미 9506을 넘었거든요."

"이런! 낫헬드Not Held, 낫헬드!" 여기서 '낫헬드'는 시세대로라도 매수하라는 의미다. 결국, 쿠시는 9509에 20계약을, 9510에 30계약을 추가 매수했다.

"박사, 30계약 더 매수해줘. 낫헬드!"

"마틴, 좀 천천히 해야 하는 것 아니에요? 아직 환자잖아요."

"쓸데없는 소리 하지 말고 어서 채권이나 매수해줘. 지금 당장!" 내 이스라엘 하사는 9512에 매수를 완료했다.

2105(9시 5분)가 되자 CBOT 저녁시장이 마감됐다. 꼬박 2시간 30분 동안 매매를 했고, 채권선물의 매수 포지션은 총 500계약이 됐다. 뉴스를 보려고 TV를 켰다. 미군의 공격력이 완전히 먹혀들었다. 내가 채권을 가볍게 물리쳤듯이 우리 군은 이라크군을 손쉽게 파멸시키고 있었다. 이 전쟁은 본격적으로 시작도 하기 전에 끝날 것이 틀림없었다.

오드리가 샌드위치와 차를 가지고 다시 들어왔다. "버지, 오늘 일 어땠어?

"아주 좋았어. 내가 완벽하게 해낸 것 같아. 금과 석유의 국외 계좌가 없었는데도 아주 잘해냈어. 그리고 채권도 완전히 싹 쓸어버렸다니까."

"음, 오늘은 일 많이 했으니 이제 그만 자는 것이 좋겠어. 좀 쉬어야 한다고. 병이 재발하기를 바라는 것은 아니겠지, 설마?"

오드리의 말이 옳았다. 나는 아직도 아드레날린과 프레드니손 20 밀리그램에 의지하고 있는 회복 중인 환자라는 사실을 깜빡 잊고 있었다. "그래, 당신 말이 낮아. 내 포지션이랑 내일 전략 부분만 검토해 놓고 바로 잘게."

오드리가 방을 나갔다. 이제 쿠시와 골드페더 하사와는 작별하고 키더 피보디 쪽을 확인할 차례였다. 키더 피보디는 국외 계좌를 개설해 줄 수는 없으나 매매는 해줄 수 있다고 했다. 한 눈은 CNN으로, 또 한 눈은 내 일지로 향한 채 매매 수치와 비율을 계산하기 시작했다. 9315에서 9512의 비용으로 USH 500계약, 9265에 유로달러 100계약, S&P선물 160계약, 주식 1,200만 달러어치 등을 매수했다. 내일 시장이 열릴 때까지 주식과 S&P가격은 변동이 없을 것이다. 채권에서 발생한 미실현이익은 40만 달러에 육박했다. 2시간 30분 동안의 매매치고는 나쁘지 않은 성적이었다. 그래도 여전히 아쉬운 부분이 있었는데, 석유와 금의 공매도까지 할 수 있었으면 금상첨화였을 것이다.

아직도 할 일이 남아 있었다. 이동평균과 각종 비율, 수치를 계산하고, 다음 날 진행할 매매에 관한 아이디어를 기록했다. 그리고 핫라인 서비스를 점검하고, 수신 팩스를 검토하고, 새로 매수한 1,200만 달러어치 주식의 차트를 그리는 등 일상적으로 해왔던 업무를 처리해야 했다. 보통 이러한 일은 저녁 식사 후에 했지만, 이날은 2330(11시 30분)이 돼서야 일을 끝낼 수 있었다.

겨우겨우 의자에서 몸을 일으켜 손님용 침실로 갔다. 이 손님방에 마련된 병실용 침대에서 혼자 잠을 잤다. 프레드니손 때문에 땀을 많이 흘려서 한밤중에도 두세 번은 저니(등 부분이 터진 환자용 상의—옮긴이)를 갈아입으러 일어나야 했기 때문이다. 절개 수술을 했던 부분에서 여전히 통증이 느껴졌기 때문에 입고 벗기 편한 환자용 옷을 병원에서 구해다 입고 있었다. 심장이 마구 두근거렸다. 바이러스성 심장막염을 앓은 이후로 이렇게 격한 심장 박동은 그다지 좋은 징조가 아니었다. 나는 땀을 흘리며 침대 위에 누워 내 포지션에 대해 생각했다.

"슈워츠 후보생, 자네는 꼭 노인처럼 달리는군. 슈워츠, 그거 알아? 움직여, 계속 움직이라고. 움직여! 움직여! 뭘 하든 간에 중간에 멈추지 마. 그러면 심장발작이 일어난다고, 알겠어? 계속 움직여, 움직여! 이봐, 뭘 기다리는 거야? 슈워츠 후보생? 움직여, 움직여! 뭐야, 그만두겠다고? 정말이야? 그렇다면, 내가 자네의 불알을 확 떼어버리겠어. 그 더러운 종자로 이 세상을 오염시키기 전에 말이야. 나는 자네를 자극하는 거야. 동기부여를 하는 거라고, 슈워츠 후보생! 내 말 알아듣겠어?"

"써, 예스, 써!"

대체 지금 침대에 누워서 뭘 하고 있는가? 쿠시나 골드페더 같은 하사관들이나 오드리 같은 비전투 종군자는 마음 편히 잘 수 있으나, 나 같은 장교는 전쟁에서 승리하는 그 순간까지 한시도 쉴 틈이 없었다. 이렇게 자책하며 저니를 입은 채로 다시 사무실로 돌아가 CNN을 켰다. CNN에서는 이라크에 폭격을 가한 후 사우디아라비아 기지로 귀환한 전투기 조종사들과의 인터뷰 장면이 흘러나오고 있었다. 미국 시각으로 0200(새벽 2시)이었다. 중동 사막에서는 해가 중천에 떠 있을 시각이었다. 이들은 짐짓 척 이거(Chuck Yeager: 최초 음속 돌파 조종사로서 미국의 영웅—옮긴이)처럼 보이려고 애를 쓰는 것 같기는 했으나, 약간은 어눌하고 수줍어하는 모습에다 웨스트버지니아 출신자들의 예의 그 느린 말투에는 조종사들의 흥분이 한껏 배어 있었다. 사막의 폭풍 작전은 기대 이상의 성공을 거둔 것이 틀림없어 보였다. 이라크 국회의사당을 박살냈고 정유소를 폭파했으며 바그다드 국제공항을 마비시켰고, 사담 후세인 대통령궁 바로 코앞에 포탄 세례를 퍼부었다. 아, 석유와 금을 공매도했어야 하는데!

나는 키더 피보디 야간 데스크에 다시 전화를 걸었다. 안타깝게도 내 국외 계좌는 아직 개설이 완료되지 않았다. 금과 석유선물은 극동시장에서 가격이 급락하고 있었다. 런던시장은 개장할 때가 다 됐는데 혹시 그곳에서 사브리나 계좌로 매매할 수 있지 않을까? 그런데 야간 데스크 담당자는 잘 모르겠다고 대답했다. 그래서 키더 피보디 런던지점으로 전화를 걸었다. 불가능하다는 답변이었다. 다시 시드니지점에 연락했다. 시드니에서는 안 되고 멜버른으로 해보라는 말만 돌아왔다. 0345(새벽 3시 45분), 금과 석유가격이 안정화되기 시작했다. 기회를 놓쳤다. 이런! 더는 눈을 뜨고 있을 수가 없었다.

"자, 기도!"

"이게 내 소총이다. 소총은 이것 말고도 많이 있으나 이 소총은 내 것이다. 이 소총은 가장 좋은 친구다. 이 소총이 바로 내 생명이다. 내 생명을 다루듯 이 소총도 그렇게 소중히 다뤄야 한다. 내가 없으면 내 소총도 무용지물이다. 내 소총이 없으면 나 역시 무용지물이다. 이 소총을 올바로 사용해야 한다. 나를 향해 총을 쏘려는 적보다 더 정확하게 조준하여 발사해야 한다. 적이 나를 쏘기 전에 먼저 적을 쏴야 한다. 나는 그렇게 할 것이다. 신 앞에서 맹세한다. 내 소총과 나 자신은 조국을 지키는 파수꾼이다. 우리는 모두 우리의 적을 다스리는 주인이다. 우리 모두가 다 내 생명의 구세주들이다. 단 한 명의 적까지 모두 무찌를 때까지, 우리에게 평화를! 아멘."

"편히 쉬어, 잘 자라. 제군들!"

"버지, 버지, 어서 일어나. 5시가 넘었어. 그 차림으로 의자에 앉아서 뭐 하는 거야? 침대에 가서 자!"

정말 자고 싶었다. 그러나 오늘만은 안 된다고 생각했다. 잠은 언제라도 잘 수 있지만 이번과 같은 대박 기회는 10년에 서너 번 있을까 말까이므로 이 기회를 절대 놓칠 수는 없었다. 그래서 샤워를 하고 깨끗한 옷으로 갈아입은 다음 아침을 먹고 6시 30분에 사무실로 가서 앉았다. 팩스가 밤새도록 돌아가면서 계좌 정보를 뱉어냈다. 오늘은 그 어느 때보다 개장 전에 모든 것이 제대로 돼 있어야 하기 때문에 전날부터의 매매 기록을 꼼꼼히 살펴봤다. 시장 변동성이 워낙 큰 시점이라 한 치의 오차라도 생기면 수십만 달러가 날아갈 수도 있었다. 나는 〈뉴욕타임스〉〈월스트리트저널〉 그리고 각종 서비스 정보와 뉴스레터를 두루 읽었다. 1801년에 앨릭젠더 해밀턴이 설립한 〈뉴욕포스트〉의 머리기사는 역시 '전쟁!'이었다.

7시 30분에 노먼 슈워츠코프Norman Schwarzkopf 장군이 상황 보고를 했다. 사상 최대 규모의 공중 폭격이었고, 바그다드는 지옥을 방불케 했다. 이라크 공화국 수비대는 괴멸됐고, 공군은 이륙 한 번 해보지 못한 채 초토화됐다. 사담 후세인은 모처에 은신해 있는 상태이며, 아군 전투기는 단 한 대도 파괴되지 않았고 사상자도 일체 발생하지 않았다.

모든 지표와 상황이 다 주식과 S&P를 공매도하고 채권 포지션을 청산하라고 가리켰다. 나는 런던에 전화를 걸었다. 금과 석유선물 가격이 계속해서 안정 추세로 가고 있었으며, 이는 채권과 유로달러도 같은 추세를 탈 것이라는 신호였다. 이제 이익을 실현해야 할 시점이 되었기에 시장 개장에 맞춰 채권과 유로달러를 매도하기로 했다. 오전 8시에 쿠시와 골드페더 하사가 전화를 받았다. 시카고 채권선물 시장은 20분에 개장할 예정이었다.

"박사, 유로달러 시세가 어때?"

"마틴, 유로달러는 92.89예요."

"그럼 전부 팔아."

"매도 완료했어요, 마틴." 여기서 6만 달러의 이익이 났다.

"좋았어. USH는? 9612? 50계약 매도해, 박사! USH 50계약 매도! 켄, 50계약 더 매도해." 아침 햇살이 창문으로 쏟아져 들어왔다. 마지막 채권은 9619에 매도 완료했다.

"이 세상에서 가장 치명적인 무기는 해병과 그 해병의 소총이다. 전투에서 살아남고 싶다면 무장을 하는 것이 킬러의 본능이다. 사람을 죽이는 것은 강한 심장이다. 킬러 본능이 깨끗하고 강하지 않으면 진실 앞에서 머뭇거리게 된다. 따라서 죽은 해병이 되는 것이다. 해병은 허락 없이는 죽을 수 없으므로 어떻게든 이 세상에 살아남아야 한다. 알아듣겠나?"

"써, 예스, 써!"

나는 진실이 드러나는 순간에 머뭇거리지 않았다. 내 본능은 깨끗하고 강했다. 그래서 거금 1,200만 달러어치의 주식과 채권을 죽일 수 있었다. 훌륭한 해병으로서 또 훌륭한 장교로서 내 임무를 수행했다. 항상 충성을!

노련한 경험자들의
말을 경청하라

투자 밑천을 마련하려고 애쓰던 1970년대 초에 오드리와 나는 도시에서 탈출하고 싶어서 웨스트햄튼 비치에 있는 콘도로 놀러 가곤 했다. 웨스트햄튼에 갈 때면 메인 거리에 있는 소형 증권회사 로브앤드로브Robb & Robb에 자주 들렀다. 로브앤드로브는 빅보드의 스페셜리스트들이 차린 회사였다. 여름이면 이들은 컨트리클럽에서 골프를 치고 점심도 먹으면서 놀다가 오후쯤 느지막이 출근했다.

그래서 로브앤드로브는 일반 영업장이라기보다는 스페셜리스트들이 모여 적당히 놀고 즐기는 클럽하우스 같은 분위기를 풍겼다. 사무 공간도 하나뿐이었고 중앙에 책상 대여섯 개가 있었으며, 서쪽 창가 밑으로 긴 의자가 놓여 있었다. 동쪽 벽면에는 커다란 트랜스럭스 티커테이프가 최신 시세를 알려주고 있었다. 이 사무실에는 누구든지 출입할 수 있었다. 들어온 사람은 긴 의자에 편히 자리를 잡고 앉아 시세테이프도 보고 또 서로 정보도 교환했다. 그래서 이곳에는 증권가를 들락거렸던 사람이 꽤 모여 있었다. 이들 중에 이익주를 매도하게 된 사람은 보란 듯이 거들먹거리며 빈 책상 쪽으로 가서 수화기를 들고 아주 큰 소리로 매도주문을 냈다. 그러나 손실주를 매도하게 된 사람은 아무도 모르게 슬그머니 구석 자리로 가서 속삭이듯 매도주문을 냈다. 나는 이곳 사무실의 긴 의자에 앉아 시세표를 보면서 사람들의 대화를 듣는 것에 재미를 느꼈다.

나는 항상 혼자 있었는데, 그러던 어느 날 존이라는 사람과 이야기를 나누게 됐다. 존은 70대 중반의 노인인데 가끔 사무실에 들르곤 했다. 나처럼 존 역시 너덜너덜해진 차트 뭉치를 가지고 다녔다. 존은 사무실로 들어서면 우선 긴 의자의 빈 곳을 찾아 앉은 다음, 시세표를 보고 자신의 지표를 기준으로 필요한 정보를 수집하기 시작했다. 메모장에 이것저것 기록하는 도중에 짬짬이 내게 자신에 관한 이야기를 들려줬다. 은퇴 후 월가에서 몇 년을 보냈고, 지금은 뉴욕증권거래소에 있는 스페셜리스트를 상대로 조언을 해주는 대가로 용돈 벌이를 하고 있다고 했다. 그러고 나서 존은 단 한 번도 들어본 적이 없는 아주 귀중한 정보를 알려줬다.

그 당시의 시장은 지금과는 달랐다. 그때는 상승기와 하락기의 단계별 구분이 훨씬 더 뚜렷해지는 경향이 있었다. 당시의 상승기도 1982년 이후에 경험했던 상승장과는 달랐다. 존이 말하길 하락기 동안에는 시장이 일초와 주초에 반등 시도가 있으나, 하루가 지나고 그 주의 후반으로 가면서 팔아치우려는 시도가 생긴다고 했다. 그 이유는 데이트레이더가 손실을 내고 있고 시장이 하락세라면 그날의 장이 마감되기 전에 포지션을 청산하고 다음 날 백지상태에서 다시 매매를 시도하고 싶어하기 때문이다. 그리고 데이트레이더보다 매매 기간을 좀 길게 가져가는 사람들은 그 주가 끝나기 전에 포지션을 청산하고 싶어할 것이다. 그래야만 시장이 마감되고 나서의 이틀 동안 신용거래 계좌에 신용 잔고가 발생하지 않고 또 가격 변동에 따른 영향에서 자유로울 수 있다. 그러나 상승장에서는 트레이더가 이익을 내는데 몰두하므로 두려움보다는 탐욕에 경도된 상태고, 따라서 신속히 포지션을 청산하려 하기보다는 다음 날 혹은 주말까지 포지션을 유지하려 한다는 것이다.

존의 말에 일리가 있다고 생각했다. 하락장에서는 트레이더들이 개장 초와 주초에는 매수하고 장 후반과 주 후반에는 매도하려는 경향이 있다는 사실은, 그 시장에서 수차례에 걸쳐 이익을 내는 데 큰 도움이 됐다.

로브앤드로브 사무실에 모여 앉은 노인들이 시장에 관한 온갖 잡소리들을 늘어놓는 와중에 존이 한 말이 그렇게 귀중한 정보일 줄이야 누게 알았겠는가? 처음에는 나도 몰랐다. 그런 곳에 가보면 아마 여러분도 마찬가지 상황일 것이다. 이곳뿐 아니라 군소 증권가에는 온갖 의견과 정보들이 난무한다. 그러나 마음을 열고 그 사람들의 경험을 존중하며 열심히 경청하도록 하라. 그들의 말 한마디가 내게 귀중한 정보가 될 수 있다. 그런 의미에서 이 자리를 빌려 존에게 감사의 말을 전하고 싶다.

Chapter 17

내 인생 최고의 매매로
평생 꿈꾸던 자유를 누리다

PIT BULL

사막의 폭풍 작전이 끝난 후 10일이 지난 1991년 1월 26일, 나는 손님방에 있는 내 병원용 침대에 누워 있었다. 체온이 또 다시 38.3도로 올랐다. 바이러스성 심장막염이 세 번째로 재발한 것이다. 이번에도 또 무리를 한 모양이었다. 바이러스가 또 내 몸에 침투했고, 다시 병원 신세를 져야한다는 걱정이 들었다. 개인 간호사인 에스더 프레드릭센은 전신을 알코올로 닦아줬고, 크리스토돌로우 박사는 프레드니손의 양을 하루 40밀리그램으로 늘렸다. 그 추운 뉴욕 거리를 롭 르바인과 함께 산책하며 비축했던 체력이 '사막의 폭풍'과 함께 다시 원점으로 돌아갔다.

다행히 치료 효과가 있었고 열도 내렸으나 여전히 기운이 없었다. 전적으로 프레드니손에 의존하는 신세가 됐다는 사실이 상당히 염려스러웠다. 예전처럼 매매를 할 때마다 체온이 상승했고, 그럴 때마다 다시 입원해야 하는 것 아닌가 하는 생각이 들었다. 예전에 비해 상태는 조금도 호전되지 않았고 이대로 영영 회복되지 않을 것 같아 두려웠다. 기분이 급격히 바뀌었으며, 호크만 박사는 약을 끊도록 노력하라고 했다. 그러나 오히려 나는 매매에 집중하려고 노력했다. 그런데 매매에 대한 감이 진짜인지 아니면 약기운 때문인지를 판단할 수가 없었다. 계속 피로감을 느끼는데다가 신경이 예민해져서 괜히 까탈을 부렸고, 전보다 참을성이 많이 줄어든 것 같았다. 오드리와 아이들이 나를 많이 봐주고 있다는 사실도 미처 깨닫지 못했다.

호크만 박사는 내게 스트레스 관리 상담을 받아보는 것이 좋겠다고 했다. 몸과 마음을 이완시키는 방법을 알려줄 전문가가 필요한 것이었다. 그래서 버나드 랜디스Bernard Landis 박사를 만나게 됐다. 랜디스 박사가 제일 먼저 한 일은 내 호흡 패턴을 확인하기 위해 모니터를 설치하는 일이었다. 박사는 1분에 몇 번 호흡하는지 알아보려 한다고 했다. 그래서 600부터 시작해서 거꾸로 13씩 빼가면서 숫자를 말해보라고 주문했다. 587, 574, 561, 548, 535, 522…… 나는 될 수 있는 대로 빨리 숫자를 읊어나갔다. 그러다 내가 67까지 말했는데 박사가 그만 하라고 말했다. 그러면서 지금까지 1분 안에 이 과제를 끝낸 사람을 본 적이 없다고 덧붙였다.

"아, 뭡니까?" 나는 항의하는 투로 말했다. "왜 중간에 멈추라고 합니까? 1분을 다 채우지도 않았잖아요. 할 수 있어요, 할 수 있다고요. 다시 한 번 합시다."

"마틴, 숫자를 말하고 못하고는 중요하지 않아요. 내가 진짜 알아보려는 것은 당신이 뭔가에 집중하고 있을 때의 호흡 패턴입니다. 사람들은 집중하고 있을 때 보통 1분에 12회 호흡을 합니다. 그런데 당신은 20회였어요."

"그게 뭐 어때서요? 나는 게임에서 이기고 싶다고요. 아까 그 과제 해낼 수 있다니까요! 어디 다시 한 번 해봐요."

이렇게 해서 랜디스 박사와의 오랜 인연이 시작됐다. 그해 겨울 그리고 이듬해 봄 내내 박사는 나와 줄곧 함께 하면서 몸과 마음을 이완시키고 건강을 회복시키는 데 도움이 되는 여러 가지 기법들을 가르쳐줬다. 그리고 6월이 돼서야 프레드니손을 완전히 끊을 수 있었다. 박사는 그 보상으로 휴가를 다녀오는 것이 좋겠다고 권했다. 오드리와 나는 2주일 동안 다시 아스펜에 가서 머물기로 했다. 사브리나펀드를 운용하기 시작한 2년 전 이후로 한 번도 그곳에 가지 못했었다.

나는 뉴욕과 시장에서 멀리 떨어진 그곳에서 상쾌하고 청명한 산 공기를 맡으며 스트레스 없는 평화로운 휴식을 즐기리라 마음먹었다. 이번에도 스노우매스 아래에 있는 침실 3개짜리 콘도를 빌렸다. 그러나 역시 매매에서 완전히 손을 떼는 것은 불가능했다. 아스펜으로 갈 때 노트북과 팩스를 챙겨갔으며, 그곳에서도 전화로 매매를 했다. 휴가를 가서도 마냥 쉬기가 어려웠고 펀드도 계속 운용하고 있었다.

그러나 지금 가장 중요한 일은 내 건강을 회복하는 것이라는 사실이 분명해졌다. 그리고 펀드를 운용하는 일이 내 마음의 평화를 해치는 일이라면 그 일을 그만두어야 하는 것이 아닌가 하는 생각도 했다.

사실 이러한 고민은 전에도 어렴풋이 한 적이 있었다. 1989년 여름에 브롱크스의 포키를 만났을 때의 일이다. 아스펜으로 휴가를 다녀오고 나서 사브리나펀드를 운용하기로 마음을 정한 직후였다.

나는 포키의 사무실 밖에서 1시간이나 그를 기다렸다. 상당히 불쾌했고, 펀드 따위 집어치우고 그냥 자기매매나 할 걸 그랬나 싶기도 했다. 그러나 펀드사를 차린 이상 반드시 해야 할 일 중의 하나가 온갖 인맥을 동원하여 자신에게 투자금을 맡길만한 거물들을 소개해 달라고 지인들에게 전화로 부탁하는 일이었다.

며칠 전 나는 앨리저A.N. Alyzer에게 전화를 걸었다. 앨리저는 사브리나와 사브리나오프쇼어의 청산 업무를 맡아주기로 한 증권회사의 리서치 팀장이었다. 앨리저는 자신의 돈 일부를 내 펀드에 맡겼고, 그래서 앨리저라면 알맞은 사람을 추천해줄 수도 있겠다 싶었다. "물론이지요, 마틴." 투자자를 소개해 주겠느냐는 내 부탁에 앨리저가 선뜻 이렇게 말했다. "포키와는 친한 친구 사이에요. 그리고 그 친구도 늘 자신의 돈을 불려줄 유능한 트레이더를 찾고 있어요. 포키에게 연락해서 약속을 잡아 놓을게요." 이렇게 시린 발을 동동 구르며 포키의 사무실 밖에서 기다리고 있는 중이었다.

포키에 대한 이야기는 익히 들어 알고 있었다. 월가에 있는 사람이라면 포키에 대해 모르는 사람이 없을 정도였다. 포키는 분명히 매매업계의 실력자이자 거물이었다. 포키가 운용하는 펀드의 규모는 수십억 달러였고, 그래서인지 모르지만 자신 이외의 모든 이들을 조롱하고 멸시하는 데서 희열을 느끼는 그런 부류의 사람 같았다. 나는 포키를 만난 적이 없었으나 이 사람이 그냥 싫었다. 퉁명스럽고 무뚝뚝하다는 평판이 자자했는데 그는 정작 자신을 악의없는 장난꾼 정도로 생각하는 것 같았다. 포키는 자신이 브로커들을 골탕먹인 일들을 자랑삼아 떠벌리기 좋아했다. 브로커들은 늘 포키에게 전화를 걸어 일거리를 달라고 부탁했다. 그러한 점을 잘 아는 포키는 일부러 마감 몇 분 전에 브로커에게 전화를 걸어 이렇게 말했다. "좋아, 일을 달라고 했지? 그럼 주지. 지금 바로 '쥬버먼시블러트' 주식 50만 주를 매수해 주게." 그러고는 전화를 딱 끊었다.

큰 건수인데 주식 이름을 제대로 듣지 못한 브로커는 안달이 나서 곧바로 포키의 사무실로 다시 전화를 걸었다. 그러나 포키는 이미 비서에게 자신은 화장실에 갈 테니 절대 방해하지 말라고 지시해 놓은 후였다. 애가 탄 브로커는 비서에게 앞이 '유—' 혹은 '쥬—'로 시작되는 회사명을 주르륵 열거하면서 이 중에서 무엇이냐고 소리를 질렀고, 잘 모르겠다는 대답에 거의 미칠 지경이 되어 버렸다. 그러다가는 또 다시 비서에게 애원했다. "제발 부탁이에요. 화장실에 얼굴만 들이민 채 주식 이름이 뭔지만 알아다 주세요, 제발!" 평균 수수료가 주당 6센트(총 3만 달러)고 브로커는 여기서 20퍼센트를 취하게 되니까 그 주식 이름을 모르면 6,000달러가 날아가는 것을 그냥 바라봐야만 하는 것이다. 주식 이름이 뭐였는지 발만 동동 구르다 시장은 결국 마감되고, 브로커는 망연자실한 상태가 된다. 이 브로커는 거액의 수수료를 날렸을 뿐 아니라 거물 중의 거물인 포키와 거래할 기회까지 놓친 것이다. 포키는 이런 것을 즐겼다. 과연 이것이 그냥 농담이고 장난일까? 한 사람의 심신을 이리도 피폐하게 망쳐놓고 장난이었다고 말하는 건 좀 지나치다 싶었다.

나는 일어서서 주변을 어슬렁거리기 시작했다. 드디어 안내인이 내게 안으로 들어오라고 했다. 포키의 사무실은 서킷시티(Circuit City:

전자제품 유통업체) 전시장을 방불케 했다. 사무실 안은 스크린, 텔레테이트, 쿼트론, 팩스, 전화기, 복사기, 기타 수십 개에 이르는 기계 장치들로 가득 차 있었다. 포키는 나보다 기계 장치를 3배 더 많이 가지고 있었다. 잔뜩 긴장한 젊은 조수 하나가 일을 잘못했던지 동양풍 카펫 위에 선 채 포키한테 있는 대로 혼이 나고 있었다. 포키는 등판 길이가 9피트(약 2.7미터)나 되는 가죽으로 된 회전 안락의자에 쏙 파묻혀 있었다. 이 의자는 묵직한 마호가니 책상 뒤에 놓여 있었는데, 그 책상은 저택의 식탁만큼이나 거대했고 그 위에는 온갖 음식 나부랭이들이 널려 있었다. 베이글, 비알리(가운데가 우묵한 둥글납작한 빵), 크니쉬(감자, 쇠고기 등을 밀가루를 입혀서 튀기거나 구운 것), 크리스피 크림 도넛, 반쯤 남은 셀러리 소다 등이 컴퓨터와 휴대전화, 서류 더미 주변에 어지럽게 널려 있었다.

볼링공 같은 포키의 머리가 어깨 위로 불쑥 솟아 있었다. 자바 더 헛(Jabba the Hutt: 영화 〈스타워즈〉에 나오는 악당 캐릭터―옮긴이)처럼 축 처진 턱살 아래 묻혔는지 목은 아예 보이지도 않았다. 커다랗고 둥근 얼굴은 불그레했으며, 사워크림이 듬뿍 발린 팬케이크처럼 빵빵했다. "좀 앉으시오." 털북숭이 손으로 먼발치에 있는 소파를 가리키며 내게 말했다. 내가 소파에 앉아 있는 동안에도 포키는 계속해서 젊은 조수를 닦달했다.

"나한테서 정보를 바라지 말란 말이야. 스스로 생각해서 하라고, 스스로!" 그러한 모습을 지켜보면서 나는 이런 생각이 들었다. 포키 자신은 신출내기들에게 스스로 생각하는 법을 훈련시키는 아주 좋은 일을 하고 있다고 생각할지 모르지만, 실제로는 그러한 훈계 자체를 즐기는 것이 틀림없다고 말이다. 포키는 육식동물이었다. 자바처럼 포키도 하루라도 고기를 먹지 않으면 안 되는데 오늘은 이 불쌍한 조수가 그 먹잇감이 된 것이다. 그 광경을 목격한 나는 상당히 당혹스러웠다.

조수를 향한 일장연설이 이후 20분간 더 이어지더니 드디어 그 화살이 내게로 향했다.

"내게 원하는 게 뭐요, 슈워츠 씨?"

그래서 내가 그동안 아주 좋은 매매 성과를 올렸고 이번에 펀드사를 차리게 됐는데 우리 펀드에 자금을 맡길 의향이 없는지 알고 싶다고 말했다.

"수수료는요?"

"4 플러스 20입니다." 나는 이렇게 대답했다. 그러자 포키의 얼굴색이 더 붉어졌고 눈알이 다 튀어나올 정도로 놀라는 눈치였다.

"4 플러스 20이라고?" 포키는 의자에서 벌떡 일어서서 으르렁거리듯 말했다. "4 플러스 20이면 내가 청구하는 수수료보다 많잖아! 이봐, 어떻게 나보다 수수료를 더 많이 청구할 수가 있지? 이 바닥에서 최고인 나도 1 플러스 20인데 말이야. 대체 당신이 뭔데 그렇게 비싼 수수료를 챙기느냐고! 긴말 필요 없으니까 여기서 당장 나가시오, 당장!" 포키는 책상 위를 더듬거리며 팬케이크를 찾아낸 다음 그것을 입속으로 쑤셔 넣었다. 아래턱 주변으로 사워크림이 뚝뚝 흘러내렸다.

나는 어이가 없었다. 어떻게 이런 식으로 행동할 수가 있을까? 그래도 명색이 친구라는 사람이 주선해서 잡아놓은 약속인데 밖에서 1시간 이상 기다리게 하지를 않나, 또 사무실 안에서는 들어간 지 채 1분도 안 돼 쫓아내 버리지를 않나! 내가 제시한 수수료 조건이 마음에 들지 않으면 "죄송합니다." 혹은 "생각할 시간을 좀 주세요."라는 식으로 완곡하게 거절하면 그뿐이다. 포키 밑에서 벌어 먹고사는 사람들이야 다소 억울한 대접을 받더라도 어쩔 수 없겠지만, 나는 그 사람이 부리는 아랫사람이 아니다. 성질 같아서는 그냥 책상 위로 뛰어 올라가 그 오만한 머리통을 눌러서 짧은 목을 아예 확 집어넣고 싶은 마음 굴뚝같았으나 꾹 참았다. 그렇게 했다가는 포키가 분명히 나를 고소할 것이다. 이제 막 새 사업을 시작하려는 마당에 굳이 포키와 그러한 문제를 일으킬 필요까지는 없었다.

그래서 그냥 발길을 돌려 그 자리를 떠났다. 엘리베이터에서 내리면서부터 열이 뻗치기 시작했다. 내 사무실로 돌아왔는데도 진정이 되기는커녕 더 화가 났다. 매매를 해야 하는데 포키와의 일이 계속 머리에 남아서 집중이 되지 않았다. 멍하니 앉아서 계속 이런 생각만 하고 있었다. '저 오만불손한 인간을 어떻게 손봐주지?'

그때 전화벨이 울렸다. 머크에 있는 사무원 토미 콜린스Tommy Collins였다. 콜린스는 데비 혼의 후임이기도 하다. 1987년 10월 22일에 조지 소로스 측에서 엄한 짓을 하는 바람에 피트에 있는 사람들이 소로스의 돈을 거의 싹쓸이한 직후 데비는 이제 자신도 할 만큼 했다고 생각했다. 그날의 매매가 데비를 완전히 지치게 했다. 그러면서 내가 온종일 고래고래 소리 지르는 것을 듣는 것보다 더 쉽게 돈을 벌 방법이 있을 것이라는 결론에 도달했다.

데비는 이제 사무원 일을 그만두겠다고 말하면서 자신의 후임자로 토미 콜린스를 추천했다. "마틴, 아마 당신 마음에도 들 거예요. 토미는 크고 강하고 똑똑하며, 또 무엇보다 아주 거칠거든요. 여기 와서 당신을 위해 열심히 싸워 줄 거예요, 아마도." 데비 말이 맞았다. 나는 여전히 있는 대로 고함을 치고 목청을 돋우었으나, 그래도 토미는 자신의 맡은 일을 열심히 하면서 언제나 내 편이 돼서 싸웠다.

"토미, 혹시 브롱크스의 포키라는 작자 만난 적 있어?"

"포키요? 그럼요. 한 두어 번 정도 이야기를 한 적이 있는데 그때마다 '이봐, 콜린스. 내 돈을 불리는 데 도움이 될 만한 알짜 정보가 있으면 그때 연락하라고. 그러면 내가 그에 알맞은 보답은 할 테니까 말이야.'라는 말밖에 안 했어요."

"토미, 자네가 꼭 해줄 일이 하나 있어." 나는 옳거니 싶어서 토미에게 말했다. "장이 마감되기 몇 분 전에 포키에게 전화를 걸어서 아주 귀중한 정보가 있다고 말해. 그쪽에서 그게 뭐냐고 물으면 '마틴 슈워츠가 쥬버먼시블러트라고 하던데요.'라고 말하고 전화를 그냥 딱 끊는 거야. 알았어?"

"뭐라고요?"

"쥬버먼시블러트. 걱정할 것 없어. 그냥 그렇게 말하면 포키도 알 거니까. 그리고 전화를 끊으면 아마 포키가 바로 다시 전화를 할 거야. 화가 머리 꼭대기까지 차서 길길이 날뛸지도 몰라."

그래서 토미는 정말 오후 3시 59분에 포키의 사무실에 전화를 걸었다. 토미는 전에 포키 씨에게 도움이 될 만한 정보가 있으면 전화하라던 말이 생각나서 이렇게 연락을 드렸다고 말했다. 포키가 순간 귀를 쫑긋 세우는 모습이 눈에 보이듯 훤하게 그려졌다.

"콜린스! 그래, 내게 전해줄 정보가 있다고?"

"네, 마틴 슈워츠가 그러는데 쥬버먼시블르트를 꼭 사야 한다는군요." 이렇게 말하고는 전화를 뚝 끊었다.

아니나다를까 곧바로 포키한테서 전화가 걸려왔다. "콜린스, 이 망할 놈! 지금 누구한테 장난질이야? 내가 아주 가만두지 않겠어! 아주 본때를 보여 주겠다고! 내가 누군지 알고 감히 나한테 장난 전화야? 어디 각오하라고!"

단 1분이었을지언정 포키의 마음을 교란시켰다는 사실에 기분이 좋았다. 당시에는 포키의 펀드보다 더 큰 펀드를 운용하는 것을 목표로 삼을 정도였다. 그래서 포키를 앞지르고 또 모두를 능가하여 매매업계의 최고 실력자가 되겠다고 마음먹었다. 비록 내가 죽는 한이 있더라도 말이다.

그런데 지금은 정말 죽을 지경이었다.

마침내 나는 남의 돈을 관리하는 것은 내 매매스타일에 맞지 않는다는 사실을 인정했다. 다른 사람에게 매매 성과를 보고하는 것도 싫고 다른 누군가가 내가 매매하는 것을 감시하는 것도 싫었으며, 내 매매 성과를 다른 사람의 것과 비교당하는 것도 정말 싫었다. 나는 마켓 타이머고 스캘퍼다. 나는 바로 들어갔다가 바로 치고 나오는 이른바 초단타 매매를 선호했다. 그런데 대규모 자본을 관리할 때는 이렇게 하기가 쉽지 않았다. 게다가 내 자유는 또 어떻고? 애초에 전업 트레이더로 나선 것도 자유롭기 위해서가 아니었던가!

그러나 랭글러를 몰고 아스펜 공항을 지나다 보니 잊고 있던, 서서히 포기 중인 그 무엇인가가 다시 떠올랐다. 활주로에 늘어서 있는 세

스나, 리어, 걸프스트림 중에 내 것은 없었다. 자가용 비행기를 가졌던 적도 없고 제트족과 같은 부유한 상류층에 낀 적도 없었다. 아마도 이 제는 영영 그런 거물들과 교류하지 못할지도 모른다.

나는 스노우매스 클럽의 테니스 코치에게 줄 《시장의 마법사들》을 사러 리틀넬호텔 옆에 있는 서점에 들러야 했다. 체력을 보강하려고 테니스 연습을 열심히 하고 있는데, 그런 나를 위해 군소리 없이 연습 공을 수백 개씩 받아주는 고마운 사람이었다. 이 코치는 시장에 관심이 아주 많았고, 그래서 이 책을 주면 좋아하겠다 싶었다. 게다가 그 책에는 나도 등장하니까 말이다.

서점에서 책 한 권을 꺼내 들고는 계산을 하려고 한 60대로 보이는 여성 뒤에 가서 섰다. 그런데 갑자기 그 여성이 뒤로 돌아 나를 보면서 이렇게 말했다. "시장의 마법사가 되고 싶으세요?"

순간 무슨 말을 어떻게 해야 할지 몰랐다. 그래서 그냥 그 사람을 멀거니 쳐다봤다. 단정한 옷차림새를 보아하니 선조 중에 메이플라워호를 타고 신대륙으로 건너온 청교도인이 있지 않을까 싶었다. 나이는 60대 중반쯤으로 보였고 평소에 쿠폰을 열심히 모으며 검소하게 사는 연금 생활자처럼 보였다. 그런데 그 여성은 세상 근심 하나 없는 듯 참으로 편안하고 고요하며 또 건강한 모습이었다. 갑자기 모든 것이 분명해졌다. 내가 원했던 것은 시장의 마법사가 아니었다. 나는 그 여성처럼 되고 싶었다.

"아닙니다. 나는 이미 시장의 마법사인걸요. 그리고 시장의 마법사 따위 자랑할 것도 못 된다고 생각합니다." 그 순간 자금관리 게임에서 포키를 능가하겠다는 목표도 다 부질없다고 느껴졌다. 참으로 묘하게

도 아스펜은 내가 펀드를 운용하기로 마음먹은 장소이자 펀드 운용을 접기로 마음먹은 장소가 됐다. 본능적으로 이제 막 필생의 매매를 성사시켰다는 기분이 들었다.

사브리나 파트너스 L.P.

10022 뉴욕 주 뉴욕

렉싱턴가 75번지

1991년 1월 31일

친애하는 직원들에게:

저는 1991년 7월 31일자로 본 회사를 정리하기로 하였음을 알려 드립니다. 이에 1991년 현재 날짜로 여러분의 창업 자본금을 돌려 드리며 나머지는 감사 절차가 완료되는 대로 반환할 예정입니다.

의사들은 제게 지난 11월에 경험했던 것과 같은 위험한 질병에서 완전히 회복하는 가장 좋은 방법은 스트레스가 적은 환경에서 생활하는 것이고, 내게는 충분히 쉬면서 인생을 즐길 시간이 필요하다고 했습니다. 거대 펀드를 운용하며 늘 마음을 졸여야 하는 환경에서는 절대 평온과 안정을 찾을 수 없었고, 건강을 회복할 수도 없습니다. 회복 기간이 생각했던 것보다 길어졌지만, 저는 병이 재발하는 것을 원치 않습니다. 지난 7개월 동안 프레드니손에 의존해서 살았고 그 약을 지난달에야 끊을 수 있었습니다. 할 수만 있다면 약에 의존해서 사는 생활로 다시는 돌아가고 싶지 않습니다.

지난 8개월은 제 인생에서 가장 힘들었던 시기였습니다. 앞으로 나 자신과 내 가족들을 위해서라도 매매에서 손을 떼고 휴식을 취하고자 합니다. 부와 명성을 좇아 오랫동안 잊고 있었던 단순하고 평안한 삶으로 돌아가고 싶습니다. 그동안 저에게 무한한 신뢰를 보내주셨던 여러분께 깊이 감사드립니다.

6월 한 달간 우리는 1.36퍼센트의 손실을 봤고 올해의 수익률은 9.39퍼센트로 감소할 것입니다. 7월에도 수익률이 조금 떨어질 것으로 보입니다. 우리는 감사 절차가 하루빨리 마무리되고 사원 여러분에게도 최대한 이익이 돌아갈 수 있도록 최선을 다할 생각입니다.

무한책임사원

마틴 슈워츠 올림

1991년 8월, 나는 햄튼의 해변 별장을 다시 찾았다. 예전처럼 그곳에서 따가운 햇볕을 피하려 큰 수건을 뒤집어쓴 채 내 돈으로 매매를 시작했다. 마음은 아주 편했다. 랜디스 박사가 골프를 쳐보라고 권했기에 오드리와 나는 그곳에 있는 골프클럽에 가입했다. 골프는 혼자서 할 수 있는 그런 게임이 아니었다. 웬만큼 할 수 있으려면 연습도 많이 해야 하고 경기 시간도 아주 오래 걸린다. 골프 한 라운드에 온종일이 걸릴 정도다. 그러나 랜디스는 골프를 칠 때 전 홀을 다 돌라고 권했다.

골프클럽에 갔는데 잠시 후 오드리가 어떤 은행가 부부한테 시합을 해보자고 제안했다. 나는 매사 좀 느긋하게 갔으면 했는데, 오드리는 사교 모임을 더 확대하고 싶어했다. 오전 10시 30분에 티오프를 하기로 했다. 그런데 막 집을 나서려는 순간 S&P가 내 채널 가운데 하나를 돌파하는 것이 아닌가! 나는 시장이 과매수 상태라는 것을 알았고, 그래서 토미 콜린스에게 전화로 50계약을 공매도하라고 주문을 넣었다. 나는 골프백의 공 주머니에다 메트리플렉스와 휴대전화를 찔러 넣고 오드리와 함께 컨트리클럽으로 향했다.

우리는 가벼운 대화를 나누며 열심히 공을 쳤다. 나쁘지 않은 시간이기는 했으나 내 머릿속에는 온통 50계약에 대한 생각뿐이었다. 시장 추세가 전환될 때 공매도 부분을 어떻게 커버할지 고민이었다. 티샷을 할 때 새 골프공을 찾는 척하면서 머리를 백 속에 집어넣은 채 메트리플렉스로 시세를 확인했다. 여섯 번째 티샷을 할 즈음에 일이 벌어졌다. 장세가 전환된 것이다. 토미에게 바로 전화를 걸어 50계약을 재매수하라고 당장 일러야 했다. 9번 홀에서 잠깐 휴식을 취하기로 했는데, 그때까지 기다릴 수가 없었다. 그때는 이미 늦어버리기 때문이었다. 그러나 전화하는 모습을 다른 사람들에게 들키기는 싫었다. 골프를 하는 도중에 다른 일을 하는 것은 상당히 무례한 행동이며, 또 내가 골프장에까지 와서 매매할 것이라고는 다들 생각하지 못할 것 같았다.

오드리와 은행가의 아내는 티샷을 준비하러 왼쪽 너머로 먼저 갔고, 여기에는 나와 은행가 두 사람뿐이었다. "먼저 하세요." 은행가가 말했다.

나는 티에 공을 올려놓고 자세를 취했다. 이 샷이 오늘 내 최고의 샷이 돼야만 한다. 또 목표를 향해 정확하게 날아가야 한다. 골프 개인지도 도중에 프로 골퍼가 했던 말을 떠올렸다. "왼쪽 어깨선과 나란한 위치에 공을 올려놓으세요. 고개를 숙이세요. 클럽을 천천히 뒤로 가져가세요. 이때 왼쪽 팔을 구부리면 안 됩니다. 그리고 원을 그리듯 부드럽게 공을 쳐 줍니다." 그래서 나는 이와는 정반대로 오른쪽 어깨선에 맞춰 공을 올려놓고 고개를 반짝 쳐든 다음 클럽을 뒤로 가져가면서 왼쪽 팔을 구부렸다. 그러고 나서 공을 냅다 후려쳤다.

나는 공이 하늘 높이 날아올랐다가 수풀이 우거진 곳으로 사라지는 것을 지켜봤다. 좋았어, 완벽해. "저런, 저런!" 뭣도 모르고 은행가는 고개를 저었다. "운이 좋아야 저 공을 찾을 수 있을 텐데요. 제가 같이 가서 찾아 드릴까요?"

"아니오, 아니에요. 그런 수고를 끼칠 수야 없지요. 어디로 떨어졌는지 대충 알 것도 같아요. 못 찾으면 뭐 다른 공으로 치면 되지요."

나는 수풀이 우거진 곳으로 냅다 뛰어가서 큰 나무 뒤로 몸을 숨겼다. 그런 다음 휴대전화를 꺼내 토미의 전화번호를 눌렀다. "토미, 그 50계약 재매수해, 어서!"

나는 이 매매로 6만 달러를 벌었다. 이 순간 나보다 더 영리한 사람이 또 있으랴! 적어도 랜디스 박사가 내 이런 모습을 다 지켜보기 전까지는 말이다. "마틴, 자신의 행동이 정상이 아니라는 것은 굳이 내가 말 안 해도 잘 알겠지요?" 박사가 말했다.

"정상이요?" 나는 이렇게 대꾸했다. "누가 정상이길 바란답니까? 나는 다섯 살 때 이후로 줄곧 정상이 아니기를, 정상의 수준을 훌쩍 뛰어넘기를 바라며 살았어요. 남보다 더 앞으로, 앞으로, 앞으로 나가야 한다, 이러면서요. 나는 트레이더입니다. 트레이더 중에 정상을 원하는 사람은 없어요. 내가 만약 정상적으로 살기를 바랐다면 그냥 지수 펀드에 돈을 묻어두거나 증권분석가로 만족하며 살았을 겁니다. 내가 정상이기를 바라는 부분은 오직 내 체온밖에 없어요."

"마틴, 당신은 알코올 중독자와 같아요. 자기 자신의 아드레날린에 중독돼 있다고요. 매매할 때면 당신은 극도로 흥분되고 매매에서 손을 뗄 수 없는 상태잖아요. 매매가 끝나고 나면 맥이 풀리고 기분이 가라앉지요. 그게 바로 매매라는 중독 물질의 부작용이에요. 우울한 감정에서 벗어나는 유일한 방법은 다시 매매를 하는 것뿐이지요. 그러면 또 건강이 나빠지게 되는 악순환이 반복된답니다. 마틴, 당신은 자신이 진정으로 원하는 것이 무엇인지 알아야 해요."

치료자라는 사람들은 농구 골대의 백보드와 같다. 치료자를 백보드 삼아 자신에게 가장 적합한 일을 찾았다고 느낄 때까지 계속해서 공을 던지며 시험해본다. 그렇게 랜디스 박사와 다시 6개월을 보냈다. 내가 진정으로 원하는 것이 무엇인지 깨달을 때까지 랜디스라는 백보드에 계속해서 공을 던졌다. 내가 죽음과의 사투를 벌이며 수술대 위에 누워 있을 때 이 병원에서 살아서 나갈 수만 있다면 매매에 할애하는 시간은 줄이고 오드리와 아이들과 함께하는 시간을 늘리겠노라고 나 자신과 약속했었다.

돈은 지금도 충분히 있고 혹시 더 필요하다 생각되면 언제든지 벌 수 있는 능력이 있다. 이러한 재능은 하늘이 내게 준 선물이었다. 아침에 눈을 뜨자마자 사무실로 들어가 그날로 2만 달러든 4만 달러든 혹은 8만 달러든 간에 얼마든지 벌 수 있다. 펀드 운용으로 포키를 능가하지 못한다 해도 그것이 대수인가? 다른 것으로 얼마든지 그런 사람들을 능가할 수 있다. 죽음의 문턱에도 가봤고 아이도 잃어봤으며, 또 오드리는 유방암으로 고생했었다. 다른 사람의 돈주머니에서 나는 냄새는 그만 맡고 이제는 장미 냄새를 맡을 차례였다. 샌디 쿠팩스[16]처럼 나도 정상에 있을 때 미련 없이 떠나기로 마음을 정했다.

그런데 어디로 갈지가 문제였다. 매매에 중독됐다는 랜디스의 말이 전부 옳기에 일단 뉴욕을 벗어나기는 해야 했다. 오랜 친구들이 있고 또 익숙한 생활이 있는 이곳 뉴욕에 그대로 있다가는 매매 중심의 생활방식에서 벗어나기 어려울 것이다. 게다가 나는 이제 이 춥고 칙칙한 도시가 지겨워졌다. 따뜻하고 깨끗한 곳으로 가고 싶었다. 그래서 온 가족이 플로리다로 이사하기로 결정했다.

그때까지의 생활방식을 바꾸고 뉴욕과의 모든 연결고리를 끊는 데는 상당한 용기가 필요했다. 사실 오드리와 아이들은 플로리다로 가는 것을 원치 않았다. 오드리와 아이들의 생활은 도시 환경에 최적화돼 있었기 때문이다. 내 가족들이 플로리다에 대해 뭘 알겠는가? 나 또한 마찬가지다. 플로리다는 은퇴자들이나 꿈꾸는 그런 곳인데, 내 나이 이제 겨우 마흔 여덟이었다. 나 역시 플로리다로 가는 것이 그렇게 좋기만 한 것은 아니었다. 어쩌면 어떤 핑계를 대서라도 안 가고 싶다는 마음이 더 클지도 모를 일이었다.

이사를 하려니 해결해야 할 문제가 한둘이 아니었다. 우선 아파트를 팔아야 하고, 침실 12개 분량의 가구를 옮겨야 한다. 실내장식을 다시 해야 하고, 지금의 차를 팔고 새 차를 두 대 정도 사야하며, 아이들

---

16. 샌디 쿠팩스Sandy Koufax: 1962년부터 5년간 리그를 지배, 1966년 시즌이 끝나고 나서 더는 팔을 쓸 수 없을 것이라는 진단을 받고 서른이라는 젊은 나이에 은퇴를 선언하여 미국 야구 역사상 가장 짧고 굵은 임팩트를 남긴 투수이다.

은 전학시켜야 한다. 그 외에도 보험과 은행계좌 등 정리할 것이 100개도 넘는 것 같았다. 게다가 이 지겨운 뉴욕이 그리울 것도 같았다. 뉴욕의 갤러리, 미술관, 해변 별장과 번화가를 거니는 것, 인사이드 스키니와 기타 친구들도 많이 생각날 것이다.

그러나 또 한편으로는 보기 싫은 면도 있었다. 뉴욕에서는 택시 잡기가 너무 어렵다. 날씨가 괜찮은 날이면 용케 택시를 잡아탈 수 있으나 비가 오기라도 하면 택시 잡기는 포기하는 편이 낫다. 이곳은 소음과 쓰레기로 넘쳐나고 운전할 때 끼어드는 사람이 있는가 하면 거리 곳곳에 거지들이 진을 치고 있다. 늘 시끄러운 사이렌 소리가 웽웽거리고 눈에 보이는 것이라고는 보도블록과 아스팔트뿐이다. 그것이 바로 뉴욕이라는 도시의 모습이다.

1993년 6월에 드디어 우리는 뉴욕의 아파트를 팔고 플로리다 남부 지방으로 이사했다. 그곳은 조용하고 깨끗했다. 도로 위의 운전자들 대부분이 노인이라서 그런지 자동차도 정말 얌전하게 몰았다. 노상강도도, 거지도, 심지어 쓰레기도 없었다. 보이는 것이라고는 허리띠가 없는 바지 차림의 할아버지와 테니스화를 신은 할머니, 그리고 초록색 야자나무와 푸른 바다뿐이었다. 처음에는 이러한 환경에 적응이 잘 안 됐다. 오드리는 새집을 꾸미느라 바빴고 아이들 역시 새 학교에 적응하느라 바빴으나, 나는 매매 외에는 달리 할 일이 없었다. 각자 할 일에 몰두하자 나는 바다가 내려다보이는 곳에 새로 꾸민 전망 좋은 내 사무실로 들어갔다. 깨끗하고 환하고 멋있는 장소였다. 먼저 커튼부터 치고 스크린을 보면서 머크에 있는 토미에게 전화를 걸었다.

그러다가 문득 이건 아니라는 생각이 들자 곧장 랜디스 박사에게 전화를 걸었다. "박사님, 여기서 내가 한 일이라고는 뉴욕의 어두운 사무실을 플로리다의 밝은 사무실로 바꾼 것뿐이에요."

랜디스는 내게 도움이 될 것 같다고 생각되는 심리치료사를 소개해줬다. 그래서 플로리다에 있는 박사와 약속을 잡았다. 몇 번의 치료가 끝난 다음에 박사가 이렇게 말했다. "마틴, 당신과 당신의 아내 모두 상태가 너무 심각해요. 그리고 아이들도 마찬가지네요. 당신은 지금 플로리다에 있어요. 골프도 치러 가고 해변도 좀 거닐고 책도 읽으면서 긴장을 푸세요."

"그래요, 우리가 좀 진지하고 심각한 면이 있기는 하지요." 내가 박사에게 말했다. "그렇지만 삶 자체가 심각한 것 아닌가요? 박사님도 알다시피 트레이더에게는 두 가지 상황밖에 없어요. 돈을 벌든가 잃든가 둘 중 하나지요. 돈을 버는 것이 잃는 것보다는 훨씬 좋고요. 제가 돈을 벌어야 치료비도 낼 수 있잖아요."

지난 몇 년 동안 치료비를 내고 또 냈다. 그렇게 치료사라는 백보드에 수도 없이 공을 던졌고, 이 공이 다시 튀어나오면 또 던지기를 반복했다. 그러면서 깨달은 것은 단번에 좋은 아들, 좋은 형제, 좋은 남편, 좋은 아버지 그리고 좋은 트레이더가 되기에는 시간이 너무 부족하다는 사실이었다. 나는 완벽주의자였고 옳다고 생각되는 모든 것을 다 하고 싶었다. 그러나 내가 원하는 방식대로 매매하자면 하루에 꼬박 14시간을 할애해야 한다. 그래서 좀 꾀를 부리면서 편한 길을 찾아보기도 했다. 말하자면 조수를 고용하여 차트를 만들고 입수 자료와 문건을 정리하는 등의 일을 맡겼으나 결과는 만족스럽지 못했다. 그래서 스스로 계획을 짜고 내가 원하는 방식으로 장치를 활용하면서 모든 것을 완벽주의에 맞췄으나 지금은 그 목표에 도리어 내가 못 견딜 지경이 되었다.

결국 나는 목표 수준을 낮췄다. 매매 규모를 작게 가져가고 트레이더뿐 아니라 투자자가 돼보려고 노력했다. 은퇴한 변호사들이 주축이 되어 구성한 소프트볼팀 배틀링 배러스터즈Battling Barrister's에서 함께 경기를 하기도 했다. 1주일에 최소한 두 번 정도는 골프를 쳤다. 가끔 해변으로 가서 아무것도 안 하고 그냥 가만히 앉아 파도가 출렁이는 모습을 지켜보기도 했다. 그러다 보면 이러한 것이 과연 내가 원하던 삶인가 싶기도 하고 또 내 결정에 대한 회의감이 살짝 고개를 쳐들기도 했다. 그러나 그럴 때면 투자자를 찾아 헤매고 다녔던 맨해튼의 2월이 떠오르곤 했다. 역시 뉴욕을 떠나온 것은 잘한 선택이었다.

인사이드 스키니가 댄 도르프만의 결혼식에 갔다 와서 내게 전화를 했는데 그 자리에서 브롱크스의 포키를 봤다고 했다. "몸무게가 한 350파운드(약 158킬로그램)는 나가겠던걸. 아주 뷔페 식탁에 코를 박고 앉아서는 자리를 뜰 줄을 모르더라고. 콩고물이라도 얻을까 싶어서인지 포키 주변에 사람들이 모여 있더군. 그런데 정작 포키는 인수니 합병이니, 차입매수니 IPO(주식 공개) 등을 말하면서, 자신이 그 모든 것을 어떻게 성사시켰는지 자랑만 한 보따리 풀어놓더라고. 도르프만 말이 포키가 등에 총을 정통으로 맞고 즉사하는 것이 아닐까 걱정돼서 죽는 줄 알았대. 어찌나 밉상을 떨던지."

그날 나는 아들과 함께 골프를 쳤고, 어머니와 점심을 먹었고, 오후에는 딸과 함께 수영하러 갔고, 저녁에는 오드리와 양초를 켜놓은 저녁 식탁에서 분위기 있게 식사를 했다. 매매에 관해서는 아예 생각조차 하지 않았다. 솔직히 말하면 한 두어 번 정도는 생각한 것 같다. 그런 의미에서 보자면 이런 부분에서만큼은 내가 포키를 이긴 것이 틀림없다. 내가 지금까지 내 펀드를 운용하면서 계속 뉴욕에 있었다면 나 또한 포키 옆에 앉아 있었을 것이다. 월가의 실력자들이라면 거의 다 댄 도르프만의 결혼식에 참석했을 테니 말이다.

그렇게 노력을 했는데도 나는 여전히 매매 중독에서 완전히 헤어나오지는 못했다. 약 1년 전 다른 사람들 모두 이익을 내고 있을 때 나는 연패의 늪에 빠졌고, 그래서 상당히 의기소침해져 있었다. 나는 내가 옳고 시장이 잘못됐다고 믿었다. 그러나 늘 그렇듯이 시장은 나라는 사람의 생각 따위는 전혀 아랑곳하지 않았다. 플로리다의 내 심리치료사는 한 1주일 동안 매매에서 완전히 손을 떼보라고 했다. 그러겠노라고 했는데 의사와의 다음번 상담이 있기 바로 전에 수개월 동안 기다려왔던 시장 추세가 나타날 기미가 보였다. 그래서 바로 토미에게 전화를 해서 S&P선물계약을 매수하라고 일러놓고 추세가 전환되면 바로 내게 전화해달라고 말했다. 그러고는 골프장에 갈 때도 가져갔던 그 휴대전화를 재킷 윗주머니에 넣고 박사를 만나러 나갔다.

상담을 하는 도중에 휴대전화의 진동음이 느껴졌다. 토미가 틀림없었다. 그래서 의사에게 양해를 구했다. "실례지만 잠시 화장실 좀 다녀올게요."

그러고 나서 냅다 화장실로 들어가서는 안에서 문을 잠그고 토미에게 전화를 걸었다. 내 예상대로 S&P는 상승했고 추세는 전환됐다. "팔아!" 나는 전화기에다 대고 속삭였다. 이것으로 3만 달러를 벌었다. 그제야 나도 샌디 쿠팩스 같은 기분이 들었다.

얼굴에 웃음을 띤 채 다시 진료실 안으로 들어서자 박사가 말했다.
"음, 훨씬 좋아 보이는군요. 역시 1주일간 매매를 끊은 것이 주효했어
요."

이럴 땐 뭐라고 말해야 하나? 역시 나는 어쩔 수 없는 트레이더다.

월스트리트 챔피언, 슈워츠만의 성공 비법

: 마틴의 하루 일과에서 찾아보는 매매 전략

수많은 사람이 기회를 포착하지 못하는 이유는
그 기회라는 것이 '수고'라는 외투를 쓰고 나타나기 때문이다.

— 토마스 A. 에디슨

내가 성공할 수 있었던 근본적 이유는 수고와 노력이다. 그러나 이 것이 성공의 필요충분조건은 아니다. 본래 나는 숫자 감각이 좋은 타고난 도박사이며, 전에도 언급한 적이 있듯이 애머스트에서는 생각하는 방법을, 컬럼비아대학 경영대학원에서는 무엇을 생각해야 하는지를 배웠다. 또, 해병대에서는 위급 시의 행동 요령을, 오드리에게서는 자금 관리의 중요성을 배웠다. 이 다섯 가지 학습 내용을 기초로 나만의 매매 방법론을 탄탄하게 구축할 수 있었다.

방법론

증권분석가로 9년을 보내고 난 후, 기초적 경제 자료를 이용하여 개별 종목의 가격을 예측하는 기본적 분석가에서 기초 경제 자료와는 별개로 가격과 거래량을 분석하는 기술적 분석가로 방향을 전환하기로 마음먹었다. 자신이 사용할 매매 방법론은 자신의 성격에 적합한 것이어야 한다. 그러므로 방법론을 정하기에 앞서 자신의 장점과 단점을 제대로 파악하는 것이 우선이다. 나의 경우에는 이렇게 나 자신을 파악하기까지 9년이 걸렸다.

내 장점은 노력, 끈기, 집중력 그리고 패배를 병적으로 싫어한다는 점 등이다. 내 약점은 자신감 부족, 패배에 대한 두려움, 지속적인 강화와 꾸준한 만족감에 대한 지나친 욕구 혹은 집착 등이다. 길게 이어진 사슬에 있어서 그 사슬의 전체 강도는 가장 약한 고리에 따라 결정되듯이 트레이더 역시 가장 약한 부분, 즉 약점을 기준으로 전체적인 능력이 평가된다. 따라서 트레이더의 매매스타일을 결정할 때는 그 사람의 장점이 아닌 약점을 기준으로 해야 한다.

나는 스캘퍼다. 그래서 항상 신속히 치고 들어갔다가 바로 빠져나오는 전략을 구사한다. 항상 그렇다, 항상! 때에 따라서는 5분 이내에 진입과 청산이 완료되며 길어봤자 2시간을 넘어선 적이 거의 없다. 처음부터 나는 단기매매 시스템을 채택했다. 매매자본금이 제한돼 있는 여건에서 자본 토대를 마련하려면 소규모 이익이라도 꾸준히 만드는 것이 필요했기 때문이다. 그런데 매매에서 성공의 경험을 쌓아가는 동안 단기매매야말로 내가 원하던 지속적인 강화와 만족감의 원천이라는 사실을 깨달았다. 나는 내 손에 돈이 굴러들어오는 그 자체가 좋았다. 이익을 실현할 때마다 시장이 내게 '당신이 승자입니다!'라고 말해주는 것만 같았다.

매매에 관한 책들 대부분이 신속한 손절매와 즉각적 이익 실현 방식으로는 열 번 중에 서너 번 성공하는 것이 고작이라고 설명한다. 그러나 이것은 내 경우에는 예외다. 나 역시 신속하게 손절매하기는 하나 그만큼 또 신속하게 이익을 취하기도 한다. 그리고 나는 열 번 중에 서너 번이 아니라 일고여덟 번의 성공을 노린다.

나는 또 권투 선수로 치자면 역습을 노리는 카운터펀처다. 빈틈을 노리고 들어가서 재빨리 한 방 먹여 점수를 내고 바로 빠져나온다. 치고 빠지고 또 치고 빠지고, 여기서 한 점 얻고 또 저기서 한 점 얻는다.

나는 KO승을 노리지는 않으나 이와 마찬가지로 KO패도 당하지 않으려고 노력한다. 이것이 바로 내 매매스타일이다. 이러한 내 스타일에 맞게 기술적 분석과 매매 방법론을 재단했다.

권투 선수는 어떻게 싸울지부터 정확하게 구상한 다음 링에 올라야한다. 내 친구 인사이드 스키니의 예를 들어 보겠다. 내가 책상 앞에 앉아 각종 숫자와 씨름하고 있을 때 이 친구는 술집에 앉아 마틴니 잔을기울이며 사람들과 수다를 떨면서 정보를 얻어낸다. 스키니의 장점 항목에 노력이나 수고라는 단어는 없다. 그리고 스키니는 카운터펀처가아니다. 이 친구는 항상 KO승을 노린다. 열 번 매매하면 그중에 한 여덟 번은 실패하는데 스키니는 이에 별로 개의치 않는다. 왜냐하면 나머지 두 번의 큰 성공으로 전세를 확 뒤집을 수 있기 때문이다. 이번에는브롱크스의 포키에 대한 이야기다. 포키는 분명히 매매업계의 거물이고 이익을 내는 능력이 뛰어나며, 성공을 거머쥐는 데 필요한 모든 여건을 갖추고 있다. 포키의 장점이라면 자본의 규모와 조직 그리고 돈이될 만한 거래를 귀신같이 찾아내는 감각 등을 들 수 있겠다. 나는 이러한 인물과 경쟁하려 했고, 그 때문에 거의 죽다가 살아났다.

스캘퍼의 매매도구

앞에서도 언급했다시피 나는 스캘퍼고 마켓타이머다. 따라서 매매도구도 이에 맞는 것을 찾아 활용했다. 그 도구들은 다음과 같다.

• 다우존스산업평균지수DJIA: Dow Jones Industrial Average는 가장 폭넓게 사용되는 주식시장 가격변동지표다. 이 지수의 변화에서 시장

추세를 바로 감지할 수 있다.

• 뉴욕증권거래소순틱TICK: New York Stock Exchange Net Ticks은 NYSE 상장 종목의 최종 틱을 기준으로 한 업틱과 다운틱의 차를 보여준다. 내 친구 마크 쿡Mark Cook이 순틱을 이용한 전략 몇 가지를 개발했는데, 이 전략들은 컴퓨터 매매 프로그램이 속속 등장하는 요즘 같은 시대에 매우 유용하게 활용된다. 예를 들어, ―1,000과 같이 극히 부정적인 수가 나왔다면 역추세 전략을 고려할 필요가 있다. 대량 매물로 말미암은 급락sell-off 현상이 너무 급속히 이루어졌으므로(특정 소식에서 기인한 것이든 프로그램에서 산출된 것이든) 시장이 반등할 가능성이 있다. 반대의 경우도 마찬가지다. TICK이 +1,000이라고 하자. 이는 대개 컴퓨터 매수 프로그램에서 발생한다. 매수 프로그램이 종료되면 대개 시장은 다시 단기 하락세를 나타낸다. 또 DJIA가 상승 출발하고 TICK이 ―200일 때도 단기적 매매에 적합한 수준의 틱이 발생한다. 이는 브로드 마켓(broad market: 거래량이 많고 활발한 시장―옮긴이)에서는 매도 압력이 더 강하고 DJIA는 소수 종목으로만 지수가 지지되는 그런 상황이다. 따라서 이때가 공매도를 고려할 시점이 되는 것이다.

• 단기매매지수TRIN: Short-Term Trading Index는 기본적으로 상승주와 하락주 가운데 어느 쪽의 거래량이 더 많은지를 알려주는 단기매매 도구다. 이 지수는 거래 종목의 비율(상승주/하락주)을 거래량의 비율(상승주의 거래량/하락주의 거래량)로 나누어 계산한다. 상승주의 거래량이 하락주의 거래량보다 더 많다면 TRIN은 1.0보다 작아진다. 반면 하락주의 거래량이 더 많다면 TRIN은 1.0보다 커진다. TRIN이 0.80

보다 작다는 것은 매수 압력이 큰 상태임을 나타낸다. TRIN이 1.20보다 크다는 것은 강력한 매도 압력 상태임을 의미한다. 따라서 이 지수는 현재 강한(혹은 과도한) 매수 및 매도 압력 상태에 있는지 여부를 판단하는 데 도움이 된다.

- 다우존스순틱TIKI: Dow Jones Net Ticks은 다우존스평균을 구성하는 30개 종목의 업틱 및 다운틱의 순틱 수를 나타낸다. +26~+30 혹은 —26~—30은 매수 혹은 매도 프로그램이 이제 막 실행됐다는 것을 의미한다. 예를 들어 매수 프로그램으로 동시에 이들 종목 전부를 매수하지 않는 한 다우존스 종목 모두가 업틱을 나타낼 수는 없기 때문이다.

- 스탠더드앤드푸어스500지수SPX: Standard & Poor's 500 Stock Index는 S&P500선물가격의 기본 지표가 되기 때문에 매우 중요하다. SPX는 공업 400개, 유틸리티 40개, 운송 20개, 금융 40개 등 총 500개 종목의 주가로 구성된 포괄적 지수다. SPX는 주가 변동에 관한 포괄적 지표를 제공하기 위해 시장 가중치(주가×발행주식수로 측정)를 이용하여 산출한다.

- 뉴욕증권거래소종합지수NYA: New York Composite Index는 뉴욕증권거래소에 상장된 모든 종목으로 구성된 지수로서, 각 주식의 시장가치(주가×발행주식수)에 따라 가중치가 부여된다.

- QCHA('고차'로 발음)는 가중치를 부여하지 않은 상태에서 전 거래소에 상장된 모든 종목을 대상으로 한 주가의 평균 변동비율을 나타낸 것이다. 전 시장을 포괄하는 이러한 지수는 시장 간의 차이를 확인하는 데 도움이 된다. 예를 들어 다우지수가 20포인트 하락했는데

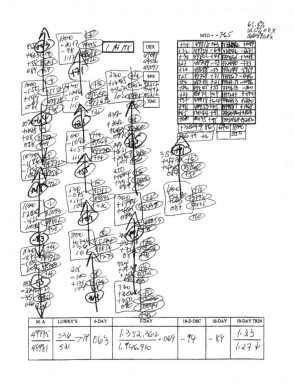

QCHA는 +0.12퍼센트를 나타냈다면 속임수매매의 징후를 의심할 수 있다. 따라서 다우존스지수가 상승세로 전환될 때 매수 포지션을 취해 즉각적인 이익을 낼 수가 있다.

이상 소개한 내 도구들은 당신도 얼마든지 사용할 수 있다. 그러나 이 도구들을 사용한다고 해서 반드시 이익이 나는 것은 아니라는 점을 명심하기 바란다. 각종 도구를 자유자재로 사용하는 이른바 매매의 기술자가 되려면 자신에게 가장 알맞은 도구를 선택하고, 또 반복해서 사용하여 그 도구가 어떻게 작동하는지, 어떤 효과를 나타내는지, 그 도구를 가장 효율적으로 활용하려면 어떻게 해야 하는지 등을 완벽하게 숙지해야 한다.

시장 분석

시장 동향을 파악하는 일에는 대단한 집중력이 요구된다. 나는 환자의 건강 상태를 살펴보는 의사처럼 참고 지표들을 표로 만들어 정리한 다음, 장중 10분에 한 번씩 이 표를 들여다봄으로써 시장의 맥박을 체크한다.

그리고 정확히 30분마다 각 지표의 둘레에 테두리 선을 그려 맥박의 추이를 기록한다. 그런 다음, 각 네모 상자 사이에 빨간색 혹은 초록색 화살표를 그려 넣어 뉴욕종합지수가 30분 전보다 높아졌는지 낮아졌는지, 또 어느 정도 변화했는지 등을 표시한다.

이러한 연습을 하면 시장의 변동 방향에 집중하게 된다. 이것은 시장이 대세(1년 이상 장기간의 주가 흐름 혹은 파동—옮긴이)를 형성하려 하는 시점을 포착하여 포지션을 올바로 취하려 할 때 무척 중요하게 작용한다. 이러한 정보가 없으면 막상 추세 전환이 일어났을 때 당황하여 생각이 멈추게 되므로, 이에 적절한 대처를 하기 어렵다.

나는 모든 것을 합성하는 사람이다. 다양한 곳에서 나온 의견과 정보를 내 머릿속에 모두 받아 넣고 이를 한데 버무리는 것을 좋아한다. 주중에 들어온 팩스를 읽고 또 읽는다. 그리고 다른 사람들의 의견에 내 의견까지 덧붙여 특정 주식이나 업종 혹은 시장 전체가 어떻게 흘러가는지에 관한 포괄적인 자료를 만들어낸다.

빨간불, 초록불: 추세를 내 친구로 만들어 주는 신호

10일 지수이동평균EMA: Exponential Moving Average는 내가 대세를 확인할 때 주로 사용하는 지표다. 이 유용한 지표를 처음으로 알게 된 것은 테리 런드리(www.amshar.com 참조)를 통해서였다. 나는 단순 10일 이동평균 혹은 기타 산술평균보다 이 EMA를 더 선호한다. EMA는 가장 최근의 사건을 강조하므로 매수 혹은 매도 시점을 더 빨리 포착할 수 있기 때문이다. 단순 10일 이동평균은 매일 똑같이 0.10의 가중치가 부여된다. 먼저 가장 최근 10일간의 자료를 취해 이 자료를 모두 더한 다음 이를 10으로 나눈다. 11일째에는 이날의 자료를 여기에 더하고 첫날의 자료는 뺀 다음 이를 다시 10으로 나눈다. 매일 이와 같은 과정을 되풀이한다.

내가 사용하는 EMA는 가장 최근 날짜의 데이터에 0.18의 가중치

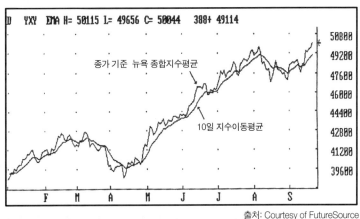

출처: Courtesy of FutureSource

가 부여되고, 전날까지의 EMA는 0.82가 된다. 따라서 EMA는 최근일 자료의 포인트에 훨씬 더 민감하다. 단기 트레이더에게는 최근 자료의 포인트가 매우 중요하다. 이동평균을 이용한 매매에서 성공의 확률을 높이는 데 필수적이기 때문에 나는 이것을 '빨간불, 초록불'이라고 부른다.

내 사무실에는 가로 4피트(약 120센티미터), 세로 10피트(약 300센티미터)짜리 거대한 차트가 두 개 있다. 하나는 한 시간 간격으로 다우지수를 기록한 것이고, 또 하나는 종가를 기준으로 한 뉴욕종합지수와 10일 EMA이며, 그 아래에는 MTO(매직 T 오실레이터) 차트가 표시돼 있다(453쪽 그래프 참고).

뉴욕종합지수가 10일 EMA를 넘어설 때마다 그 부분을 굵은 초록색 선으로 표시한다. 만약 10일 EMA보다 낮을 때는 굵은 빨간색 선으로 표시한다. 10일선보다 높은 지점에서 매매할 때는 신호등이 초록불, 즉 시장이 상승세이므로 매수를 고려해야 한다. 이와는 반대로 10일 EMA보다 낮은 지점에서 매매할 때는 빨간불인 셈이다. 즉, 시장은 하락세이며 이럴 때는 매도를 고려해야 한다. 그렇다고 해서 빨간불일 때는 절대 매수하면 안 된다는 의미는 아니다. 다만, 매우 합당한 이유가 있지 않은 한 빨간불일 때 매수하는 것은 위험할 수 있다는 것이다.

매매할 때 가장 애매한 시점이 주가가 이동평균 부근에서 크게 벗어나지 않으면서 오르락내리락할 때다. 이 지점은 잠재적 이익이 최대치가 되는 곳이면서 동시에 위험 수준도 최고가 되는 지점이다. 여기서는 웝소를 경험할 수도 있겠으나 추세 이동으로 인한 잠재적 이익의 규모도 상당하다. 예를 들어, 며칠 동안 EMA 밑에서 매매가 이뤄졌는데 이후 시장이 상승세를 타기 시작하면서 주가지수가 EMA에 점점 근접하는 상황이 발생할 수 있다. 이 추세가 계속되어 급기야 주가지수가 EMA를 넘어서는 순간이 추세 변화의 시작이 될 수 있고, 상승세를 확신하고 매수 포지션을 취했던 트레이더는 새로운 강력한 상승 추세에 가장 먼저 올라타는 행운아가 되는 것이다. 물론 EMA가 상향 이동하고 주가가 하락하여 주가지수가 다시 EMA 아래로 떨어지는 경우가 더 많기는 하지만 말이다. 어쨌거나 이 지점은 향후 어느 쪽으로 움직일지 모르는 불안정한 지점임에 틀림없다. 나는 선물과 주식 매매를 할 때 이 접근법을 사용한다. 장이 마감되고 나면 S&P500, 뉴욕종합주가지수, OEX(S&P100지수), XMI(Major Market Index, 주요시장지수: 다우존스산업평균과 유사하게 변하는 20개 시장 주도주들의 지수—옮긴이), 채권, 유로달러, S&P선물 등의 10일 EMA를 매일 기록한다. 이러한 수치 자료를 퓨처소스(FutureSource: 정보 서비스 업체—옮긴이) 머신에 입력하면 필요로 하는 EMA 수치와 그래프가 나온다.

따라서 이동평균은 시장이 상승 상태일 때는 매수 포지션을 취하는 식의 올바른 매매 결정을 내리는 데 필수적인 지표다. 그다음으로는 진입 시점과 위험의 양(수준)을 정해야 한다. 내가 항상 찾는 것이 바로 전환점 또는 변곡점이다. 이 변곡점에서 당신은 돈을 벌 가장 큰 기회를 맞게 된다. 이 지점을 알아낸다면 추세 변화를 감지한 최초의 트레이더가 될 수 있기 때문이다. 나는 위험 수준을 택하고 이러한 상황을 확인하는 데 채널선과 오실레이터를 사용한다. 퓨처소스가 계산을 하는 동안 나는 매개변수를 설정한다. 여기서 나는 120분, 60분, 30

분 등의 시간 틀을 사용한다. 채널선을 중심으로 위아래에 가격 막대들이 표시되는데, 채널 밴드는 10일 이동평균의 위아래 1퍼센트 범위 내에 위치한다. 채널 밴드는 얼마든지 늘어날 수 있기 때문에 고무 밴드를 생각하면 쉽다. 물론 일단 늘어난 고무 밴드는 결국 원래 위치로 되돌아가야 한다. 예를 들어, 상승 추세 안에 있고 주가가 하위 밴드에 근접해 있다면 매수를 고려할 시점이다. 이것은 완벽하게 과학적인 접근법은 아니다. 그러나 채널은 매우 적절한 진입 시점을 알려준다.

산술평균은 똑같이 0.10의 가중치를 부여하는데, 10일 지수이동평균은 가장 최근의 사건에 0.18의 가중치를 부여한다. 처음에는 산술이동평균을 구할 때와 같이 10일간의 종가 지수를 모두 더한 후 그 값에 0.82를 곱한다. 그다음에 열한 번째 주가지수에 0.18을 곱한 다음 위 두 값을 모두 합한다. 이것이 바로 10일 지수이동평균이다. 이렇게 구한 10일 지수이동평균에 다시 0.82를 곱하고 열두 번째 지수에는 0.18을 곱한 다음, 두 값을 더하는 식으로 하여 매일 같은 과정을 반복하면 된다. 예를 들어 설명하면 다음과 같다.

뉴욕증권거래소 종합주가지수 정리

날짜	뉴욕증권거래소 종합주가지수 (종가 기준)
1997년 9월 2일	482.90
1997년 9월 3일	483.71
1997년 9월 4일	485.11
1997년 9월 5일	484.64
1997년 9월 6일	485.78

1997년 9월 7일	486.69
1997년 9월 8일	480.63
1997년 9월 9일	477.06
1997년 9월 10일	483.30
1997년 9월 11일	482.60
1997년 9월 12일	493.69
1997년 9월 13일	493.21
1997년 9월 14일	495.41
1997년 9월 15일	496.56

- **1단계:** 10일 이동평균을 계산한다. 1997년 9월 2일부터 1997년 9월 15일까지의 주가지수를 모두 더한 다음에 이를 10으로 나눈다.

4832.42/10=483.242

- **2단계:** 이 값에 0.82를 곱한다.

483.242×0.82=396.25844

- **3단계:** 11일째(1997년 9월 16일)의 수치에 0.18을 곱한다.

493.69×0.18=88.8642

- **4단계:** 2단계와 3단계에서 구한 값을 더한다.

396.25844+88.8642=485.12264, 반올림하여 485.12

따라서, 이 값(485.12)이 바로 1997년 9월 16일의 10일 지수이동평균이 된다.

1997년 9월 17일의 10일 EMA를 구하는 법은 다음과 같다.

- **5단계:** 전날의 EMA에 0.82를 곱한다.

485.12×0.82=397.7984

• **6단계**: 새로운 수치(1997년 9월 17일의 지수)를 취해 여기에 0.18을 곱한다.

493.21 ×0.18=88.7778

• **7단계**: 5단계와 6단계에서 구한 값을 더한다.

397.7984+88.7778=486.5762, 반올림하여 486.58

이 값이 1997년 9월 17일의 10일 EMA가 된다.

이러한 과정을 매일 반복하면 된다. 따라서 1997년 9월 18일의 10일 EMA는

(486.58×0.82)+(495.41 ×0.18)=488.17이다.

진행 중인 기존 10일 지수이동평균을 원활하게 사용하기 위해서는 최소 10일 정도의 수치가 요구된다. 그러나 좀 더 유용한 도구가 되려면 최소한 20일치 정도의 자료를 사용하라고 권하고 싶다. 그래야만 곧바로 매매에 활용할 수 있는 신뢰성 있는 도구를 얻을 수 있다.

주식 매매하는 법

나는 수년에 걸쳐 나만의 주식매매 절차를 수립하여 다듬어왔다. 나는 매매에 필요한 모든 것들을 내가 직접 준비해야 직성이 풀리는 성격이다. 모든 수치 자료를 직접 보고 느껴야만 시장에 대한 감이 더 확실해진다. 그래서 매일 수학적 비율 몇 가지를 계산한 다음에 70개 종목의 가격 변동 추세에 관한 차트를 만들고 일일 지표 그래프를 직접 업데이트한다. 문제는 이렇게 하는 데 많은 시간이 소요된다는 것이다.

주말이면 항상 속달 우편으로 배송된 차트 책자 두 개를 받는다. 하나는《S&P 주식 추세선 일일 동향 차트Standard and Poor's Trendline Daily Action Stock Charts》(212—208—8000)이다. 이 S&P 추세선은 700개 이상의 기업을 대상으로 1년 6개월간의 주가 동향을 나타낸 일일 차트다. 나는 이 중에서 내 눈에 들어온 약 150개 기업의 추세선과 지지선의 범위를 그린다. 이렇게 하는 이유는 특정 업종과 기업의 현재 상태를 가늠해보기 위함이다. 차트북의 겉표지에는 '석유주 강세'라든가 '대형 기술주 약세'라는 식으로 내 의견을 표시해 놓는다. 수많은 트레이더들이 컴퓨터를 이용하여 업종 분석을 하는데, 나는 이 작업을 직접 내 손으로 한다. 기관투자자의 자금 흐름에 어떤 변화가 있는지 포착하기 위해서다. 1페이지 안에 들어갈 기업들을 골라 추세선을 그리고, 종목 기호 옆에는 지지선 구역을 표시한 특별 편집본까지 손수 만든다.

그런 다음에는 두 번째 차트북으로 넘어간다. 이것은 시큐러티마켓리서치SMR: Security Market Research; 303—494—8035가 제공하는 맞춤형 차트북이다. 이 차트북에는 다우존스산업평균DJIA, 다우존스운송평균DJTT, S&P500SPX, 뉴욕종합지수NYA, 나스닥지수NASDAQ 등과 같은 각종 지수와 내가 주목하는 70개 대형주의 일일 주가 동향과 오실레이터가 포함돼 있다. 3개월에 한 번씩 관심 종목 목록에 변화를 준다. 즉, 목록에 들어 있던 종목 중에 서너 개 종목이 다른 종목으로 바뀐다. 그러나 주요 업종들을 대표할만한 우량주들, 요컨대 컴팩, 코카콜라, 머크, 체이스맨해튼 등과 같이 유동성이 매우 좋은 대형주들은 거의 목록 안에 포함돼 있다.

페이지마다 해당 종목의 지지선과 저항선을 몇 개 그려놓고 그 밑에 있는 오실레이터를 살펴본다. 지지선은 주요 저점들을 연결한 선으로, 주가 하락세가 주춤하거나 혹은 반등하는 지점에서의 가격 수준을 나타낸다. 저항선은 주요 고점들을 연결한 것으로, 주가 하락의 가능성이 있는 가격 수준을 나타낸다. 나는 본래 단기 트레이더이기 때문에 바로 전주 혹은 2주 전의 고점과 저점을 이용하여 공격적인 추세선을 그린다. 그리고 가격 축에 있는 주요 지지선 부근에 동그라미 표시를 한다. 1페이지짜리 주식 목록을 만들고 종목 기호 옆에 가격 수준과 단기 오실레이터의 방향을 기록한 다음 이 자료를 내 조수에게 팩스로 보내면, 조수는 자료상의 지지선 수준들을 자신의 컴퓨터에 입력한다. 장중 주가가 이러한 지지선 수준에 도달하는 것을 지켜보며 매매 여부를 결정한다. 이렇게 준비를 해두면 가격 변화가 빠르게 일어날 때도 신속하게 반응할 수 있다.

매매 기간을 약간 길게 가져가는 전략을 사용하고 싶을 때는 OEX와 SPX옵션매매를 시도한다. 나한테 약간 긴 기간이라 함은 며칠 정도를 의미하며, 그것도 7일을 넘지는 않는다. 옵션은 선물보다 유동성이 적고 가격 변동 속도도 느리다. 나는 외가격(out of the money: 행사가격보다 현재가격이 낮은 경우—옮긴이)에서 만기가 3개월인 풋옵션을 매수할 것이다(예를 들어, 현재 910 가격에 매매되는 12월물 900, SPX 풋옵션을 매수한다). 선물매매의 변동성과 압박감에 지칠 때면 종종 옵션매매로 전환하곤 한다. 매매 기간을 조금 길게 가져가고 싶을 때 옵션매매를 선택하면 시장이 유리하게 전개될 때까지 기다릴 시간적 여유가 좀 생긴다. 풋옵션이나 콜옵션을 매수할 때는 적어도 위험 수준(옵션 비용)이 한정되지만, 선물은 높은 레버리지 때문에 위험 수준이 극도로 높아질 수 있다. 때때로 기술적 지표가 강한 정적 신호를 나타낼 때는 채권선물을 매매한다.

주식을 매수하고 매도하는 데 있어서 나는 투자자가 아니라 트레이더다. 내 SMR차트 북에는 70개 대형주가 표시돼 있는데, 이는 내가 관심을 두는 종목이라 할 수 있다. 내게는 이러한 종목들이 제공하는 변동성과 유동성이 필요하다. 내 매매 기간은 극히 짧아서 1 또는 2 포인트 상관에 1~2만 주 규모의 포지션에 대한 진입과 청산이 이뤄진다. 하루 혹은 이틀 안에 추세 진전의 기미가 보이지 않으면 바로 털고 나온다. 대형주를 매매할 때 감수할 수 있는 위험 수준은 주당 3달러 하락 정도이며, 그 이상은 곤란하다. 변동성이 더 큰 초대형주를 매매할 때는 3달러가 일일 주가변동폭보다 작을 때가 있다.

나는 약세주는 취급하지 않으며 본래 강세주였으나 일시적으로 약세주가 된 그러한 종목을 찾는다. 잔뜩 늘어난 고무 밴드는 언젠가는 다시 원래대로 줄어들 수밖에 없다는 원리와 같다. 또 추세선과 지지선을 그리는 것이 중요한 이유가 여기에 있다. 내 조수는 내가 건넨 지지선 목록으로 컴퓨터에 경보 신호를 걸어둔다. 만약 가격이 이 지지선 밑으로 떨어지면 그 사실을 내게 통지한다. 그리고 내가 가진 차트 역시 초록불을 나타낸다면 매수를 고려한다. 특정 종목이 주요 추세선 밑에서 거래될 때는 매매에서 나서지 않는다. 지난 몇 년간 시장이 상승세를 이어왔다면 나는 개별 종목을 공매도하기보다는 선물 공매도 쪽을 선택한다.

선물 매매하는 법

시장에 처음 등장한 이후로 S&P선물은 내 주식主食이 됐다. 나는 하루 안에 선물매매를 완료한다. 선물 동향을 파악하기 위해 퓨처소스 머신이 출력한 차트 두 세트를 꼼꼼히 살펴본다. 나는 퓨처소스(1 —800—6333)에서 필요한 모든 선물 정보를 입수한다. 모두 4개의 모니터가 있는데, 두 개는 밑에 있고 나머지 두 개는 그 위에 올려져 있으며, 내가 보기를 원하는 차트가 나타나도록 사전 프로그램화 된 20개의 페이지가 제공된다. 내 조수는 각각의 선물계약(S&P500, 유로달러, 통화, 채권, 미달러지수, CRB 지수, 원유)에 대해 시간 단위(2분, 30분, 60분, 120분, 일간, 주간, 월간)별로 다양한 의견이 첨부된 페이지를 매주 마다 출력한다. 개별 선물시장의 동향을 좀 더 정확하게 파악하고자 나는 이 출력물 위에 추세선을 그려서 분석한다. 또 지수이동평균을 살펴 각기 다른 선물시장이 상승 상태인지 아니면 하락 상태인지를 파악한다. 추세선을 친구로 삼으라는 오랜 격언에 충실하려면 지수이동평균 위에서 선물을 매수하고 이 선 밑에서 공매도하는 것이 최선이다.

두 번째 차트 세트에는 내가 지켜보고자 하는 각 선물시장의 주간 차트가 포함된다. 이 차트는 시장에서 한 발짝 물러나 중장기적 시장 추세를 관망하는 데 도움이 된다.

선물 차트들을 다 훑어본 다음에는 5×8인치 색인카드를 꺼내 S&P선물과 채권선물을 대상으로 다양한 추세선과 밴드(10일 이동평균선 위아래 1퍼센트 범위)를 그린다.

이러한 추세선 등을 바탕으로 다음 매매일의 평균 매수와 매도 수

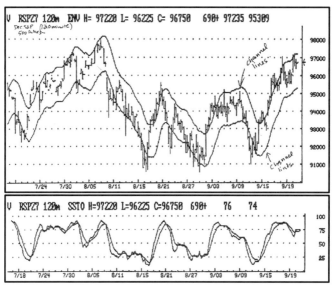

출처: Courtesy of FutureSource

준을 기록한다. 이러한 '사전 준비' 자료가 있으면 다음 날 전투 열기가 고조됐을 때도 과감히 이에 뛰어들 수 있는 용기가 생긴다. 이렇게 철저히 준비하면 심리적 불안을 상당 부분 제어할 수 있다.

프로그램매매에
대처하는 법

프로그램매매는 일반 트레이더에게는 큰 골칫거리다. 뉴욕증권거래소 일일 거래량의 15~20퍼센트를 프로그램매매가 차지하기 때문에 나는 이것을 '닌텐도 베가스Nintendo Vegas'라고 칭한다. 1987년 10

월에 시장 평균이 급락한 이후, 취약한 주식시장에 미치는 악영향 때문에 프로그램매매를 피하려는 추세가 생겼다. 이때 시장에 참여했던 대형 와이어하우스(wire house: 고객의 주문을 전달하기 위해 전기통신을 사용하는 비교적 규모가 큰 증권회사—옮긴이)들은 이와 같은 악질적 행위에 참여하지 않겠다는 서약을 했다. 그러나 시간이 흐르면서 애써 자제했던 탐욕이 다시 고개를 쳐들었고, 역전의 용사들 대다수가 이 카지노 판으로 귀환했다. 빅보드(뉴욕증권거래소) 일일 거래량의 15~20퍼센트를 대형주가 차지하고 있으며, 자본과 힘은 항상 월가를 지배한다.

그렇지만 이러한 상황에서도 살아남아 번영을 구가할 방법은 여전히 존재한다. 시장 추세를 인지하고 프로그램 트레이더들이 내가 정한 채널선 안으로 시장 평균을 밀어낼 때까지 기다리고 또 기다려야 한다. TIKI와 TICK를 이용한 마크 쿡의 극한치를 이용하는 외에도 궁극적으로 이익매매로 이어질 수 있는 인위적 극점에 도달하기를 기대하며, 기계적으로 유발된 시장 추세에 대해 반대 포지션을 취하는 방법으로 역습을 가한다. 훌륭한 전사들이 그렇듯이, 이 사람들이 무심코 악의를 실행할 때를 잠자코 기다렸다가 잘 다듬어진 손절매라는 창을 사용하여 반대 포지션으로 반격하면 그만이다.

이상이 내가 프로그램매매에 그나마 적응할 수 있었던 방법이다. 나도 이런 식의 게릴라 전술을 사용하는 것을 즐기지는 않는다. 그러나 가장 큰 문제는 끊임없이 변화하는 시장 환경에 맞춰 매매기술을 늘 새롭게 연마해야 한다는 사실이다. 나는 새로운 도구들을 내 방법론에 계속 추가하고, 손절매, 추세선, 이동평균 등에 대한 연구도 꾸준히 함으로써 이러한 문제를 해결해왔다.

매매의 기술

내가 초등학교 1학년 때 선생님께서 반 아이들에게 커서 뭐가 되고 싶으냐고 물은 적이 있다. 그때 나는 '탐정이요!'라고 대답했다. 이처럼 뭔가를 탐구하고 조사하려는 본성은 성인이 된 지금까지도 그대로 이어졌다. 나는 단서들을 찾고 서로 무관해 보이는 자료들을 종합하여 논리적인 결론에 도달하는 것을 좋아했다. 이러한 식의 관찰과 탐구가 전적으로 과학적이었다고는 할 수 없으나 그 대상은 내가 아주 오랫동안 반복적으로 살펴보았던 것이었다. 일반적으로 이러한 관찰의 결과는 내가 사용하는 다른 도구나 분석 결과와 무관하게 사용하지는 않지만, 의사결정 과정에서 모두 고려하는 것만은 분명한 사실이다.

내 방법론의 핵심은 위험 수준은 낮고 이익 가능성은 큰 진입 시점이 어디인지를 알려주는 각종 기술적 지표들이다. 그러나 나는 항상 크든 작든 간에 이익 가능성을 높이는 데 도움이 되는 패턴, 상태, 그리고 되풀이되는 주제 등을 열심히 찾는다.

• 차트상의 갭

이는 주식매매를 할 때 주로 사용하는 매우 중요한 도구다. 그리고 특히 차트상에 갭이 나타나는 경우에는 선물매매에서도 중요한 도구로 사용된다. 갭은 개장 시 특정 종목의 가격이 전날보다 상당히 높거나 낮은 가격으로 출발하여 이 가격 수준이 하루 온종일 유지될 때 나타나는 현상이다(그림 4 참고).

제록스 코퍼레이션

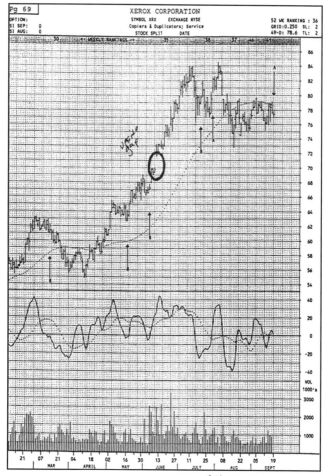

출처: Courtesy of FutureSource

일반적으로 이러한 현상은 방심했던 투자자들을 깜짝 놀라게 할
만한 사건이나 뉴스가 터졌을 때 발생한다. 가격 차트에서는 이것이
하나의 긴극間隙으로 나타나곤 하는데, 이러한 갭이 2~3일 내에 메워

지지 않는다면 그러한 갭이 형성된 방향으로 포지션을 취하라는 강력한 신호로 이해하면 된다. 때로는 인식의 변화가 비교적 장기간 유지될 수 있으며, 이것이 매우 중요한 매매 유발 요소가 되기도 한다.

기본적으로 차트 갭에는 세 가지 형태가 있다. 첫 번째는 돌파 갭 breakaway gap이다. 주로 주식이나 선물계약의 가격이 바닥권에서 이탈할 때 발생한다. 이는 상당히 강한 상승 신호다. 두 번째는 진행 갭 continuation gap으로서 주가가 이미 상승세를 탄 후에 나타난다. 세 번째는 소멸 갭exhaustion gap이다. 이 갭은 급격한 가격 변동 이후 나타나며 대개 추세 반전으로 이어진다.

• 뮤추얼펀드로부터의 현금 유입

또 한 가지 흥미로운 패턴은 바로 뮤추얼펀드로의 자동 투자 현상에서 기인한다. 전월 말일과 금월 첫 4일간은 시장이 강세를 나타내는 경우가 종종 있다. 뮤추얼펀드로 흘러들어 간 신규 자금이 주식에 투자되기 때문이다. 신규 자금이 지수펀드로 흘러들어 가는 매월 중순경에도 이러한 현상이 나타난다. 나는 이러한 패턴을 기억하려고 일지에 '중순 매수'라고 적어 놓는다. 하락장이 시작되는 시점에서 자금의 유출이 시장 평균에 어떤 영향을 미치는지를 알아보는 일은 매우 흥미로울 것이다.

• 3일의 법칙

마이크로소프트나 인텔 같은 대형주가 3일간 한 방향으로 큰 가격 변동을 나타냈다면 누구나 그 셋째 날에는 매수나 매도를 하려 하지 않을 것이다. 그러나 이것은 눈속임이다. 흔히 3일 이내에 큰 주가 변동이 나타나며, 현명한 사람들은 첫째 날에 움직인다. 그리고 평범한 사람들은 둘째 날에 움직이고, 나머지 둔한 사람들은 셋째 날이 돼서야 상황을 파악한다. 이는 아주 중요한 원칙이다. 악재가 생겨 낮은 가격에 매매되는 주식이 있다면 셋째 날쯤 매수를 고려할 수도 있다. 그러나 그때쯤이면 이미 악재의 시장 영향력은 거의 소멸했다고 생각해야 한다.

• 풋/콜 비율

내 친구인 마틴 즈웨이그는 시카고옵션거래소에서 거래되는 풋옵션 수와 콜옵션 수 사이의 관계성을 계산하여 시장의 분위기를 가늠하는 이른바 반대 지표contrarian indicator 개념을 최초로 확인한 사람 중한 명이다. 즈웨이그의 이론은 시장이 바닥인지 천장인지를 판단하려면, 위험 수준은 제한돼 있고 이익을 낼 가능성은 크다는 단순한 생각에서 옵션시장으로 몰린 일부 순진한 투자자의 행동을 보면 된다는 것이다. 풋/콜 비율은 이러한 비효율적인 투자자의 상승장 혹은 하락장에 대한 기대감의 정도를 나타낸다.

그 결과가 극단적으로 나타난다면 실제 장세는 그 수치가 나타내는 방향과 정반대로 전개된다고 보면 된다. 이론적으로 이 비율이 극단적으로 높다는 것은 천정이 불안하다는 것을 의미하므로, 따라서 곧이어 매도가 중지되면서 시장이 반등하게 된다. 예를 들어, 수치가 1.00보다 크다는 것은 극도의 하락장 분위기(매수 신호)를 의미하는 것인 반면, 수치가 0.45보다 작으면 콜옵션 거래량이 많다는 것이므로 상승 기대감(매도 신호)이 상당히 높다는 것을 의미한다. 다른 지표들과 마찬가지로 진입 시점을 제대로 포착하여 매매에 성공하려는 목적으로 풋/콜 비율을 활용할 때는 다른 지표들과 연계하여 사용해야 한다.

• 새로운 소식과 시장 반응

밥 조엘너가 말하기를 가장 중요한 지표는 '새로운 소식에 대한 시장의 반응'이라고 했다. 시장이 부정적인 뉴스를 접했는데도 이를 무시한 채 주가 상승이 계속된다면 이는 상승장의 반응이다. 왜냐하면 부정적 뉴스가 장세에 이미 충분히 반영됐다는 것을 의미하기 때문이다. 한편, 주가가 한껏 상승한 시장에서는 긍정적인 뉴스에도 별다른 반응을 보이지 않는다. 주식을 예로 들자면, 긍정적인 뉴스가 나왔는데도 주가가 하락하면 당황하는 투자자들이 있다. 투자자들은 이 긍정적 뉴스가 주가에 이미 반영됐다는 점을 이해해야 한다. 조엘너는 스트레스가 너무 심해서 당장 토할 것 같은 기분이 들 때가 바로 포지션 크기를 두 배로 늘려야 하는 시점이라고 가르쳤다. 그러나 이때는 반드시 전체 포지션에 강력한 손절매 장치를 걸어두어야 한다.

• 신고가/신저가

각 경제 신문들은 주식의 신고가와 신저가 목록을 제공한다. 뉴턴의 운동 제1법칙에 따르면 움직이는 물체는 반대의 힘이 작용하지 않는 한 계속 움직이려고 한다. 가격이 하락하는 주식은 하락세가 멈춰지지 않는 한 계속해서 하락할 것이다. 마찬가지로 가격이 상승하는 주식은 그 상승세가 멈춰지지 않는 한 계속해서 상승할 것이다. 그런 의미에서 신고가와 신저가 목록은 매우 유용하게 활용할 수 있다.

• 월요일의 상승세

지난 몇 년간 지켜본 바로는 지수펀드로 유입되는 자금이 급격히 증가하였고, 따라서 월요일은 이제 더 이상 한산한 요일이 아니다. 유입된 자금을 굴려야 할 책임이 있는 펀드매니저들은 주말이 지난 후에야 이 돈을 시장에 풀어놓는다. 예전에는 월요일의 거래량이 다른 요일보다 적었으므로, 최근의 갑작스런 자금 유입은 주가 상승세를 더 격화시키는 작용을 하게 되었다.

• 시장 확률 달력

나는 매일 과거 오늘 날짜의 시장은 어땠는지 머릿속으로 되뇌어 보곤 한다. 이것이 포지션을 선택하는 데 결정적인 역할을 하는 것은 아니지만 적어도 역사적 패턴을 무조건 무시하지는 말라는 무언의 경고는 된다. 책상 위에는 언제나 주식투자자연감Stock Trader's Almanac에서 나오는 시장 확률 달력Market Probability Calender, 1—800—477—3400이 놓여 있다. 특정 연도, 특정 거래일의 시장 상승 확률이 나와 있는데, 나는 그중 최고치와 최저치에 동그라미 표시를 해둔다. 현재 상승 장세에 있고 과거 오늘의 시장 상승 확률이 75퍼센트라면 매수를 고려해도 좋을 것이다.

• 옵션 만기

나는 만기 전략에 대해 특히 신중하게 접근한다. 옵션과 선물에는 만기일이 있다. 그리고 만기일 직전에 해당하는 주의 목요일이나 금요일에 가격이 급락하다가 곧바로 추세가 반전되어 그다음 주의 옵션 만기일까지 반등세가 나타난다는 사실을 깨달았다. 이러한 패턴이 형성되는 조짐이 느껴지면 나는 매도 포지션을 취하는 것을 극도로 경계하는데, 전에도 이러한 패턴을 많이 목격했기 때문이다. 옵션 만기일에 수차례 매수 및 매도 프로그램이 가동되어 자신의 현재 포지션을 교란시키고 잘못된 판단을 하게 만드는 일이 일어날 수 있다.

내가 관찰한 또 한 가지 사실은 프로그램 트레이더들은 장 마감 30분을 앞두고 가장 활발히 매매한다는 것이다. 그리고 그다음 날의 장 마감 30분 전에는 전날과는 정반대되는 추세를 나타낸다는 사실도 깨달았다. 나는 이것을 '슈워츠의 교번 법칙Schwartz Rule of Alternation'이라 명명했다. 만기일에는 옵션 포지션의 청산으로 말미암아 속임수가 난무하기 때문에 매매는 물론이고 포지션을 유지하기도 매우 어렵다는 점을 알게 됐다.

• 30분 단위 매매

밝혀지지 않은 몇 가지 이유 때문에, 프로그램매매는 30분 단위로 이뤄진다는 사실을 최근에야 알게 됐다. 프로그램 트레이더 중에는 시계를 10시에 맞춰뒀다가 이 시각이 되면 매매 개시 버튼을 누르는 사람도 있고, 또 어떤 이는 1시 30분을 매매 개시 시각으로 정해 두기도 한다. 또 정오 무렵에는 장이 상승한다는 사실도 알게 됐다. 그래서 나는 이러한 현상을 '정오 반등noontime rally'이라고 칭했다. 아마도 점심을 먹어야 할 시각이 임박했으니 스트레스는 그만 받고 편히 쉬면서 식사를 하다 오라는 배려일지도 모르겠다. 근래 들어 장 마감 전 30분 동안의 시장 변동성이 상당히 커지고 있다. 기관투자가의 일중 투자 전략이 이때 마무리되기 때문이다.

• 꿩 먹고 알 먹고(고점에서 취하고 저점에서 취하고)

시장이 일정 범위에서 등락을 거듭하는 이른바 비추세기에, 선물 피트의 로컬(local: 선물거래소에서 자기 자금으로 매매하는 전문 투자자—옮긴이)들은 대체로 장중 고점과 저점 부근에서 실현되는 손절매를 통해 이익을 창출하려 한다. 로컬들은 손절매 시점을 알기 때문에 매수와 매도 양측을 조정하여 고점에서 손절매를 실현한 후 또 곧바로 저점에서 손절매를 실현한다. 이러한 방식에 대처할 유일한 방법은 저점 아래에서 매수호가를 내고 고점 위에서 매도호가를 내는 것이다.

• 휴가 후의 첫 매매

휴가를 다녀온 다음에 업무에 복귀했을 때, 첫째 날은 시장에 대한 감각을 조절하는 차원에서 쉬엄쉬엄 매매하면서 되도록 무리를 하지 않는 것이 좋다. 먹잇감이 보인다고 성급하게 덥석 물었다가는 누구한테 당하는지도 모르고 묵사발이 되기 십상이다. 제일 먼저 할 매매는 의욕 회복이 아니라 휴가 전의 지력을 회복하는 것이다.

• 실현되지 않은 최악의 시나리오

전에도 말했다시피 매매와 관련한 최악의 시나리오가 그대로 실현되지 않았고 오히려 시장이 기대했던 것보다 좋은 상태로 진행됐다면, 이것은 그냥 넘어갈 수준의 단순한 행운이 아니다. 이 경우 자신의 현 포지션이 정확한 것일 가능성이 크고, 따라서 그 포지션을 그냥 유지하는 것이 아니라 포지션의 크기를 늘려야 하는 기회일 수도 있다.

자아

적을 만났다. 그런데 그 적이 바로 우리 자신이었다.
─ 포고Pogo

전에도 언급한 바 있으나 아무리 강조해도 지나치지 않은 것이 있는데, 내 매매 경력에 있어 가장 중요한 변화는 매매에서 나 자신을 배제해야 한다는 사실을 안 그 순간부터 시작됐다. 매매는 심리적인 게임이다. 대다수 사람은 자신이 시장과 맞서 싸우는 것으로 생각하지만, 실제로는 시장이 아니라 자기 자신과 싸우는 것이다. 그러니 우선은 자신이 옳다는 사실을 입증하겠다는 마음가짐으로 매매에 임하려는 자세부터 버려야 한다. 내가 지금 귀 기울여야 할 단 한 가지는 현재 시장이 내게 들려주는 말이다. 5분 전에 내 귀에 들렸다고 생각되는 말들은 말끔히 잊어라. 매매의 유일한 목표는 자신이 옳다는 것을 증명하는 것이 아니고 돈을 버는 것이다.

야구는 90퍼센트가 정신력으로 하는 것이고 그 나머지는 체력으로 하는 것이다.
─요기 베라Yogi Berra

나의 하루 일과표

오전 6:45

자명종이 울린다. 마지못해 잠자리에서 일어난다. 어렸을 때는 하루에 열두 시간씩 잤다. 그러나 지금은 하루에 여덟 시간을 자는 것으로 만족한다. 여덟 시간을 채우지 못하면 찌뿌드드하고 뭔가 부족한 기분이 들어 일할 준비가 안 된다.

오전 6:45~7:20

샤워를 하고 면도를 한다. 나는 하루 24시간 시세를 알려주는 소형 무선호출기(일명 '삐삐')를 지니고 다녔고, 화장실에 들어가서도 거울 옆에 호출기를 놓고 면도를 하는 도중에도 계속 들여다봤다. 그러나 플로리다로 이사 오고 3년이 지난 후, 이곳 의사가 이 호출기를 사용하지 못하게 했다. 애초에 의사는 모든 기계 장치들을 집 안에 두지 말라고 했다. 집을 매매 사무실이 아니라 편안한 쉼터로 바꾸라고 주문한 것이다. 우리는 그중에서 호출기 하나를 치우는 것으로 타협했고, 화장실로 가면서 계속 호출기를 들여다보는 것은 그다지 바람직한 행동이 아니라는 점은 나도 인정한다.

오전 7:20~7:30

화장실에서 볼일을 본다. 내 외할아버지 패피 슈나이더는 하루에 두 번 용변을 보지 않으면 하루를 시작할 준비가 안 된 것이라고 늘 말씀하셨다. 뉴헤이븐의 어느 추운 겨울날, 함께 길을 걸어가면서 할아버지가 이런 이야기를 하셨다. "내가 네 나이만 했을 때 말이다, 온 식구가 키예프에 살고 있었는데 화장실이 아주 멀리 떨어져 있었지. 그 추운 날 옥외 화상실에서 볼일을 한 번 봐 봐라. 지금 이렇게 실내 회

장실을 사용할 수 있다는 것만으로도 감지덕지할 일이지." 그래서 나
는 하루에 꼭 두 번씩 용변을 본다.

오전 7:30~7:40

아침 식사를 한다. 켈로그의 곡물 콘푸라이트 한 공기, 신선한 포
도 주스 한 잔, 페퍼리지팜의 통밀 토스트 두 장이 내 아침 메뉴다. 아
침은 배가 부를 정도로 먹는 것이 아니라 허기를 면할 정도로 가볍게
먹는다. 식사를 하면서 〈뉴욕타임스〉를 보는데, 나는 특히 스포츠면을
챙겨본다. 양키스의 오랜 팬인 나는 지금도 양키스 경기가 어떻게 됐
는지, 또 구단주 스테인브래너가 이번 시즌에는 어떤 무기를 들고 나
올지가 무척 궁금하다.

오전 7:40

책상에 앉아서 간밤에 팩스로 들어온 자료를 정리한다. 내 청산회
사 베어스턴스에서 보내온 30페이지짜리 자료집이 있는데, 여기에는
전체 계좌의 손익계산서와 전일의 내 매매 내용이 첨부돼 있다. 그 서
류 중에 잘못된 부분이 있으면 바로 전화를 해서 담당자에게 싫은 소
리를 한다. 개장하기 전에 틀린 것을 다 바로잡아야 하기 때문이다.

요즘에는 시장 변동성이 워낙 커서 개장 전에 내 계좌의 상태를 정
확하게 바로잡지 않으면 장이 열리는 것과 동시에 수만 달러가 날아
가는 것은 일도 아니다. 내 매매 내용을 꼼꼼히 기록하는 이유도 바로
여기에 있다. 심리적으로 불안한 상태에서는 매매를 시작할 수 없다.
그래서 나는 항상 아침 여덟 시 이전에 계좌 정리를 완료한다. 그리고
매일 백지상태에서 새롭게 시작한다. 전날에 느꼈던 정서적인 부담감
을 오늘까지 끌고 오지 않는다. 그날 일은 그날로 끝낸다. 저녁때마다

열심히 서류 작업을 하는 것도 어제는 그저 어제로 남겨둔 채 오늘에만 집중할 수 있게 하는 데 도움이 된다. 다른 사람은 몰라도 나는 이렇게 하지 않으면 굉장히 위험해진다.

가장 큰 손실은 항상 큰 이익을 낸 다음에 발생했다. 이전의 승리에 도취해 자신감이 도를 넘게 되고, 이것이 지나친 자기만족과 부주의한 매매로 이어졌기 때문이다. 선물은 청산회사가 시가로 평가하기 때문에 S&P선물매매는 이와 같은 심리적 접근법이 도움이 된다. 즉, 오픈 포지션(Open Position: 매도 초과 또는 매수 초과 포지션이 커버되지 않은 포지션—옮긴이)은 장 마감 시 그날의 가치 상승분 혹은 하락분을 기준으로 계좌의 차변 혹은 대변에 기입된다. 따라서 선물 트레이더들은 누구나 전날의 계좌가 정리된 상태에서 매일 아침 백지상태로 매매에 임하게 된다. 같은 맥락에서 나는 매일 이익을 내려고 노력하는 한편, 매주, 매달, 매년의 손익 기록을 정리하고 기록한다.

오전 8:00~8:10

〈월스트리트저널〉을 읽는 시간이다.

오전 8:10~8:15

두 번째 용변을 본다. 패피 할아버지 말대로 이제 하루를 시작할 준비가 된 것이다.

오전 8:15

내 채권 브로커들에게 전화를 걸어 그날의 지지선과 저항선의 수준을 알아낸다. 그리고 이 내용을 일지에 기록한다. 테리 런드리의 매직 T 오실레이터, 각종 지수(OEX, S&P, XMI)의 고가/저가/종가 등 각종 비율과 수치를 계산한다.

오전 8:20~8:30

1라운드. 채권시장이 개장하는 시간이다. 우선은 채권매매를 할 것인지부터 결정해야 한다. 채권은 본격 게임에 앞서 몸을 풀기에 아주 좋은 종목이므로 대개는 채권매매부터 시작한다. 정부에서 조만간 신규 채권을 발행할 계획이 없는 한 채권은 주식이나 옵션, 기타 선물보다 가격 변동 속도가 느리다. 또 나로서는 채권매매로 이익을 내기가 더 쉽다. 채권매매로 가볍게 몸풀기하는 동안 그날의 장세에 대한 감이 생기기 때문에 적절한 진입 시점을 포착하기에 유리하다. 그러나 안타깝게도 정부가 채권시장의 숨통을 조이는 역할을 했다. 피치 못할 이유가 있기는 하겠으나 정부의 중대 발표는 항상 금요일 아침 8시 30분에 이루어지는 것 같다. 그래서 50대 이상인 사람들은 금요일 아침 이 시간까지는 감히 링에 오를 엄두를 내지 못한다. 제발 중대 발표는 주초에 해주었으면 좋겠다. 그래야 나이 많은 사람들도 어떻게 좀 움직여볼 수 있지 않겠는가!

오전 8:30~8:45

정부의 발표 사항이 없는 한 보통 이 시간에는 채권매매를 한다. 그런데 특정한 소식이 있는 경우 선물 거래소는 'F' 기호를 올려 시장 참여자들에게 '급속 시장'임을 알린다. 통상적인 매매 규칙은 모두 중지되고 모든 것이 피트 사람들의 손에 좌우되는 상황이라는 의미다. 'F' 표시가 뜰 때는 채권매매를 하지 않는다. 이러한 시장 상황에서는 무슨 일이 벌어질지 전혀 알 수가 없기 때문에 일을 망치기 너무 쉽다.

오전 8:45~9:27

코웬, 베어스턴스, 전문가들, 오하이오 주에 사는 내 친구 마크 쿡,

딕 웨스트의 일일 시장 상황 등 각처에서 팩스가 들어온다. 이렇게 들어온 정보를 내가 5×8 색인카드에 적어 놓았던 내용과 비교한다. 그런 다음에는 추세선을 중심으로 그려 놓았던 1퍼센트 밴드를 기초로 S&P선물의 매수, 매도가격을 점검한다. 이런저런 핑계를 대며 준비를 게을리할 생각은 아예 하지 마라. 그렇게 복잡한 작업이 아니며 아주 간단히 끝낼 수 있기 때문이다. 이렇게 미리 준비를 해두면 전투가 한창 치열할 때도 뛰어들 용기가 생긴다.

오전 9:28

내 점검표를 다시 살펴본다. 이 점검표는 직접 손으로 쓴 것으로 플라스틱으로 코팅하여 깜빡 잊고 넘어가는 일이 없도록 내 책상 오른쪽에 붙여두었다. 포지션을 취하기 전에 점검해야 할 사항을 정리해 놓은 것이며, 여기에는 일반적 전략 지침도 포함돼 있다.

매매에 나서기 전에 차트와 이동평균을 확인하라. 이동평균은 내가 가진 지표 중에 가장 효과적인 도구다. 다음 사항을 반드시 점검하라.

• 이동평균 위에 있는가 아니면 아래에 있는가? 다시 말해 상승 상태인가 아니면 하락 상태인가?

• 주요 추세선의 위에 있는가 아니면 아래에 있는가?

• 최신 가격이 전일 고가 혹은 저가를 경신했는가?

• MTO(매직 T 오실레이터)가 상승 상태를 나타내는가 아니면 하락 상태를 나타내는가?

포지션을 취하기 전에 항상 자문하라. 내가 정말 이 포지션을 취하길 원하는가? 포지션을 취하기 전에 내가 감수하고자 하는 위험의 수준을 미리 알고 있어야 한다. 항복해야 할 시점을 인지하고 이 규칙을 지켜라. 이익이 나는 매매를 한 후에는 포지션의 크기를 줄인다. 연승을 한 후에는 보상 차원에서 하루 쉬자.

오전 9:29

S&P 피트로 전화를 건다. S&P매매는 개장 첫 1분과 마지막 1분이 가장 중요하다. 따라서 이 시간에 누가 내게 전화를 걸면 그 사람은 어쩔 수 없이 욕을 먹게 되어 있다. 이 시간만큼은 온 신경을 여기에 집중해야 하며, 절대 방해를 받을 수 없다. 이때는 몸속의 아드레날린 수치가 올라가는데 이것이 문제가 되기도 한다. 뉴욕에 있을 때 내 친구의 아내가 오전 9시 29분에 내 영업용 전화로 오드리를 찾은 일이 있었다. 내 브로커들은 9시 29분 혹은 4시 14분에는 절대 내게 전화를 해서는 안 된다는 사실을 잘 알고 있기 때문에 나는 수화기를 집어 들고 다짜고짜 고래고래 소리부터 질렀다. "도대체 누구야? 내가 이 시간에는 절대 전화하지 말라고 했잖아! ……. 아, 미안해 몰리, 몰리?" 사과의 의미로 장미꽃을 다발로 안겼지만 몰리는 그 이후로 나를 아주 쌀쌀맞게 대했다. 이렇게 9시 29분 혹은 4시 14분에 모르고 내게 전화를 걸었던 사건 때문에 멀어진 친구들이 좀 있다.

오전 9:30~오후 12:30

2~7라운드. 주식시장이 개장한다. 그리고 머크 S&P선물시장도 개장한다. 나는 모든 주문 내용을 일지에 기록하고 매매가 완료되면 그 부분에 동그라미를 친다. 매매가 완료되지 않으면 그 주문을 그대로 유지하거나 취소를 한다. 취소했을 때는 해당 주문 옆에 '취소'라고 표시해 놓는다. 이렇게 해 두면 그날 시도했던 것과 완료했던 것 등을 포

함한 모든 상황을 알 수 있다. 장이 열려 있는 동안에는 30분마다 손익 상황을 일지에 기록한다. 나는 이익과 손실이 얼마큼인지 매 순간 정확하게 알고 싶었고, 내 계좌가 잘못돼 있으면 정서적으로 상당히 불안해진다는 사실을 스스로 알고 있었다. 개장부터 폐장까지 머크의 하루를 30분 단위로 구분하여 총 13칸짜리 표를 만든 다음, 각 칸에 해당 시간의 NYSE 종합지수의 변동폭을 기입했다. 그리고 항상 패턴을 살펴봤다. 패턴을 인식하는 것이 바로 내 카르마(특징)인 셈이다.

오후 12:30

점심시간이다. 시장은 오전 10시부터 오후 12시 30분까지 북새통을 이루다가 점심시간이 되면 하나 둘 식사를 하러 나간다. 그리고 마틴니 한두 잔씩 곁들인 식사를 마치고 돌아와서는 2시부터 3시까지 또 열심히 일한다. 상당히 문화적인 직장생활이 아니던가! 그런데 나는 술을 마시지 않기 때문에 점심때가 되면 샌드위치로 대충 때우고 다시 차트 작업에 몰두한다.

오후 1:00~4:00

8~14라운드. 이전 라운드와 비슷하다. 계속해서 시세표를 확인하고 주문을 낸다.

오후 4:00~4:15

15라운드. 주식시장이 마감되기 15분 전이지만 S&P선물 시장은 아직 매매가 진행된다. 크게 낭패를 볼 수 있는 것도 바로 이 시점이다. 마감이 임박해서 낸 주문과 다음 날의 매매에 대한 심리적 자세 등에 따라 매매의 성과가 달라진다.

오후 4:15~6:00

전투를 끝낸 후의 휴식 시간이다. 사후 분석을 하고 손익계산서와 일지를 정리한다. 그리고 운동을 하거나 가볍게 달리기를 하러 나간다.

오후 6:00~6:30

저녁식사.

오후 6:30~7:00

차트 작업. 내게는 시큐러티마켓리서치SMR가 발행하는 맞춤형 차트북이 있다. SMR은 콜로라도 주 볼더에 소재한 주식—차팅 서비스 업체다. 나는 총 70개 종목의 차트를 관리하는데, SMR에서 팩스를 보내올 때마다 이를 참고로 오실레이터를 작성한다.

오후 7:00~8:30

자료 수정과 검토. 핫라인에서 나오는 모든 정보를 다 기록한다. 이동평균 등등의 수치 작업을 한다.

오후 8:30~10:30

내일을 위한 준비. 내일의 매매에 대한 대략적인 계획을 세운다. 5×8 색인카드와 전략들을 살피고, 변곡점과 채널 밴드, 핫라인을 검토하고, 추세를 확인한다.

오후 4:15~10:30분까지 항상

시간외매매. 전투는 중단되지 않는다. 대영제국 시절의 영국에서는 절대 해가 지지 않았듯이 전 세계를 놓고 보면 시장은 절대 잠들지 않는다. 미국의 주요 거래소는 오전 9시 30분부터 오후 4시까지 열려 있으나 채권, 주식, 선물 등 각종 상품이 거래되는 시간외시장이 존재한다. 내 전공 분야인 S&P선물매매는 영원히 중단되지 않는다. 머크의 S&P 피트는 오후 4시 15분에 마감되지만 4시 45분에 글로벡스 GLOBEX라고 하는 컴퓨터 시스템상의 시장이 다시 개장된다. 글로벡스에서는 다음 날 아침 9시 15분까지 매매가 이뤄지고 머크 피트는 아침 9시 30분에 개장한다. 하루 중 S&P선물매매가 중단되는 시간은 단 15분에 불과하다는 이야기다. 거래량을 더 늘리려는 목적으로 요즘 글로벡스는 일요일 저녁 6시 30분에 개장한다.

오늘날의 거래소는 카지노와 다를 바가 없다. 카지노가 그렇듯이 거래소 역시 손님들이 24시간 그 안에서 놀기를 바란다. 이렇게 매매할 수 있는 시장이 늘어난 것이 트레이더들을 더 빨리 늙게 하는지도 모르겠다.

오후 10:30

소등. 베갯머리에서의 대화.

오드리: 버지, 오늘 어땠어?

나: 괜찮았어. 그래도 더 잘할 수 있었는데 좀 아쉽네.

오드리: 트레이더들은 다 똑같아. 낮은 가격에 사서 높은 가격에 팔고, 정점에서 포지션을 청산하고 싶어하지.

나: 그래, 전적으로 맞는 말이야.

나는 어떻게
2000만 달러를 벌었나

개정판 1쇄 발행 2021년 7월 30일

지은이 마틴 버지 슈워츠
옮긴이 이은주

펴낸곳 (주)이레미디어
전화 031-908-8516(편집부), 031-919-8511(주문 및 관리) | **팩스** 0303-0515-8907
주소 경기도 파주시 회동길 219, 사무동 4층
홈페이지 www.iremedia.co.kr | **이메일** ireme@iremedia.co.kr
등록 제396-2004-35호

편집 심미정, 정슬기 | **디자인** 이유진 | **마케팅** 최민용
재무총괄 이종미 | **경영지원** 김지선

ISBN 979-11-91328-22-6 (03320)

·가격은 뒤표지에 있습니다.
·잘못된 책은 구입하신 서점에서 교환해드립니다.

당신의 소중한 원고를 기다립니다. ireme@iremedia.co.kr